LAÍS
MELLO
HAFFERS

Prefácio de
**Mário Luiz
Delgado**

20
24

DIREITOS SUCESSÓRIOS DOS CÔNJUGES E CONVIVENTES

Possibilidade de **Mútua Exclusão**
da **Concorrência Sucessória** e **Análise** da
Condição de **Herdeiro Necessário**

Dados Internacionais de Catalogação na Publicação (CIP) de acordo com ISBD

H138d   Haffers, Laís Mello
        Direitos sucessórios dos cônjuges e conviventes: possibilidade de mútua exclusão da concorrência sucessória e análise da condição de herdeiro necessário / Laís Mello Haffers. - Indaiatuba, SP : Editora Foco, 2024.

256 p. ; 16cm x 23cm.

Inclui bibliografia e índice.

ISBN: 978-65-6120-170-4

1. Direito. 2. Direito civil. 3. Direitos de sucessões. 4. Herança. I. Título.

2024-2592   CDD 347   CDU 347

Elaborado por Odilio Hilario Moreira Junior - CRB-8/9949

Índices para Catálogo Sistemático:

1. Direito civil 347

2. Direito civil 347

LAÍS
MELLO
HAFFERS

Prefácio de
**Mário Luiz
Delgado**

DIREITOS SUCESSÓRIOS DOS **CÔNJUGES** E **CONVIVENTES**

Possibilidade de **Mútua Exclusão**
da **Concorrência Sucessória** e **Análise** da
Condição de **Herdeiro Necessário**

2024 © Editora Foco

Autora: Laís Mello Haffers
Diretor Acadêmico: Leonardo Pereira
Editor: Roberta Densa
Coordenadora Editorial: Paula Morishita
Revisora Sênior: Georgia Renata Dias
Capa Criação: Leonardo Hermano
Diagramação: Ladislau Lima e Aparecida Lima
Impressão miolo e capa: FORMA CERTA

DIREITOS AUTORAIS: É proibida a reprodução parcial ou total desta publicação, por qualquer forma ou meio, sem a prévia autorização da Editora FOCO, com exceção do teor das questões de concursos públicos que, por serem atos oficiais, não são protegidas como Direitos Autorais, na forma do Artigo 8º, IV, da Lei 9.610/1998. Referida vedação se estende às características gráficas da obra e sua editoração. A punição para a violação dos Direitos Autorais é crime previsto no Artigo 184 do Código Penal e as sanções civis às violações dos Direitos Autorais estão previstas nos Artigos 101 a 110 da Lei 9.610/1998. Os comentários das questões são de responsabilidade dos autores.

NOTAS DA EDITORA:

Atualizações e erratas: A presente obra é vendida como está, atualizada até a data do seu fechamento, informação que consta na página II do livro. Havendo a publicação de legislação de suma relevância, a editora, de forma discricionária, se empenhará em disponibilizar atualização futura.

Erratas: A Editora se compromete a disponibilizar no site www.editorafoco.com.br, na seção Atualizações, eventuais erratas por razões de erros técnicos ou de conteúdo. Solicitamos, outrossim, que o leitor faça a gentileza de colaborar com a perfeição da obra, comunicando eventual erro encontrado por meio de mensagem para contato@editorafoco.com.br. O acesso será disponibilizado durante a vigência da edição da obra.

Impresso no Brasil (8.2024) – Data de Fechamento (8.2024)

2024
Todos os direitos reservados à
Editora Foco Jurídico Ltda.
Rua Antonio Brunetti, 593 – Jd. Morada do Sol
CEP 13348-533 – Indaiatuba – SP

E-mail: contato@editorafoco.com.br
www.editorafoco.com.br

Dedico este trabalho aos meus pais, Márcio e Sonali,
na esperança da obra perpetuar o brilho nos olhos ao falarem meu nome,
e ao meu irmão, Matheus, na intenção de reverberar a nossa cumplicidade.

PREFÁCIO

A obra que tenho a honra de prefaciar se propõe a analisar dois dos temas mais polêmicos e controversos do estatuto legal da sucessão legítima de cônjuges e companheiros: a condição de herdeiro necessário e a possibilidade de renúncia recíproca do direito à concorrência sucessória com descendentes e ascendentes, direitos subjetivos assegurados, a partir da codificação de 2002, respectivamente nos artigos 1.829 e 1.845.

Laís Mello Haffers foi aluna no programa de pós graduação *stricto sensu* no mestrado da Pontifícia Universidade Católica de São Paulo, sob orientação do meu amigo Francisco José Cahali, onde obteve o título de mestre em Direito Civil, demonstrando acurado zelo acadêmico e cultura jurídica consolidada, tudo a contribuir para essa notável desenvoltura na exposição dos temas tratados.

No decorrer da pesquisa que se empenhou em desenvolver, e que se destaca pela excelência do conteúdo e profundidade das abordagens, a autora procura refletir sobre essas duas grandes polêmicas que envolvem a sucessão de cônjuges e companheiros, a partir de um novo conceito da família e também das diretrizes traçadas pela Constituição de 1988. A qualidade de herdeiro necessário do cônjuge é compatível com esses matizes? Deve ser mantida ou excluída na futura reforma do Código Civil? A composição do rol dos herdeiros necessários poderia ser modificada pelos parceiros amorosos? O julgamento dos Recursos Extraordinários 646.721 e 878.694, pelo STF, alçou o convivente ao elenco dos herdeiros necessários? A interpretação teleológica e sistemática do artigo 426 do Código Civil permitiria a exclusão do direito concorrencial por ato volitivo mútuo e recíproco do casal? Do início ao fim do trabalho, a autora nos convoca a refletir sobre esses temas.

O livro é dividido em cinco capítulos sistematicamente distribuídos, começando pelas origens e fundamentos do direito sucessório até chegar à disciplina da ordem de vocação hereditária no Brasil, desde as Ordenações do Reino. No segundo capítulo, a autora analisa a evolução do direito à legítima, com recursos ao direito comparado, de modo a identificar a influência da legislação estrangeira na construção do direito pátrio. O terceiro capítulo apresenta os argumentos que ensejam a possibilidade de exclusão prévia da concorrência sucessória por cônjuges e companheiros, não obstante a regra proibitiva do artigo 426, enquanto no quarto capítulo, Laís Haffers nos brinda com uma apaixonada defesa em prol de se conservar o *status* jurídico de herdeiro necessário do cônjuge supérstite, tendo em vista a dignidade da instituição matrimonial e o princípio de vedação ao retrocesso, ao mesmo tempo em que advoga a condição de herdeiro facultativo do companheiro sobrevivente, sob pena de desrespeito à liberdade de não casar daqueles que propositalmente optaram por não se sujeitar às consequências jurídicas do matrimônio, em evidente violação ao princípio da intervenção mínima do Estado na entidade familiar, além do risco de grave insegurança jurídica, face à informalidade intrínseca das relações convivenciais.

Finalmente, no último capítulo, a autora, além de trazer comentários e sugestões de profissionais de Tabelionatos de Notas, formula uma sugestão legislativa para simplificar o regramento da sucessão entre cônjuges e conviventes e que sustenta estar em compasso com a justiça e a realidade social.

Comungo com a autora em quase todas as suas propostas. A pretensão de se atribuir aos companheiros a condição de herdeiros necessários recíprocos é uma violência desproporcional e uma violação descarada à autonomia privada daqueles que optaram pela relação informal. Já escrevi em diversas oportunidades sobre o absurdo de se pretender atribuir interpretação extensiva a norma restritiva de direitos, como ocorre com o art. 1.845 do CC, para incluir no rol de herdeiros necessários e, consequentemente, limitar a liberdade de disposição do titular do patrimônio, uma personagem que não foi pensada ou querida pelo legislador (o companheiro sobrevivente). Como se não bastassem todas as discussões que emergiram com a elevação do cônjuge ao patamar de partícipe privilegiado da sucessão, busca -se, agora, fazê-lo dividir essa ribalta com o companheiro, e isso com base em um "isonomismo" jamais imaginado pelo constituinte de 1988, mas que ganhou exponencial repercussão após o julgamento dos Recursos Extraordinários de nos 878.694 e 646.721 pelo Supremo Tribunal Federal, a ponto de respeitáveis autores passarem a sustentar que teriam sido suprimidas as distinções, no plano dos fatos e no plano normativo, entre União Estável e Casamento.

A autora consegue apresentar argumentos irrefutáveis sobre o equívoco desse entendimento. As decisões do STF jamais equipararam a UE e o Casamento em todos os seus efeitos jurídicos. Na verdade, a equiparação se restringiu às regras da concorrência sucessória previstas no art. 1.829, pois essa foi, expressamente, a tese fixada em repercussão geral. O rol do art. 1.845 é taxativo. A atribuição da legítima é feita exclusivamente às classes de herdeiros ali mencionadas e na ordem de chamada: ou seja, aos descendentes, aos ascendentes e ao cônjuge. O legislador apontou, em rol fechado, quais os herdeiros privilegiados (hipóteses típicas). Só a lei pode retirar qualquer herdeiro daquele elenco e somente a lei pode ampliar o cardápio de hipóteses, não sendo permitido ao intérprete fazê-lo. Demais disto, a defesa do companheiro como herdeiro necessário mostra absoluto

PREFÁCIO **IX**

descompasso com a realidade social, marcada pela interinidade dos vínculos conjugais. Notadamente nas uniões informais, que se formam e se dissolvem mais facilmente que o casamento. Sem falar na insegurança jurídica que resultaria da necessidade de reconhecimento judicial *post mortem* da UE, muitas vezes em relação de simultaneamente com um casamento válido, como se dá em grande parte das famílias recompostas.

Tenho dúvida, no entanto, sobre a conservação desse *status* sucessório pelos cônjuges, como defende Laís Mello Haffers, diante das inúmeras críticas que surgiram após a entrada em vigor do CC/2002, à semelhança do que ocorrera em outros países onde foi implementada, a exemplo de Portugal, com a Reforma de 1977. A rápida mutabilidade dos estados civis, o elevado número de divórcios e o crescimento das famílias recompostas, já que as pessoas passaram a ficar livres para novas uniões mais rapidamente, transformou o estado civil de casado, e a posição do cônjuge, em verdadeiro "cargo interino", demissível a qualquer momento, sem necessidade de justificação. Ocupar a posição do cônjuge na data da abertura da sucessão converte-se em uma "loteria" e a fortuna é quem vai direcionar a proteção sucessória e a designação legitimária. O fundamento da legítima do cônjuge deixou de ser o vínculo afetivo e se metamorfoseou na álea de se estar casado, ainda que por brevíssimo período, quando do óbito do outro. Entretanto, a posição da autora no sentido de ser possível a exclusão antecipada, *de lege lata*, do direito concorrencial pelos cônjuges ameniza, em muito, as minhas preocupações.

Sobre essa questão da renúncia antecipada ao direito concorrencial, a obra também defende uma interpretação restritiva da norma que se extrai do art. 426 do CC, com o objetivo de permitir que os futuros cônjuges ou companheiros, em sede de pacto antenupcial ou de contrato de convivência, manifestem a renúncia recíproca ao direito de concorrer com descendentes e ascendentes um do outro, na primeira e segunda classe da vocação hereditária. A autora ressalta, com muita propriedade, que o direito de concorrer com herdeiros da primeira classe, especialmente quando condicionado ao regime de bens, possui natureza distinta do direito à herança, ou do direito à legítima, a que faz jus o cônjuge quando chamado a suceder na ausência de descendentes ou ascendentes.

A renúncia prévia de direitos sucessórios é admitida em grande parte dos povos civilizados, ora textualmente, ora a título de exceção de tolerância, tal como acontece na Bélgica, Polônia, República Checa, Alemanha, França e Espanha etc. Na Alemanha, para que se fique com um único exemplo, e cujo Código Civil (BGB) é tido como paradigma para grande parte da civilística brasileira, é possível a celebração de contrato de renúncia prévia à sucessão entre os potenciais herdeiros e o autor (§ 2.346 BGB), por escritura pública. Pode-se também renunciar exclusivamente à legítima (§2.346, 2, BGB), por escritura pública.

Extrair do art. 426 do CC norma restritiva da renúncia prévia ao direito concorrencial infringe diretamente o direito fundamental de herança do próprio herdeiro renunciante, inexistindo nada que impeça, em regra, a renúncia dos direitos concedidos por lei, salvo se contrariar a ordem pública ou se for em prejuízo de terceiro, o que não ocorre nessa específica hipótese.

Enfim, demonstrando extrema coragem em abordar, na contramão do entendimento majoritário, temas considerados "pacificados" na doutrina tradicional, este livro nos alerta que é chegada a hora de revisão da proibição dos pactos sucessórios em prol da modernização do direito das sucessões. Não obstante navegando em mar revolto, a autora conseguiu esgotar o tema em sua profunda pesquisa. É preciso lembrar que o direito privado é o *locus* onde as permissões se sobrepõem às proibições. Aqui é permitido fazer quase tudo o que a lei não proíbe expressamente, razão pela qual torna-se imperioso o afastamento de proibições não expressas nos textos legais, ao mesmo tempo em que se afaste a interpretação extensiva ou analógica de regras restritivas de direitos.

Em tudo Laís Haffers merece elogios, por haver conseguido sintetizar temas tão polêmicos com simplicidade e profundidade, demonstrando cultura jurídica e bom senso, sem sacrificar o essencial. Só o futuro o dirá, mas talvez não seja ousadia nossa prever que a presente obra influenciará novas perspectivas e abordagens que irão contribuir para transformar o direito sucessório brasileiro.

Mário Luiz Delgado

Doutor em Direito Civil pela USP. Mestre em Direito Civil Comparado pela PUC-SP. Membro da Academia Brasileira de Direito Civil-ABDC. Membro da Comissão Especial do Senado Federal para Reforma do Código Civil. Presidente da Comissão de Assuntos Legislativos do Instituto Brasileiro de Direito de Família - IBDFAM. Advogado, professor e parecerista.

"Há, por conseguinte, todo um saber jurídico acumulado ao longo do tempo, que aconselha a manutenção do válido e eficaz, ainda que em novos termos".

Miguel Reale

LISTA DE ABREVIATURAS E SIGLAS

Ac. – Acórdão

ADI – Ação Direta de Inconstitucionalidade

Ag. – Agravo

AgInt – Agravo Interno

AI – Agravo de Instrumento

Ampl. – Ampliada

Art. – Artigo

Atual. – Atualizada

CC/16 – Código Civil de 1916

CC/02 – Código Civil de 2002

Coord. – Coordenador(es)

CF/88 – Constituição Federal de 1988

CPC/15 – Código de Processo Civil de 2015

CJCODCIVIL – Comissão de Juristas responsável pela revisão e atualização do Código Civil

DJe – Diário de Justiça Eletrônico

DOU – Diário Oficial da União

EC – Emenda Constitucional

Ed. – Edição

IBDFAM – Instituto Brasileiro de Direito de Família

IBGE – Instituto Brasileiro de Geografia e Estatística

Min. – Ministro(a)

PL – Projeto de Lei

RE – Recurso Extraordinário

REsp – Recurso Especial

STF – Supremo Tribunal Federal

STJ – Superior Tribunal de Justiça

TJ – Tribunal de Justiça

UE – União Estável

V.g. – *Verba gratia*

Vol. – Volume

SUMÁRIO

PREFÁCIO VII

LISTA DE ABREVIATURAS E SIGLAS XIII

INTRODUÇÃO XVII

CAPÍTULO I – NOÇÕES INTRODUTÓRIAS DO DIREITO SUCESSÓRIO 1

1.1 Conceito do direito sucessório 1

1.2 Fundamentos do direito sucessório 8

1.3 Origem do direito sucessório 28

1.4 Histórico do direito sucessório no Brasil, com enfoque na participação do cônjuge e convivente 43

CAPÍTULO II – A LEGÍTIMA DOS HERDEIROS NECESSÁRIOS 63

2.1 Antecedentes históricos da legítima e reserva hereditária 63

2.2 Conceito de legítima no direito contemporâneo brasileiro 75

2.3 Herdeiros legítimos: necessários e facultativos 78

2.4 A legítima no direito estrangeiro 81

CAPÍTULO III – DA POSSIBILIDADE DE EXCLUSÃO CONVENCIONAL DA CONCORRÊNCIA SUCESSÓRIA CONJUGAL 89

3.1 Considerações iniciais 89

3.2 Necessidade de interpretar normas infraconstitucionais à luz dos princípios constitucionais: dignidade humana, proteção à família, autonomia privada e afetividade 99

3.3 Exclusão do direito concorrencial diverge de renúncia à herança 124

3.4 Possibilidade de renunciar direitos hereditários antes da abertura da sucessão 130

3.5 Pactos sucessórios admitidos no ordenamento jurídico brasileiro 136

3.6	Análise sistemática do Artigo 426 do Código Civil	139
3.7	Não recepção do § 2º, do Artigo 257, no projeto primário do Código Civil de 1916	152
3.8	Inexistência de limitação quanto à estipulação de bens, com fulcro no Artigo 1.639 do Código Civil	154
3.9	Ordenamentos estrangeiros que permitem pactuação sucessória	158

CAPÍTULO IV – DA QUALIDADE DE HERDEIRO NECESSÁRIO DO CÔNJUGE E DE HERDEIRO FACULTATIVO DO CONVIVENTE ... 165

4.1	Considerações iniciais	165
4.2	Manutenção do cônjuge como herdeiro necessário	166
4.3	Posição do convivente como herdeiro facultativo	176

CAPÍTULO V – PROPOSTA DE *LEGE FERENDA* ... 191

5.1	Da cláusula de mútua exclusão do direito concorrencial à sucessão	191
5.2	Sugestão de redação a dispositivos da codificação civil	199

CONCLUSÃO ... 207

REFERÊNCIAS BIBLIOGRÁFICAS ... 217

INTRODUÇÃO

O presente trabalho tem como tema analisar duas das maiores polêmicas que grassam em torno da sucessão legítima no Brasil. Isto é, a permanência do direito concorrencial sucessório dos cônjuges e conviventes com os descendentes e ascendentes no ordenamento pátrio, com a consequente possibilidade de exclusão previa, *lege lata*. E, o *status* jurídico de herdeiro necessário do cônjuge e, facultativo do convivente.

Apesar de a matéria exercer importante papel na regulamentação da vida conjugal e, por conseguinte, afetar a área mais íntima do ser humano (a família), que se liga umbilicalmente à dignidade e personalidade humana, abalando, inclusive, a realização de interesses existenciais, como a tomada de decisão pela formalização de relacionamento amoroso, tem escassa produção científica. Normalmente, poucas linhas são dedicadas ao tema pela doutrina brasileira, sendo que, muitas vezes se limita a reproduzir regra genérica prevista no Código Civil.

No que concerne ao direito de concorrência, a negligência no trato pode ser atribuída à aparente infertilidade prática de seu estudo. Tendo em mente a vedação de contrato de herança de pessoa viva – cujo dispositivo foi reproduzido ao Código Civil de 2002, às mesmas letras da codificação de 1916 –, a análise da sua exclusão pactícia seria pouco fecunda, pois desprovida de utilidade pragmática.

Essa proibição genérica não impede, contudo, o estudo acadêmico de tão interessante tema. Não obstante a necessidade de conservação do aludido direito, o aparente conflito normativo é, pois, objeto de análise desta pesquisa. Desta maneira, procura-se responder aos seguintes questionamentos: a concorrência sucessória do cônjuge e convivente deve ser mantida na hipótese de eventual reforma legislativa? É viável a sua exclusão de acordo com o ordenamento jurídico brasileiro atual?

Para tanto, entendemos ser imprescindível um estudo que transcenda à simples revisão do que já fora produzido, considerando a modificação substancial implementada na estrutura e conceito da família, notadamente, a partir da edição da Lei de Divórcio (nº 6.515/1977); das novas diretrizes traçadas pela Constituição da República de 1988; e a posterior promulgação do Código Civil de 2002. Com o apoio na técnica de ponderação e na perspectiva civil-constitucional, este estudo busca provocar reflexões: acerca da hierarquia axiológica dos interesses jurídicos tutelados na regra proibitiva; interpretações jurídicas (semântica, literal e gramatical), histórica, teleológica e sistemática do artigo 426 do Código Civil, para demonstrar-se que, no que tange à sua função e conteúdo, a exclusão do direito concorrencial não está inclusa no âmbito da proibição da legislação civil.

Quanto à composição do rol dos herdeiros necessários pelos parceiros amorosos, considerando o enfoque da vocação legitimária a partir dos princípios da dignidade da pessoa humana; da proteção à família, autonomia privada, afetividade e solidariedade, dentre outros aspectos, os questionamentos a serem respondidos são: a qualidade de herdeiro necessário do cônjuge deve ser mantida na hipótese de eventual reforma legislativa? No julgamento dos Recursos Extraordinários 646.721 e 878.694, houve a expansão do elenco dos herdeiros necessários para contemplar o convivente? A condição de herdeiro facultativo do convivente deve ser mantida?

Neste contexto, com base na tábua axiológica constitucional, o presente estudo busca provocar uma reflexão acerca da dignidade da instituição matrimonial, respaldada na afetividade e solidariedade, conjugados com a igualdade material e a vedação ao retrocesso, para demonstrar-se a necessidade de conservar a condição de herdeiro necessário do cônjuge. Lado outro, o mesmo tratamento não deve ser estendido aos conviventes.

Não há precedente do Supremo Tribunal Federal e do Superior Tribunal de Justiça reconhecendo, pela formulação da norma jurídica individual que resulta da decisão, o convivente como herdeiro necessário, tampouco poderia ou deveria. O casamento permanece como instituição de excelência para constituição de família, o que não significa hierarquizar as formas de família. Por questão de garantia e maior segurança para as relações sociais, é preferível à família formalmente constituída. Se ambos os modelos fossem sujeitados às mesmas normas cogentes, tornar-se-ia em uma liberdade apenas aparente, que negaria a condição de agente moral ao que não se veem identificados no modelo rígido. Para mais, há risco de transformar o namorado em herdeiro forçoso, sem a ciência do titular do patrimônio. Equalizar os efeitos é, pois, matar a união estável em sua essência.

Nenhum dos assuntos é inédito, são discutidos desde a codificação civil de 1916. A novidade está no enfoque que se pretende dar.

A pesquisa detém extrema relevância social e jurídica, pois à consciência do tema, sobretudo, analisado na perspectiva contemporânea e constitucionalizada, permite melhor solucionar as preocupações na constituição de um relacionamento amoroso, bem como as contendas envolvendo conflito por bens após a abertura da sucessão, haja vista que as mudanças sociais possibilitaram novas formações de modelos familiares. Ademais, o fato de estarmos vivendo em um período reformista, inclusive com proposta de reforma total do Código Civil, cujas sugestões destoam do senso de justiça e realidade social, bem assim da tábua axiológica constitucional, igualmente traduz a relevância da presente pesquisa.

Com o intuito de sistematizar o assunto abordado e analisar os objetivos, a dissertação é dividida em cinco capítulos. No primeiro capítulo, examinar-se-á o direito sucessório, abarcando o seu conceito, fundamento, origem desde o Código de Hamurabi, passando pela Grécia, Índia até Roma. Ao final, discorrer-se-á acerca do disciplinamento da ordem de vocação hereditária no Brasil desde as Ordenações Afonsinas. Assim, possibilitar-se-á verificar as raízes da entidade familiar e do direito sucessório, que foram construídos historicamente com base em interesses sociais, morais, religiosos e patrimoniais.

No segundo capítulo, estudar-se-á aspectos basilares da legítima, como sua construção – passando pelos elementos que viabilizaram a conformação jurídica adotada no direito pátrio no curso do tempo –; conceitos; e sua aplicação no direito estrangeiro. Possibilitar-se-á, então, identificar mais profundamente a influência da legislação europeia na formação do direito pátrio, mais especificamente do instituto da legítima, cuja qualidade de sucessor legitimário e do direito de concorrência lhe é inerente.

No terceiro capítulo, após observância da importância da persistência da concorrência sucessória no ordenamento brasileiro, analisar-se-á os motivos que ensejam a possibilidade de sua exclusão prévia, *lege lata*. Dentre eles, contempla a escora na perspectiva civil-constitucional, a qual propugna a análise funcional dos institutos para perquirir, se os interesses jurídicos tutelados (em destaque: dignidade da pessoa humana, proteção especial da família, autonomia existencial e privada, e afetividade) ainda justificam tão rigorosa proibição, haja vista a necessidade de se interpretar as normas infraconstitucionais à luz dos princípios constitucionais. Além disso, estudar-se-á o artigo 426 do Código Civil sob um viés mais analítico, de forma a promover interpretações jurídicas (ou semântica, literal e gramatical), histórica, teleológica e sistemática. Apresentar-se-á os cinco principais fundamentos para a existência da regra geral de proibição a fim de constatar se a exclusão esbarra em tais preceitos e, consequentemente, é vedada. A partir da contextualização histórica da proscrição, buscar-se-á, identificar as raízes e as causas da genérica proibição, em especial, do pacto renunciativo, cujas fontes remontam ao direito romano, mas revelam também a inexistência de um tratamento uniforme sobre a matéria no direito moderno. Ainda no mesmo capítulo, abordar-se-á exceções previstas em nosso ordenamento à vedação aos pactos sucessórios e, os institutos que, em alguma medida, se assemelham à sucessão pactícia. Também apresentar-se-á outros fundamentos que ensejam reflexão quanto à possibilidade de exclusão antecipada do direito concorrencial. Ao final, realizar-se-á uma incursão na dinâmica do direito alienígena, notadamente nos países e família romano-germânica (os quais tiveram forte influência na legislação brasileira), na tentativa de extrair tendências modernas. Contudo, ao examinar essas conformações legais, ficar-se-á atento para não utilizar panoramas normativos que se apresentem em descompasso da realidade pátria, pelo que será considerado o cenário social e jurídico em vigor e as particularidades existentes no Brasil.

No quarto capítulo, com base na superioridade normativa e axiológica da *Lex Fundamentallis*, cujos valores nela consagrados e estampados nos princípios se irradiam para todo o ordenamento, analisar-se-á a imprescindibilidade de conservar o *status* jurídico de herdeiro necessário do cônjuge, tendo em vista a dignidade da instituição matrimonial, a irradiar responsabilidades nela inerentes, como a mútua assistência moral e material, a persistir a solidariedade familiar em sendo o vínculo conjugal extinto com a morte de um dos seus componentes, bem assim a afetividade e presunção de colaboração mútua. Em conjunto com o princípio de vedação ao retrocesso, a evitar, também, o ressurgimento do problema mundial da "feminização da pobreza". Na sequência, considerando a insegurança jurídica que paira devido ao julgamento dos Recursos Extraordinários 878.694/MG e 646.721/RS, apreciar-se-á a qualidade de herdeiro do convivente sobrevivo. Para tanto, analisar-se-á que não há precedente do Supremo Tribunal Federal e nem do Superior Tribunal de Justiça reconhecendo, pela formulação da norma jurídica individual que resulta da decisão, o convivente como herdeiro necessário, tampouco poderia ou deveria. Do contrário, haveria desrespeito à liberdade de não casar daqueles que propositalmente optaram por não se sujeitar às consequências jurídicas do matrimônio, em evidente violação ao princípio da intervenção mínima do Estado na entidade familiar. Tal imposição enseja insegurança jurídica, vez que poderia transformar o namorado em herdeiro necessário, sem sequer a ciência do autor da herança. O que verificar-se-á é que não se trata de hierarquização das entidades familiares, mas sim de reconhecer a singularidade de cada. A Lei Maior equiparou a união estável ao casamento, mas não os igualou. Não se pode tratar a escolha de um relacionamento mais informal com a mesma categoria jurídica daqueles que se submeteram a um procedimento altamente formal e solene, como acontece no casamento.

No quinto capítulo, em que pese entendermos que a simples mudança de postura ideológica é suficiente para solucionar, *lege lata*, ambas as questões mais controversas; diante dos debates de reforma legislativa, bem como da insegurança jurídica que permeia o tema, trar-se-á comentários e sugestões de profissionais de Tabelionatos de Notas. E após, as características da cláusula pactícia, em especial, sob a ótica de uma eventual regularização na codificação civil. Ao final, procurar-se-á contribuir com uma sugestão de *lege ferenda*, a fim de simplificar o regramento da sucessão entre cônjuges e conviventes, instaurar maior segurança jurídica acerca das matérias controvertidas, tudo em compasso com a justiça e realidade social.

Por fim, passar-se-á a conclusão do presente estudo monográfico, tendo em vista os objetivos previamente traçados.

A partir do desenvolvimento lógico da tese, busca-se contribuir tanto no âmbito acadêmico, a fim de ser uma fonte de pesquisa acessível aos operadores de direito, a viabilizar a fomentação do debate e o desenvolvimento de soluções às problemáticas apresentadas, como também na seara prática e útil daquelas pessoas que buscam saídas jurídicas para assegurar a eficácia de seu planejamento de vida e patrimonial ao ingressar em um relacionamento amoroso.

A metodologia a ser utilizada no presente trabalho é do método dedutivo, a partir da coleta de informações de obras jurídicas, artigos científicos, dissertações e legislações brasileiras, bem como estrangeiras. Utilizaremos também pesquisas jurisprudenciais, estudos estatísticos do Instituto Brasileiro de Geografia e Estatística – IBGE, e demais fontes que forem pertinentes ao enriquecimento.

Capítulo I
NOÇÕES INTRODUTÓRIAS DO DIREITO SUCESSÓRIO

1.1 CONCEITO DO DIREITO SUCESSÓRIO

Na vida inexiste algo mais certo do que a própria morte. Lacônico, porém, preciso, o dramaturgo grego Ésquilo já assim definiu que "nada é certo na vida de um homem, exceto isto: ele vai perdê-la. Entretanto, há consequências que o direito deve regular".[1]

Ressalvado o instituto da ausência – em que há a presunção do falecimento frente às circunstâncias que sinalizam a sua potencial ocorrência e não a sua pura e simples constatação[2] –, a morte põe, instantaneamente, termo à existência física da pessoa natural. Essa passagem é acompanhada também pela extinção em caráter definitivo dos vínculos jurídicos tidos como intransmissíveis, em virtude do seu caráter personalíssimo.[3] Paulo Lôbo, a respeito dos bens jurídicos de natureza não patrimonial, assim escreve:

> Os bens jurídicos de natureza não patrimonial extinguem-se com a morte de seu titular, ainda que alguns de seus efeitos continuem sob proteção da lei. É o que ocorre com os direitos da personalidade, como o direito à intimidade, à vida privada, à honra, à imagem, à integridade física, à integridade psíquica, à identidade pessoal, os direitos morais de autor; os familiares são legitimados a defendê-los, quando ofendidos após a morte de seu titular, mas não são

---

1. ÉSQUILO *apud* LÔBO, Paulo. *Direito Civil*: Sucessões. 9. ed. São Paulo: SaraivaJur, 2023. v. 06 (e-book), p. 08.
2. No tocante à morte natural ou presumida, Giselda Hironaka explica que: "A existência da pessoa natural termina com a sua morte, natural ou presumida (art. 6º, CC). A morte natural verifica-se com a cessação das atividades cerebrais do indivíduo, devendo tal fato ser atestado por profissionais da medicina, segundo as técnicas seguidas usualmente pela ciência. Já a morte presumida decorre da ausência, que vem disciplinada no Capítulo III, Título I, Livro I da Parte Geral do Código Civil, mas que agora se admite também nas hipóteses do art. 7º do CC, o que representa inovação relativa ao direito anterior, uma vez que a prévia decretação da ausência não se faz necessária, podendo-se reconhecer a morte de imediato, sempre que a hipótese fática amoldar-se à previsão legal referida". HIRONAKA, Giselda Maria Fernandes Novaes. Direito das Sucessões: Introdução. In: HIRONAKA, Giselda Maria Fernandes Novaes; PEREIRA, Rodrigo da Cunha (Coord.). *Direito das Sucessões e o Novo Código Civil*. Belo Horizonte: Del Rey, 2004, p. 01.
3. MADALENO, Rolf. *Sucessão Legítima*. 2. ed. Rio de Janeiro: Forense, 2020, p. 03-04.

herdeiros das titularidades. Igualmente, bens jurídicos do morto que sejam tutelados pelo direito público não podem ser transmitidos, como se dá com cargos e funções públicas que eram exercidos pela pessoa que faleceu e suas respectivas remunerações.

Há bens patrimoniais que se extinguem com a morte do titular, como os direitos reais de uso, usufruto e habitação (CC, arts. 1.410, 1.413 e 1.416) ou o direito de preferência (CC, art. 520).[4]

Em contrapartida, outras relações jurídicas subsistem. Às obrigações e aos bens remanescentes do *de cujus*,[5] é conferida uma transcendência jurídica aos seus sucessores – por meio da sucessão legítima ou testamentária –, tendo em vista que tais vínculos de caráter patrimonial-econômico não podem e não devem persistir sem um titular.[6] Como aponta Rolf Madaleno:

Mudam os sujeitos de direito, pois com a morte do autor da herança os seus herdeiros inserem-se na titularidade da relação jurídica advinda do *de cujus* e eles darão continuidade aos vínculos jurídicos deixados pelo sucedido, porquanto as relações jurídicas de natureza econômica, ativas ou passivas, de maior ou menor complexidade, não se encerram em razão do óbito do seu titular, e tanto seus créditos como as suas dívidas, presentes ou pendentes, são transmitidas aos seus herdeiros por causa da sua morte. Nem poderia ser diferente, porque as coisas que pertenciam ao sucedido, seus direitos e assim também suas dívidas não se tornam coisas sem dono, pois são transmitidas aos seus herdeiros.[7]

Para além da ideia de substituição de sujeitos, a sucessão compreende também continuidade. O instituto carrega em seu escopo o propósito de invalidar a afirmação de que a "*mors omnia solvit*" ("a morte dissolve todas as coisas"), eis que os bens e deveres do falecido não se transformam em *res nullius* (coisa sem dono), aos seus sucessores são transmitidos para continuar as relações jurídicas herdadas. Daí porque, acompanhamos Hernandez Gil e Paulo Nader na declaração de que embora provoque o óbito o fim da vida humana, esta transcende-se juridicamente.[8] Na certeira visão de José de Oliveira Ascensão:

O Direito das Sucessões realiza a finalidade institucional de dar a continuidade possível ao descontínuo causado pela morte.

A continuidade a que tende o Direito das Sucessões manifesta-se por uma pluralidade de pontos de vista.

---

4. LÔBO, Paulo. *Direito Civil*: Sucessões. 9. ed. São Paulo: SaraivaJur, 2023. v. 06 (e-book), p. 08.
5. Calha à espécie a explicação de Carlos Roberto Gonçalves sobre o termo: "A expressão latina de cujus é abreviatura da frase de cujus sucessione (ou hereditatis) agitur, que significa 'aquele de cuja sucessão (ou herança) se trata'". GONÇALVES, Carlos Roberto. *Direito Civil Brasileiro. Direito das Sucessões*. 17 ed. São Paulo: Saraiva, 2023, v. 07. p. 02.
6. MADALENO, Rolf. *Sucessão Legítima*. 2. ed. Rio de Janeiro: Forense, 2020, p. 03-05.
7. MADALENO, Rolf. *Sucessão Legítima*. 2. ed. Rio de Janeiro: Forense, 2020, p. 03.
8. NADER, Paulo. *Curso de Direito Civil*. 7. ed. Rio de Janeiro: Forense, 2016 (e-book), v. 06. Direito das Sucessões. p. 30-33.

CAPÍTULO I • NOÇÕES INTRODUTÓRIAS DO DIREITO SUCESSÓRIO

No plano individual, ele procura assegurar finalidades próprias do autor da sucessão, mesmo para além do desaparecimento deste. Basta pensar na relevância do testamento.

A continuidade deixa marca forte na figura do herdeiro. Veremos que este é concebido ainda hoje como um continuador pessoal do autor da herança, ou *de cujus*. Este aspecto tem a sua manifestação mais alta na figura do herdeiro legitimário.

Mas tão importante como estas é a continuidade na vida social. O falecido participou desta, fez contratos, contraiu dívidas... Não seria razoável que tudo se quebrasse com a morte, frustrando os contraentes. É necessário, para evitar sobressaltos na vida social, assegurar que os centros de interesses criados à volta do autor da sucessão prossigam quanto possível sem fracturas para além da morte deste, assegurando a continuação justa, embora em mãos diferentes.[9]

É, portanto, com o decesso de alguém (percebido como fato jurídico) que se inaugura o direito das sucessões,[10] cujo conceito é compreendido pelo conjunto de normas e princípios jurídicos[11] utilizados como mecanismo de regularização da transmissão do acervo patrimonial – composto por seus ativos e passivos –, que foi deixado pelo falecimento de seu primitivo titular, redirecionando-se a sua titularidade aquele que couber, seja por lei ou por disposições testamentárias.[12] O vocábulo sucessão, em sua acepção jurídica, exprime o fato de alguém substituir a titularidade de um direito patrimonial de outrem.[13] Acrescenta Maria Helena Diniz, que:

> Com a morte do autor da herança o sucessor passa a ter a posição jurídica do finado, sem que haja qualquer alteração na relação de direito, que permanece a mesma, apesar da mudança de sujeito. Deveras, ressalvado o sujeito, mantêm-se todos os outros elementos dessa relação: o título, o conteúdo e o objeto. Dessa forma, o herdeiro insere-se na titularidade de uma relação jurídica que lhe advém do *de cujus*. Como diz Lacerda de Almeida,[14] a sucessão implica a continuação de uma pessoa em relação jurídica que cessou para o anterior sujeito e prossegue com outro. Há identidade de vínculo, pois a sucessão pressupõe a "não extinção da relação jurídica", uma vez que o herdeiro assume os direitos e obrigações do antigo titular, convertendo-se no sujeito de qualquer relação jurídica que pertencia ao falecido.[15]

Malgrado o conteúdo do presente trabalho abordar apenas a forma *causa mortis*, é importante esclarecer que não se ignora a extensão da sucessão para

---

9. ASCENSÃO, José de Oliveira. *Direito Civil – Sucessões*. 5. ed. rev. Coimbra: Coimbra Editora, 2000. p. 11-12.
10. ROSA, Conrado Paulino da; RODRIGUES, Marco Antonio. *Inventário e Partilha – Teoria e Prática*. 4 ed. São Paulo: JusPodivm, 2022, p. 21-22.
11. RODRIGUES, Silvio. *Direito Civil. Direito das Sucessões*. 17. ed. São Paulo: Saraiva, 1989, v. 07. p. 03.
12. DINIZ, Maria Helena. *Curso de Direito Civil Brasileiro. Direito das Sucessões*. 35. ed. São Paulo: Saraiva, 2021, v. 06. p. 17.
13. MADALENO, Rolf. *Sucessão Legítima*. 2. ed. Rio de Janeiro: Forense, 2020, p. 05.
14. ALMEIDA, Francisco de Paula Lacerda de. *Sucessões*. Rio de Janeiro: Livraria Cruz Coutinho, 1995, p. 10.
15. DINIZ, Maria Helena. *Curso de Direito Civil Brasileiro. Direito das Sucessões*. 35. ed. São Paulo: Saraiva, 2021, v. 06. p. 17-18.

outros ramos do direito. Da análise *lato sensu*, tem-se que a termologia sucessão se refere à transmissão, que se pode operar tanto por ato *inter vivos* como em razão da morte.[16] Em linha harmônica, é a explicação de Ricardo Rodrigues Gama:

> Em Direito, a palavra sucessão pode exprimir dois sentidos: a) em sentido amplo, o vocábulo sucessão significa a substituição subjetiva de um direito, como ocorre na compra e venda, onde o adquirente substitui o vendedor na titularidade do direito, ou mesmo na sucessão, em virtude da morte do titular, onde o herdeiro ou o legatário assume o lugar do falecido; b) em sentido estrito, a sucessão é dita como a transferência dos bens do *de cujus* para o seu sucessor.
>
> A sucessão, *latu sensu*, poderá ser *inter vivos* ou *causa mortis*. A sucessão *inter vivos* é aquela que produz efeitos enquanto as partes estiverem vivas, enquanto a sucessão *causa mortis* é aquela que vai gerar efeitos após a morte da pessoa física.[17]

Isto, pois, haverá sucessão sempre que alguém substituir o outro em uma relação jurídica. É justamente este o sentido da etimologia da palavra (*sub cedere*): a troca de titularidade de um direito e/ou dever de uma pessoa por outra.[18]

Cristiano Chaves e Nelson Rosenvald esclarecem que a terminologia sucessão significa "substituição, com ideia subjacente de uma coisa ou de uma pessoa que vem depois da outra".[19] Assim sendo, ilustram os doutrinadores que há três possibilidades de sua retratação. A primeira como substituição do objeto da relação jurídica, que representa a sub-rogação real.[20] A segunda como substituição do sujeito da relação jurídica por ato *inter vivos*, que é denominada como sub-rogação pessoal.[21] A terceira como substituição do sujeito de uma

---

16. TARTUCE, Flávio. *Direito Civil*: Direito das Sucessões. 10. ed. Rio de Janeiro: Forense, 2017 (e-book), v. 06. p. 15.
17. GAMA, Ricardo Rodrigues. *Direito das Sucessões*. Bauru, SP: Edipro, 1996, p. 28-29.
18. VENOSA, Sílvio de Salvo. *Direito Civil. Sucessões*. 17. ed. São Paulo: Atlas, 2017 (e-book), v. 06. p. 17.
19. FARIAS, Cristiano Chaves de; ROSENVALD, Nelson. *Curso de Direito Civil. Sucessões*. 9. ed. São Paulo: JusPodivm, 2023, v. 07. p. 30.
20. Esclarecem os escritores que "o objeto de uma relação jurídica é substituído por outro sem alterar a natureza do vínculo existente. É o interessante exemplo da sub-rogação do bem de família convencional, autorizada pelo art. 1.719 do Código Civil. Em sendo assim, percebida a impossibilidade de manutenção da proteção do bem de família convencional no imóvel que foi constituído como tal (ou nos bens móveis que servem para a manutenção do lar), é cabível a sub-rogação, substituindo o bem sobre o qual incidirá a tutela jurídica por outro. É o caso de um imóvel instituído como bem de família voluntário e que se encontra depreciado ou desvalorizado Nessa hipótese, permite, então, que a proteção seja deslocada para outro bem, que já pertence ao núcleo familiar ou que venha a ser adquirido. É um evidente caso de sub-rogação real: substituição do objeto de uma relação jurídica". FARIAS, Cristiano Chaves de; ROSENVALD, Nelson. *Curso de Direito Civil. Sucessões*. 9. ed. São Paulo: JusPodivm, 2023, v. 07. p. 30.
21. Conceituada por Carlos Roberto Gonçalves como a "permanência de uma relação de Direito que perdura e subsiste a despeito da mudança dos respectivos titulares". GONÇALVES, Carlos Roberto. *Direito Civil Brasileiro. Direito das Sucessões*. 17 ed. São Paulo: Saraiva, 2023, v. 07. p. 01. E, exemplificada

relação por ato *causa mortis*, que é exatamente aqui que desponta o direito das sucessões.[22]

No presente estudo, a palavra sucessão tem o alcance certo da terceira possibilidade acima ilustrada, que se refere à transmissão patrimonial originada com exclusividade pelo óbito da pessoa física,[23] que não se pode estender às pessoas jurídicas, haja vista que estas últimas não têm "a natureza de disposições de última vontade os preceitos estatutários que regulam o destino do patrimônio social".[24]

No tocante ao sentido estrito, explica Itabaiana Oliveira que a sucessão *causa mortis* "é a transmissão do patrimônio de alguém, que morre, a uma ou a mais pessoas vivas".[25] Ele conceitua sucessão como "a continuação em outrem de uma relação jurídica que cessou para o respectivo sujeito, constituindo um dos modos, ou títulos, de transmissão, ou de aquisição de bens, ou de direitos patrimoniais".[26]

Em sentido idêntico, esclarece Washington de Barros Monteiro que na esfera do direito das sucessões "emprega-se o vocábulo num sentido mais restrito, para designar tão somente a transferência da herança, ou do legado, por morte de alguém, ao herdeiro ou legatário, seja por força de lei, ou em virtude de testamento. A sucessão, no questionado ramo do Direito Civil, tem, pois, como pressuposto, do ponto de vista subjetivo, a morte do autor da herança".[27]

Por sua vez, Clóvis Beviláqua, mentor do Código Civil de 1916, escreve que o: "Direito hereditario ou direito das sucessões é o complexo dos princípios, segundo os quaes se realiza a transmissão do patrimônio de alguem, que deixa de existir. Essa transmissão constitui a sucessão; o patrimônio transmitido denomina-se herança; e quem o recebe se diz herdeiro".[28] O autor complementa:

---

por Farias e Rosenvald com "o interessante exemplo do pai que assume uma obrigação pecuniária do filho, que não possui condição de honrar com o débito". FARIAS, Cristiano Chaves de; ROSENVALD, Nelson. *Curso de Direito Civil. Sucessões*. 9. ed. São Paulo: JusPodivm, 2023, v. 07. p. 31.

22. FARIAS, Cristiano Chaves de; ROSENVALD, Nelson. *Curso de Direito Civil. Sucessões*. 9. ed. São Paulo: JusPodivm, 2023, v. 07. p. 32.

23. Neste sentido, é a delimitação de Lacerda de Almeida: "Tendo por pressuposto uma pessoa physica, o autor da herança, e a morte dessa pessoa, é bem de ver que o Direito desconhece herança de pessoa jurídica". ALMEIDA, Francisco de Paula Lacerda de. *Sucessões*. Rio de Janeiro: Livraria Cruz Coutinho, 1995, p. 24.

24. GONÇALVES, Carlos Roberto. *Direito Civil Brasileiro. Direito das Sucessões*. 17 ed. São Paulo: Saraiva, 2023, v. 07. p. 02.

25. OLIVEIRA, Arthur Vasco Itabaiana. *Tratado de Direito das Sucessões. Da Sucessão Geral e Da Sucessão Legítima*. 4. ed. São Paulo: Max Limonad, 1952, v. 01. p. 53.

26. OLIVEIRA, Arthur Vasco Itabaiana. *Tratado de Direito das Sucessões. Da Sucessão Geral e Da Sucessão Legítima*. 4. ed. São Paulo: Max Limonad, 1952, v. 01. p. 52.

27. MONTEIRO, Washington de Barros; PINTO, Ana Cristina de Barros Monteiro França. *Curso de Direito Civil. Direito das Sucessões*. 39. ed. São Paulo: Saraiva, 2016, v. 06. p. 13.

28. BEVILAQUA, Clóvis. *Direito das Sucessões*. 3. ed. Rio de Janeiro: Livraria Editora Freitas Bastos, 1938, p. 12.

> Sucessão, em sentido geral e vulgar, é a sequencia de phenomenos ou factos, que apparecem uns após outros, ora vinculados por uma relação de causa, ora conjuntos por outras relações. Na technologia jurídica, significa a transmissão de direitos e obrigações de uma pessoa a outra. Sendo assim, a sucessão pressuppõe, como doutrina Savigny, a conexão intima e immediata entre o direito da primeira pessôa, que realiza a transferencia, e o da segunda, a quem ella é feita, de modo que o direito subsista o mesmo sem solução de continuidade, não obstante haver mudado o seu sujeito [...]
>
> Podemos definil-a – a transmissão dos direitos e obrigações de uma pessoa morta a outra sobreviva, em virtude da lei ou da vontade expressa do transmissor.[29]

Ainda Clóvis Beviláqua entende pela necessidade de diferenciar herança e sucessão, sob a perspectiva de que utilizar os vocábulos como sinônimos impacta em obscuridade para a ciência. Assim sendo, preferiu distinguir em sucessão ao direito e herança ao acervo de bens.[30] Definiu herança como "a universalidade dos bens que alguém deixa por occasião de sua morte, e que os herdeiros adquirem. É o conjunto de bens, o patrimônio, que alguém deixa ao morrer".[31] É o patrimônio – que compreende a "totalidade das relações economicas de uma pêssoa, consideradas como unidade jurídica" – verificado no instante da transmissão de um titular, que morre, para outro, que o substitui.[32] Em complemento, define Lacerda de Almeida:

> O patrimônio é em Direito das Succesões idéia mais estreita que no domínio da Economia Politica, e mais ampla que o conceito de patrimonio no sentido rigorosamente jurídico da palavra. Por um lado não comprehende tudo o que no individuo é valorisavel, pois as aptidões, o merecimento, a reputação e outras qualidades individuaes são intransmissíveis, morrem com quem as possue; não se extende por outro lado a todos os direitos, embora appreciáveis em dinheiro, porque destes mesmos alguns extinguem-se com a morte. Não é o conjunto de todos os bens deixados como bem, como valor pecuniário; não é tão pouco a expressão do poder jurídico do indíviduo sobre o mundo exterior, não tem a accepção de excesso do activo sobre o passivo, do que resta deduzidas as dividas. Formamn'o, ao contrario, os direitos e obrigações em sua unidade abstracta, o activo e o passivo sem attenção á proporção respectiva, mas encarados em globo e como referentes a um individuo – o morto –, centro e nexo das diferentes cousas que se compõe o patrimônio.
>
> O patrimônio assim considerado é uma cousa variável em objeto e valor em quanto vive o individuo, acompanha o, lhe é inherente, e só delle se destaca, só se fixa e torna se deerminado com a morte e desde a morte.

---

29. BEVILAQUA, Clóvis. *Direito das Sucessões*. 3. ed. Rio de Janeiro: Livraria Editora Freitas Bastos, 1938, p. 15.
30. BEVILAQUA, Clóvis. *Direito das Sucessões*. 3. ed. Rio de Janeiro: Livraria Editora Freitas Bastos, 1938, p. 17.
31. BEVILAQUA, Clóvis. *Direito das Sucessões*. 3. ed. Rio de Janeiro: Livraria Editora Freitas Bastos, 1938, p. 17.
32. BEVILAQUA, Clóvis. *Direito das Sucessões*. 3. ed. Rio de Janeiro: Livraria Editora Freitas Bastos, 1938, p. 18.

A herança é pois o patrimônio do morto (tal a noção objetiva da sucessão hereditária), o conjunto dos direitos e obrigações que se transmitem ao herdeiros ou aos herdeiros.[33]

No mesmo sentido, Orlando Gomes entende que a divisão entre herança e sucessão está na compreensão dos dois sentidos empregados ao termo sucessão hereditária,[34] quais sejam: objetivo e subjetivo. "No sentido objetivo, é sinônimo de herança, massa de bens e encargos, direitos e obrigações que compunham o patrimônio do defunto. No sentido subjetivo, equivale a direito de suceder, isto é, de recolher os bens da herança".[35]

O direito das sucessões, como ramo do direito civil, e com contornos desenhados pelo direito constitucional, é o conjunto de normas e princípios jurídicos que regulamentam a transmissão da titularidade dos direitos e obrigações de alguém que morre aos seus sucessores.[36] "O direito das sucessões não é dos mortos, mas sim dos vivos. São estes os reais titulares e destinatários dele", como lembra Paulo Lôbo.[37] Eduardo de Oliveira Leite discorre sobre a importância do direito sucessório porquanto o destino da condição humana é decidido entre a vida e a morte:

Vida e morte. O mero invocar desse abissal limite, gerador de alegria e horror, sempre despertou na humanidade as mais vivas reações exatamente porque neste cenário irremediavelmente temporal e finito se esgota a grandeza e falência do poder humano. E tão só consideração desta díade é suficiente para nos fazer compreender a importância do Direito das Sucessões que, em mágica alquimia procura projetar para além da morte a vontade do sujeito de direto, como se fosse possível estender a imortalidade através do patrimônio e da divisão dos bens.

A sucessão, do latim *succedere* (ou seja, vir ao lugar de alguém), se insere no mundo jurídico como que a afirmar o escoamento inexorável do tempo conduzindo-nos ao desfecho da morte que marca, contraditoriamente, o início da vida do direito das sucessões. Inscrito no tempo e vivendo do tempo, o Direito trata do fenômeno da sucessão.[38]

A importância das Sucessões no Direito Civil é indubitável, pois o "homem desaparece, mas os bens continuam". Ora, a "grande parte das relações humanas

---

33. ALMEIDA, Francisco de Paula Lacerda de. *Sucessões*. Rio de Janeiro: Livraria Cruz Coutinho, 1915, p. 29-32.
34. No mesmo sentido são as palavras de Carlos Maximiliano: "Direito das Sucessões, em sentido objetivo, é o conjunto das normas reguladoras da transmissão dos bens e obrigações de um indivíduo em consequência da sua morte. No sentido subjetivo, mais propriamente se diria – direito de suceder, isto é, de receber o acervo hereditário de um defunto". MAXIMILIANO, Carlos. *Direito das Sucessões*. 2. ed. Rio de Janeiro: Livraria Editora Freitas Bastos, 1942, v. I p. 02.
35. GOMES, Orlando. *Sucessões*. 17 ed. rev. e atual. por Mario Roberto Carvalho de Faria. Rio de Janeiro: Forense, 2019, p. 04.
36. RODRIGUES, Silvio. *Direito Civil. Direito das Sucessões*. 17. ed. São Paulo: Saraiva, 1989, v. 07. p. 03.
37. LÔBO, Paulo. *Direito Civil*: Sucessões. 9. ed. São Paulo: SaraivaJur, 2023 (e-book), v. 06. p. 08.
38. LEITE, Eduardo de Oliveira. In: TEIXEIRA, Sálvio de Figueiredo (Coord.). *Comentários ao novo Código Civil*. 3. ed. Rio de Janeiro: Editora Forense, 2003, v. XXI. p. XIV.

'transmigra para a vida dos que sobrevivem' (Ricardo Fiuza) dando continuidade, via relação sucessória, no direito dos herdeiros, em infinita e contínua manutenção da imagem e da atuação do morto, em vida, para depois da morte".[39]

Estando, pois, o direito sucessório devidamente conceituado pelo arranjo das perspectivas e considerações dos doutrinadores contemporâneos e também dos antigos, pelo o que compartilhamos dos mesmos posicionamentos aqui expostos, atenta-se ao seu fundamento, vez que influência nas suas disposições jurídicas.[40]

1.2 FUNDAMENTOS DO DIREITO SUCESSÓRIO

Ao longo do tempo, o fundamento do direito das sucessões foi objeto de diversas perspectivas, influenciadas pelos movimentos econômicos e sociais,[41] cujas divergências doutrinárias sobre o tema resistem até os dias atuais.[42] Nas palavras de Silvio Rodrigues: "A possibilidade de alguém transmitir seus bens, por sua morte, é instituição da grande antiguidade, encontrando-se consagrada, entre outros, nos direitos egípcio, hindu e babilônico, dezenas de séculos antes da Era Cristã.[43] Todavia, as razões pelas quais a lei agasalha o direito hereditário têm variado no decorrer dos tempos".[44]

É justamente em decorrência dos diversos fundamentos atribuídos ao direito das sucessões que o seu estudo deve ser feito em congruência com a política legislativa, e considerando-se a posição socioeconômica estabelecida pelo Estado.[45] Há, contudo, alguns entendimentos ao longo da história que merecem destaque, dos quais passaremos a discorrer a seguir.

---

39. LEITE, Eduardo de Oliveira. In: TEIXEIRA, Sálvio de Figueiredo (Coord.). *Comentários ao novo Código Civil.* 3. ed. Rio de Janeiro: Editora Forense, 2003, v. XXI. p. XV.
40. DINIZ, Maria Helena. *Curso de Direito Civil Brasileiro. Direito das Sucessões.* 35. ed. São Paulo: Saraiva, 2021, v. 06. p. 17.
41. HIRONAKA, Giselda Maria Fernandes Novaes. *Direito sucessório brasileiro*: ontem, hoje e amanhã. Palestra proferida no Congresso Anual da Deutsch-Brasilianische Juristenvereinigung (Associação de Juristas Alemanha-Brasil), realizado na cidade de Dresden (Alemanha), de 22 a 25 de novembro de 2001. Disponível em: https://www.direitodefamilia.adv.br/2020/wp-content/uploads/2020/07/direito.pdf. Acesso em: 1º nov. 2023, p. 01.
42. DINIZ, Maria Helena. *Curso de Direito Civil Brasileiro. Direito das Sucessões.* 35. ed. São Paulo: Saraiva, 2021, v. 06. p. 19.
43. Ricardo Rodrigues Gama realça que: "Há mais de dois mil anos antes de Cristo já existiam normas sobre o direito hereditário. Aliás, o Código de Hamurabi (art. 178 e ss.), com mais ou menos quatro mil anos de existência, bem como a Lei das XII Tábuas (Tábua quinta: das heranças e tutelas) e o Código de Manu (art. 521 e ss.) regulamentaram o direito sucessório". GAMA, Ricardo Rodrigues. *Direito das Sucessões.* Bauru, SP: Edipro, 1996, p. 29.
44. RODRIGUES, Silvio. *Direito Civil. Direito das Sucessões.* 17. ed. São Paulo: Saraiva, 1989, v. 07. p. 04.
45. CAHALI, Francisco José; e HIRONAKA, Giselda Maria Fernandes Novaes. *Direito das Sucessões.* 5. ed. São Paulo: Ed. RT, 2014, p. 24.

Como ponto de partida, a despeito da reconhecida vetustez do direito hereditário,[46] convêm registrar as duas principais correntes que não vislumbram fundamentação hábil a legitimar a existência do direito sucessório – compreendidas em uma linha pelos jusnaturalistas e escritores da escola Montesquieu e Rousseau, e em outra pelos socialistas[47] –, pois embora seja alvo de duras críticas – das quais concordamos –, às vozes que contestam a legitimidade e conveniência da sucessão hereditária não são poucas e tampouco insignificantes.[48]

A linha de pensamento abarcada pelos jusnaturalistas e filósofos defende que o direito natural não é abrangido pelo direito das sucessões, ao argumento de que o direito sucessório é invenção do direito positivo e, portanto, seria facilmente eliminado na hipótese de não atender às conveniências sociais.[49] Neste plano filosófico, Charles Montesquieu observa como máxima geral a obrigação advinda do direito natural dos progenitores em alimentar seus filhos, enquanto "conceder-lhes a sucessão é uma obrigação do direito político ou civil". Explicando-se assim, as diferentes disposições ao longo da história, a citar criticamente, a lei voconiana que vedava a participação da mulher na sucessão hereditária; dinastias chinesas que estabeleciam como sucessores dos imperadores os irmãos e não os descendentes; e os diversos tratamentos concedidos aos bastardos.[50]

Nessa mesma linha de raciocínio, Augusto Comte por julgar a sucessão legítima imoral, entendia que, no estado normal da civilização, os filhos, "depois de receberem uma educação completa, não deviam esperar dos paes, qualquer que fosse a sua fortuna, senão o auxílio indispensável para a honrosa inauguração da carreira que escolhessem".[51]

John Stuart Mill entende que, diferentemente da sucessão testamentária, o direito à herança não é consequência lógica do conceito da propriedade privada. Para ele, o entendimento contrário é mero apego às ideias antigas, quando naquela época a transmissão da herança aos filhos e parentes mais próximos fazia sentido, tendo em vista que os herdeiros já estavam na posse da coisa e já eram de certa forma condôminos da propriedade do *auctor hereditatis* enquanto ainda

---

46. RODRIGUES, Silvio. *Direito Civil. Direito das Sucessões*. 17. ed. São Paulo: Saraiva, 1989, v. 07. p. 05.
47. CAHALI, Francisco José; e HIRONAKA, Giselda Maria Fernandes Novaes. *Direito das Sucessões*. 5. ed. São Paulo: Ed. RT, 2014, p. 23.
48. RODRIGUES, Silvio. *Direito Civil. Direito das Sucessões*. 17. ed. São Paulo: Saraiva, 1989, v. 07. p. 04.
49. SALU, Renata Ramos. *Efetivação do Direito à Herança*. Tese (Mestrado). Direito Civil Comparado, Pontifícia Universidade Católica de São Paulo. São Paulo, 2009. Disponível em: http://dominiopublico. mec.gov.br/download/teste/arqs/cp128160.pdf, p. 47.
50. MONTESQUIEU. Charles de Secondat. *Do Espírito das Leis*. São Paulo: Editora Nova Cultural Ltda, 1997, v. II. p. 169-170.
51. COMTE, Augusto *apud* BEVILAQUA, Clóvis. *Direito das Sucessões*. 3. ed. Rio de Janeiro: Livraria Editora Freitas Bastos, 1938, p. 13.

estava vivo. Assim sendo, "dispor da propriedade de outra forma teria significado destruir uma pequena comunidade, cujos membros estavam unidos entre si por ideias, interesses e hábitos, e abandoná-la ao deus-dará". Segundo o escritor, "essas considerações, que eram mais objeto de sentimento do que de raciocínio, exerceram uma influência tão grande na mente da humanidade que criaram a ideia de um direito inerente dos filhos às posses de seu ascendente – direito que nem o próprio ascendente teria o poder de anular".[52]

Com isto, Stuart Mill defende pela necessidade de afastar presunções advindas de raciocínios antigos para os conceitos vigentes, que não mais adota a compreensão de que a propriedade é inerente às famílias, mas sim aos indivíduos. Para o doutrinador, não há qualquer justificativa para a sucessão que beneficia os colaterais. Enquanto os direitos dos filhos são de outra natureza: inalienáveis e reais:

> Mas mesmo quanto a estes, atrevo-me a pensar que a medida comumente tomada é errônea: o que é devido aos filhos é, sob alguns aspectos, subestimado, e em outros, ao que me parece, exagerado. Uma das obrigações mais vinculantes, a de não colocar filhos no mundo a menos que se possa mantê-los confortavelmente durante a infância e educá-los de forma que tenham probabilidade de se sustentarem quando adultos, é desrespeitada na prática e pouco levada em conta na teoria, de forma perniciosa para a comunidade humana. Por outro lado, quando o pai ou a mãe possui propriedade, os direitos dos filhos sobre ela me parecem ser objeto de um erro oposto. Não posso admitir que um pai ou mãe devam a seus filhos, simplesmente por serem seus filhos, e para enriquecê-los sem a necessidade de trabalharem, tudo aquilo que possam ter herdado, ou, pior ainda, tudo aquilo que possam ter adquirido em vida. Não poderia admiti-lo nem mesmo se tal herança com certeza revertesse em bem dos próprios filhos. Ora, isso é extremamente incerto. Depende do caráter individual. Sem supor casos extremos, pode-se afirmar que na maioria dos casos se atenderia melhor somente ao bem da sociedade, mas também ao dos respectivos indivíduos, deixando em testamento aos filhos uma provisão razoável, em vez de abundante. Essa tese, que é um lugar-comum dos moralistas, tanto antigos quanto modernos, é considerada verdadeira por muitos pais inteligentes, e de acordo com isso agiriam com muito maior frequência se fizessem o que é realmente vantajoso para os filhos, e não tanto o que os outros consideram como tal.[53]

Com nosso apoio, critica Clóvis Beviláqua que essas ideias depreciativas do direito hereditário partem de rasas observações que não traduzem a realidade da vida real, que intentam sanar as injustiças presentes na lei civil por intermédio da "applicação de um remedio violento, de effeitos mais funestos do que o mal,

---

52. MILL, Joahn Stuart. *Princípios de Economia Política*. São Paulo: Editora Nova Cultural, 1996, v. I. p. 278.

53. MILL, Joahn Stuart. *Princípios de Economia Política*. São Paulo: Editora Nova Cultural, 1996, v. I. p. 278-280.

que pretendem extirpar".[54] O doutrinador entende ainda, que tais pensamentos contrários ao direito à herança deram ensejo às argumentações dos socialistas, cujo viés de igual forma se opõe à sucessão *causa mortis* em favor dos indivíduos.[55]

Endossando a tese de repúdio ao direito das sucessões, os pensadores socialistas justificam a aversão à legitimidade da transmissão de bens em razão da morte como decorrência lógica da negação da legitimidade da propriedade privada,[56] considerando que os bens de produção e consumo pertenceriam ao Estado, e a ele deveria retornar, em prol da comunidade.[57]

Os socialistas, famigerado opositor à propriedade privada, e defensores assíduos do trabalho lícito como o único a provir riqueza ao indivíduo, defendem a abolição da sucessão *post mortem* dos direitos subjetivos, por entenderem que a propriedade privada – e bem assim o direito hereditário – a injustiça social, por criar e acoroçoar a desigualdade entre os homens ao concentrar as riquezas nas mãos da minoria.[58] Entendem ser nociva à riqueza coletiva por incentivar a preguiça e indolência daqueles que recebem a herança, porque tais sucessores não precisam trabalhar para garantir a sua sobrevivência, implicando em uma redução na mão de obra nacional. Argumentam ainda que, a transmissão *post mortem* impossibilita que os meios de produção sejam destinados aos mais aptos.[59]

Entretanto, essa interpretação que periclitava a propriedade privada, por idealizar um Estado perfeito, se mostrou, em verdade, ser a mais pura utopia. O exemplo prático disso é a experiência soviética, que evidenciou no mínimo a inconveniência – se não a impossibilidade – da supressão do direito hereditário.[60]

Isto porque, a extinta União das Repúblicas Socialistas Soviéticas – URSS,[61] ao abolir a propriedade privada em seu artigo 3º da Constituição e, por consequ-

---

54. BEVILAQUA, Clóvis. *Direito das Sucessões*. 3. ed. Rio de Janeiro: Livraria Editora Freitas Bastos, 1938, p. 13.
55. BEVILAQUA, Clóvis. *Direito das Sucessões*. 3. ed. Rio de Janeiro: Livraria Editora Freitas Bastos, 1938, p. 13.
56. RODRIGUES, Silvio. *Direito Civil. Direito das Sucessões*. 17. ed. São Paulo: Saraiva, 1989, v. 07. p. 05.
57. GONÇALVES, Carlos Roberto. *Direito Civil Brasileiro. Direito das Sucessões*. 17 ed. São Paulo: Saraiva, 2023, v. 07. p. 08.
58. CAHALI, Francisco José; e HIRONAKA, Giselda Maria Fernandes Novaes. *Direito das Sucessões*. 5. ed. São Paulo: Ed. RT, 2014, p. 23.
59. RODRIGUES, Silvio. *Direito Civil. Direito das Sucessões*. 17. ed. São Paulo: Saraiva, 1989, v. 07. p. 05-06.
60. RODRIGUES, Silvio. *Direito Civil. Direito das Sucessões*. 17. ed. São Paulo: Saraiva, 1989, v. 07. p. 06.
61. Pertinente se faz trazer observação de Inocêncio Galvão Telles, no sentido de que a sucessão em benefício de particulares não foi integralmente eliminada na extinta URSS: "Se alguém deixava uma casa, móveis e instrumentos de trabalho que não excedessem o valor total de 10.000 rublos e lhe sobreviviam descendentes, ascendentes, irmãos ou cônjuge que não pudesse trabalhar, estes familiares sucediam naquele conjunto de bens, de que poderiam sem mais tomar conta". TELLES, Inocêncio Galvão. *Direito das Sucessões* – Noções Fundamentais. 6. ed. Coimbra: Editora Coimbra, 1991, p. 259-260. Nesse mesmo sentido é a ponderação de Orlando Gomes: "Em todos os tempos, a sucessão

ência, o direito à herança,[62] enfrentou impactos severos para a economia nacional, o que obrigou o legislador russo a restabelecer a transmissão de bens em razão da morte.[63] Retrato disto, é que após a derrota do estado soviético, na Constituição da Federação da Rússia de 1993, houve a consolidação do direito sucessório, após a confirmação do direito à propriedade,[64] situação esta que se pendura até os dias atuais.[65] O direito hereditário subsistiu, portanto, nas dezesseis repúblicas socialistas, em suas duas formas – legal e testamentária –, como ocorre nos países de "direito burguês".[66] Como bem disse Carlos Maximiliano, "a realidade é a mais implacável arrasadora das utopias".[67]

Há que se destacar, todavia, o ensinamento de Inocêncio Galvão Telles, em que o direito sucessório existe em todos os sistemas jurídicos, incluindo os coletivistas, porquanto é inerente a propriedade individual, a qual é uma realidade constante e necessária em todos, sem exceção, os regimes. A diferença consiste unicamente que na ideologia socialista "a propriedade individual possui âmbito muito limitado, injustificadamente limitado, em benefício colectivos",[68] a qual é denominada como propriedade pessoal.

Como aponta Alberto Trabucchi, o direito e obrigação jurídica dependem do sujeito para existirem. É justamente nessa proposição que está o problema do destino dos direitos e obrigações quando o respectivo titular morre:

> Se i diritti si estinguessero, uma quantità enorme di *res nullius* diverrebbe possibile oggetto di occupazione, aprendo la via a ingiustificate cause di arrichimento generico com uma lotta per l'appropriazione dei bebi relitti. Se si estinguessero le obbligazioni, Il creditore verrebbe oltremodo danneggiato e l'esigenza chequalcuno subentri nella titolarità dei rapporti attivi e passivi che sopravvivono al soggetto che scompare; l'ordinamento giurdico vi provvede com le norme sulle successioni ereditarie.[69]

---

tem sido admitida e, até nos povos que aboliram a propriedade privada dos bens de produção, ocorre em relação aos bens de uso e consumo". GOMES, Orlando. *Sucessões.* 17 ed. rev. e atual. por Mario Roberto Carvalho de Faria. Rio de Janeiro: Forense, 2019 (e-book), p. 02.

62. FARIAS, Cristiano Chaves de; ROSENVALD, Nelson. *Curso de Direito Civil. Sucessões.* 9. ed. São Paulo: JusPodivm, 2023, v. 07. p. 60.

63. RODRIGUES, Silvio. *Direito Civil. Direito das Sucessões.* 17. ed. São Paulo: Saraiva, 1989, v. 07. p. 06.

64. FARIAS, Cristiano Chaves de; ROSENVALD, Nelson. *Curso de Direito Civil. Sucessões.* 9. ed. São Paulo: JusPodivm, 2023, v. 07. p. 60.

65. RODRIGUES, Silvio. *Direito Civil. Direito das Sucessões.* 17. ed. São Paulo: Saraiva, 1989, v. 07. p. 06.

66. MONTEIRO, Washington de Barros; PINTO, Ana Cristina de Barros Monteiro França. *Curso de Direito Civil. Direito das Sucessões.* 39. ed. São Paulo: Saraiva, 2016, v. 06. p. 19.

67. MAXIMILIANO, Carlos. *Direito das Sucessões.* 2. ed. Rio de Janeiro: Livraria Editora Freitas Bastos, 1942, v. I p. 33.

68. TELLES, Inocêncio Galvão. *Direito das Sucessões* – Noções Fundamentais. 6. ed. Coimbra: Editora Coimbra, 1991, p. 258.

69. Tradução livre: "Se os direitos se extinguissem, uma enorme quantidade de *res nullius* passaria a ser objeto de ocupação possível, abrindo caminho a causas injustificadas de enriquecimento genético, como a luta pela apropriação dos bens relictos. Se as obrigações se extinguissem, o credor seria ainda

A propriedade pessoal abrange todos os bens de consumo no sentido marxista, categoria que se contrapõe aos bens de produção e se não deve confundir com os denominados bens consumíveis. Enquanto os bens de produção – como a terra – servem para criar riquezas, produzir utilidades, e esses estão nacionalizados, os de consumo – como casa de habitação, vestuário, alimentos, joias, automóveis, depósito bancários, salários – destinam-se à satisfação de necessidades individuais, incluindo as da família, e são propriedade do sujeito destas necessidades, entrando no jogo das relações entre particulares. Podem ser adquiridos individualmente; o seu titular pode dispor deles, alienando-os por título oneroso ou gratuito ou testando-os; à sua morte transmitem-se. Constituem assim, objeto de sucessão.

No tocante aos defensores da transmissão hereditária entre os indivíduos e não em benefício da coletividade – aos quais filiamos –, alinham-se as objeções incisivas de que a possibilidade de transmitir os bens em favor dos seus configura incentivo ao espírito de poupança e capitalização, pois o homem busca aumentar os seus haveres, em prol do bem-estar de seus sucessores;[70] estimula a economia e trabalho, por assegurar na prole a continuação dos valores acumulados;[71] permite ao ente público a arrecadação do imposto de transmissão *causa mortis*, responsável por uma das fontes de renda mais significativa; afasta-se a malversação do acervo patrimonial em decorrência de uma administração deficitária do Estado; e favorece a família, que é o núcleo fundamental em que toda a organização social repousa.[72]

Notadamente, o interesse pessoal integra móvel irresistível de progresso. Impedir o titular do patrimônio de transferi-lo para os seus herdeiros, em verdade, acarretaria em burla ao sistema, pois ele tentaria alcançar tal resultado, por meio de doações ou de liberdades simuladas em negócios onerosos.[73] Tecendo críticas ao entendimento seguido pelos pensadores socialistas, Clóvis Beviláqua aduz que:

> E' preciso ter a vista perturbada por algum preconceito para não reconhecer, no direito sucessorio, um factor poderoso para aumento da riqueza pública; um meio de distribuil-a do modo mais apropriado á sua conservação e ao bem estar dos indivíduos; um vínculo para a consolidação da família, se a lei lhe garante o gozo dos bens de seus membros desapparecidos

---

mais prejudicado e a necessidade de alguém assumir a titularidade das relações ativas e passivas que sobrevivem ao sujeito que desaparece; o ordenamento jurídico prevê-o com as regras sucessórias". TRABUCCHI, Alberto. *Istituzioni Di Diritto Civile*. 9. ed. Padova, IT: CEDAM, 1999, p. 825.

70. RODRIGUES, Silvio. *Direito Civil. Direito das Sucessões*. 17. ed. São Paulo: Saraiva, 1989, v. 07. p. 06.

71. PEREIRA, Caio Mário da Silva. *Instituições de Direito Civil – Direito das Sucessões*. Atual. Carlos Roberto Barbosa Moreira. 24. ed. Rio de Janeiro: Forense, 2017, v. VI. p. 14-15.

72. MONTEIRO, Washington de Barros; PINTO, Ana Cristina de Barros Monteiro França. *Curso de Direito Civil. Direito das Sucessões*. 39. ed. São Paulo: Saraiva, 2016, v. 06. p. 18.

73. RODRIGUES, Silvio. *Direito Civil. Direito das Sucessões*. 17. ed. São Paulo: Saraiva, 1989, v. 07. p. 06.

na voragem da morte; e um estímulo para sentimentos altruísticos, porque traduz sempre um afeto, quer quando é a vontade que o faz mover-se, quer quando a providência parte da lei.[74]

O conteúdo do direito sucessório passa a ser preenchido, portanto, com a individualização da propriedade, na medida em que sendo coletiva a propriedade – como era nos primórdios da socialização dos indivíduos – a morte não implicava em qualquer alteração da situação jurídica do patrimônio. Logo, a sucessão hereditária conquista relevância com a transmissão de bens e direitos ao sujeito, em detrimento à coletividade, principiando-se discussões jurídicas e filosóficas acerca de seu fundamento.[75]

Não obstante, adentrando-se aos apoiadores da transmissão hereditária, autores como José D'Aguano, Enrico Cimbali, Carlos Maximiliano e Clóvis Beviláqua justificam o direito das sucessões em um modelo puramente científico, apoiando-se nas conclusões da antropologia e biologia relativas à questão da hereditariedade biopsicológica.[76] Para estes escritores, o fundamento do direito sucessório repousa na manutenção da vida humana, por meio das suas gerações.[77]

Por esta linha de fundamentação, entende-se que os progenitores além de transmitirem à sua prole os seus caracteres orgânicos, também repassam seus defeitos, virtudes e suas qualidades psíquicas, deduzindo-se daí, como consectário lógico da lei admitir e garantir a propriedade pessoal, o reconhecimento de que a sucessão *post mortem* é uma sequência da hereditariedade biológica e psicológica dos ascendentes ao descendentes.[78] Nesse ponto, defende D'Aguano que aquilo que existe naturalmente é incumbência da lei reconhecer, ao passo que, se há sequência da hereditariedade biopsicológica entre pais e filhos, deve a propriedade se perpetuar nas mãos deste sucessor natural.[79]

---

74. BEVILAQUA, Clóvis. *Direito das Sucessões*. 3. ed. Rio de Janeiro: Livraria Editora Freitas Bastos, 1938, p. 14.

75. CAHALI, Francisco José; e HIRONAKA, Giselda Maria Fernandes Novaes. *Direito das Sucessões*. 5. ed. São Paulo: Ed. RT, 2014, p. 23 e FARIAS, Cristiano Chaves de; ROSENVALD, Nelson. *Curso de Direito Civil. Sucessões*. 9. ed. São Paulo: JusPodivm, 2023, v. 07. p. 58.

76. BEVILAQUA, Clóvis. *Direito das Sucessões*. 3. ed. Rio de Janeiro: Livraria Editora Freitas Bastos, 1938, p. 14.

77. GONÇALVES, Carlos Roberto. *Direito Civil Brasileiro. Direito das Sucessões*. 17 ed. São Paulo: Saraiva, 2023, v. 07. p. 07.

78. D'AGUANO. *La genese e l'evoluzione del diritto*, ns. 177-183. In: OLIVEIRA, Arthur Vasco Itabaiana. *Tratado de Direito das Sucessões. Da Sucessão Geral e Da Sucessão Legítima*. 4. ed. São Paulo: Max Limonad, 1952, v. 01. p. 48-49. DINIZ, Maria Helena. *Curso de Direito Civil Brasileiro. Direito das Sucessões*. 35. ed. São Paulo: Saraiva, 2021, v. 06. p. 19. OLIVEIRA, Arthur Vasco Itabaiana de. *Tratado de Direito das Sucessões. Da Sucessão Geral e Da Sucessão Legítima*. 4. ed. São Paulo: Max Limonad, 1952, v. 01. p. 48-49.

79. D'AGUANO, José. *La Génesis y la Evolucion del Derecho Civil*, trad. Espanhola, ns. 207-08. *apud* MAXIMILIANO, Carlos. *Direito das Sucessões*. 2. ed. Rio de Janeiro: Livraria Editora Freitas Bastos, 1942, v. I, p. 22-23.

Em pensamento similar,[80] Enrico Cimbali assim escreveu: "A continuidade da vida e da humanidade através da cadeia ininterrupta das gerações que se succedem, mediante a renovação constante dos elementos de que ella se compõe, implica necessariamente a continuidade no gozo dos bens necessarios ao desenvolvimento progressivo da propria vida".[81] Em data consideravelmente um pouco mais atual, Luís Pinto Ferreira igualmente vislumbrou como fundamento da sucessão "o vínculo de sangue próprio da hereditariedade em que o filho herda as particularidades gerais da espécie e da raça, como da própria família, assim como, além do laço de hereditariedade, as conseqüentes relações de afeto e atração geradas da comunidade de sangue".[82]

Washington de Barros crítica, com o nosso endosso, o modelo científico e filosófico, por entender que a continuidade da vida humana independe da existência do instituto da sucessão, uma vez que, em verdade, o instituto ao qual se subordina é o sexual. Indo além em suas ponderações, opina que aludidas doutrinas somente justificam a transmissão da herança entre ascendentes e descendentes, deixando à margem as demais sucessões, *v.g.* entre cônjuges, colaterais, Estado[83] e, em muitos casos, o parentesco para além do biológico, como o civil e socioafetivo. Evidente, portanto, a carência de embasamento científico-jurídico deste fundamento.

Em outro sentido, Numa Denus Fustel de Coulanges justifica o direito das sucessões na religião conjugada com a propriedade. Para o escritor, a concepção religiosa exige a continuação do culto familial na transmissão da propriedade do chefe da família para seu sucessor. Na reflexão do autor, "o homem morre, o culto fica; o lar nunca deve apagar-se nem o túmulo ficar abandonado. Persistindo a religião doméstica, com ela continua existindo o direito de propriedade". Ao varão mais velho era imposto o dever de continuar tanto a propriedade como o culto dos antepassados após a morte do pai.[84] Valendo-se de Cícero como inspiração, Fustel de Coulanges disparou "A religião prescreve que os bens e o culto de cada

---

80. Também compartilhado por Clóvis Beviláqua. BEVILAQUA, Clóvis. *Direito das Sucessões*. 3. ed. Rio de Janeiro: Livraria Editora Freitas Bastos, 1938, p. 13-14.

81. CIMBALI, Enrico. *A Nova Phase do Direito Civil em suas Relações Economicas e Sociaes*. Tradução do italiano autorizada pelo autor. Editores: Livraria Chardron e Livraria Classica. Porto e Rio de Janeiro, 1900, p. 274.

82. FERREIRA, Luís Pinto. *Tratado das Heranças e dos Testamentos*. 2. ed. São Paulo: Saraiva, 1990, p. 09-10.

83. MONTEIRO, Washington de Barros; PINTO, Ana Cristina de Barros Monteiro França. *Curso de Direito Civil. Direito das Sucessões*. 39. ed. São Paulo: Saraiva, 2016, v. 06. p. 20.

84. É em decorrência da impossibilidade do herdeiro recusar a herança, que Clóvis Beviláqua chamava o herdeiro necessário de escravo instituído herdeiro. BEVILAQUA, Clóvis. *Direito das Sucessões*. 3. ed. Rio de Janeiro: Livraria Editora Freitas Bastos, 1938, p. 26.

família estejam inseparáveis, e o cuidado dos sacrifícios passa sempre àquele para quem a herança reverte".[85]

Contudo, mostra-se problemática a repetição acrítica da teoria de Fustel de Coulanges, porquanto carece de conexão entre os costumes relatados naquela época (analisados na próxima seção) com a contemporaneidade. "Cria-se uma falsa ligação entre as práticas da Antiguidade e o fenômeno sucessório dos dias atuais; não se leva em consideração todos os desenvolvimentos doutrinários e legislativos, notadamente a partir do século XVII, que efetivamente moldaram a concepção de herança que temos hoje em dia".[86] Ainda, consoante destaca Giselda Hironaka, o trabalho de Coulanges está sendo atualizado pelos estudos críticos da história, considerando que ao tempo da escrita da obra, os recursos para documentar a pesquisa eram escassos, e nela se inclui não apenas efetivas evidências, mas também noções literárias, mitológicas, religiosas e sociológicas. Em decorrência disto, "*A Cidade Antiga*" é considerada ultrapassada e metodologicamente falha pelos historiadores, nos dias atuais.[87]

Não obstante, há doutrinadores que fundamentam a sucessão na vontade presumida do autor da herança, sendo a ordem da vocação hereditária regulada tal como faria o disponente. Nesse sentido é a pensamento de José Luiz Gavião de Almeida, para quem "a fonte de onde deriva a sucessão é a vontade do falecido, quer ela tenha sido declarada de forma expressa, por via do testamento ou do codicilo, ou esteja presumida pela lei".[88]

Entretanto, sob um paradigma neoconstitucionalista (melhor abordado ao longo deste tópico e, sobretudo, na seção 3.2), não se demonstra mais adequado assentar o fenômeno sucessório no voluntarismo jurídico, reduzindo na vontade do sujeito a razão de ser do direito. Assim como Ana Luiza Nevares, compreendemos que esta teoria está obsoleta, pois "se apoia em premissas altamente individualistas, que compreendem a vontade individual como a causa dos efeitos jurídicos das relações privadas, cabendo à lei tão somente o dever de reconhecê-la e tutelá-la".[89]

---

85. COULANGES, Numa Denus Fustel de. *A Cidade Antiga*. 2. ed. brasileira. São Paulo: Martins Fontes, 1987, p. 74-76.

86. RIBEIRO, Raphael Rego Borges. Breves Reflexões Sobre os Fundamentos da Herança à Luz da Metodologia Civil-Constitucional. *Civilistica.com*, Rio de Janeiro, v. 11, n. 1, p. 1-32, 2022. Disponível em: https://civilistica.emnuvens.com.br/redc/article/view/720, p. 06.

87. HIRONAKA, Giselda Maria Fernandes Novaes. *Morrer e Suceder*: Passado e Presente da Transmissão Sucessória Concorrente. 2. ed. São Paulo: Ed. RT, 2014, p. 111-116.

88. ALMEIDA, José Luiz Gavião de. Código *Civil Comentado: Direito das Sucessões, Sucessão em Geral, Sucessão Legítima*: Arts. 1784 a 1856. São Paulo: Atlas, 2003, v. XVIII. p. 198.

89. NEVARES, Ana Luiza Maia. *A Sucessão do Cônjuge e do Companheiro na Perspectiva do Direito Civil-Constitucional*. 2. ed. São Paulo: Atlas, 2015, p. 43.

CAPÍTULO I • NOÇÕES INTRODUTÓRIAS DO DIREITO SUCESSÓRIO

A despeito de declinarmos a vontade presumida ou real do *de cujus* como fundamento único da sucessão legítima, reconhecemos a importância do elemento na configuração infraconstitucional. Na explicação de Raphael Ribeiro:

> Por um lado, consideramos a liberdade de testar como sendo um direito fundamental e, dessa forma, o fenômeno sucessório se abre, em conformidade com a Constituição, para a manifestação expressa de vontade do sucedido. Por outro lado, entendemos que a vontade presumida do morto é um dos parâmetros orientadores da estruturação da ordem legal de chamamento à sucessão. Admitir isso não é um indevido retorno ao voluntarismo oitocentista, na medida em que essa vontade presumida não é fundamento da sucessão *ab intestato*, apenas um critério orientador; existe significativa diferença de grau da sua importância sob essas duas perspectivas. Nesse sentido, a ordem de vocação hereditária deverá equilibrar a vontade do *de cujus* com outro critério orientador, qual seja, a existência de deveres do morto para com determinadas pessoas; e muitas vezes o legislador deverá priorizar o cumprimento desses deveres, em detrimento do elemento volitivo [...][90]

Para Washington de Barros Monteiro, Cristiano Chaves de Farias, Nelson Rosenvald, Francisco José Cahali, Orlando Gomes, Silvio Rodrigues, Inocêncio Galvão Telles, José de Oliveira de Ascensão e Ney de Mello Almada, dentre outros, o fundamento do direito das sucessões se respalda na consequência inexorável do próprio direito de propriedade, inclusive em harmonia com o interesse social.

Nas palavras de Francisco José Cahali, "a transmissão causa mortis é a decorrência lógica da propriedade, tal como caracterizada, dentre outros aspectos, pela perpetuidade e estabilidade da relação jurídica formada; ou, sob outro ângulo, é o complemento do direito de propriedade, prolongando-se além da morte de seu titular".[91] E, conforme lembra Washington de Barros Monteiro, propriedade que não se transfere ao sucessor do seu respectivo titular, mas se extingue com a sua morte, "não é propriedade, porém mero usufruto". Por lógica, não existiria propriedade se não fosse perpetua, sendo que é justamente na característica de perpetuidade que toa a transmissão *post mortem*.[92]

Nesta mesma perspectiva, Orlando Gomes argumenta não ser necessário recorrer a argumentos artificiais para justificar a sucessão hereditária, satisfazendo-se a justificativa racional "nos mesmos princípios que explicam e justificam o direito de propriedade individual, do qual é a expressão mais

---

90. RIBEIRO, Raphael Rego Borges. Breves Reflexões Sobre os Fundamentos da Herança à Luz da Metodologia Civil-Constitucional. *Civilistica.com*, Rio de Janeiro, v. 11, n. 1, p. 1-32, 2022. Disponível em: https://civilistica.emnuvens.com.br/redc/article/view/720, p. 08.

91. CAHALI, Francisco José; e HIRONAKA, Giselda Maria Fernandes Novaes. *Direito das Sucessões*. 5. ed. São Paulo: Ed. RT, 2014, p. 24.

92. MONTEIRO, Washington de Barros; PINTO, Ana Cristina de Barros Monteiro França. *Curso de Direito Civil*. Direito das Sucessões. 39. ed. São Paulo: Saraiva, 2016, v.: 06. p. 20.

enérgica e a extrema, direta e lógica consequência".[93] Sobe isto, Cristiano Chaves de Farias e Nelson Rosenvald notam que a "sucessão hereditária tem o condão de conferir estabilidade ao direito de propriedade privada, viabilizando a sua plenitude".[94]

Igualmente, há necessidade de continuar para além da morte as relações jurídicas econômicas deixadas pelo finado, sendo basilar a preservação da garantia do adimplemento das obrigações.[95] Caso a propriedade se extinguisse com a morte de seu proprietário haveria a perturbação da ordem e ofenderia a justiça, rompendo-se com a continuidade de situações econômico-jurídicas, pois deixaria o patrimônio sem dono, de forma a exonerar injustificadamente os devedores, e em contrapartida desvanecendo-se os direitos dos credores do falecido.[96]

Parece-nos óbvio que existe uma íntima conexão entre a sucessão *causa mortis* e propriedade. Negar essa relação seria um contrassenso teórico. Porém, não endossamos a concepção de ser a herança mero desdobramento ou complemento da propriedade. Isto porque, a propriedade incorpora os poderes sobre a coisa: usar, dispor, gozar e reaver do poder de quem injustamente a possua ou detenha, sendo dispensável a coexistência de transferência *inter vivos* e a *causa mortis*. Assim como Raphael Ribeiro, respaldamos o nosso argumento no sentido de que "a transferência intergeracional da propriedade não é um elemento intrínseco a esse direito. O proprietário continuaria tendo esse *status*, e todos os poderes a ele inerentes, ainda que não houvesse a transmissão hereditária do seu patrimônio".[97]

Desta forma, a afirmação tão repetida na doutrina de que sem a sucessão hereditária a propriedade seria mero usufruto não se sustenta quando confrontada com os direitos reais. Ora, o usufruto é direito real em coisa alheia, já a propriedade é direito real em coisa própria; ao contrário do titular do bem, ao usufrutuário não é outorgado o direito de dispor da coisa ou sequer alienar o seu usufruto.[98] Sendo que, a coisa alheia não é transformada em própria (e vice-versa)

---

93. GOMES, Orlando. *Sucessões*. 17 ed. rev. e atual. por Mario Roberto Carvalho de Faria. Rio de Janeiro: Forense, 2019 (e-book), p. 02.

94. FARIAS, Cristiano Chaves de; ROSENVALD, Nelson. *Curso de Direito Civil. Sucessões*. 9. ed. São Paulo: JusPodivm, 2023, v. 07. p. 59.

95. TEPEDINO, Gustavo; NEVARES, Ana Luiza Maia; MEIRELES, Rose Melo Vencelau. *Fundamentos do Direito Civil* – Direito das Sucessões. 4. ed. Rio de Janeiro: Forense, 2023 (e-book), v. 07. p. 25.

96. TELLES, Inocêncio Galvão. *Direito das Sucessões* – Noções Fundamentais. 6. ed. Coimbra: Editora Coimbra, 1991, p. 264.

97. RIBEIRO, Raphael Rego Borges. Breves Reflexões Sobre os Fundamentos da Herança à Luz da Metodologia Civil-Constitucional. *Civilistica.com*, Rio de Janeiro, v. 11, n. 1, p. 1-32, 2022. Disponível em: https://civilistica.emnuvens.com.br/redc/article/view/720, p. 10-11.

98. Art. 1.393 do CC. "Não se pode transferir o usufruto por alienação; mas o seu exercício pode ceder-se por título gratuito ou oneroso".

na eventual inexistência de transmissão *causa mortis*, ao passo que a ausência de herança não impede que o proprietário disponha da coisa por ato *inter vivos*, cujo poder permanece à margem do usufrutuário.[99]

Soma-se a isso, o fato do ordenamento brasileiro admitir a propriedade resolúvel – que não se confunde com o usufruto –; e do constituinte ter dedicado um inciso próprio ao direito de herança. No aclaramento de Raphael Ribeiro:

> Além disso, nosso ordenamento admite a propriedade resolúvel, que se extingue em razão de elemento acidental do negócio jurídico. Com o implemento da condição ou o advento do termo, a propriedade se extingue em relação àquele sujeito, não se transmitindo aos seus sucessores. Isso, todavia, não significa que aquele direito que existia era mero usufruto; titular de propriedade resolúvel é proprietário com todos os poderes inerentes ao domínio – um domínio resolúvel, porém. No próprio Direito das Sucessões encontramos, por exemplo, a substituição fideicomissária, na qual o testador pode estabelecer que o domínio do fiduciário se extingue com a sua morte, passando então para o fideicomissário. O fideicomissário é sucessor do testador, não do fiduciário. Isso não significa que o fiduciário era mero usufrutuário; ele era proprietário com todos os poderes inerentes ao domínio, ainda que, com a sua morte, os bens não tenham sido transmitidos aos seus próprios sucessores.[100]

Ademais, igualmente acreditamos que "seria de uma pobreza teórica e normativa sem tamanho se o constituinte tivesse dedicado um inciso próprio ao direito de herança, no rol de direitos fundamentais, se se tratasse de mero complemento da propriedade, outro direito fundamental já listado poucos incisos antes". Por último, por força da metodologia civil-constitucional, o fundamento da transmissão hereditária tão somente na propriedade deve ser afastado, porquanto representaria excessiva reverência ao tradicional patrimonialismo do Direito Civil clássico.[101]

Lado outro, por ser a família elemento fundamental do discurso evolutivo do direito sucessório pátrio, há o duplo fundamento deste na propriedade compilada no interesse superior da família, entendida como instituto de importância social. De acordo com Guilherme da Gama "a propriedade é perpétua na medida em que tem como ser titularizada e mantida pela família a que o bem passou a

---

99. RIBEIRO, Raphael Rego Borges. Breves Reflexões Sobre os Fundamentos da Herança à Luz da Metodologia Civil-Constitucional. *Civilistica.com*, Rio de Janeiro, v. 11, n. 1, p. 1-32, 2022. Disponível em: https://civilistica.emnuvens.com.br/redc/article/view/720 , p. 11.
100. RIBEIRO, Raphael Rego Borges. Breves Reflexões Sobre os Fundamentos da Herança à Luz da Metodologia Civil-Constitucional. *Civilistica.com*, Rio de Janeiro, v. 11, n. 1, p. 1-32, 2022. Disponível em: https://civilistica.emnuvens.com.br/redc/article/view/720, p. 11.
101. RIBEIRO, Raphael Rego Borges. Breves Reflexões Sobre os Fundamentos da Herança à Luz da Metodologia Civil-Constitucional. *Civilistica.com*, Rio de Janeiro, v. 11, n. 1, p. 1-32, 2022. Disponível em: https://civilistica.emnuvens.com.br/redc/article/view/720, p. 11-12.

pertencer e, dentro da perspectiva cultural de perpetuação da família nas gerações seguintes, a propriedade do bem nunca deixará de existir".[102]

Enrico Cimbali, Itabaiana de Oliveira, Pietro Cogliolo e Francisco de Paula Lacerda de Almeida[103] também contemplam os autores que defendem o fundamento do direito sucessório na propriedade conjugada com o direito de família. Por esta perspectiva, o fundamento da sucessão *mortis causa* não se restringe à manutenção do patrimônio no grupo familiar como mecanismo de acumulação de capital, a incentivar a poupança, trabalho e economia, mas ainda e sobretudo como "fator de proteção, coesão e de perpetuidade da família".[104]

Itabaiana de Oliveira, ao fazer referência ao Cogliolo, acrescenta que a individualização da propriedade fortaleceu os vínculos afetivos familiares, tornando-se costume aos pais transferirem aos filhos a sua propriedade. Como consequência da profundidade deste hábito teve-se o reconhecimento de legislações antigas do direito à herança dos filhos.[105] Dessa forma, a ideia de sucessão foi materializada na propriedade como influente motor para a perpetuação da família, "pelo cumprimento do culto dos antepassados".[106] Complementa o autor que a sucessão é, portanto:

> [...] uma consequência necessária à conservação das afeições da família pela perpetuação da personalidade e ao cumprimento dos deveres que ela impõe na continuação da propriedade:
>
> primeiramente – pela afeição, que em regra, existia entre o defunto e seus mais próximos parentes e que a morte não rompe, pois o culto fica, não se apagando o fogo, nem se abandonando o túmulo, o tempo dos deuses Manes;
>
> depois – pelo princípio da propriedade familial, que forma um todo, uma *universitas*, na qual cada membro tem uma parte ideal.[107]

---

102. GAMA, Guilherme Calmon Nogueira da. Capacidade para Testar, para Testemunhar e para Adquirir por Testamento. In: HIRONAKA, Giselda Maria Fernandes Novaes; PEREIRA, Rodrigo da Cunha (Coord.). *Direito das Sucessões e o Novo Código Civil*. Belo Horizonte: Del Rey, 2004, p. 183-184.

103. Lacerda de Almeida denomina ainda o direito sucessório como o *"regime da propriedade na família"*, visto que a maneira de transmitir o patrimônio em razão do falecimento do seu titular está vinculada a concepção daquela época para aquela sociedade sobre a família e do papel que é designada a empenhar. ALMEIDA, Francisco de Paula Lacerda de. *Sucessões*. Rio de Janeiro: Livraria Cruz Coutinho, 1995, p. II.

104. HIRONAKA, Giselda Maria Fernandes Novaes. *Direito sucessório brasileiro*: ontem, hoje e amanhã. Palestra proferida no Congresso Anual da Deutsch-Brasilianische Juristenvereinigung (Associação de Juristas Alemanha-Brasil), realizado na cidade de Dresden (Alemanha), de 22 a 25 de novembro de 2001. Disponível em: https://www.direitodefamilia.adv.br/2020/wp-content/uploads/2020/07/direito.pdf, p. 02-03.

105. OLIVEIRA, Arthur Vasco Itabaiana de. *Tratado de Direito das Sucessões*. Da Sucessão Geral e Da Sucessão Legítima. 4. ed. São Paulo: Max Limonad, 1952, v. 01. p. 47.

106. OLIVEIRA, Arthur Vasco Itabaiana de. *Tratado de Direito das Sucessões*. Da Sucessão Geral e Da Sucessão Legítima. 4. ed. São Paulo: Max Limonad, 1952, v. 01. p. 47.

107. OLIVEIRA, Arthur Vasco Itabaiana de. *Tratado de Direito das Sucessões*. Da Sucessão Geral e Da Sucessão Legítima. 4. ed. São Paulo: Max Limonad, 1952, v. 01. p. 48.

Cimbali esclarece que o racional da continuação pelo sucessor do uso e gozo do patrimônio e encargos assumidos pelo *de cujus* desvenda a necessidade social da sucessão *post mortem* do patrimônio, "como complemento natural da geração no individuo", mas que não é tudo. O escritor também admite que o direito hereditário encontra respaldo no direito de família e no direito da propriedade, acrescentando a combinação harmônica de três fatores[108] para a sua constituição: (i) individual – prepondera em sua aquisição, fazendo com que a administração deva ser individual; (ii) familiar – na sua conservação; e (iii) social – em sua garantia:[109]

> O direito das successões, pois, acha-se altamente justificado em seus fundamentos racionaes, e vivamente recommendado tambem por solidas considerações economicas, porque serve, com a segurança de poder favorecer livremente as pessoas que se amam e de que serão devolvidos legalmente, sem contradição, á propria familia, os bens que se possuem, para despertar o amor ao trabalho e a producção, ao passo que impede que mudanças bruscas, dolorosamente inevitaveis, deixem na miseria pessoas que participaram da opulencia de seus parentes durante a vida dos mesmos. O fim consiste em satisfazer racionalmente e conciliar de um modo harmonico os respectivos direitos do individuo, da familia e da sociedade.[110]

Nesse liame, é apropriada a conclusão de Inocêncio Galvão Telles de que há uma função social na propriedade que transcende o indivíduo, e que por isso deve ser considerada autonomamente – inclusive em proveito da família: "A propriedade existe em proveito de seu titular mas, pelo modo do seu uso ou pelo seu destino ou pelos encargos a que dá origem ou pelas limitações ou restrições a que está sujeita, deve também aproveitar a sociedade".[111] Ney de Mello Almada adiciona ainda que "a sucessão hereditária contribui para a tradição de valores de uma à seguinte geração, e, sob certo aspecto, o sucessor utiliza a experiência do autor da herança, e realiza o capital intelectual e moral deste, sendo a História o próprio direito hereditário na vida da Humanidade".[112]

De maneira similar da conexão entre propriedade e sucessão hereditária, também não podemos negar o vínculo desta com a família. Como assinala Raphael Ribeiro, mesmo nos países cuja livre disposição da propriedade por testamento se sobressai, existe essa ligação. O autor cita como exemplo aqueles inspirados na

---

108. Arthur Vasco Itabaiana de Oliveira converge com tal entendimento.

109. CIMBALI, Enrico. *A Nova Phase do Direito Civil em suas Relações Economicas e Sociaes*. Tradução do italiano autorizada pelo autor. Editores: Livraria Chardron e Livraria Classica. Porto e Rio de Janeiro, 1900, p. 274-277.

110. CIMBALI, Enrico. *A Nova Phase do Direito Civil em suas Relações Economicas e Sociaes*. Tradução do italiano autorizada pelo autor. Editores: Livraria Chardron e Livraria Classica. Porto e Rio de Janeiro, 1900, p. 280.

111. TELLES, Inocêncio Galvão. *Direito das Sucessões* – Noções Fundamentais. 6. ed. Coimbra: Editora Coimbra, 1991, p. 265-266.

112. ALMADA, Ney de Mello. *Direito das Sucessões*. 2. ed. São Paulo: Brasiliense Coleções, 1991, v. 01. p. 75.

common law inglesa, que adotam a *family provision*, "um mecanismo de proteção à família por meio da revisão judicial das cláusulas de um testamento no qual o testador tenha feito provisões insuficientes em benefício dos seus familiares". Ele registra ainda que até mesmo nos Estados Unidos, cujo individualismo e a liberdade de testar são mais acentuados, há a proteção, de maneira geral, do cônjuge pelas legislações estaduais, bem como há preocupação com os descendentes do falecido pela doutrina, que defende a sua proteção contra os efeitos da deserdação.[113]

Com o nosso apoio, Raphael Ribeiro observa que no Brasil as tentativas de desassociar a proteção à família da transmissão *causa mortis*, a fim de conceder maior prestígio à liberdade de testar, não se sustentam. No direito sucessório pátrio a família é elemento fundamental do discurso evolutivo: "A formação do Direito das Sucessões é marcada pelo espírito de compromisso entre o individualismo romano, o espírito comunitário germânico e as exigências canônicas de proteção à pessoa e à família". Soma-se a isso, o fato do instituto ter sido elevado ao posto de base da sociedade pela Constituição da República em seu artigo 226.[114] Assim, igualmente acreditamos que a sucessão *post mortem* "é um campo de especial eficácia dessa normativa constitucional".[115]

Há, contudo, certa fragilidade no embasamento da sucessão *causa mortis* no interesse superior da família como instituição por si mesma merecedora de tutela, porquanto a Constituição de 1988 acolheu a ideia de família-instrumento, passando a protegê-la como espaço de promoção do desenvolvimento dos seus componentes, assegurando assistência ao núcleo na pessoa de cada um de seus membros. Logo, a entidade familiar não pode mais ser vista como mero instituto de reprodução, deve o direito sucessório buscar a proteção da família enquanto instrumento de promoção da dignidade da pessoa humana.[116] Razão pela qual, o posicionamento que resume a herança a um mecanismo de proteção da família em si mesma, mostra-se falho à luz da metodologia civil-constitucional.[117]

---

113. RIBEIRO, Raphael Rego Borges. Breves Reflexões Sobre os Fundamentos da Herança à Luz da Metodologia Civil-Constitucional. *Civilistica.com*, Rio de Janeiro, v. 11, n. 1, p. 1-32, 2022. Disponível em: https://civilistica.emnuvens.com.br/redc/article/view/720, p. 11.

114. Art. 226, *caput*. "A família, base da sociedade, tem especial proteção do Estado".

115. RIBEIRO, Raphael Rego Borges. Breves Reflexões Sobre os Fundamentos da Herança à Luz da Metodologia Civil-Constitucional. *Civilistica.com*, Rio de Janeiro, v. 11, n. 1, p. 1-32, 2022. Disponível em: https://civilistica.emnuvens.com.br/redc/article/view/720, p. 11-12.

116. TEPEDINO, Gustavo; NEVARES, Ana Luiza Maia; MEIRELES, Rose Melo Vencelau. *Fundamentos do Direito Civil* – Direito das Sucessões. 4. ed. Rio de Janeiro: Forense, 2023 (e-book), v. 07. p. 28-29.

117. RIBEIRO, Raphael Rego Borges. Breves Reflexões Sobre os Fundamentos da Herança à Luz da Metodologia Civil-Constitucional. *Civilistica.com*, Rio de Janeiro, v. 11, n. 1, p. 1-32, 2022. Disponível em: https://civilistica.emnuvens.com.br/redc/article/view/720, p. 16.

CAPÍTULO I • NOÇÕES INTRODUTÓRIAS DO DIREITO SUCESSÓRIO **23**

Lado outro, observa-se que ao fundamentar a transmissão póstuma da propriedade na proteção à família, os autores trazem a ideia de continuidade entre o sucedido e o sucessor. Tal perspectiva, da herança como vínculo de continuidade, é defendida por Shelly Kreiczer-Levy, ponderada com questões culturais e com o olhar voltado tanto para a sociedade quanto para os indivíduos envolvidos na sucessão. Para a autora, a mortalidade humana desperta o interesse da continuidade, que, por seu turno, manifesta-se por intermédio da propriedade que é transmitida do sucedido para os sucessores.

Partindo-se da premissa básica de que os seres humanos são mortais, enquanto o mundo ao seu redor não é,[118] desdobra-se uma ameaça: os indivíduos enfrentam a assustadora possibilidade de sua existência não ter significado algum. Em verdade, é mais do que uma mera possibilidade, "so much has happened before we are born and after we die, that our existence cannot be more than a passing and insignificant error. It seems that individual life, standing alone, is missing an element, which transcends above its rectilinear biography and makes it meaningful".[119]

Neste contexto, ao invés de respaldar a sua existência como mero efeito da biologia, o homem aprende a participar de uma cultura. É o aspecto cultural que lhe confere a possibilidade de imortalidade: "we need culture as a way to transcend our mortal fate". Cria-se uma conexão com o mundo que transcende a existência finita. Trata-se, pois, de uma necessidade humana de buscar por um significado, de localizar a si mesmo em algo que pendurará mais do que a própria vida.[120]

Kreiczer-Levy entende que uma conexão em um mundo contínuo conecta o passado e futuro. São, então, dois elementos de continuidade: aquele para depois da morte, que em termos sociais, representa a continuação da cultura, para onde ela se direciona e, individualmente, as nossas aspirações e comprometimento (futuro), e outra de onde viemos e o que temos a oferecer (passado), com o que se relaciona, tanto individual quanto socialmente, com a necessidade de nos conectarmos as nossas raízes (em termos de nação, grupo ou família).[121]

---

118. KREICZER-LEVY, Shelly. *The Mandatory Nature of Inheritance*. The American Journal of Jurisprudence, v. 53, 2008, p. 15.

119. Tradução livre: "Tanta coisa aconteceu antes de nascermos e depois de morrermos, que a nossa existência não pode ser mais do que um erro passageiro e insignificante. Parece que a vida individual, isolada, falta um elemento que transcende a sua biografia rectilínea e lhe faça sentido". KREICZER-LEVY, Shelly. The Mandatory Nature of Inheritance. *The American Journal of Jurisprudence*, v. 53, p. 15-16, 2008.

120. Tradução livre: "Nós precisamos de cultura como forma de transcender o nosso destino mortal". KREICZER-LEVY, Shelly. The Mandatory Nature of Inheritance. *The American Journal of Jurisprudence*, v. 53, p. 16, 2008.

121. KREICZER-LEVY, Shelly. The Mandatory Nature of Inheritance. *The American Journal of Jurisprudence*, v. 53, p. 16, 2008.

A transferência de propriedade após a morte (a herança) representa um destes artefatos de continuidade, em que se permite ao ser humano transcender a própria existência, bem assim conectar com determinada origem, raízes, ou seja, estabelecer seu senso de pertencimento. A propriedade é uma importante parte da cultura, a utilizamos para definir uma identidade, comunicação, melhoria de vida e performar transações. Entende a autora que há um propósito maior para a herança, ela desenvolve a ideia de *intergenerational bond*, ou vínculo intergeracional: tanto o sucessor quanto o sucedido têm interesse de participar do fenômeno hereditário:

> Indeed, inheritance creates ties that are based on the transfer of property, relationships, reciprocity, and obligation. The giver can remain in the world through the inheritance process. It communicates her choices, desires, and personality, and stimulates obligations of respect and memory of the receiver. Whatever means we endorse for conceptualizing property, most of us would agree it is an important symbol in our culture. It is a symbol of the self and its transfer, especially with no consideration, is a symbol of connection. The intergenerational bond is a unique form of continuity through property that creates a connection between the giver and the receiver. Inheritance is thus a human good that promotes the bond between different generations. It is beneficial for the giver, but not only for her. The bond is a good for the receiver as well, and also, perhaps more importantly, to society in general.[122]

A doutrinadora adverte ainda que a herança não é universal, ela apenas faz sentido em um mundo onde a propriedade significa experiência social: "It thus means that if in fact we acknowledge and support a private property regime, which recognizes the personality-furthering dimension of property, we make room for a social path of connection through property".[123]

Com certa semelhança, Pontes de Miranda também vislumbrou no direito sucessório a função de prover bens para a continuidade temporal da família. Para o autor, a existência do laço familiar "serve de elemento do suporte fácti-

---

122. Tradução livre: "De fato, a herança cria laços que se baseiam na transferência de bens, nas relações, na reciprocidade e na obrigação. O disponente pode permanecer no mundo pelo processo de herança. Ela comunica as suas escolhas, desejos e personalidade, e estimula obrigações de respeito e memória no receptor. Independentemente dos meios que adotemos para conceitualizar a propriedade, a maioria de nós concordaria que se trata de um símbolo importante na nossa cultura. É um símbolo do eu e a sua transferência, especialmente sem qualquer contrapartida, é um símbolo de ligação. O vínculo intergeracional é uma forma única de continuidade pela propriedade que cria uma ligação entre o doador e o receptor. A herança é, portanto, um bem humano, que promove a ligação entre diferentes gerações. É benéfico para quem dá, mas não apenas para ela. O vínculo é um bem também para quem o recebe e, talvez mais importante, para a sociedade em geral". KREICZER-LEVY, Shelly. The Mandatory Nature of Inheritance. *The American Journal of Jurisprudence*, v. 53, p. 17, 21 e 26, 2008.
123. KREICZER-LEVY, Shelly. The Mandatory Nature of Inheritance. *The American Journal of Jurisprudence*, v. 53, 2008, p. 21.

co", "que se encontra nos grupos animais, pela existência de comunidade e de continuidade".[124]

Acreditamos que há méritos na teoria da herança enquanto continuidade. Não se desconsidera o peso do direito de propriedade para a sucessão hereditária, porém, instrumentaliza-se o interesse patrimonial para a realização dos interesses existenciais dos sujeitos envolvidos no fenômeno sucessório. Esta visão encontra congruência com as diretrizes estabelecidas pela Constituição Federal da República de 1988, devendo apenas tomá-la em conjunto com a proteção à família, promoção da dignidade e personalidade humana, da solidariedade familiar, e da realização de interesses existenciais do autor da herança, tendo em vista que a constituinte não tutela a família enquanto entidade abstrata. Nas palavras de Pietro Perlingieri:

> A família como formação social, como <<sociedade natural>>, é garantida pela Constituição não como portadora de um interesse superior e superindividual, mas sim, em função da realização das exigências individuais, como lugar onde se desenvolve a pessoa. A família é valor constitucionalmente garantido nos limites de sua conformação aos valores que caracterizam as relações civis, especialmente a dignidade humana, ainda que diversas possam ser suas modalidades de organização, ela é finalizada à educação e à promoção daqueles que ela pertence [...]
>
> A família não é titular de um interesse autônomo, superior àquele do pleno e livre desenvolvimento de cada pessoa. Devem ser rejeitadas, portanto, as várias teorias que discorrem sobre o <<interesse familiar>> superindividual, de tipo público ou corporativo. A presença simultânea da responsabilidade na liberalidade individual requer a exigência da colaboração da solidariedade e da reciprocidade, sem que elas cheguem a construir um separado interesse familiar que possa ser oposto àquele individual.[125]

O âmago de proteção à família confere espaço à noção de solidariedade familiar, dentro da lógica de promoção da dignidade na pessoa de cada um dos seus membros.[126] Como diz Pietro Perlingieri, "a pessoa é inseparável da solidariedade: ter cuidado com o outro faz parte do conceito de pessoa".[127]

Nesse sentido, observa Paulo Lôbo que: "Para o desenvolvimento da personalidade individual é imprescindível o adimplemento dos deveres inderrogáveis de solidariedade, que implicam condicionamentos e comportamentos interin-

---

124. MIRANDA, Francisco Cavalcanti Pontes de. *Tratado de Direito Privado*. Parte Especial. 3. ed. São Paulo: Ed. RT, 1984, t. LV. Direito das Sucessões: Sucessão em Geral. Sucessão Legítima p. 190 e 202.

125. PERLINGIERI, Pietro. *O Direito Civil na Legalidade Constitucional*. Trad. Maria Cristina De Cicco. Rio de Janeiro: Renovar, 2008, p. 971-972 e 974-975.

126. RIBEIRO, Raphael Rego Borges. Breves Reflexões Sobre os Fundamentos da Herança à Luz da Metodologia Civil-Constitucional. *Civilistica.com*, Rio de Janeiro, v. 11, n. 1, p. 1-32, 2022. Disponível em: https://civilistica.emnuvens.com.br/redc/article/view/720, p. 24.

127. PERLINGIERI, Pietro. *O Direito Civil na Legalidade Constitucional*. Trad. Maria Cristina De Cicco. Rio de Janeiro: Renovar, 2008, p. 461.

dividuais realizados num contexto social".[128] Continua o doutrinador que, "de um lado, o valor da pessoa humana enquanto tal, e os deveres de todos para com sua realização existencial, nomeadamente do grupo familiar; de outro lado, os deveres de cada pessoa humana com as demais, na construção harmônica de suas dignidades".[129]

Além do dado econômico, a sucessão de bens encontra fundamento na família e suas funções. Os parentes mais próximos, especialmente os filhos, durante a vida do autor da herança fruem de seu acervo patrimonial, nutrindo expectativa de que esta fruição não se esgotará com a morte do titular. Essa expectativa se trata do dever de solidariedade, digno de tutela social, haja vista que proporciona a coesão da família.[130]

Gustavo Tepedino, Ana Luiza Nevares e Rose Melo Vencelau apontam que, para o rol de herdeiros, o legislador se fundamentou nos laços mais estreitos de solidariedade, percebidos no núcleo familiar, cuja herança é devolvida àqueles mais próximos do *de cujus*. Acrescentam ainda que:

> Da análise de tal compatibilidade decorre a sua tutela, que deve conciliar os interesses patrimoniais do proprietário com o alcance do objetivo constitucional de solidariedade e de promoção da dignidade da pessoa humana. Nessa direção, o direito regula o destino dos bens e suas vicissitudes, como instrumentos para a realização do projeto constitucional. Dito de outro modo, a apropriação de bens deve ser tutelada buscando-se a titularidade funcional, ou seja, a titularidade dirigida à manutenção da dignidade da pessoa. Nessa esteira, a transmissão *causa mortis* da situação proprietária assume especial relevo, na medida em que a modificação de seu titular poderá interferir diretamente no cumprimento da função social da propriedade, o que não pode ser desconsiderado pelo Direito Sucessório.[131]

Caio Mário da Silva Pereira também argumenta que a propriedade – que é individual – é assegurada aos indivíduos do nicho familiar em decorrência da solidariedade, que embasa deveres de assistência entre todos os membros. Com o que, busca a sucessão hereditária "proporcionar originariamente aos

---

128. LÔBO, Paulo Luiz Netto. O Princípio Constitucional da Solidariedade nas Relações de Família. In: CONRADO, Marcelo; PINHEIRO, Rosalice Fidalgo (Coord.). *Direito Privado e Constituição*. Curitiba: Juruá, 2009, p. 324.

129. LÔBO, Paulo Luiz Netto. O Princípio Constitucional da Solidariedade nas Relações de Família. In: CONRADO, Marcelo; PINHEIRO, Rosalice Fidalgo (Coord.). *Direito Privado e Constituição*. Curitiba: Juruá, 2009, p. 327.

130. RUZYK, Carlos Eduardo Pianovski; PINHEIRO, Rosalice Fidalgo. O Direito de Família na Constituição de 1998 e suas Repercussões no Direito das Sucessões: Convergências e Dissensões na Senda da Relação entre Código Civil e Constituição. In: CONRADO, Marcelo; PINHEIRO, Rosalice Fidalgo (Coord.). *Direito Privado e Constituição*. Curitiba: Juruá, 2009, p. 431

131. TEPEDINO, Gustavo; NEVARES, Ana Luiza Maia; MEIRELES, Rose Melo Vencelau. *Fundamentos do Direito Civil* – Direito das Sucessões. 4. ed. Rio de Janeiro: Forense, 2023, v. 07 (e-book), 26 e 27.

descendentes a propriedade do antecessor, segundo o princípio da afeição real ou presumida, que respectivamente informa a sucessão legítima e a testamentária".[132]

Carlos Maximiliano já argumentava que a sucessão legítima desdobra-se da preocupação social com a unidade e a solidariedade da família. Nesse liame, o direito de suceder é extensível até onde pode se presumir a existência dessa solidariedade; a lei e a moral asseguram a preferência no afeto e na riqueza. De acordo com ele, na medida em que os integrantes da família "se apoiam, animam, estimulam e consolam mutuamente nas provações, dificuldades e desastres", é justo que participem "todos da riqueza, para a qual contribuíram quando se lhes ofereceu oportunidade e na medida das próprias forças: um laborando, outro economizando, êste vigiando, aquele aconselhando, repreendendo, providenciando".[133]

Tal como Raphael Borges Ribeiro, compreendemos ser adequada a ideia de solidariedade familiar à releitura da tábua axiológica constitucional, haja vista que reconhece a proteção à família, enquanto base da sociedade, cujo foco se concentra na dignidade da pessoa de cada um de seus integrantes.[134] Acreditamos, de igual maneira, que o princípio acarreta na responsabilização recíproca dos componentes "para que a felicidade seja uma via possível, através da formação da personalidade de cada um, que tem ampla liberdade para construir-se segundo as suas próprias concepções".[135] Portanto, mostra-se lógico direcionar parte do acervo patrimonial do finado "tanto à promoção da vida digna quanto à melhoria das condições de vida de pessoas a ele ligadas pelo vínculo familiar".[136]

Com base nesses argumentos, compreendemos que, na atual sociedade brasileira, o fundamento do direito sucessório está funcionalizado à luz da Lei Maior, com fulcro na metodologia civil-constitucional. A consequência disto é a harmonia do instituto com a proteção à família, enquanto promoção da digni-

---

132. PEREIRA, Caio Mário da Silva. *Instituições de Direito Civil – Direito das Sucessões*. Atual. Carlos Roberto Barbosa Moreira. 24. ed. Rio de Janeiro: Forense, 2017, v. VI, p. 15.

133. MAXIMILIANO, Carlos. *Direito das Sucessões*. 2. ed. Rio de Janeiro: Livraria Editora Freitas Bastos, 1942, v. I. p. 143-144.

134. RIBEIRO, Raphael Rego Borges. *O Direito das Sucessões e a Constituição Federal de 1988*: Reflexão Crítica Sobre os Elementos do Fenômeno Sucessório à Luz da Metodologia Civil-Constitucional. Tese (Doutorado). Universidade Federal da Bahia, Salvador, 2019. Disponível em: https://repositorio.ufba.br/handle/ri/31687, p. 129-130.

135. ROSENVALD, Nelson. *Solidariedade Familiar*. Disponível em: https://docs.wixstatic.com/ugd/d27320_8513eafd50634628aee164a682af53da.pdf.

136. RIBEIRO, Raphael Rego Borges. *O Direito das Sucessões e a Constituição Federal de 1988*: Reflexão Crítica Sobre os Elementos do Fenômeno Sucessório à Luz da Metodologia Civil-Constitucional. Tese (Doutorado). Universidade Federal da Bahia, Salvador, 2019. Disponível em: https://repositorio.ufba.br/handle/ri/31687, p. 130.

dade e personalidade dos envolvidos, da solidariedade familiar e da realização de interesses existenciais do autor da herança.

Acreditamos que um fato jurídico é direcionado a vários fins; um instituto detém diversa qualificação e diversa função, segundo a ordem de interesses em que se acomoda. Nesse liame, três elementos de natureza distinta envolve o fenômeno hereditário: o familiar, o individual, e o social. Para cada um deles, deve-se encontrar funções que promovam os valores estampados na constituinte. Notamos, assim, que as funções manifestadas pela herança (individual; familiar; econômica; e social) não são suficientes "para, isoladamente, justificar a existência de direitos hereditários; contudo, a interação e o equilíbrio entre elas permitem a construção de uma noção de herança coerente com a tábua axiológica constitucional", de maneira a superar o excessivo caráter patrimonialista e individualista associado ao direito das sucessões, que a doutrina tende a adotar nessa seara.[137]

Os reflexos dessa análise transcendem o plano meramente teórico, como veremos, sobretudo, no capítulo três. Padecem de vício de inconstitucionalidade as hipóteses que a lei sucessória não atende suficientemente às funções determinadas pela tábua axiológica da Constituição da República, especificamente decorrente da disfuncionalidade. Percebemos, assim, que o perfil funcional do direito sucessório não limita a sua atuação no fundamento, mas abrange também como parâmetro de constitucionalidade da legislação sucessória infraconstitucional.[138] Por essa razão, enxergamos com estranheza a afirmação de Paulo Nader, de que a discussão sobre o fundamento da transmissão *causa mortis* "não guarda relevância prática, pois a transmissão de bens por morte é costume enraizado e plenamente aceito pelas sociedades".[139]

1.3 ORIGEM DO DIREITO SUCESSÓRIO

Assim como o seu fundamento, o direito das sucessões também sofreu – e ainda sofre – mudanças significativas ao longo da história, sobretudo, em relação à ordem da vocação hereditária e questões atinentes a legitima, por ser influenciado pelas modificações estruturais da família, pela concepção do direito à propriedade e pelos valores vigentes. Para fins de se permitir a compreensão e

---

137. RIBEIRO, Raphael Rego Borges. Breves Reflexões Sobre os Fundamentos da Herança à Luz da Metodologia Civil-Constitucional. *Civilistica.com*, Rio de Janeiro, v. 11, n. 1, p. 1-32, 2022. Disponível em: https://civilistica.emnuvens.com.br/redc/article/view/720, p. 23.

138. RIBEIRO, Raphael Rego Borges. Breves Reflexões Sobre os Fundamentos da Herança à Luz da Metodologia Civil-Constitucional. *Civilistica.com*, Rio de Janeiro, v. 11, n. 1, p. 1-32, 2022. Disponível em: https://civilistica.emnuvens.com.br/redc/article/view/720, p. 27.

139. NADER, Paulo. *Curso de Direito Civil*. 7. ed. Rio de Janeiro: Forense, 2016 (e-book), v. 06. Direito das Sucessões. p. 38.

CAPÍTULO I • NOÇÕES INTRODUTÓRIAS DO DIREITO SUCESSÓRIO 29

questionamento da atual legislação brasileira, torna-se imprescindível uma breve retrospectiva desde os seus primórdios.

No início da socialização dos indivíduos, o direito das sucessões não era conhecido no sentido moderno da expressão. Os grupos familiares viviam em comunhão de bens, de forma que todos os seus membros eram proprietários. Neste sentido, aponta Carlos Maximiliano que: "Primitivamente só o grupo social, exíguo, embrionário (a tribo, o clã, a gens) era sujeito de direito, e, como o grupo não morre, não havia lugar para a sucessão. Reinava comunismo integral".[140] Foi apenas com o desdobramento desta coletividade em grupos de parentes com existência autônoma, que se operou a divisão do patrimônio e, por conseguinte, a sucessão hereditária.[141]

O núcleo familiar primitivo inaugurou o matriarcado. O único parentesco reconhecido era o materno – *v.g.* mães, irmãs e avó materna –, ao passo que a herança – compreendida apenas por bens móveis, vez que os imóveis pertenciam à comunidade – era determinada apenas pela linha feminina. Maximiliano explica que essa concepção foi firmada em virtude de serem as mulheres quem amparavam e alimentavam os filhos e, portanto, "viam-se forçadas a apropriarem-se de certas coisas que passavam a possuir e transmitir a outras".[142] O cenário se manteve até a "grande derrota do sexo feminino", quando:

> O homem apoderou-se também da direção da casa; a mulher viu-se degradada, convertida em servidora, em escrava da luxúria do homem, em simples instrumento de reprodução. Essa baixa condição da mulher, manifestada sobretudo entre os gregos dos tempos heroicos e, ainda mais, entre os dos tempos clássicos, tem sido gradualmente retocada, dissimulada e, em certos lugares, até revestida de formas de maior suavidade, mas de maneira alguma suprimida.[143]

A chegada do patriarcado culminou na inversão da ordem de sucessão, direcionando-a a linhagem masculina, enquanto a mulher passou a ser comprada, roubada ou herdada.[144] Esse contexto é observado no primeiro código de leis da história.

---

140. MAXIMILIANO, Carlos. *Direito das Sucessões*. 2. ed. Rio de Janeiro: Livraria Editora Freitas Bastos, 1942, v. I, p. 24.

141. BEVILAQUA, Clóvis. *Direito das Sucessões*. 3. ed. Rio de Janeiro: Livraria Editora Freitas Bastos, 1938, p. 67-68.

142. MAXIMILIANO, Carlos. *Direito das Sucessões*. 2. ed. Rio de Janeiro: Livraria Editora Freitas Bastos, 1942, v. I, p. 25.

143. ENGELS, Friedrich. *A Origem da Família, da Propriedade Privada e do Estado*. Trad. Leandro Konder. 8. ed. Rio de Janeiro: Civilização Brasileira, 1982, p. 61.

144. MAXIMILIANO, Carlos. *Direito das Sucessões*. 2. ed. Rio de Janeiro: Livraria Editora Freitas Bastos, 1942, v. I, p. 25.

O Código de Hamurabi, que vigorou na Mesopotâmia no século XVIII a.C, não concedia às mulheres os mesmos direitos conferidos aos homens. Os bens da casa paterna eram recebidos pela filha a título de usufruto enquanto viver, mas sua herança era de seus irmãos.[145] Ao pai era autorizado postergar o direito à herança dos filhos, por intermédio de doação de bens à esposa – os quais formalmente não compunham o acervo hereditário e, portanto, não podiam os filhos os reclamar quando do falecimento do pai. A mulher, nesta hipótese, era proibida de aliená-los para terceiros, mas podia doar ao filho preferido.[146]

Isto porque, como vimos na seção antecessora, na antiguidade, o direito sucessório estava diretamente vinculado à religião.[147] A função da propriedade era a preservação do culto familial. Além do dever de perpetuar o grupo doméstico, ao sucessor também era imposto fazer oferendas ao túmulo em homenagem aos seus ancestrais.[148] Existia-se a "convicção de que a vida não terminava totalmente com a morte e que, pelo culto familiar, melhor sorte beneficiava a existência transcendente induzia o *pater familias* a assegurar a continuidade do culto e da chefia familiar".[149]

Era em razão da religião doméstica que a família era entendida como um corpo organizado: uma pequena sociedade com o seu chefe e governo próprio. Nesta época – que destoa e muito da sociedade moderna – o poder parental não se restringia à proteção dos seus e à autoridade para mandar: o *pater* era também "sacerdote, o herdeiro do lar, o continuador dos avós, o tronco dos descendentes, o depositário dos ritos misteriosos do culto e das fórmulas secretas da oração. Toda religião reside no pai".[150]

---

145. É o que se extrai das seguintes passagens: § 180 do Código de Hamurabi: "Se um pai não deu um dote a sua filha, sacerdotisa de um convento, depois que o pai morre, ela terá nos bens da casa paterna, uma parte como a de um herdeiro. Enquanto ela viver, ela usufruirá, mas a herança é de seus irmãos".
§ 181 do Código de Hamurabi: "Se um pai consagrou a sua filha à divindade e não lhe deu um dote, depois que o pai morrer, ela receberá dos bens da casa paterna um terço de sua parte na herança, enquanto viver ela usufruirá, mas sua herança é de seus irmãos". Código de Hamurabi. Código de Manu (Livros Oitavo e Nono). *Lei das XII Tábuas.* Supervisão editorial de Jair Lot Vieira. 2. ed. Bauru: Edipro, 2002, p. 30.
146. § 150 do Código de Hamurabi: "Se um homem der à sua esposa um campo, um pomar, uma casa ou um bem móvel e deixou-lhe um documento selando, depois da morte do seu esposo, os filhos não poderão fazer reivindicação contra ela. A mãe poderá dar sua herança ao filho que ama, mas não poderá dar a um estranho". HAMURABI, Código. Código de Hamurabi. Código de Manu (Livros Oitavo e Nono). *Lei das XII Tábuas.* Supervisão editorial de Jair Lot Vieira. 2. ed. Bauru: Edipro, 2002, p. 26.
147. Sobre isto, observa Arthur Vasco Itabaiana de Oliveira: "Estabelecido o direito de propriedade para o cumprimento do culto doméstico e hereditário, ficam a religião e a propriedade tão estreitamente ligadas que, morto o pater, elas não se extinguiam, porque passavam para a pessoa encarregada de fazer as oferendas sôbre o túmulo dos antepassados". OLIVEIRA, Arthur Vasco Itabaiana de. *Tratado de Direito das Sucessões. Da Sucessão Geral e Da Sucessão Legítima.* 4. ed. São Paulo: Max Limonad, 1952, v. 01, p. 125.
148. COULANGES, Numa Denus Fustel de. *A Cidade Antiga.* 2. ed. brasileira. São Paulo: Martins Fontes, 1987, p. 74-75.
149. NADER, Paulo. *Curso de Direito Civil.* 7. ed. Rio de Janeiro: Forense, 2016, v. 06. Direito das Sucessões. (e-book), p. 42.
150. COULANGES, Numa Denus Fustel de. *A Cidade Antiga.* 2. ed. brasileira. São Paulo: Martins Fontes, 1987, p. 92.

CAPÍTULO I • NOÇÕES INTRODUTÓRIAS DO DIREITO SUCESSÓRIO **31**

A origem do direito das sucessões, portanto, não se reduz às questões patrimoniais. O instituto era essencialmente extrapatrimonial: o fundamentado, como vimos, era de origem mística, metafísica ou ainda, religiosa.[151] Acerca da influência da religião em diversas áreas, inclusive na jurídica, é lúcida e assertiva a observação de Lacerda de Almeida:

> A Religião abriga sob as largas azas da creança no sobrenatural a infancia dos povos. Reminiscencias de uma edade melhor, fragmentos de verdades primitivamente reveladas, inclinação mysteriosa á observancia de uma lei presentida ainda pelos mais rudes povos, o homem cede naturalmente guiado por instincto divino ao influxo das idéas religiosas, e estas mesmas idéas infiltram-se no seio das populações e lhes molda costumes, instituições os vários elementos, religiosos, políticos, jurídicos, econômicos e até de policia sanitária, porque constituem uma mescla em que tudo se confunde e a idéia religiosa domina tudo.[152]

O autor continua explicando que na Índia, Grécia e Roma a família tinha a mesma característica de patriarcal, em que o *pater* figurava como o administrador e guardião da propriedade familiar, sendo que a transmissão hereditária era atributo da qualidade de chefe. É em decorrência deste cenário que surgiu a afeição pelo direito do primogênito – com exceção de Roma, conforme se observará mais adiante –, como anexo do direito sucessório,[153] explicando assim a cena bíblica de Esaú e Jacó, em que este último adquiriu os direitos de filho primogênito em permuta por um prato de lentilhas.[154]

Na exposição de Itabaiana de Oliveira: "O filho, obrigado a manter o culto como continuador do *pater*; cujas funções administrativas e sacerdotais assumia, herda, para êsse fim, os bens, não como propriedade individual sua, mas como administrador dos bens da coletividade familiar, como um simples continuador na gestão desses bens – *morte parentis continuator dominium*".[155] Naquele tempo, inexistia transmissão hereditária, com a morte do chefe, alterava-se meramente o administrador do patrimônio familiar, mantendo-se inalteradas a posse e propriedade dos bens.[156]

Assim, a prática religiosa conduzia a sucessão da chefia familiar pelo filho mais velho, ficando o patrimônio familiar sob sua autoridade, enquanto as filhas

---

151. ZANNONI, Eduardo A. *Derecho de las Sucesiones*. 3. ed. Buenos Aires: Editorial Astrea, 1982, p. 02.
152. ALMEIDA, Francisco de Paula Lacerda de. *Sucessões*. Rio de Janeiro: Livraria Cruz Coutinho, 1995, p. II-III.
153. ALMEIDA, Francisco de Paula Lacerda de. *Sucessões*. Rio de Janeiro: Livraria Cruz Coutinho, 1995, p. III.
154. Deuternômio, cap. 20, vers. 17; Gênesis, cap. 49, vers. 3.
155. OLIVEIRA, Arthur Vasco Itabaiana de. *Tratado de Direito das Sucessões*. Da Sucessão Geral e Da Sucessão Legítima. 4. ed. São Paulo: Max Limonad, 1952, v. 01. p. 126.
156. BEVILAQUA, Clóvis. *Direito das Sucessões*. 3. ed. Rio de Janeiro: Livraria Editora Freitas Bastos, 1938, p. 25.

nada herdavam.[157] Nessa linha social, isto também se justificava dado que o culto doméstico não era continuado pela filha, que ao se casar rompia os laços com a sua família biológica, para assumir o culto religioso da nova família.[158] Nascendo daí a sucessão universal.[159]

A mulher foi reputada como menor, nunca poderia ter um lar para si ou ser chefe de culto; não mandava, não era livre ou tampouco senhora de si própria. "Está sempre junto ao lar de outrem, repetindo a oração deste; para todos os atos da vida religiosa a mulher precisa de um chefe, e para todos os atos de sua vida civil necessita de tutor".[160]

Todavia, torna-se imperioso destacar que perdura certa incerteza sobre a matéria, impondo-se a conclusão de Fustel de Coulanges: "Não temos provas de que a filha estivesse excluída da herança, mas temos a certeza de que, se casada, nada herdava de seu pai, e, se solteira, nunca poderia dispor do que havia herdado. Se era herdeira, só o era provisoriamente, sob condições, quase em simples usufruto". De forma que, "sem se poder garantir que a filha estivesse claramente excluída da sucessão, pelo menos, é certo ter a antiga lei romana, tal como a lei grega, atribuído à filha situação muito inferior à do filho, e isto como conseqüência natural e inevitável dos princípios gravados pela religião em todos os espíritos".[161]

Estes eram os princípios mais gerais sobre a sucessão que se impunham aos legisladores na Índia, Grécia e Roma. Esses três povos tiveram as leis similares; "não que as recebessem por comunicações entre si, mas porque todos tinham as suas leis de crenças comuns".[162]

Adentra-se agora em uma análise mais detalhada do *Manava Dharma Zastra*, o antigo corpo legislativo da Índia, também conhecido como Leis de Manu,[163]

---

157. Nas palavras de Fustel de Coulanges: "A regra estabelecida para o culto é que se transmitia de varão em varão, em regra para a herança é que esteja em conformidade com o culto. À filha não se considera apta para continuadora da religião paterna, pois casa e, se casando-se, abjura do culto de seu pai para adotar o do esposo: não tem, portanto, nenhum título à herança". COULANGES, Numa Denus Fustel de. *A Cidade Antiga*. 2. ed. brasileira. São Paulo: Martins Fontes, 1987, p. 76.

158. VENOSA, Sílvio de Salvo. *Direito Civil*. Sucessões. 17. ed. São Paulo: Atlas, 2017, v. 06. (e-book), p. 21.

159. ZANNONI, Eduardo A. *Derecho de las Sucesiones*. 3. ed. Buenos Aires: Editorial Astrea, 1982, p. 06.

160. COULANGES, Numa Denus Fustel de. *A Cidade Antiga*. 2. ed. brasileira. São Paulo: Martins Fontes, 1987, p. 90.

161. COULANGES, Numa Denus Fustel de. *A Cidade Antiga*. 2. ed. brasileira. São Paulo: Martins Fontes, 1987, p. 78-79.

162. COULANGES, Numa Denus Fustel de. *A Cidade Antiga*. 2. ed. brasileira. São Paulo: Martins Fontes, 1987, p. 77.

163. Summer Maine comenta sobre as Leis de Manu não retratarem com exatidão o recorte daquela sociedade: "The Hindoo Code, called the Laws of Manu, which is certainly Brahmin compilation, undoubtedly enshrincs many genuine observances of the Hindoo race, but the opinion of the best contemporary orientalists is, that it does not, as a whole, represent a set of rules ever actually administered in Hidstan. It is, in great part, an ideal picture of that which, in the view of the Brahmins ought

que regulamentou em doze livros a conduta em termos sociais e religiosos daquele povo. Na sucessão hereditária, muitas vezes, o filho primogênito do sexo masculino era quem assumia o lugar do *de cujus*.

Nesse sentido era o que estabelecia artigo 522 do Código de Manu: "Mas, o mais velho, quando ele é eminentemente virtuoso, pode tomar posse do patrimônio em sua totalidade; e os outros irmãos devem viver sob sua tutela, como viviam sob a do pai".[164] Ou ainda, em outras vezes, ao referido primogênito era atribuído a melhor parte da herança, como preceitua o artigo 531 do Código de Manu: "De todos os bens reunidos, que o primogênito tome o melhor, tudo que é excelente em seu gênero e o melhor de dez bois ou outros animais, se ele sobrepuja seus irmãos em boas qualidades".[165]

A finalidade do matrimônio, nas Leis de Manu, consistia na conservação da família e na procriação de um filho do sexo masculino. Apenas para este era possibilitado celebrar os ritos sagrados funerários, os quais elevavam o defunto a um céu superior ou o libertava do inferno.[166] Dessa mesma forma, é o depoimento prestado por Fustel de Coulanges:

> [...] na época em que essas antigas gerações principiaram a fantasiar sobre a vida futura, os homens não acreditavam ainda em recompensas nem em castigos; julgavam não depender a felicidade do morto da conduta mantida pelo homem durante a sua vida, mas daquela mantida pelos seus descendentes para com este, depois de sua morte. Por isso, cada pai esperava da sua posteridade aquela série de refeições fúnebres que assegurasse aos seus manes repouso de felicidade.

> Este conceito foi princípio fundamental do direito doméstico entre os antigos. Daí derivou, como regra, deverem todas as famílias perpetuar-se para todo o sempre. Os mortos tinham necessidade de que sua descendência nunca se extinguisse. No túmulo, onde continuavam a vida, os mortos não tinham outro motivo para sua inquietação que o receio de vir a romper-se a sua cadeia de descendência. O seu pensamento único como o seu único interesse estavam em terem sempre um homem de seu sangue para lhes levar as oferendas ao túmulo.[167]

---

to be the law". Tradução livre: "O Código Hindu, chamado de Leis de Manu, que é certamente uma compilação brâmane, sem dúvida consagra muitas observâncias genuínas da raça hindu, mas a opinião dos melhores orientalistas contemporâneos é que ele não representa, como um todo, um conjunto de regras realmente administradas no Hinduísmo. É, em grande parte, uma imagem ideal daquilo que, na opinião dos brâmanes, deveria ser a lei". MAINE, Henry Summer. *Ancient Law* – Its Connection With The Early History Of Society And Its Relation To Modern Ideas. Cheap edition. London, 1918, p. 15.

164. Código de Hamurabi. Código de Manu (Livros Oitavo e Nono). *Lei das XII Tábuas*. Supervisão editorial de Jair Lot Vieira. 2. ed. Bauru: Edipro, 2002, p. 99.

165. Código de Hamurabi. Código de Manu (Livros Oitavo e Nono). *Lei das XII Tábuas*. Supervisão editorial de Jair Lot Vieira. 2. ed. Bauru: Edipro, 2002, p. 100.

166. ZANNONI, Eduardo A. *Derecho de las Sucesiones*. 3. ed. Buenos Aires: Editorial Astrea, 1982, p. 02.

167. COULANGES, Numa Denus Fustel de. *A Cidade Antiga*. 2. ed. brasileira. São Paulo: Martins Fontes, 1987, p. 51-52.

O direito grego adveio das mesmas ideologias religiosas da legislação hindu,[168] cujas aspirações são possíveis extrair, sobretudo, dos grandes pensadores políticos e filosóficos, considerando que os Gregos não foram excepcionais juristas; "não souberam construir uma ciência do direito, nem sequer descrever de uma maneira sistemática as suas instituições de direito privado".[169]

Como lembra Fustel de Coulanges, os discursos dos oradores áticos, por vezes, demonstraram que as filhas não herdavam nada. Figura como exemplo desta ideologia o Demóstenes, cujos escritos se constata que ele foi o único herdeiro de seu pai, apesar dele não ter sido filho único; à sua irmã coube apenas a reserva da sétima parte para dotar.[170]

Todavia, os homens logo encontraram estratagema para conciliar o princípio religioso – que proibia as mulheres de serem herdeiras – com o sentimento natural do pai em querer que a filha usufrua de sua fortuna.[171] O que se torna evidente, sobretudo, no direito grego, que "visava manifestamente que a filha, à falta de ser herdeira, esposasse ao menos o herdeiro". Se nascidos de mães distintas, a lei, desconhecendo a biologia, autorizava que a irmã casasse com o seu irmão unilateral – este podia escolher se desejava casar com ela ou dotá-la. Ou ainda, na hipótese de ser filha única, que se casasse com o herdeiro mais próximo, *exempli gratia*, o seu tio.[172] Na Índia, a sucessão hereditária invocava o mais próximo, e na falta deste o grupo subsequente: *sapinda, samanodaca* e, por último, *rishi*.[173]

De igual modo, almejando suprir lacunas na lei da Antiguidade que desabrigavam os nichos familiares que eram contemplados apenas por filha única, o direito hindu e o direito grego convergiam no subterfúgio adotado. Ambos

---

168. COULANGES, Numa Denus Fustel de. *A Cidade Antiga*. 2. ed. brasileira. São Paulo: Martins Fontes, 1987, p. 86.
169. GILSSEN, John. *Introdução Histórica ao Direito*. 4. ed. Tradução: A. M. Hespanha e L. M. Macaísta Malheiros. Lisboa: Fundação Calouste Gulbenkian, 2003, p. 73.
170. COULANGES, Numa Denus Fustel de. *A Cidade Antiga*. 2. ed. brasileira. São Paulo: Martins Fontes, 1987, p. 77.
171. Sobre isto, comenta Silvio Rodrigues: "Nota-se que antigas regras sobre a sucessão, quer inspiradas em motivos religiosos, quer fundadas no anseio de fortalecer a família, não levam em consideração o sentimento de equidade, ou seja, o intuito de aquinhoar igualmente os descendentes, ou os parentes em igualdade de grau. Entretanto, foi nesse sentido que o direito hereditário evoluiu, visto que hoje, na quase-totalidade dos países, a sucessão legítima se processa entre os herdeiros que se encontram no mesmo grau e que, por conseguinte, recebem partes iguais". RODRIGUES, Silvio. *Direito Civil*. Direito das Sucessões. 17. ed. São Paulo: Saraiva, 1989, v. 07. p. 05.
172. COULANGES, Numa Denus Fustel de. *A Cidade Antiga*. 2. ed. brasileira. São Paulo: Martins Fontes, 1987, p. 77.
173. OLIVEIRA, Arthur Vasco Itabaiana de. *Tratado de Direito das Sucessões*. Da Sucessão Geral e Da Sucessão Legítima. 4. ed. São Paulo: Max Limonad, 1952, v. 01. p. 126.

instituíram o filho da filha única como herdeiro do seu avô materno como se filho deste fosse.[174] É o que se extrai dos artigos 543, 546 e 555 das Leis de Manu:[175]

> Art. 543. Aquele que não tem filho macho pode encarregar sua filha de maneira seguinte de lhe criar um filho dizendo: que o filho macho que ela puser no mundo se torne meu e cumpra em minha honra a cerimônia fúnebre.
>
> Art. 546. O filho de um homem é como ele mesmo; e uma filha encarregada do ofício designado, é como um filho, quem, pois, poderia recolher a herança de um homem que não deixa filho, quando ele tem uma filha, que faz uma mesma alma com ele?
>
> Art. 555. No mundo não há diferença entre o filho de um filho e o de uma filha encarregada do ofício mencionado; o filho de uma filha livra seu avô no outro mundo, tão bem quanto o filho de um filho.

O mesmo conceito foi aplicado em Atenas: "o pai podia fazer continuar a descendência por sua filha, dando-a ao marido sob esta condição especial. O filho nascido de semelhante casamento ficava como continuador do avô materno; seguia o culto do pai de sua mãe; assistia aos seus atos religiosos, e mais tarde cuidava do seu túmulo". Nesta hipótese, o herdeiro do *pater familiae* não era o genro, tampouco a filha, e sim o filho da filha, que com o alcance da maioridade se empossava do patrimônio do avô materno, mesmo sendo vivos os seus pais.[176]

Outro recurso constituído com a finalidade de perpetuar o patrimônio doméstico e o culto familial era a adoção, que poderia ser também utilizado pela viúva caso o marido tenha falecido sem deixar substituto.[177] Nesta hipótese o citado instituto agia na necessidade de conservação do culto e não a vontade dos seus envolvidos,[178] priorizando o vínculo religioso ao nascimento. "O estranho, que, pela adoção, havia sido associado ao culto de uma família e se tornava para este seu filho, continuava o culto e herdava os bens".[179]

Em decorrência da impossibilidade de uma mesma pessoa servir dois cultos distintos, havia, igualmente, impedimento do mesmo homem receber duas heranças. Assim, ao ser adotado, este filho rompia com a família natural e herdava somente da família adotante. Caso quisesse herdar da sua própria

---

174. COULANGES, Numa Denus Fustel de. *A Cidade Antiga*. 2. ed. brasileira. São Paulo: Martins Fontes, 1987, p. 80-81.

175. Código de Hamurabi. Código de Manu (Livros Oitavo e Nono). *Lei das XII Tábuas*. Supervisão editorial de Jair Lot Vieira. 2. ed. Bauru: Edipro, 2002, p. 101-102.

176. COULANGES, Numa Denus Fustel de. *A Cidade Antiga*. 2. ed. brasileira. São Paulo: Martins Fontes, 1987, p. 80-81.

177. BEVILAQUA, Clóvis. *Direito das Sucessões*. 3. ed. Rio de Janeiro: Livraria Editora Freitas Bastos, 1938, p. 89.

178. BEVILAQUA, Clóvis. *Direito das Sucessões*. 3. ed. Rio de Janeiro: Livraria Editora Freitas Bastos, 1938, p. 177.

179. COULANGES, Numa Denus Fustel de. *A Cidade Antiga*. 2. ed. brasileira. São Paulo: Martins Fontes, 1987, p. 83.

família, precisaria renunciar à família da adoção; abandonar o patrimônio da família adotante; e deixar filho que substitua, para que o culto doméstico não cesse pelo seu abandono. "Este filho toma conta do culto e entra na posse dos bens, podendo então o pai regressar à sua família de origem e herdar nela. Mas o pai e o filho que deixou já não poderão ser herdeiros um do outro; não são da mesma família; não são parentes".[180]

Nesse liame, é o pertinente comentário de Maximiliano: "O interesse pelo futuro e bem-estar da prole é instintivo; observa-se na própria natureza. As melhores espécies vegetais desapareceriam, se não houvesse o cuidado com as sementes. As abelhas e as formigas trabalham e acumulam mais para a descendência do que para si próprias".[181]

A compreensão da evolução histórica do direito das sucessões se torna mais evidente a datar do direito romano.[182] O Código das XII Tábuas é verdadeiro avanço jurídico, cujos conceitos e institutos foram e são até os dias atuais substratos de muitos direitos, inclusive com ampla influência no brasileiro. Os próprios romanos, aceitando a indubitável importância da legislação, consideravam-na como a fonte de todo direito público e privado: "*fons omnis publici privatique juris*".[183]

A parte conhecida – e, por isso, controversa – do antigo direito romano demonstra que a sucessão entre os herdeiros domésticos representa apenas uma parte do direito sucessório. Os filhos e a viúva ocupavam o lugar do *pater familiae* com o seu falecimento. "A associação familiar, regida monocraticamente pelo *paterfamilias*, decompõe-se em tantas novas unidades quantas as pessoas que se tornam *sui iuris* com a sua morte; no entanto, nessas pessoas perdura a família, na essência jurídica e sacral".[184]

Entretanto, a pluralidade de pessoas em uma mesma família é temerária, pois o quinhão hereditário passa a não mais ser suficiente para alimentar a todos. A alternativa possibilitada pela legislação dos coerdeiros solicitarem a dissolução da comunhão familiar, ensejava, na realidade, em novo risco à economia pública: as divisões constantes do patrimônio resultam no fracionamento em parcelas não rentáveis, insuficientes para qualquer família viver.

---

180. COULANGES, Numa Denus Fustel de. *A Cidade Antiga*. 2. ed. brasileira. São Paulo: Martins Fontes, 1987, p. 83.
181. MAXIMILIANO, Carlos. *Direito das Sucessões*. 2. ed. Rio de Janeiro: Livraria Editora Freitas Bastos, 1942, v. I, p. 23.
182. GONÇALVES, Carlos Roberto. *Direito Civil Brasileiro*. Direito das Sucessões. 17 ed. São Paulo: Saraiva, 2023, v. 07. p. 03.
183. CRETELLA JÚNIOR, José. *Curso de Direito Romano*: o Direito Romano e o Direito Civil Brasileiro. 26. ed. Rio de Janeiro: Forense, 2001, p. 33.
184. KASER, Max. *Direito Privado Romano*. Trad. Samuel Rodrigues e Ferdinand Hämmerle. Lisboa: Fundação Calouste Gulbenkian, 1999, p. 366.

Para solucionar o impasse, atos *inter vivos* foram instituídos com o fito de se transmitir a um único herdeiro o patrimônio indiviso. Como no direito hindu e ateniense, para minorar a quantidade de filhos, o Código das XII Tábuas autorizava a emancipação; a transferência de filhos para outras famílias pela adoção; ou de filhas pelo casamento com o respectivo dote.[185]

Além disso, o direito romano primitivo adicionou o testamento como meio de instituição de herdeiro em detrimento dos demais.[186] Isto é, ante a preocupação em garantir o culto aos mortos, aos romanos era autorizado nomear sucessor de sua escolha,[187] mediante ato de última vontade.[188] Como bem pontuado por Inocêncio Galvão Telles: "Testar era designar um *soberano* investido na universalidade dos atributos de governo à semelhança dos *heredes sui*".[189]

No tocante à extensão do testamento, convém pontuar a impossibilidade de se conhecer a integralidade da matéria. Neste sentido, é a advertência de Fustel Coulanges:

---

185. KASER, Max. *Direito Privado Romano*. Trad. Samuel Rodrigues e Ferdinand Hämmerle. Lisboa: Fundação Calouste Gulbenkian, 1999, p. 366-367.

186. Na visão de Inocêncio Galvão Telles: "Neste aspecto a sucessão legitimaria difere profundamente da velha sucessão necessária dos primórdios do direito romano. Então toda a sucessão era necessária, não havia liberdade de testar, segundo a concepção que me parece verosímil. E seguramente era necessário não apenas para o pater senão também para os seus imediatos descendentes varões. Estes, deixando de estar sujeitos ao pater falecido, tornavam-se eles próprios paters; ingressavam na posição ou cargo de chefes; por conseguinte, de súbditos da potestas ou soberania doméstica tornavam-se titulares dela na plenitude do seu conteúdo pessoal e patrimonial. Tal como se a família estivesse personificada, os direitos e obrigações pertencessem a ela colectiva e estaticamente, e apenas mudassem os suportes físicos do órgão directivo. Tanto estava latente ou subjacente esta ideia que os referidos descendentes se diziam heredes sui – herdeiros do que afinal, pelo próprio destino e função, praticamente já era <<seu>>. Aquela substituição de chefes, com a consequente mudança na subjectividade dos poderes e deveres, dava-se por forma automática e imperativa, como corolário da natureza da família. Esta tinha uma missão política; mas a sua base era o parentesco. Portanto os sucessores, garantes da continuidade da referida missão, haviam forçosamente de sair dentre os parentes; eram naturalmente os que, estando imediatamente subordinados ao pater, ficavam pela sua morte libertos de qualquer poder. Sem margem para liberdade de decisão ou escolha. O testamento só era utilizado com o fim de instituir um heres suus na falta de descendência varonil, funcionando praticamente como modo de adopção". TELLES, Inocêncio Galvão. *Direito das Sucessões* – Noções Fundamentais. 6. ed. Coimbra: Editora Coimbra, 1991, p. 103-104.

187. Aurelio Barrio Gallardo pontua que: "En coherencia con la afirmación del acentuado carácter personalista de la sucesión primitiva y de su negación de una vertiente patrimonial, es lógico pensar que el testamento originario fuera acto público y de contenido eminentemente político, que sirviera al fin de designar un sucesor en la jefatura doméstica del clan agnaticio". Tradução livre: "Em coerência com a afirmação do acentuado carácter personalista da sucessão primitiva e da sua negação de uma vertente patrimonial, é lógico pensar que o testamento original era um ato público de conteúdo eminentemente político, que servia o propósito de designar um sucessor na liderança doméstica do clã agnático". GALLARDO, Aurelio Barrio. *El Largo Camino hacia la Libertad de Testar*: de la legítima AL derecho sucesorio de alimentos. Madrid: Editorial Dykinson, 2012, p. 48.

188. NADER, Paulo. *Curso de Direito Civil*. 7. ed. Rio de Janeiro: Forense, 2016 (e-book), v. 06. Direito das Sucessões. p. 43.

189. TELLES, Inocêncio Galvão. *Direito das Sucessões* – Noções Fundamentais. 6. ed. Coimbra: Editora Coimbra, 1991, p. 146.

O antigo direito de Roma apresenta-se neste ponto muito obscuro a nós: já o era para Cícero. O que conhecemos deste direito pouco passa além das Doze Tábuas, que seguramente não são o direito primitivo de Roma, e mesmo assim destas leis só nos restam alguns fragmentos. Este código autoriza o testamento; no entanto, o fragmento que lhe diz respeito é muito pequeno e evidentemente demasiado incompleto para que nos possamos gabar de sermos conhecedores das verdadeiras disposições do legislador nesta matéria; concedendo a faculdade de testar, não sabemos as reservas e condições impostas pela lei.[190]

Aprofundando-se as críticas, Futsel Coulanges assevera que o direito de testar não estaria plenamente reconhecido no homem, porquanto a transmissão do patrimônio e culto à pessoa estranha e não ao herdeiro natural contrariaria os preceitos religiosos da época, que eram base do direito da propriedade e do direito da sucessão. Partindo-se desta premissa, o autor questiona como pode se pensar em testamento se a propriedade era inerente ao culto e este sendo hereditário. Destaca ainda, que "a propriedade não pertencia ao indivíduo, mas à família; o homem não a adquiria pelo direito do trabalho, mas pelo culto doméstico. Ligada à família, transmitia-se do morto para o vivo, não segundo a vontade e a escolha do finado, mas por virtude de regras superiores preestabelecidas na religião".[191]

Com o nosso apoio, Eduardo Zannoni, todavia, não compartilha dos mesmos questionamentos de Fustel Coulanges. Isto porque, entende que o laço aglutinador do grupo familiar – também denominado como *gens* – não era biológico, "sino que está constituido por la ideia netamente jurídica de autoridad, de sujeciín a una jefatura".[192]

Em que pese haver convergência na compreensão de que "a legislação romana queria que a vocação hereditária se fizesse por um modo com exclusão do outro; ou a successão era legítima ou testamentaría; conjuntamente legitima e testamentaría é que não podia ser",[193] há uma incerteza acerca da amplitude do direito romano e seus aspectos, que acarretam divergências doutrinárias, sobretudo, quanto à preeminência do testamento em relação à designação por lei.

Para Clóvis Beviláqua, o testamento surgiu da necessidade de fornecer continuador à família que estava ameaçada de desaparecimento ante a ausência

---

190. COULANGES, Numa Denus Fustel de. *A Cidade Antiga*. 2. ed. brasileira. São Paulo: Martins Fontes, 1987, p. 84-85.
191. COULANGES, Numa Denus Fustel de. *A Cidade Antiga*. 2. ed. brasileira. São Paulo: Martins Fontes, 1987, p. 84-85.
192. Tradução livre: "e sim constituída pela ideia puramente jurídica de autoridade, de sujeição a uma autoridade". ZANNONI, Eduardo A. *Derecho de las Sucesiones*. 3. ed. Buenos Aires: Editorial Astrea, 1982, p. 04-05.
193. BEVILAQUA, Clóvis. *Direito das Sucessões*. 3. ed. Rio de Janeiro: Livraria Editora Freitas Bastos, 1938, p. 22.

de sucessor nos termos da lei.[194] Assim, entende que a sucessão hereditária a alguém externo somente era admissível na falta de parentes. E, adiciona que as disposições de última vontade advieram como facilitador do pai chamar o filho emancipado à sua sucessão, bem como o neto nascido de uma filha, evitando-se assim, a extinção do seu culto doméstico. Portanto, defende o autor que a sucessão designada por lei prescindia a testamentária:

> E foi justamente essa affeição pela familia, que veio dar nascimento á liberdade testamentaria dos romanos, segundo pensam o citado Sumner Maíne e o preclaro Jhering, porque facilitou ao pae chamar, a sua successão, o filho emancipado, que a lei excluía da primeira ordem successoria. A emancipação, que o pae concedia ao filho, só pode ser tida como uma carinhosa distincção, de que nem todos eram merecedores; mas tinha uma conseqüência amarga essa distincção, porque, retirando o filho de sob o pátrio poder, deslocava-o, do mesmo golpe, da classe dos *heredes sui*. Era, portanto, necessário oppôr um remédio a tal inconveniente, e esse remedio foi a liberdade de testar.[195]

Em pensamento contraposto, Pietro Bonfante afirma que a interpretação do testamento como instrumento de favorecer apenas a estranhos é um preconceito oriundo do espírito moderno e da confusão com as disposições sobre *causa mortis* do direito comparado, cujo preceito é desmentido pelas fontes literárias e jurídicas. Isto porque, da pouca atenção que se concede as fontes, em quase todos os casos em que se pode estabelecer a relação de parentesco entre o testador e o herdeiro instituído, o herdeiro é um filho e a deserdação não é sinônimo de ignomínia ou condenação dos filhos excluídos ou das mulheres à pobreza, "porque unos y otras se provee mediante legados y más tarde mediante fideicomisos en la medida que su posición patrimonial es a menudo superior a la del heredero. Respecto a las mujeres casadas, se provee en vida mediante la dote".[196]

Para Bonfante, o testamento goza de preeminência absoluta no direito romano primitivo, e, ao contrário do que acontece hodiernamente, o cidadão romano tinha verdadeiro horror a morrer sem testamento. Essa supremacia das disposições de última vontade está atrelada à preeminência da nomeação pelo antecessor no domínio do direito público. "Tanto el Derecho privado como el

---

194. Neste mesmo sentido, são as considerações de Lacerda de Almeida: "A necessidade de perpetuar o culto, o nome, as tradições da familia, a gloria de viver na pessoa do herdeiro, taes os moveis que podiam inspirar o pensamento pouco aceitavel então de trazer para familia e fazer commungar na religião domestica pessoa estranha ao sangue do *pater*, qual o herdeiro *escripto!*". ALMEIDA, Francisco de Paula Lacerda de. *Sucessões*. Rio de Janeiro: Livraria Cruz Coutinho, 1995, p. VII.

195. BEVILAQUA, Clóvis. *Direito das Sucessões*. 3. ed. Rio de Janeiro: Livraria Editora Freitas Bastos, 1938, p. 178-181.

196. Tradução livre: "porque eles se abastecem mediante legados e, mais tarde, mediante fideicomissos, na medida que sua posição patrimonial é frequentemente superior à do herdeiro. A respeito das mulheres casadas, se abastecem em vida mediante o dote". BONFANTE, Pietro. *Historia del Derecho Romano*. Trad. José Santa Cruz Teijero. Madrid: Editorial Revista de Derecho Privado, 1944, v. I. p. 213-214.

público han desconocido siempre la institución de la primogenitura, y el único medio de concentrar en uno sólo representaciom familiar (en la edad imperial el poder soberano) es el de designar el sucessor entre varios hijos".[197]

O autor explica que a faculdade de testar era concedida apenas ao *pater familia*, tendo em vista que o objetivo do testamento era justamente a instituição de um sucessor. Por isso, o testamento até suportava disposições acessórias, porém, para ser considerado válido era fundamental haver herdeiro instituído, o qual recebia a soberania do testador, incluindo não apenas os bens, como também as dívidas, o culto (sagrado), o sepultamento e os direitos.[198]

Destarte, nada sabemos sobre o sentido primitivo dos preceitos do código romano, o que há são somente conjecturas aparentemente plausível dos autores.[199] Das disposições da Lei das XII Tábuas observa-se a existência de três ordens de sucessores: (i) *heredes sui et necessarii*; (ii) *agnatus proximus*; e (iii) *gentiles*:

> Tábua V:
>
> IV – *Si intestato moritur, cui suus heres nec sit, adgnatus proximus familiam habeto.*
>
> Se morre intestado, sem herdeiro, que o agnado mais próximo receba a herança.
>
> V – *Si adgnatus Nec escti, gentilis familiam nancitor.*
>
> Se não há agnado, que o gentio seja herdeiro.[200]

Os *sui heredes*, que compunham a primeira classe dos herdeiros, eram pessoas livres que se encontravam sob a *patria potestas* (poder e dependência) do *pater familias* se este ainda estivesse vivo,[201] passando a *sui juris* em razão do óbito. A expressão *heredes sui* significa os "herdeiros de si mesmos, os que herdam o que já lhes pertence", pois "enquanto o *paterfamilias* está vivo, os filhos são, pelo menos em teoria, co-proprietários do patrimônio, ao qual todos contribuem para aumentar. Morrendo o pai, continua a mesma situação, pois não houve acréscimo aos bens existentes".[202] Desse modo, era composto pelos filhos vivos;

---

197. Tradução livre: "Tanto o direito privado, como o direito público sempre desconheceram a instituição da primogenitura, e o único meio de concentrar em um só representante familiar (na idade imperial, o poder soberano) é em designar o sucessor entre vários filhos". BONFANTE, Pietro. *Historia del Derecho Romano*. Trad. José Santa Cruz Teijero. Madrid: Editorial Revista de Derecho Privado, 1944, v. I. p. 209.

198. BONFANTE, Pietro. Historia del Derecho Romano. Trad. José Santa Cruz Teijero. Madrid: Editorial Revista de Derecho Privado, 1944, v. I. p. 210-212.

199. ALVEZ, José Carlos Moreira. *Direito Romano*. 20. ed. e-book. Rio de Janeiro: Forense, 2021, p. 736.

200. Código de Hamurabi. Código de Manu (Livros Oitavo e Nono). *Lei das XII Tábuas*. Supervisão editorial de Jair Lot Vieira. 2. ed. Bauru: Edipro, 2002, p. 137.

201. OLIVEIRA, Euclides Benedito de. *Direito de Herança*: a nova ordem da sucessão. 2. ed. São Paulo: Saraiva, 2009, p. 19.

202. CRETELLA JÚNIOR, José. *Curso de Direito Romano*: o Direito Romano e o Direito Civil Brasileiro. 26. ed. Rio de Janeiro: Forense, 2001, p. 262.

netos e bisnetos – nos casos em que o pai destes últimos era premorto ou tivesse sofrido *capitis deminutio máxima, media* ou *mínima* –; mulher *in manu*;[203] e os descendentes *posthumi* (que nasceram posteriormente).[204] Eram considerados herdeiros necessários, no sentido duplo, nem o *de cujus* podia os afastar,[205] tampouco eles tinham a prerrogativa de renunciar à herança, a sua aceitação além de automática, era obrigatória, *sive velint sive nolint*.[206] Suceder era "tanto um direito como uma imposição, justamente porque não se queria deixar vaga a soberania doméstica".[207]

Na falta de *sui* heredes, era chamada à sucessão *ab intestato* a segunda classe, compreendida pelos *agnatus proximusi*. Isto é, o parente colateral de grau mais próximo do *de cujus*, cuja apuração era no momento da abertura da sucessão intestada:[208] "Consideravam-se agnados os colaterais de origem exclusivamente paterna, como os irmãos consanguíneos, o tio que fosse filho do avô paterno, o filho desse mesmo tio, e assim por diante, sem restrição de grau".[209]

Em terceiro lugar, eram chamados os *gentiles*, em que os mais próximos também prescindiam aos mais remotos. "As *gentes* eram os agregados de família descendentes de origem sempre *ingênua* e que usavam dos mesmos nomes e dos mesmos sacrifícios – *nominia et sacra gentilitia* – e de que faziam partes os respectivos *clientes e libertos*, que compreendiam não só os *manutenidos*, como também os filhos emancipados e a mulher casada".[210]

O sistema sucessório romano evoluiu nas fases seguintes, destacando-se as modificações implementadas em um quarto período histórico, que foi marcado pelas Novelas CXVIII e CXXVII de Justiano, em 543 a 548 d.C.[211] Foram dois pon-

---

203. A mulher casada era considerada "*in loco filiae* e como tal, podia herdar do marido, mas não dispor dos bens. Sendo *alieni iuris*, não tinha patrimônio próprio, e, consequentemente, não se cogitava de sua sucessão por morte do cônjuge varão". PEREIRA, Caio Mário da Silva. *Instituições de Direito Civil* – Direito das Sucessões. Atual. Carlos Roberto Barbosa Moreira. 24. ed. Rio de Janeiro: Forense, 2017, v. VI, p. 145.
204. ALVEZ, José Carlos Moreira. *Direito Romano*. 20. ed. e-book. Rio de Janeiro: Forense, 2021, p. 736.
205. TELLES, Inocêncio Galvão. *Direito das Sucessões* – Noções Fundamentais. 6. ed. Coimbra: Editora Coimbra, 1991, p. 170.
206. BEVILAQUA, Clóvis. *Direito das Sucessões*. 3. ed. Rio de Janeiro: Livraria Editora Freitas Bastos, 1938, p. 91.
207. TELLES, Inocêncio Galvão. *Direito das Sucessões* – Noções Fundamentais. 6. ed. Coimbra: Editora Coimbra, 1991, p. 170.
208. KASER, Max. *Direito Privado Romano*. Trad. Samuel Rodrigues e Ferdinand Hämmerle. Lisboa: Fundação Calouste Gulbenkian, 1999, p. 374.
209. OLIVEIRA, Euclides Benedito de. *Direito de Herança*: a nova ordem da sucessão. 2. ed. São Paulo: Saraiva, 2009, p. 19-20.
210. OLIVEIRA, Arthur Vasco Itabaiana de. *Tratado de Direito das Sucessões*. Da Sucessão Geral e Da Sucessão Legítima. 4. ed. São Paulo: Max Limonad, 1952, v. 01. p. 128.
211. OLIVEIRA, Euclides Benedito de. *Direito de Herança*: a nova ordem da sucessão. 2. ed. São Paulo: Saraiva, 2009, p. 20.

tos que caracterizaram a reforma: a linhagem feminina passou a ser considerada como a masculina – deixou-se de se fazer distinção entre agnados e cognados;[212] e houve assimilação da transmissão de bens por *bonorum possessiones* com a sucessão *ab intestato* do antigo *jus civile*, falando-se, a partir desta época, apenas da genérica transmissão de herança (*hereditas*).[213] Essas duas Novelas ordenaram os herdeiros legítimos em quatro classes, representando notável evolução e exercendo grande influência no direito sucessório moderno:

a) Primeira classe: os descendentes sem qualquer exclusão, quer na linha masculina, quer na feminina – incluindo-se os filhos emancipados, adotivos, os dado em adoção e aqueles que não mais se encontravam sob a *patria potestas*;

b) Segunda classe: ascendentes, irmãos e irmãs germanos e seus filhos, com hipóteses diversas conforme existem apenas ascendentes ou outros herdeiros;

c) Terceira classe: irmãos/irmãs consanguíneos ou uterinos e seus filhos, admitindo-se a transmissão da herança *per stripes* (por representação) ou *per capita* (por direito próprio, individualmente); e

d) Quarta classe: colateral mais próximo, em exclusão ao mais remoto, e havendo pluralidade de parentes colaterais no mesmo grau, a divisão da herança se fazia por cabeça. Na falta destes, em que pese à carência de previsão específica na legislação daquela época, ficou subentendido que o cônjuge sobrevivo então seria chamado a suceder.[214]

As Novelas e Digestos Justiano revolucionaram o direito civil, ao ponto de mesmo transcorridos séculos, ainda terem forte influência nas legislações, sobretudo dos países ocidentais, incluindo o Brasil, por ser a nossa codificação civil de base romanística. Há de se observar que tal como adotado no vigente ordenamento pátrio e demais legislações modernas, "o princípio geral do direito sucessório vigente nesse período do direito romano, o chamamento dos herdeiros por classes, em uma ordem de prioridades (*sucessio ordinum*), que se complementava com o atendimento, dentro da mesma classe, à proximidade dos graus de parentesco (*sucessio gradum*)".[215]

---

212. Nas palavras de Itabaiana de Oliveira: "Justiniano, chamando à sucessão todos os parentes, sem distinção de agnados e cognados, e tendo estabelecido, ùnicamente, como fundamento da sucessão legítima, ou *ab intestato*, a afeição presumida do defunto, firmou, com as novelas 118 e 127, a classe dos herdeiros regulares e irregulares". OLIVEIRA, Arthur Vasco Itabaiana de. *Tratado de Direito das Sucessões*. Da Sucessão Geral e Da Sucessão Legítima. 4. ed. São Paulo: Max Limonad, 1952, v. 01. p. 132.

213. ALVEZ, José Carlos Moreira. *Direito Romano*. 20. ed. e-book. Rio de Janeiro: Forense, 2021, p. 742.

214. ALVEZ, José Carlos Moreira. *Direito Romano*. 20. ed. e-book. Rio de Janeiro: Forense, 2021, p. 743-744.

215. OLIVEIRA, Euclides Benedito de. *Direito de Herança: a nova ordem da sucessão*. 2. ed. São Paulo: Saraiva, 2009, p. 21-22.

Essas são, em apertada síntese, as disposições primárias do direito das sucessões mais significativas, que direcionaram o rumo do direito moderno. Além do direito romano, o ordenamento português[216] – e por consequência, o brasileiro – também advém da herança do direito germânico e canônico.[217] As três correntes jurídicas – quais sejam: romana, germânica e canônica – em determinada época da história, combinaram-se e confluiriam para formarem a base da qual emergiu o direito das nações modernas. "Importa isto dizer que os séculos 12 e 13 foram o ponto de convergência e de intercessão das grandes linhas do Direito occidental, traçadas pelo gênio dos romanos e germanos bem como pela admirável aptidão constructora, pelo enorme talento de systematisação, da Egreja Catholica".[218]

1.4 HISTÓRICO DO DIREITO SUCESSÓRIO NO BRASIL, COM ENFOQUE NA PARTICIPAÇÃO DO CÔNJUGE E CONVIVENTE

Em razão da colonização do Brasil pelos portugueses, a história do direito brasileiro[219] se confunde com a própria história de Portugal:[220] "o nosso direito não vem da semente; mas de um galho que se plantou".[221] Não é nosso intento, porém, entrar franca e largamente na construção do direito primitivo português. Cabe-nos somente abordar os aspectos mais relevantes e pertinentes, a partir do primeiro compilado jurídico tipicamente português, que foi também aplicado a esta nação.

---

216. Conforme denota Pontes de Miranda: "Nas origens do direito português, estão o Direito Romano, Germanico e o Canonico. A elles se addiciona o elemento nacional, o que as condições da vida peninsular e, particularmente, lusita revelam, em costumes e aspirações, ás populações de Portugal". MIRANDA, Francisco Cavalcanti Pontes de. *Fontes e Evolução do Direito Civil Brasileiro*. Rio de Janeiro: Pimenta de Mello, 1928, p. 49.

217. MARTINS JÚNIOR, J. Izidoro. *História do Direito Nacional*. Rio de Janeiro: Democrática Editora, 1895, p. 27.

218. Izidoro Martins resume o drama então exibido pela História: "Povos germanos dominando as populações romanas pelo numero e pelas instituições de seu Direito Publico, mas permittindo a taes populações, nas relações privadas, o uso e goso do seu direito originário; e o Direito Canonico avultando e planando sobre os dois direitos de base ethnica, pela sua velha encorporação ao primeiro e pela sua hábil adaptação ao segundo. Já daqui se vê que as três correntes jurídicas continuamente emparelhadas e muitas vezes cruzadas não podiam deixar de vir um dia a confluir e combinar-se, desaguando afinal por um grande estuário no mar largo de uma doutrina superior e homogênea". MARTINS JÚNIOR, J. Izidoro. *História do Direito Nacional*. Rio de Janeiro: Democrática Editora, 1895, p. 47 e 53-54.

219. Pontes de Miranda nota que: "O direito, no Brasil, não pode ser estudado deste as sementes; nasceu do galho de planta, que o colonizador português,– gente de rija tempera, no activo Seculo XVI e naquelle cansado Seculo XVII em que se completa o descobrimento da America, – trouxe e enxertou no novo continente". MIRANDA, Francisco Cavalcanti Pontes de. *Fontes e Evolução do Direito Civil Brasileiro*. Rio de Janeiro: Pimenta de Mello, 1928, p. 49.

220. MARTINS JÚNIOR, J. Izidoro. *História do Direito Nacional*. Rio de Janeiro: Democrática Editora, 1895, p. 55.

221. MIRANDA, Francisco Cavalcanti Pontes de. *Fontes e Evolução do Direito Civil Brasileiro*. Rio de Janeiro: Pimenta de Mello, 1928, p. 50.

No período Brasil colônia vigoravam as Ordenações do Reino (Afonsinas, Manuelinas e Filipinas), consistentes na compilação das leis de Portugal, ordenadas por alguns de seus monarcas e que constituíam a base do direito vigente.[222] O cenário se manteve mesmo após a independência política do Brasil, porquanto esta, por si só, não representou a independência jurídica de Portugal.[223] Sobre o tema, aponta Euclides de Oliveira, que "com o decreto de independência, surgiu o natural anseio de um sistema jurídico nacional, mas, enquanto não editadas leis próprias, o governo imperial expediu a lei de 20 de outubro de 1823, mandando vigorar no País as Ordenações, leis e decretos vigentes em Portugal".[224]

As Ordenações portuguesas se iniciaram com as Ordenações Afonsinas – "cujas fontes foram o Direito Romano e Canonico, as Leis das Partidas de Castella, e antigos costumes nacionaes, das cidades e das villas",[225] as quais, contudo, "não apresentaram inovações profundas enquanto utilizaram, numa larga escala, fontes anteriores".[226] As Ordenações Afonsinas foram aprovadas no final do ano de 1446[227] e, portanto, instituída no Brasil quando do seu descobrimento, em 1500. O direito das sucessões estava introduzido no Livro IV, ao lado de outros temas de direito civil, embora não houvesse ordem sistemática e existissem matérias incluídas estranhas ao seu conteúdo básico.[228]

É muito provável que as Ordenações Afonsinas foram pioneiras em tratar o cônjuge como *"cabeça-de-casal"*, conforme se verifica no Livro IV, Título XII

---

222. "A palavra 'Ordenações', no seu conceito amplo, sinônima de leis, foi tradicionalmente adotada em duplo sentido: a) ora significando ordens, decisões ou normas jurídicas avulsas, com caráter regimental ou não; b) ora significando as coletâneas que dos mesmos preceitos se elaboraram, ao longo da história do direito português". CARVALHO NETO, Inácio de. *Direito Sucessório do cônjuge e do companheiro.* Vol.: 01. 1. ed. São Paulo: Método, 2007, p. 37-38.
223. MIRANDA, Francisco Cavalcanti Pontes de. *Fontes e Evolução do Direito Civil Brasileiro.* Rio de Janeiro: Pimenta de Mello, 1928, p. 66.
224. OLIVEIRA, Euclides Benedito de. *Direito de Herança:* a nova ordem da sucessão. 2. ed. São Paulo: Saraiva, 2009, p. 23.
225. MIRANDA, Francisco Cavalcanti Pontes de. *Fontes e Evolução do Direito Civil Brasileiro.* Rio de Janeiro: Pimenta de Mello, 1928, p. 61.
226. COSTA, Mário Júlio de Almeida. *História do Direito Português.* 3. ed. Coimbra: Almedina, 2002, p. 275.
227. Sobre a imprecisão da data, aduz Mário Júlio de Almeida Costa que: "Afigura-se, sintetizando, que os anos de 1446 e de 1447 foram, presumivelmente, o da entrega do projecto concluído e publicado das Ordenações. Mais difícil se mostra a determinação da data da sua entrada em vigor. Deve salientar-se, a este propósito, que não havia na época uma regra prática definida sobre a forma de dar publicidade aos diplomas legais e o início da correspondente vigência. Além disso, ainda não se utilizava a imprensa, pelo que levaria considerável tempo a tirarem-se as cópias manuscritas, laboriosas e dispendiosas, necessárias à difusão do texto das Ordenações em todo o País, fora da chancelaria régia e dos tribunais superiores". COSTA, Mário Júlio de Almeida. *História do Direito Português.* 3. ed. Coimbra: Almedina, 2002, p. 274/275.
228. COSTA, Mário Júlio de Almeida. *História do Direito Português.* 3. ed. Coimbra: Almedina, 2002, p. 278.

– cujo dispositivo fora repetido, apenas com modificações de redação no Título VII, Livro IV das Ordenações Manuelinas:[229]

> Costume foi estes Reinos de longamente usado, e julgado, que onde o casamento é feito entre o marido, e a mulher per Carta de Ametade, ou em tal lugar, que per usança se partam os bens de per meio à morte sem haver a tal Carta, morto o marido, a mulher fica em posse, e Cabeça de Casal, e de sua mão devem receber os herdeiros, e legatários do marido parte de todos os bens, que por morte do dito marido ficarão, e bem assim os legados; em tanto que se algum dos herdeiros, ou legatários, ou qualquer outro ficar em posse de alguma coisa da dita herança, depois da morte do dito marido, sem consentimento da dita mulher, ela se pode chamar esbulhada dela, e deve-lhe logo ser restituída. E este costume foi fundado em razão, pois que por bem do dito costume, tanto que o casamento é consumado, a mulher é feita meeira em todos os bens, que ambos têm, e o marido por morte da mulher continua a posse velha, que antes havia, justa razão parece ser, que por morte do marido fosse a ela de algum remédio acerca da dita posse, a saber, que ficasse ela em posse, e cabeça de Casal por virtude do dito costume.
>
> 1. É tudo isto, que dito é, há lugar nos bens comuns, que têm de ser partidos entre a mulher, e os herdeiros do marido, ou entre o marido, e os herdeiros da mulher, e em outra guisa não; se o marido, ou mulher tivessem alguns bens feudais, ou da Coroa do Reino, ou de Morgado, ou emprazamentos em que a mulher não fosse nomeada, por tal guisa que não tivesse neles direito, ou em outros semelhantes, em tal caso não tem lugar o dito costume, nem ficará a mulher em posse de tais bens, que o marido houvesse, e possuísse em vida, nem esse mesmo o marido por morte da mulher dos bens, que pelo dito modo a ela pertencessem, mas requer-se que para cada um deles tenha alcançada tal posse, que a tome atualmente depois da morte de cada um deles,.
>
> 2. Porém se tais bens, terras, ou feudos forem obrigados à mulher pelo marido, ou ao marido pela mulher por consentimento, e autoridade do Senhorio, em tal caso o que assim ficar vivo esteja em posse de tais bens e não seja deles tirado até a dita obrigação ser paga, ou por Direito determinado que não deve ter tal posse.
>
> 3. E isto mesmo dizemos que se aquele que vivo ficar, disser e alegar alguma justa razão, por que tais bens, terras, ou feudos, que do finado fossem lhe pertencem, ou têm neles algum direito, e as pessoas forem tais, de que se tema de virem a pelejas, e arruído, em tal caso queremos, e mandamos que os ditos bens, terras, ou feudos se ponham em guarda em mãos de pessoa fiel, e idônea, que os tenha até ser determinado por Direito a quem pertencem.
>
> 4. E bem assim dizemos que o dito costume não deve ter lugar nos casamentos feitos por Cartas de arras: salvo naqueles bens, que por bem, em virtude do dito contrato devem ser meeiros entre o marido, e a mulher; em tais bens se deve guardar o dito costume, assim como se o dito casamento fosse feito por Carta de metade, como dito é.
>
> 5. E porque somos certo que assim foi usado, e guardado, e julgado de antigamente, mandamos que assim se guarde daqui em diante por Lei geral em todo o casamento feito por Carta de metade em tais lugares, onde se costuma os bens serem comuns entre o marido, e a mulher, ou Cartas de arras, como dito é.[230]

---

229. MANUELINAS, Ordenações. *Livro IV*. Lisboa: Fundação Calouste Gulbenkian, 1786, Título VII, p. 23-26.

230. AFONSINAS, Ordenações. *Livro IV*. 2. ed. Lisboa: Fundação Calouste Gulbenkian, 1999, Título LCV, §4, p. 353. CARVALHO NETO, Inácio de. *Direito Sucessório do Cônjuge e Companheiro*. São Paulo: Método, 2007, p. 48-49. Esse texto não foi repetido nas Ordenações Manuelinas.

Cumpre-se apontar que, o casamento por "*carta de ametade*" mencionado no texto correspondia à divisão igualitária dos bens pertencentes ao casal, de modo similar ao atual regime da comunhão universal de bens.[231] Sobre isto, esclarece-se que nas Ordenações Afonsinas havia ainda uma pluralidade de costumes: uns adotavam a comunhão universal como regra geral, enquanto outros entendiam apenas como advindo de convenção. A variedade era denunciada pelas expressões "*carta de metade*" e "*segundo os costumes do reino*".

Já nas Ordenações Manuelinas houve uma simetrização da convenção tácita: estipulou-se como o regime legal o da comunhão universal para as hipóteses dos nubentes nada convencionarem.[232] No tocante à sucessão do cônjuge, as Ordenações Afonsinas – cujo dispositivo não foi replicado nas Manuelinas – assim estabeleceram:

> E se por morte do marido *ab intestato* a mulher não ficou em posse e cabeça de Casal, porque não vivia a esse tempo com ele em casa manteúda, como marido e mulher, em tal caso mandamos que seja logo feito inventário de todos os bens, que por sua morte ficaram; o qual assim feito, sejam logo postos em guarda por conta e recado em mão do homem fiel, até que achado seja por direito a quem pertence, e aquele, a quem forem julgados, sejam-lhe entregues, como for direito.[233]

A legislação Afonsina pendurou até o reinado do D. Manuel, momento no qual se editaram as Ordenações Manuelinas. Demonstra-se, entretanto, conveniente pontuar que as ordenações ulteriores não trouxeram profundas inovações, "a bem dizer, pouco mais fizeram do que, em momentos sucessivos, actualizar a colectânea afonsina".[234] No fundo, as questões atinentes ao direito privado permaneciam sendo resolvidas, em sua grande maioria, com fundamento no *Corpus Juris Civilis*, ou seja, com base no direito romano.[235]

A edição definitiva das Ordenações Manuelinas ocorreu em 1521,[236] mas a data de sua implementação é objeto de bastante discussão. Nas palavras de Mário Costa:

---

231. CARDOSO, Fabiana Domingues. *Regimes de Bens e Pacto Antenupcial*. São Paulo: Método, 2010, p. 97.
232. MIRANDA, Francisco Cavalcanti Pontes de. *Fontes e Evolução do Direito Civil Brasileiro*. Rio de Janeiro: Pimenta de Mello, 1928, p. 64.
233. AFONSINAS, Ordenações. *Livro IV*. 2. ed. Lisboa: Fundação Calouste Gulbenkian, 1999, Título XII, p. 76-78. CARVALHO NETO, Inácio de. *Direito Sucessório do Cônjuge e Companheiro*. São Paulo: Método, 2007, p. 49-50.
234. COSTA, Mário Júlio de Almeida. *História do Direito Português*. 3. ed. Coimbra: Almedina, 2002, p. 279.
235. AZEVEDO, Antônio Junqueira de. Influência do Direito Francês sobre o Direito Brasileiro. *Revista da Faculdade de Direito da Universidade de São Paulo*, v. 89, n. jan./dez. 1994, p. 183-94, 1994. Disponível em: https://www.revistas.usp.br/rfdusp/article/view/67243 , p. 184-185.
236. MIRANDA, Francisco Cavalcanti Pontes de. *Fontes e Evolução do Direito Civil Brasileiro*. Rio de Janeiro: Pimenta de Mello, 1928, p. 63.

CAPÍTULO I • NOÇÕES INTRODUTÓRIAS DO DIREITO SUCESSÓRIO   **47**

Na verdade, conhecem-se exemplares impressos do livro I e do livro II das Ordenações, respectivamente, de 1512 e 1513, mas apenas chegou até nós uma edição integral dos cinco livros feita em 1514. Daí que certos autores sustentam que apenas nesse ano existiu uma edição completa, enquanto outros admitem que se tenha já realizado, antes de 1514, uma impressão dos cinco livros das Ordenações. A querela não parece ainda de todo esclarecida. Pende-se, no entanto, para a última hipótese.[237]

Nas Ordenações Afonsinas e Manuelinas, aderindo-se às fontes romanas, houve a adoção do regime da terça: na hipótese do *de cujus* deixar herdeiros considerados necessários, o correspondente a dois terços do patrimônio pertencia necessariamente a estes sucessores.[238] Em ambas, ainda que simples referência assistemática, fora também consagrado "o regime de classes (grupos ou parentelas) sucessórias, com a seguinte ordem: descendentes, ascendentes, colaterais (até o 10º grau) e por último a coroa".[239] Assim, naquela época, os parentes colaterais[240] estavam em posição de primazia em relação ao cônjuge sobrevivente, que apenas sucediam na falta daqueles e ainda sob a condição de conviver com o autor da herança ao tempo da morte.[241]

Aquele tempo era caracterizado por uma dinâmica legislativa acelerada, cujo resultado foi a publicação de diversas leis esparsas às Ordenações Manuelinas. "Estes não só revogavam, alteravam ou esclareciam muito dos seus preceitos, mas também dispunham sobre matérias inovadoras".[242] Com isto, houve a necessidade de unificação dos inúmeros diplomas avulsos em uma única coletânea, originando-se assim a Coleção das Leis Extravagantes de Duarte Nunes de Leão,[243] no curso do reinado de D. Sebastião (1568-1578).[244]

---

237. COSTA, Mário Júlio de Almeida. *História do Direito Português*. 3. ed. Coimbra: Almedina, 2002, p. 282-283.
238. TARTUCE, Flávio. *Direito Civil*: Direito das Sucessões. 10. ed. Rio de Janeiro: Forense, 2017 (e-book), v. 06. p. 32.
239. GILSSEN, John. *Introdução Histórica ao Direito*. 4. ed. Trad. A. M. Hespanha e L. M. Macaísta Malheiros. Lisboa: Fundação Calouste Gulbenkian, 2003, p. 695.
240. Anota Washington de Barros que os parentes colaterais de grau distantes eram chamados pelos germanos de "*lachende Erben*", cujo significado corresponde a "*aqueles que riem*". Isto porque, tanto o vínculo consanguíneo quanto o afetivo já se encontravam demasiadamente enfraquecidos. MONTEIRO, Washington de Barros; PINTO, Ana Cristina de Barros Monteiro França. *Curso de Direito Civil*. Direito das Sucessões. 39. ed. São Paulo: Saraiva, 2016, v. 06. p. 122.
241. BEVILAQUA, Clóvis. *Direito das Sucessões*. 3. ed. Rio de Janeiro: Livraria Editora Freitas Bastos, 1938, p. 153.
242. COSTA, Mário Júlio de Almeida. *História do Direito Português*. 3. ed. Coimbra: Almedina, 2002, p. 285.
243. COSTA, Mário Júlio de Almeida. *História do Direito Português*. 3. ed. Coimbra: Almedina, 2002, p. 285-288.
244. CARVALHO NETO, Inácio de. *Direito Sucessório do Cônjuge e Companheiro*. São Paulo: Método, 2007, p. 40.

A Coleção das Leis Extravagantes representou somente a intermediação para as Ordenações Filipinas. Isto porque, era imprescindível uma mudança jurídica mais acentuada, porquanto as Ordenações Manuelinas se mostraram insuficientes em atender a "transformação jurídica que o seu tempo reclamava".[245]

Durante o reinado de Felipe III de Espanha e II de Portugal – que unificou estes dois países – iniciou-se a vigência das Ordenações Filipinas,[246] publicadas em 11 de janeiro de 1603.[247] As Filipinas mantiveram o sistema tradicional de cinco livros, fragmentados em títulos e parágrafos, carentes de acentuadas mudanças em relação ao seu conteúdo:[248]

> É patente que se procurou realizar uma pura revisão actualizadora das Ordenações Manuelinas. A exigência de normas de inspiração castelhana, como algumas derivadas das Leis de Toro, não retira o típico carácter português das Ordenações Filipinas. Apenas se procedeu, via de regra, à reunião, num único corpo legislativo, dos dispositivos manuelinos e dos muitos preceitos subsequentes que se mantinham em vigor.[249]

Em que pese a ordem de vocação hereditária nas Ordenações Filipinas não estar disciplinada com a desejada sistematização, ocupando o penúltimo lugar, o cônjuge foi efetivamente consagrado. Ainda que se trate de um direito meramente formal, vez que era extremamente remota a probabilidade do *de cujus* não ter deixado parente até o décimo grau. É o que se extrai do Título XCIV do Livro IV, denominado de "como o marido e mulher succedem hum a outro":[250]

> Fallecendo o homem casado *ab intestato*, e não tendo parente até o décimo gráo contado segundo o Direito Civil, que seus bens deva herdar, e ficando sua mulher viva, a qual juntamente com elle estava e vivia em casa teúda e manteúda, como mulher com seu marido, ella será sua universal herdeira.
>
> E pela mesma maneira será o marido herdeiro da mulher, se ella primeiro fallecer sem herdeiros até o dito décimo gráo. E nestes casos não terão que fazer em taes bens os nossos Almoxarifes.[251]

---

245. COSTA, Mário Júlio de Almeida. *História do Direito Português*. 3. ed. Coimbra: Almedina, 2002, p. 288.

246. Nesse espeque, esclarece-se que as Filipinas foram concluídas e aprovadas pela lei 5 de Junho no ano de 1595, porém, sem produzir qualquer efeito. Sua vigência – "a mais duradoura que um momento legislativo conseguiu em Portugal" – iniciou apenas no reinado de Felipe II, por meio da Lei 11 de janeiro de 1603. COSTA, Mário Júlio de Almeida. *História do Direito Português*. 3. ed. Coimbra: Almedina, 2002, p. 289.

247. GAMA, Ricardo Rodrigues. *Direito das Sucessões*. Bauru, SP: Edipro, 1996, p. 40.

248. FILIPINAS, Ordenações. *Livro IV e V*. Lisboa: Fundação Calouste Gulbenkian, 1870.

249. COSTA, Mário Júlio de Almeida. *História do Direito Português*. 3. ed. Coimbra: Almedina, 2002, p. 290.

250. FILIPINAS, Ordenações. *Livro IV*. Lisboa: Fundação Calouste Gulbenkian, 1870. Título XCIV, p. 947-948.

251. Carvalho Neto explica que: "A referência final do texto das Ordenações aos "nossos Almoxarifes" estabelecia, segundo a doutrina portuguesa, uma quinta e última ordem de sucessão legítima, para o

Denota-se do enxerto acima, que na legislação reinol o cônjuge supérstite era chamado a suceder apenas na falta de descendentes, ascendentes e parentes colaterais até o décimo grau, e desde que não estivesse separado do autor da herança. As classes eram invocadas sucessivamente, de forma que uma excluía a outra, e o herdeiro mais próximo excluía o mais remoto dentro da mesma classe.

As Ordenações Filipinas, como nas Ordenações Afonsinas e Manuelinas, mantiveram os descendentes e ascendentes como beneficiários da reserva de dois terços.[252] É o que se recolhe do Título LXXXII do Livro IV, intitulado de "quando no testamento o pai não faz menção do filho, ou o filho do pai, e dispõem somente da terça":

> Se o pai, ou mãi fizerem testamento, e sabendo que tem filhos, ou filhas, tomarem a terça de seus bens, e a deixarem distribuir depois de suas mortes; como fôr sua vontade, posto que no testamento não sejam os filhos expressamente instituídos, ou desherdados, mandamos que tal testamento valha, e tenha effeito. Por quanto pois, tomou a terça de seus bens no testamento, e sabia que tinha filhos, parece que as duas partes quis deixar aos filhos, e os instituio nellas posto que dellas não faça expressa menção, e assi devem ser havidos por instituidos herdeiros, como se expressamente fossem, em favor do testamento.
>
> 1. E dispondo o pai, ou mãi em seu testamento de todos os seus bens e fazendas, não fazendo menção de seu filho legítimo, sabendo que o tinha, ou desherdando-o, não declarando a causa legitima, porque o desherda, tal testamento he per Direito nenhum, e de nenhum vigor, quanto a instituição, ou desherdação nelle feita; mas os legados conteúdos no dito testamento, serão em todo o caso firmes e valiosos, em quanto abranger a terça do Testador, assi e tão cumpridamente, como se o testamento fosse bom e valioso per Direito.
>
> 2. E declarando o pai, ou mãi em seu testamento a causa, ou razão, por que desherda seu filho legitimo, se o herdeiro instituído no testamento quizer haver a herança, que nelle lhe foi deixada, deve de necessidade provar a causa e razão, por que o filho foi desherdado, ser verdadeira, segundo o testamento foi expressa e declarada, e que he legitima e sufficiente para o filho por Ella poder ser desherdado. A qual provada, ficará o testamento bom e valioso, e o herdeiro instituído haverá essa herança, que lhe foi deixada, sem outro embargo.
>
> E não provado elle a causa da desherdação ser verdadeira e legitima, ficará o testamento nenhum, e haverá o filho toda a herança do pai, ou mãi, se quizer haver. Porém pagará os legados conteúdos no testamento pelo modo sobredito.
>
> 3. Porém, se o pai, ou mãi ao tempo, que fez o testamento, tinha algum filho legitimo, e crendo que era morto, não fez delle menção no testamento, mas dispoz, e ordenou de todos os seus bens e fazenda, instituindo outro herdeiro, em tal caso o testamento será nenhum, não sómente quanto á instituição, mas também quanto aos legados nelle conteúdos.

---

caso de não haver nenhum outro herdeiro, ou seja, na falta dos demais herdeiros citados, a herança seria vacante". CARVALHO NETO, Inácio de. *Direito Sucessório do Cônjuge e Companheiro.* São Paulo: Método, 2007, p. 51.

252. Ordenações Afonsinas, *Livro IV, Título XCVII*; Ordenações Manuelinas, *Livro IV, Título LXX*; Ordenações Filipinas, *Título LXXXII*.

4. E tudo o que acima dito he, quando o pai morre deixando filhos, haverá lugar, quando faz testamento, e morre sem filhos e lhe ficam netos, ou outros descendentes. E isso mesmo haverá lugar, quando o filho, ou neto, ou outro descendente fallecer, e fizer testamento em cada huma das maneiras sobreditas, sem deixar descendentes, e tiver pai, mãi, ou outros ascendentes.

5. Outrosi, se o pai, ou mãi ao tempo do testamento não tinha filho legitimo, e depois lhe sobreveio, ou o tinha, e não era disso sabedor, e he vivo ao tempo da morte do pai, ou mãi, assi o testamento, como os legados nelle conteúdos são nenhuns e de nenhum vigor.[253]

Como é cediço, após a Independência do Brasil, as Ordenações Filipinas foram revalidadas e confirmadas por duas vezes, e resistiram tanto à ruptura dos laços políticos com Portugal, quanto à revogação da legislação naquele país.[254] Em primeiro, a Lei de 20 de outubro de 1823 declarou vigente os decretos das Cortes Portuguesas.[255] E, em segundo, apesar da expressa determinação da Constituição Política do Imperio do Brazil (de 25 de março de 1824) para que fossem elaborados Código Civil e Penal, o "quanto antes",[256] a Constituição da República dos Estados Unidos do Brasil (de 24 de fevereiro de 1891) manteve as Ordenações em seu artigo 83: "Continuam em vigor, enquanto não revogadas, as leis do antigo regime no que explícita ou implicitamente não forem contrárias ao sistema do Governo firmado pela Constituição e aos princípios nela consagrados".[257]

As Ordenações Filipinas foram paulatinamente sendo substituídas por novas normas, mas foram definitivamente revogadas apenas pelo Código Civil de 1916. Por mais paradoxal que possa parecer, vigoraram por mais tempo no Brasil a seu próprio país de origem, Portugal, onde foram revogadas pelo Código Civil de 1867. "E ainda se pode notar que o Brasil foi o único país da América Latina que, no final do século XIX, ainda se regia pelo Código vigente no tempo em que foi colônia, e há muito revogada na própria Metrópole".[258]

Com o fito de reunir, ordenadamente, toda a legislação em vigor à época – incluindo as Ordenações Filipinas –, no ano de 1858, Augusto Teixeira de Freitas

---

253. FILIPINAS, Ordenações. *Livro IV*. Lisboa: Fundação Calouste Gulbenkian, 1870. Título LXXXII, p. 911-915.

254. MIRANDA, Francisco Cavalcanti Pontes de. *Fontes e Evolução do Direito Civil Brasileiro*. Rio de Janeiro: Pimenta de Mello, 1928, p. 66.

255. Legislação disponível em: https://www.planalto.gov.br/ccivil_03/leis/LIM/LIM....-20-10-1823. htm#:~:text=LEI%20DE%2020%20DE%20OUTUBRO,Cortes%20Portuguezas%20que%20s%-C3%A3o%20especificados.

256. Art. 179, inciso XVIII: "Organizar-se-ha quanto antes um Codigo Civil, e Criminal, fundado nas solidas bases da Justiça, e Equidade". BRASIL. Constituição Política do Imperio do Brazil de 1824. Disponível em: https://www.planalto.gov.br/ccivil_03/constituicao/constituicao24.htm. Acesso em 17 de novembro de 2023.

257. Constituição da República dos Estados Unidos do Brasil de 1891. Disponível em: https://www.planalto. gov.br/ccivil_03/constituicao/constituicao91.htm.

258. CARVALHO NETO, Inácio de. Direito *Sucessório do Cônjuge e Companheiro*. São Paulo: Método, 2007, p. 59-62.

apresentou a Consolidação das Leis Civis, a qual foi aprovada por meio de decreto pelo Imperador e configurou o primeiro Código Civil do Brasil.[259] Mantendo-se, por conseguinte, incólume a ordem da vocação hereditária, nos termos do artigo 959 do aludido diploma legal:

> Art. 959. Defere-se a sucessão a intestado na seguinte ordem:
>
> § 1º Aos descendentes;
>
> § 2º Na falta de descendentes, aos ascendentes;
>
> § 3º Na falta de uns e outros, aos colaterais até o décimo grau por Direito Civil;
>
> § 4º Na falta de todos, ao cônjuge sobrevivente;
>
> § 5º Ao Estado em último lugar.

E, quanto à extensão do rol dos herdeiros necessários, em que pese inexistir expressa menção, de modo implícito, o artigo 982 ao abordar a deserdação, reconheceu apenas os descendentes e ascendentes como herdeiros necessários (deserdáveis). Ademais, os artigos 985 e 986 versavam sobre legitima, sem, todavia, atribuir o seu *quantum*.[260]

Como vimos, ao tempo das Ordenações, a ordem de vocação hereditária era a seguinte: 1º) descendentes; 2º) ascendentes; 3º) parentes colaterais até o 10º (décimo) grau; 4º) cônjuge sobrevivente; e 5º) Fisco.[261] É de se observar a intenção do legislador – desde o direito primitivo romano – em criar obstáculos para se atribuir, na prática, a herança ao cônjuge supérstite, tendo em vista que raramente o *auctor hereditatis* não deixaria parente até o décimo grau.[262] Os ordenamentos jurídicos "faziam nítida distinção entre proteger o grupo familiar sanguíneo, representado pelos descendentes, ascendentes e irmãos, em contraposto às pessoas do cônjuge ou companheiro do falecido. Entendia que o consorte sobrevivente

---

259. A despeito da importância da Consolidação, Carvalho Neto aduz que: "Muito embora não tivesse sido submetido ao Parlamento, sendo discutível estivesse o Imperador autorizado a aprová-lo como texto legal, a verdade é que o diploma de Teixeira de Freitas passou a funcionar como tal, seja porque afinal fora aprovado pelo Governo Imperial, seja pela autoridade do seu organizador, seja pela facilidade que trouxe aos operadores do foro, a partir de então dispensados de recorrer à legislação esparsa. Juízes e advogados, nas suas decisões e em suas razões, não citavam mais as Ordenações dos Reino, nem outros decretos, mas unicamente os artigos da Consolidação". CARVALHO NETO, Inácio de. *Direito Sucessório do Cônjuge e Companheiro*. São Paulo: Método, 2007, p. 66.

260. FREITAS, Augusto Teixeira de. *Consolidação das Leis Civis*. Disponível em: http://www2.senado.leg.br/bdsf/handle/id/496206. Acesso em: 22 nov. 2023.

261. Calha à espécie a observação de Carvalho Neto: "A Fazenda Pública foi sempre incluída na ordem de vocação hereditária, mas tal inclusão era errônea, porque o Estado não é, propriamente, herdeiro; recebe os bens que se tornaram vagos justamente por não haver herdeiros. A doutrina é, este sentido, praticamente pactícia". CARVALHO NETO, Inácio de. *Direito Sucessório do Cônjuge e Companheiro*. São Paulo: Método, 2007, p. 62.

262. OLIVEIRA, Euclides Benedito de. *Direito de Herança*: a nova ordem da sucessão. 2. ed. São Paulo: Saraiva, 2009, p. 25.

merecia alguma proteção, mas distanciada da concepção de uma legítima, e até mesmo ao largo do direito sucessório".[263]

A precedência dos colaterais em relação ao cônjuge se manteve até a edição do Decreto nº 1.839, de 31 de dezembro de 1907, denominado como Lei Feliciano Pena, em homenagem ao seu autor,[264] em que o viúvo passou a ser chamado em terceiro lugar, em precedência, portanto, aos colaterais, os quais foram limitados até o sexto grau.[265] A respeito da anterior extensão do direito hereditário na linha colateral, Beviláqua pontua que "no décimo gráu, não ha mais consciência da unidade da familia; não ha mais essa affeição sympathica dos parentes entre si, que é uma traducção inconsciente, mas vivaz, da solidariedade jacente no grupo, por onde correm as ondas do mesmo sangue; não se distingue mais o parente do conterrâneo".[266] A Lei Feliciano da Pena, rompendo-se com aspectos do direito português, assim dispunha:

> Art. 1º Na falta de descendentes e ascendentes, defere-se a successão *ab intestato* ao conjuge sobrevivo, si ao tempo da morte do outro não estavam desquitados; na falta deste, aos collateraes até ao sexto gráo por direito civil; na falta destes, aos Estados, ao Districto Federal, si o *de cujus* for domiciliado nas respectivas circumscripções, ou à União, si tiver o domicilio em território não incorporado a qualquer dellas.
>
> Art. 2º O testador que tiver descendente ou ascendente succesivel só poderá dispor de metade do seus bens, constituindo a outra metade a legitima daquelles, observada a ordem legal.
>
> Art. 3º O direito dos herdeiros, mencionados no artigo precedente, não impede que o testador determine que sejam convertidos em outras especies os bens que constituirem a legitima, prescreva-lhes a incommunicabilidade, attribua à mulher herdeira a livre administração, estabeleça as condições de inalienabilidade temporaria ou vitalicia, a qual não prejudicará a livre disposição testamentaria e, na falta desta, a transferencia dos bens aos herdeiros legitimos, desembaraçados de qualquer onus.

Nota-se, outrossim, da leitura dos dispositivos supra, a fixação de metade da herança como legítima – cuja proporção permanece até os dias atuais –, também em contrariedade ao direito português que até então vigorava no Brasil e estipulava a terça parte. Carlos Maximiliano argumenta:

> As normas de Direito Hereditário decorrem das relações de *família*, tanto que o Estado determina, em falta de um ato declaratório de última vontade, uma ordem de sucessão que presumivelmente seria a adotada por um homem sensato e afetuoso a favor dos seus parentes;

---

263. MADALENO, Rolf. *Sucessão Legítima*. 2. ed. Rio de Janeiro: Forense, 2020, p. 284.
264. CAHALI, Francisco José; e HIRONAKA, Giselda Maria Fernandes Novaes. *Direito das Sucessões*. 5. ed. São Paulo: Ed. RT, 2014, p. 24.
265. Decreto disponível em: https://www2.camara.leg.br/legin/fed/decret/1900-1909/decreto-1839-31-dezembro-1907-580742-republicacao-103783-pl.html.
266. BEVILAQUA, Clóvis. *Direito das Sucessões*. 3. ed. Rio de Janeiro: Livraria Editora Freitas Bastos, 1938, p. 155-156.

por outro lado, a sucessão testamentária é desdobramento dos direitos *patrimoniais*: amplia-dos êstes, resulta para cada um a plena faculdade de dispor dos seus bens como entender. Harmonizam-se as duas tendências, à primeira vista antagônicas, e baseadas em fundamentos diversos, com permitir testar, reservada, porém, a legítima dos herdeiros necessários.[267]

As Ordenações do Reino e demais legislações correlatas que versavam sobre matéria cível foram finalmente revogadas em 1º de janeiro de 1996, pelo Código Civil dos Estados Unidos do Brasil – resultado do projeto de autoria de Clóvis Beviláqua. Em sua parte especial, no Livro IV, o Código Civil de 1916 constava com o direito das sucessões, ramificado em quatro títulos: sucessão em geral, sucessão legítima, sucessão testamentária, inventário e partilha.

No que interessa ao presente estudo, aponta-se a participação do viúvo na sucessão hereditária, com destaque para a ordem da vocação que manteve "a tradição romana de sucessão por classes de herdeiros e, dentro de cada classe, a preferência do grau mais próximo de parentesco".[268] A ordem de vocação hereditária é definida por Itabaiana de Oliveira como o estabelecimento do legislador de uma "coordenação preferencial dos grupos sucessíveis".[269] O Código de 1916 cuidou de acolher o sistema implementado pela Lei Feliciano Pena – com a clássica atribuição dos bens pelo critério de parentesco e vínculo matrimonial –, atribuindo ao cônjuge sobrevivo a posição de terceiro lugar na ordem de vocação hereditária, nos termos do artigo 1.603:

Art. 1.603. A sucessão legítima defere-se na ordem seguinte:

I – Aos descendentes.

II – Aos ascendentes.

III – Ao cônjuge sobrevivente.

IV – Aos colaterais.

V – Aos Municípios, ao Distrito Federal ou à União.

O cônjuge supérstite, ademais, não era considerado herdeiro necessário – eram-no apenas os descendentes e ascendentes, vide artigo 1721, do Código Civil de 1916 –, porém, à época, vigorava como o regime legal a comunhão universal de bens (art. 258[270]), sendo que na hipótese de adoção de outro regime, ao viúvo era atribuído o direito de usufruto de parte dos bens do falecido, o chamado usufruto

---

267. MAXIMILIANO, Carlos. *Direito das Sucessões*. 2. ed. Rio de Janeiro: Livraria Editora Freitas Bastos, 1942, v. I. p. 30.

268. OLIVEIRA, Euclides Benedito de. *Direito de Herança*: a nova ordem da sucessão. 2. ed. São Paulo: Saraiva, 2009, p. 27.

269. OLIVEIRA, Arthur Vasco Itabaiana de. *Tratado de Direito das Sucessões. Da Sucessão Geral e Da Sucessão Legítima*. 4. ed. São Paulo: Max Limonad, 1952, v. 01. p. 169.

270. "Art. 258. Não havendo convenção, ou sendo nula, vigorará, quanto aos bens, entre os cônjuges, o regime da comunhão universal".

vidual (art. 1.611, § 1º[271]). Isto significa dizer que a sucessão era deferida ao viúvo (herdeiro facultativo) apenas na falta de parentes na linha reta, caso ao tempo da morte a sociedade conjugal não estava dissolvida[272] e, ainda, se não tivesse sido despojado de toda a herança – isto porque, poderia ser excluído da sucessão sem causa aparente, bastando ao falecido consorte dispor de todo o seu patrimônio, por testamento, sem o contemplar.[273] Em suma, à época não havia qualquer proteção sucessória necessária do consorte supérstite, todavia, em contrapartida, ao cônjuge sobrevivente era garantida a meação de metade do patrimônio – salvo cláusula de incomunicabilidade – ou o usufruto vidual.

Para Silvio Rodrigues, o legislador se funda na vontade presumida do *de cujus* ao estabelecer a ordem de vocação hereditária. "Realmente, presume o propósito do finado de deixar seus bens aos seus descendentes; na falta destes, aos ascendentes; não havendo descendentes, nem ascendentes, ao cônjuge sobrevivente; na falta de todas essas pessoas, aos seus colaterais".[274] Manteve-se ainda na Lei Feliciano da Pena o preceito de que o patrimônio do falecido deveria ser conservado dentro do seu núcleo familiar, em detrimento ao da viúva.[275]

O antigo código nada previa acerca de direitos de herança do concubino, ou melhor, dizendo, do convivente. Naquele diploma, o vínculo conjugal de fato – alheio às formalidades – não configurava entidade familiar. Ao contrário, as raras menções às então chamadas "famílias ilegítimas" consistiam apenas em normas proibitivas com o propósito de proteger a família constituída pelo matrimônio, seja o civil ou religioso com efeitos civis (*v.g.* artigos 248, IV, 1.177 e 1.719, III). Percebe-se assim que o Código Civil de 1916, embora não tenha regulamentado, reconhece a existência de sociedade de fato, ainda que para rechaçá-la em defesa do casamento:[276] "O concubinato era considerado imoral. Tanto que o próprio termo 'concubinato' trazia peso pejorativo, significando amasiamento, estar na cama".[277]

A situação de flagrante injustiça, aos poucos foi sendo remediada por leis ordinárias que concedia direitos aos companheiros, bem como pela força criadora

---

271. "§ 1º O cônjuge viúvo se o regime de bens do casamento não era o da comunhão universal, terá direito, enquanto durar a viuvez, ao usufruto da quarta parte dos bens do cônjuge falecido, se houver filho dêste ou do casal, e à metade se não houver filhos embora sobrevivam ascendentes do 'de cujus'".

272. Neste sentido é a redação atualizada do artigo 1.611: "A falta de descendentes ou ascendentes será deferida a sucessão ao cônjuge sobrevivente se, ao tempo da morte do outro, não estava dissolvida a sociedade conjugal".

273. CAHALI, Francisco José; e HIRONAKA, Giselda Maria Fernandes Novaes. *Direito das Sucessões*. 5. ed. São Paulo: Ed. RT, 2014, p. 187.

274. RODRIGUES, Silvio. Direito Civil. *Direito das Sucessões*. 17. ed. São Paulo: Saraiva, 1989, v. 07. p. 68.

275. MADALENO, Rolf. *Sucessão Legítima*. 2. ed. Rio de Janeiro: Forense, 2020, p. 292.

276. Neste mesmo sentido eram as previsões nas Ordenações Filipinas e nas Consolidações das Leis Civis.

277. FREIRE, Reinaldo Franceschini. *Concorrência Sucessória na União Estável*. Curitiba: Juruá, 2009, p. 27.

da jurisprudência dos tribunais – inclusive a do Supremo Tribunal Federal, vide súmulas 380 e 382[278] – foi admitindo às uniões sem registro como sociedade de fato. O antigo concubinato puro – ou seja, não adulterino e nem incestuoso – passou a ser denominado como união estável, compreendida pela relação sólida e duradoura.[279] Sobre isto, torna-se imperioso distinguir as três modalidades de vínculo: a) a família constituída pelo ato solene e formal do casamento; b) a entidade familiar conjugada pela união estável entre duas pessoas livres e desimpedidas, que vivem como se casadas fossem; e, por fim, c) o concubinato, compreendido pela união adulterina e/ou incestuosa.[280]

Privilegiando a regra constitucional de dignidade humana – de obrigatória observância pelo sistema normativo –, bem assim a norma basilar da igualdade dos direitos,[281] a união estável foi finalmente reconhecida como entidade familiar pela Constituição Federal de 1989 (artigo 226, § 3º[282]). Com isto, o monopólio da tutela às famílias estruturada exclusivamente pelo matrimônio foi rompido, assentindo-se pela existência de múltiplos formatos de famílias, que fazem jus à proteção jurídica do Estado.[283]

Reconhecida a união estável como entidade familiar pela Carta Magna – em que pese ainda carecer de regulamentação inteiramente[284] –, a Lei 8.971, de 29 de dezembro de 1994, além de assegurar o direito aos alimentos e à meação, também contemplou em favor dos conviventes o direito sucessório à totalidade da herança, na falta de descendentes e ascendentes. Senão vejamos:

---

278. Súmula 380 do STF: "Comprovada a existência de sociedade de fato entre os concubinos, é cabível a sua dissolução judicial, com a partilha do patrimônio adquirido pelo esforço comum". E, Súmula 382 do STF: "A vida em comum sob o mesmo teto, *more uxorio*, não é indispensável à caracterização do concubinato".

279. Álvaro Villaça Azevedo diferencia as duas espécies de concubinato: puro e impuro. Tem-se no concubinato puro "uma união duradoura, sem casamento, entre homem e mulher, constituindo-se a família de fato, sem qualquer detrimento da família legítima. Assim acontece quando se unem, por exemplo, os solteiros, os viúvos, os separados judicialmente ou de fato, por mais de um ano, desde que respeitada outra união concubinária. Tenha-se, por outro lado, que o concubinato será impuro se for adulterino, incestuoso ou desleal (relativamente a outra união de fato), como o de um homem casado ou concubinado que mantenha, paralelamente ao seu lar, outro de fato". AZEVEDO, Álvaro Villaça. *Estatuto da Família de Fato*: de acordo com o Novo Código Civil, Lei 10.406, de 10.01.2002. 2. ed. São Paulo: Altas, 2012, p. 190.

280. PACHECO, José da Silva. *Inventários e Partilhas na Sucessão Legítima e Testamentária*. 17. ed. Rio de Janeiro: Forense, 2004, p. 264.

281. OLIVEIRA, Euclides Benedito de. *Direito de Herança*: a nova ordem da sucessão. 2. ed. São Paulo: Saraiva, 2009, p. 30.

282. "Art. 226. A família, base da sociedade, tem especial proteção do Estado.
[...] § 3º Para efeito da proteção do Estado, é reconhecida a união estável entre o homem e a mulher como entidade familiar, devendo a lei facilitar sua conversão em casamento".

283. ANTONINI, Mauro. *Sucessão Necessária*. Tese (Mestrado). Universidade de São Paulo. São Paulo, 2013. Disponível em: https://teses.usp.br/teses/disponiveis/2/2131/tde-23032017-144516/pt-br.php, p. 149.

284. A união estável veio a ser regularizada apenas com o advento da Lei 9.278, de 10 de maio de 1996.

Art. 2º As pessoas referidas no artigo anterior participarão da sucessão do(a) companheiro(a) nas seguintes condições:

I – o(a) companheiro(a) sobrevivente terá direito enquanto não constituir nova união, ao usufruto de quarta parte dos bens do *de cujus*, se houver filhos ou comuns;

II – o(a) companheiro(a) sobrevivente terá direito, enquanto não constituir nova união, ao usufruto da metade dos bens do de cujus, se não houver filhos, embora sobrevivam ascendentes;

III – na falta de descendentes e de ascendentes, o(a) companheiro(a) sobrevivente terá direito à totalidade da herança.

No prelúdio do terceiro milênio sobreveio novo Código Civil (Lei 10.406 de 10 de janeiro de 2002), resultado de extenso processo legislativo – encabeçado por Miguel Reale –, que mais se tratou de uma revisão do Código Civil de 1916.[285] A maior inovação quanto ao direito das sucessões corresponde à matéria relativa ao cônjuge e convivente.

Embora a ordem de vocação hereditária no Código que hoje vigora entre nós se assemelha muito àquela verificada no artigo 1.603 do Código Beviláqua, a primeira modificação profunda em matéria de sucessão do consorte foi a concessão de direito de concorrência com as duas primeiras classes preferências de vocação hereditária, salvo algumas exceções. Sem que se tenha, contudo, "desvirtuado com isso a classificação dos herdeiros, em ordem de preferência, estabelecida pelo legislador".[286] É o que se extrai do artigo 1.829:

Art. 1.829. A sucessão legítima defere-se na ordem seguinte:

I – aos descendentes,[287] em concorrência com o cônjuge sobrevivente, salvo se casado este com o falecido no regime da comunhão universal, ou no da separação obrigatória de bens (art. 1.640, parágrafo único); ou se, no regime da comunhão parcial, o autor da herança não houver deixado bens particulares;

II – aos ascendentes, em concorrência com o cônjuge;

III – ao cônjuge sobrevivente;[288]

IV – aos colaterais.

---

285. CARVALHO NETO, Inácio de. *Direito Sucessório do Cônjuge e Companheiro*. São Paulo: Método, 2007, p. 123.

286. HIRONAKA, Giselda Maria Fernandes Novaes. Ordem de Vocação Hereditária. In: HIRONAKA, Giselda Maria Fernandes Novaes; PEREIRA, Rodrigo da Cunha (Coord.). *Direito das Sucessões e o Novo Código Civil*. Belo Horizonte: Del Rey, 2004.

287. Antes da Constituição Federal de 1988 – cujo artigo 227, § 6º proibiu tratamento discriminatório aos filhos, independente de sua origem –, havia categorização da prole, limitando-se a ordem dos descendentes aos "legítimos", isto é, nascido na constância do matrimônio. Entretanto, a evolução do tratamento igualitário aos filhos não nos compete no presente estudo, cuja analise se limita a posição do cônjuge e companheiro no direito sucessório.

288. Quanto à expressão "cônjuge sobrevivente" empregada neste dispositivo e em outros, atenta-se para o comentário de Carvalho Neto de inadequação do termo, "redundante mesmo, tendo em vista ser óbvio que o cônjuge que herda é o sobrevivente, sendo o de cujus o falecido. Não precisava ter a lei feito tal ressalva. Aliás, essa ressalva não é feita para nenhum outro herdeiro. Faz-se mister alterar a

Pela disposição legal, houve uma valorização na escala de preferência do cônjuge sobre a propriedade plena, que passou a concorrer com os descendentes, salvo se casado com o *de cujus*: (i) no regime da comunhão universal; ou (ii) no separação obrigatória de bens; (iii) ou se, no regime da comunhão parcial, o finado não houver deixado bens particulares. E com ascendentes,[289] independentemente do regime de bens adotado.[290]

Nessa última hipótese de concorrência, a tutela sucessória conferida ao consorte é ainda mais abrangente em comparação à concorrência com os herdeiros de primeira classe, bem assim a sua operação matemática é mais simples. "Aqui, o cônjuge sobrevivente retira a sua meação, a depender do regime de bens do casamento. Depois disso, divide com o ascendente (pai, mãe, avós...) todo o patrimônio deixado pelo finado, abrangendo tanto os bens comuns, quanto os particulares, sem qualquer restrição ao estatuto patrimonial do casal".[291]

Justifica-se elucidar que dentre os direitos patrimoniais do cônjuge situam a meação e a herança, que são distintas: "a meação decorre do regime de bens e preexiste ao óbito do outro cônjuge, devendo ser apurada sempre que dissolvida a sociedade conjugal", compreende "metade dos bens comuns, comunicáveis entre os cônjuges e não de todo o acervo deixado pelo falecido", e "depende do regime de bens, da forma e da origem da formação do patrimônio"; "outra coisa é a herança, que constitui a parte do patrimônio atribuída ao falecido e transmissível aos seus sucessores, dentre os quais se situa o próprio cônjuge, à falta de ou em concorrência com descendentes e ascendentes".[292] Perspectiva idêntica é extraída da lição de Sílvio Venosa:

> A meação do cônjuge, como já acenado, não é herança. Quando da morte de um dos consortes, desfaz-se a sociedade conjugal. Como em qualquer outra sociedade, os bens comuns, isto é, pertencentes às duas pessoas que foram casadas, devem ser divididos. A existência de meação, bem como do seu montante, dependerá do regime de bens do casamento. A meação é avaliada de acordo com o regime de bens que regulava o casamento.[293]

---

redação defeituosa da lei neste aspecto". CARVALHO NETO, Inácio de. *Direito Sucessório do Cônjuge e Companheiro*. São Paulo: Método, 2007, p. 128.

289. O artigo 1.837 estabelece o valor das cotas atribuídas aos cônjuges na hipótese de concorrência com ascendentes: "Concorrendo com ascendente em primeiro grau, ao cônjuge tocará um terço da herança; caber-lhe-á a metade desta se houver um só ascendente, ou se maior for aquele grau".

290. VII Jornada de Direito Civil – Enunciado 609: "O regime de bens no casamento somente infere na concorrência sucessória do cônjuge com descendentes do falecido".

291. FARIAS, Cristiano Chaves de; ROSENVALD, Nelson. *Curso de Direito Civil. Sucessões*. 9. ed. São Paulo: JusPodivm, 2023, v. 07. p. 367.

292. OLIVEIRA, Euclides Benedito de. *Direito de Herança*: a nova ordem da sucessão. 2. ed. São Paulo: Saraiva, 2009, p. 93-94.

293. VENOSA, Sílvio de Salvo. *Direito Civil. Sucessões*. 17. ed. São Paulo: Atlas, 2017 (e-book), v. 06. p. 129.

A importância do regime de bens para o vigente ordenamento brasileiro recai, sobretudo, na definição da meação e no exercício do direito de concorrência com os descendentes. Porém, por ser alheio ao escopo do presente trabalho não nos compete adentrar a cada um destes temas, sendo que os assuntos pertinentes serão tratados mais adiante, em capítulo próprio.

Neste mesmo sentido, não nos compete adentrar às criticas pela confusa, complexa e ambígua redação do artigo 1.829 – cujo texto legal gera séria dificuldade hermenêutica a ensejar diversas interpretações e enormes dificuldades para a exata compreensão de seu conteúdo[294] –, porquanto juristas renomados já profundamente o fizeram.[295] Sendo certo que, ao final, será apresentada proposta legislativa apta a sanar a falha no texto.

Dito isto, tem-se que em terceiro lugar na ordem de vocação hereditária, o Código de 2002 manteve a alteração proposta pela Lei Feliciano, contemplando o cônjuge – seja qual for o regime de bens adotado e o tempo de relação – com a totalidade da herança na falta de descendentes e ascendentes, afastando os direitos dos parentes colaterais, nos termos estabelecidos no artigo 1.838.[296] *Ex positis*, observa-se que, remanescendo o matrimônio solidificado, a sucessão em favor do viúvo pode se apresentar em três combinações diferentes: i) em concorrência com os descendentes; ii) em concorrência com os ascendentes; e iii) recolhendo sozinho o patrimônio transmitido.

Diferenças à parte entre o Código Civil anterior e o vigente, Giselda Maria Fernandes Novaes Hironaka bem observa que o direito concorrencial outorgado ao cônjuge não afasta a fórmula latina do "*amor primum descendit, deinde ascendit*", que expressa o anseio social de que os "descendentes devem compor sempre

---

294. Trata-se de uma verdadeira Torre de Babel legislativa, que provoca ou até estimula os conflitos: "Não se deve poupar de severas críticas o legislador pela impropriedade do texto, falha na técnica e no conteúdo da disposição, com evidente ambiguidade, ensejando indesejável conflito de interpretação, qualquer delas com sólidos fundamentos. Aliás, nossa experiência na intensa advocacia e magistério tem demonstrado que as incertezas provocam ou até estimulam o conflito, e assim o artigo presta um desserviço à segurança jurídica. Veja-se que [...], a veemente crítica aqui não se faz ao conteúdo da norma, mas à confusa e dúbia redação quanto às casuísticas da convocação. É tão precário o texto que inúmeras posições foram anunciadas nesses mais de 20 anos de vigência do Código, sem que nenhuma delas tenha encontrado o acolhimento uniforme pela doutrina ou jurisprudência". CAHALI, Francisco José. In: NANNI, Giovanni Ettore (Cord.). *Comentários ao Código Civil*: Direito Privado Contemporâneo. 3. ed. São Paulo: Thomson Reuters Brasil, 2023, p. 1.843.

295. Para aprofundamento do assunto, recomenda-se a leitura: OLIVEIRA, Euclides Benedito de. *Direito de Herança*: a nova ordem da sucessão. 2. ed. São Paulo: Saraiva, 2009, p. 81-147, capítulo 4: "Ordem da vocação hereditária na sucessão legítima". E, CAHALI, Francisco José. In: NANNI, Giovanni Ettore (Coord.). *Comentários ao Código Civil*: Direito Privado Contemporâneo. 3. ed. São Paulo: Thomson Reuters Brasil, 2023, p. 1.839-1.856, comentários ao artigo 1.829.

296. Art. 1.838: "Em falta de descendentes e ascendentes, será deferida a sucessão por inteiro ao cônjuge sobrevivente".

CAPÍTULO I • NOÇÕES INTRODUTÓRIAS DO DIREITO SUCESSÓRIO

o grupo por primeiro chamado a herdar, pois o amor do falecido era, certamente, mais forte em relação a eles, posto que fruto de sua constituição física, de sua estrutura moral e, possivelmente, de seu afeto e de sua comunhão de vida para com o outro genitor, quiçá sobrevivo à sua morte".[297]

E mais, seguindo os preceitos das legislações anteriores, o atual Código Civil conservou a importante restrição de reconhecer o direito sucessório apenas se a sociedade conjugal subsistir ao tempo da morte, não podendo estar separados judicialmente[298] ou de fato há mais de dois anos com o *auctor hereditatis*[299] – isto é, "para participar da sucessão, o cônjuge supérstite deve estar convivendo com o autor da herança à época do óbito",[300] *ex vi* artigo 1.830.[301] Merecem endosso as palavras de Cristiano Farias e Nelson Rosenvald: "Seguramente, o fundamento alvitrado pelo legislador para deferir direito sucessório ao cônjuge é a convivência, a mútua colaboração, material e imaterial, para alcançar objetivos comuns do núcleo familiar".[302]

Demais disso, por força do mesmo viés de valorização do cônjuge, quis o legislador que este assumisse a categoria de herdeiro necessário (em conjunto com os descendentes e ascendentes), a significar direito à preservação da legítima, que consiste na metade do valor da herança, entendida como indisponível, na forma do artigo 1.845: "São herdeiros necessários os descendentes, os ascenden-

---

297. HIRONAKA, Giselda Maria Fernandes Novaes. *Da Ordem de Vocação Hereditária nos Direitos Brasileiro e Italiano, Princípios do novo Código Civil brasileiro e outros temas*: homenagem a Tullio Ascarelli. Tradução. São Paulo: Quartier Latin, 2008. Disponível em: https://www.revistas.usp.br/rfdusp/article/view/67663, p. 25.

298. Um adendo sobre a separação judicial, em 08 de novembro de 2023, o Supremo Tribunal Federal julgou o RE 1.168.478/RJ, paradigma do tema de 1053 Repercussão Geral: Separação judicial como requisito para o divórcio e sua subsistência como figura autônoma no ordenamento jurídico brasileiro após a promulgação da Emenda Constitucional (EC) 66/2010. Como resultado, por maioria, o STF decidiu pela supressão da separação judicial do ordenamento legal – posicionamento do qual discordamos –, pendendo de atualização o texto do artigo 1.830, do Código Civil em vigor.

299. A doutrina e a jurisprudência tecem inúmeras críticas ao lapso temporal previsto, bem como a possibilidade de participação do cônjuge separado de fato na hipótese desta não ter se dado por sua culpa. Entretanto, considerando que esses questionamentos não interferem no assunto do presente trabalho, não serão aqui abordados. Para aprofundamento do assunto, recomenda-se a leitura de FARIAS, Cristiano Chaves de; ROSENVALD, Nelson. *Curso de Direito Civil. Sucessões.* 9. ed. São Paulo: JusPodivm, 2023, v. 07. p. 344-349, "7.3. A exclusão sucessória do cônjuge na hipótese de separação de fato, independentemente de lapso temporal" e "7.4. A suposta (e inexistente) concorrência sucessória entre o cônjuge sobrevivente e o companheiro supérstite".

300. MONTEIRO, Washington de Barros; PINTO, Ana Cristina de Barros Monteiro França. *Curso de Direito Civil. Direito das Sucessões.* 39. ed. São Paulo: Saraiva, 2016, v. 06. p. 114.

301. Art. 1.830. "Somente é reconhecido direito sucessório ao cônjuge sobrevivente se, ao tempo da morte do outro, não estavam separados judicialmente, nem separados de fato há mais de dois anos, salvo prova, neste caso, de que essa convivência se tornara impossível sem culpa do sobrevivente".

302. FARIAS, Cristiano Chaves de; ROSENVALD, Nelson. *Curso de Direito Civil. Sucessões.* 9. ed. São Paulo: JusPodivm, 2023, v. 07. p. 344.

tes e o cônjuge". Situação bem diferente da "prevista no Código revogado, que se atinha à concessão dos direitos de usufruto[303] ou de habitação ao cônjuge viúvo, enquanto não tivesse nova união, reservando-lhe o direito sucessório apenas na falta de descendentes ou de ascendentes, e sem as garantias da legítima, pois não era incluído como herdeiro necessário".[304]

Lado outro, revogando-se tacitamente as Leis 8.971/94 e 9.278/96, o Código Civil de 2002 inseriu a matéria referente à união estável no Livro de Família, incorporada em cinco artigos (1.723 a 1.727). A sucessão do companheiro foi abordada em seu confuso e tão criticado artigo 1.790, ao permitindo a participação dos conviventes na sucessão somente dos bens adquiridos onerosamente na constância da união, com limitação no quinhão de participação e concorrendo com os colaterais – desfigurando-se a condição de herdeiro outrora regulada pelas leis retrocitadas, em verdadeiro retrocesso aos direitos sucessórios dos conviventes:

> A companheira ou o companheiro participará da sucessão do outro, quanto aos bens adquiridos onerosamente na vigência da união estável, nas condições seguintes:
>
> I – se concorrer com filhos comuns, terá direito a uma quota equivalente à que por lei for atribuída ao filho;
>
> II – se concorrer com descendentes só do autor da herança, tocar-lhe-á a metade do que couber a cada um daqueles;
>
> III – se concorrer com outros parentes sucessíveis, terá direito a um terço da herança;
>
> IV – não havendo parentes sucessíveis, terá direito à totalidade da herança.

Como se denota, o dispositivo trouxe abrupta distinção entre o casamento e união estável, desfavorecendo o convivente em relação ao cônjuge, em evidente retrocesso social e em desacordo com os parâmetros constitucionais estabelecidos. Em linhas gerais, como bem sintetiza Carlos Roberto Gonçalves:

> [...] o dispositivo restringe o direito do companheiro aos bens que tenham sido *adquiridos onerosamente* na vigência da união estável; faz distinção entre a concorrência do companheiro com filhos comuns ou só do falecido; prevê o direito apenas à metade do que couber aos que descenderem somente do autor da herança e estabelece um terço na concorrência com herdeiros de outras classes que não os descendentes do falecido; não beneficia o

---

303. "É válido ressaltar que sob a égide do Código de 1916 atribuía-se o direito de usufruto de parte dos bens do falecido ao viúvo casado pelo regime que não o da comunhão universal de bens, denominado usufruto vidual. Este foi suprido pelo Código de 2002, tendo em vista a condição de herdeiro necessário que este conferiu ao cônjuge sobrevivente". ROSA, Conrado Paulino da; RODRIGUES, Marco Antonio. *Inventário e Partilha* – Teoria e Prática. 4 ed. São Paulo: JusPodivm, 2022, p. 153.

304. OLIVEIRA, Euclides Benedito de. *Direito de Herança*: a nova ordem da sucessão. 2. ed. São Paulo: Saraiva, 2009, p. 102.

companheiro com quinhão mínimo na concorrência com os demais herdeiros nem o inclui no rol dos herdeiros necessários; concorre com um terço também com os colaterais e só é chamado a recolher a totalidade da herança na falta destes. O cônjuge, porém, prefere aos parentes da linha transversal, com exclusividade.[305]

A controvérsia jurídico-constitucional foi por fim enfrentada e sanada pelo Supremo Tribunal Federal, no julgamento dos Recursos Extraordinários 878.694/MG e 646.721/RS, sob a égide do regime de repercussão geral. Por maioria, em 10 de maio de 2017, a Suprema Corte reconheceu a inconstitucionalidade do artigo 1.790 do Código Civil, fixando a seguinte tese de repercussão geral (Temas 809 e 468): "Inconstitucional a distinção de regimes sucessórios entre cônjuges e companheiros prevista no art. 1.790 do CC/2002, devendo ser aplicado, tanto nas hipóteses de casamento quanto nas de união estável, o regime do art. 1.829 do CC/2002". A ementa recebeu a seguinte redação:

> Direito Constitucional e civil. Recurso Extraordinário. Repercussão geral. Inconstitucionalidade da distinção de regime sucessório entre cônjuges e companheiros. 1. A Constituição brasileira contempla diferentes formas de família legítima, além da que resulta do casamento. Nesse rol incluem-se as famílias formadas mediante união estável. 2. Não é legítimo desequiparar, para fins sucessórios, os cônjuges e os companheiros, isto é, a família formada pelo casamento e a formada por união estável. Tal hierarquização entre entidades familiares é incompatível com a Constituição de 1988. Assim sendo, o art. 1790 do Código Civil, ao revogar as Leis números 8.971/1994 e 9.278/1996 e discriminar a companheira (ou o companheiro), dando-lhe direitos sucessórios bem inferior aos conferidos à esposa (ou ao marido), entra em contraste com os princípios da igualdade, da dignidade humana, da proporcionalidade como vedação à proteção deficiente, e da vedação do retrocesso. 3. Com a finalidade de preservar a segurança jurídica, o entendimento ora firmado é aplicável apenas aos inventários judiciais em que não tenha havido trânsito em julgado da sentença de partilha, e às partilhas extrajudiciais em que ainda não haja escritura pública. 4. Provimento do recurso extraordinário. Afirmação, em repercussão geral, da seguinte tese: "No sistema constitucional vigente, é inconstitucional a distinção de regimes sucessórios entre cônjuges e companheiros, devendo ser aplicado, em ambos os casos, o regime estabelecido no art. 1.829 do CC/2002" (STF – RE: 646721 RS – Rio Grande do Sul, Relator: Min. Marco Aurélio, Data de Julgamento: 10.05.2017, Tribunal Pleno).

A conclusão do julgamento, contudo, não deliberou acerca dos efeitos dos outros dispositivos do direito sucessório, em especial o do artigo 1.845 do Código Civil, responsável por delimitar os herdeiros necessários. A posição do convivente como herdeiro facultativo será abordada em capítulo próprio, mais especificamente na seção 4.3.

---

305. GONÇALVES, Carlos Roberto. *Direito Civil Brasileiro*. Direito das Sucessões. 17 ed. São Paulo: Saraiva, 2023, v. 07. p. 162.

Não obstante, desde a implementação do Código Reale, vários Projetos de Lei foram apresentados,[306] sendo que, no início de setembro de 2023, por meio do ato do presidente do Senado Federal 11/2023, restou instituída Comissão de Juristas, encarregada de apresentar o anteprojeto de lei para a atualização da Lei 10.406, de 10 de janeiro de 2002.[307] Os relatórios parciais, bem assim a versão final, apresentados pela referida comissão no que concerne ao objeto do presente estudo serão criticados ao longo do capítulo três, quatro e cinco.[308]

---

306. Dentre eles, destacam-se os Projetos de Leis 4.775/2005, 508/2007, 1.792/2007, 699/2011 (reapresentação dos PL 6.960/2002 e 276/2007), 3.536/2019, 3.799/2019 e 2.449/2021, que propõem alteração para excluir o direito de concorrência do cônjuge casado no regime da separação total de bens, e também daqueles casados no regime da separação obrigatória de bens.

307. As informações sobre as atividades legislativas da Comissão de Juristas responsável pela revisão e atualização do Código Civil (CJCODCIVIL) está no website do Senado Federal, pelo link: https://legis.senado.leg.br/comissoes/comissao?codcol=2630. E, a composição final da Comissão e Subcomissões pode ser encontrada também no website do Senado Federal, pelo link: https://legis.senado.leg.br/comissoes/arquivos?ap=7964&codcol=2630.

308. Os relatórios parciais e o final estão igualmente disponíveis no website do Senado Federal, pelo link: https://legis.senado.leg.br/comissoes/comissao?codcol=2630.

Capítulo II
A LEGÍTIMA DOS HERDEIROS NECESSÁRIOS

2.1 ANTECEDENTES HISTÓRICOS DA LEGÍTIMA E RESERVA HEREDITÁRIA

Com os subsídios constantes do estudo prévio do conceito, fundamento e dos precedentes históricos do direito sucessório, adentra-se ao exame específico do sistema protetivo que rege a legítima. Isto posto, em razão do direito das sucessões do ordenamento brasileiro resultar de longa formação histórica, de origens distintas e contraditórias, com fundamento amplamente lastreado no direito romano – regido pela preponderância da sucessão testamentária, de caráter individual –, bem como profundamente influenciado pelo direito germânico – pautado no espírito comunitário em oposição à autonomia da vontade –, cujo resultado das duas camadas urge o direito canônico – detentor de "frágil equilíbrio entre as exigências religiosas de proteção à pessoa humana (e, portanto, exigências individualistas) e à família (o que vem a dar em posições supraindividualistas")[1] –, compete-nos adentrar, de forma breve, na legítima romana, na reserva hereditária germânica, bem assim na sua junção.

Como vimos, nos tempos mais remotos, o direito sucessório repousava-se em um sentido extrapatrimonial,[2] vinculado à religião, em que se acreditava em uma segunda existência sob a terra após a morte. Assim sendo, para as famílias primitivas importava a continuação da religião doméstica, cujo dever de cumprimento tanto do culto como da propriedade familiar era atribuído ao filho, o que o tornava *heres necessarius*. Nas palavras de Lacerda de Almeida:

> A cidade, a gens, a família estavam cada uma sob a guarda de seus deuses tutelares, e a necessidade de celebrar, como disse, em certas épocas ceremonias proprias do culto

---

1 .AZEVEDO, Antônio Junqueira. O Espírito de Compromisso do Direito das Sucessões perante as Exigências Individualistas de Autonomia da Vontade e as Supraindividualistas da Família. Herdeiro e Legatário. *Estudos e Pareceres de Direito Privado*. São Paulo: Saraiva, 2004, p. 273-274 e 281.

2. Sílvio de Salvo Venosa esclarece: "[...] se hoje o direito moderno só vê a sucessão *causa mortis* sob o ponto de vista material, sua origem histórica foi essencialmente extrapatrimonial. Inobstante, hoje a ideia de que o sucessor continua as relações jurídicas da pessoa falecida permanece viva". VENOSA, Sílvio de Salvo. *Direito Civil. Sucessões*. 17. ed. São Paulo: Atlas, 2017 (e-book), v. 06. p. 20.

respectivo convocava e reunia em torno do altar commum cidadãos, gentis, membros da mesma familia. A idéia de sucessão envolvia-se nas dobras do rito, era a necessidade que se impunha a cada grupo de alguem que representando-o continuasse a celebração dos ritos funerários que se queriam perpetuos, applacando os manes do morto ou fazendo libatuos, applacando os manes do morto ou fazendo libações aos penantes no lar, chamados por isso tambem deuses lares.[3]

Nesse liame, defende Clóvis Beviláqua que naquela época de comunhão patrimonial da família – ou, propriedade coletiva –, inexistia transmissão hereditária dos bens aos sucessores, mas apenas substituição da pessoa administradora da fortuna doméstica.[4] Em igual sentido, explica Inocêncio Galvão Telles, que nas raízes do direito romano, a sucessão era *pessoal*, na acepção de que a *gens* ou a família formava um agrupamento político e a sucessão *mortis causa* se processava com a ascensão do novo chefe na posição jurídico-política do chefe desaparecido; tanto o era que poderia existir herdeiros mesmo na ausência de patrimônio – "isto é, *herança vazia*, ou *herdeiros sem herança*", tendo em vista que *heres* não significava sucessor nos bens e dívidas, e sim novo titular da *patria potestas*: "Designar alguém herdeiro não era atribuir-lhe bens, ou fosse a designação feita pela lei ou pelo testador. Designar alguém herdeiro era atribuir-lhe o *poder soberano* dentro do grupo familiar, era investi-lo na *potesta* do falecido. A aquisição dos bens, do mesmo modo que a sujeição às dívidas, vinham como reflexo".[5]

Contudo, com o transcurso do tempo, o fundamento político das relações familiares foi se perdendo, de forma que, aos poucos, a sucessão no direito romano caminhou no sentido de assumir a sua feição patrimonial, olvidando-se do caráter personalista anterior,[6] relacionado à soberania do-

---

3. ALMEIDA, Francisco de Paula Lacerda de. *Sucessões*. Rio de Janeiro: Livraria Cruz Coutinho, 1995, p. IV.
4. BEVILAQUA, Clóvis. *Direito das Sucessões*. 3. ed. Rio de Janeiro: Livraria Editora Freitas Bastos, 1938, p. 25.
5. TELLES, Inocêncio Galvão. *Direito das Sucessões* – Noções Fundamentais. 6. ed. Coimbra: Editora Coimbra, 1991, p. 145, 167-169 e 171.
6. Nas palavras de Aurelio Barrio Gallardo: "La sucesión así su carácter personalista, típico de la fase anterior, para "patrimonializarse" por completo dejando de emplearse para transmitir la soberanía doméstica y, con carácter accesorio, los bienes de lãs generaciones anteriores y centrarse fundamentalmente en la distribuión o reparto de los bienes adquiriéndose y conceptuandose el poder no como un relevo en un cargo pseudopolítico, sino sobre la base de las relacioes económicas de cambio. El testamento, acto privado, con contenido ya eminentemente patrimonial". Tradução livre: "A sucessão alterou, assim, o seu carácter personalista, típico da fase anterior, para se tornar completamente "patrimonializada", deixando de ser utilizada para transmitir a soberania doméstica e, a título acessório, os bens das gerações anteriores, e centrando-se fundamentalmente na distribuição ou repartição de bens, adquirindo e conceptualizando o poder não como uma entrega de uma posição pseudopolítica, mas com base em relações de troca econômica. O testamento, ato privado, com conteúdo já eminentemente patrimonial". GALLARDO, Aurelio Barrio. *El Largo Camino hacia la Libertad de Testar*: de la legítima AL derecho sucesorio de alimentos. Madrid: Editorial Dykinson, 2012, p. 105-106.

méstica.[7] Neste ínterim, Aurelio Barrio Gallardo assevera que o nascimento das cidades trouxe a preponderância do poder do *pater famílias* com a concentração da titularidade da *res mancipi* em nome próprio e não mais como representante do grupo, tornando-se senhor absoluto do patrimônio. Com isto, houve a transmutação do que antes era entendido por poder de direção e funções sociais para poderes privativos do chefe doméstico, ao passo que os descendentes se desapossaram da qualidade de coproprietários dos bens para assumirem a titularidade da mera expectativa de recebê-los em sucessão.[8]

Ainda, Alejandrino Fernández Barreiro nos traz a notícia de que a ruptura da concentração do poder familiar na antiga figura do *pater* foi resultado de distinto sistema de valores, em que houve um desenvolvimento extraordinário no comércio – com atividades muito lucrativas e novas profissões –, que propiciou a emancipação da mulher na antiga concepção de família, trazendo a sua presença cada vez mais frequente na atividade econômica, substituindo, assim, a concepção de patrimônio familiar unitário por diferenciação dos bens de cada cônjuge.[9]

Essa sequência cronológica – iniciada pela implementação do testamento como meio de eleger o continuador da soberania doméstica na falta de um sucessor nato e, posteriormente, ampliada também para quando os filhos do chefe familiar não eram por ele considerados idôneos[10] –, acompanhada da irrestrita liberdade de testar do *pater*, ocasionaram situações de notória injustiça e de desintegração do patrimônio familiar.[11] Com o que, houve o afloramento das limitações à liberdade de testar, paulatina e progressivamente, instauradas,[12] no

---

7. LÓPEZ, Rodrigo González. *Precedentes romanos de la regulación de las legítimas en el Código Civil Español y en la vigente Compilación de Derecho Civil de Galicia.* Tese (Doutorado). Departamento de Dereito Privado, Universidade de Vigo. España, 2012. Disponível em: chrome-extension:// efaidnbmnnnibpcajpcglclefindmkaj/https://www.investigo.biblioteca.uvigo.es/xmlui/bitstream/ handle/11093/451/Precedentes%20romanos%20de%20la%20regulaci%C3%B3n%20de%20las%20 leg%C3%ADtimas.pdf?sequence=1, p. 119.
8. GALLARDO, Aurelio Barrio. *El Largo Camino hacia la Libertad de Testar*: de la legítima AL derecho sucesorio de alimentos. Madrid: Editorial Dykinson, 2012, p. 59-50.
9. BARREIRO, Alejandrino Fernández. Libertad Testamentaria y Sistema de Legítimas: Un Análisis desde la Experiencia Jurídico-Cultural Romana. *Anuario da Facultade de Dereito da Universidade da Coruña*, 2006. Disponível em: https://ruc.udc.es/dspace/handle/2183/2448, p. 289-290.
10. GALLARDO, Aurelio Barrio. *El Largo Camino hacia la Libertad de Testar*: de la legítima AL derecho sucesorio de alimentos. Madrid: Editorial Dykinson, 2012, p. 88.
11. MAINAR, Rafael Bernad. De la Legitima Romana a la Reserva Familiar Germanica. *Revista Internacional de Derecho Romano*. Abril, 2015. Disponível em: De la legítima romana a la reserva familiar germánica (uclm.es), p. 07.
12. Com outra visão, José Carlos Moreira abraçando a tese firmada por Arias Ramos defende que a tese da sucessão necessária ter se originado com a necessidade de se impor restrições à liberdade de testar é meramente conjectural, conjuntamente, com a tese em sentido diametralmente contrário: "primitivamente o pater familias que tivesse *sui* não possuía liberdade de testar; assim, a admissão de

designado como sucessão necessária.[13] Tal instituto[14] era compreendido por terem certos herdeiros legítimos o direito de constar nas disposições testamentárias, para serem instituídos ou para serem deserdados,[15] ambos os termos jurídicos advém da ideia de continuidade e obrigatoriedade: "Continuidad de los que por vínculos naturales deberían asumir la posición del causante, y obligatoriedad o deber moral del finado que, debería proporcionales cuanto menos una parte de sus bienes".[16] Nas palavras de Clóvis Beviláqua:

> A illimitada liberdade de testar, garantida pelo antigo direito romano, era uma conseqüência natural do poder absoluto do chefe de familia, que o direito e a religião envolviam num halo de prestigio superior, e, por essa mesma razão, tanto quanto por achar-se em consonância com as ideas predominantes, essa faculdade excessiva se foi exercendo sem causar reparos. Mas, com o desenvolvimento de novos conceitos moraes, com a correspondente transmutação da constituição social, e, diga-se francamente, com o enfraquecimento dos laços de affeição entre progenitores e procreados, esse poder absoluto pareceu desmesurado, e sentiu-se que violava, em sua applicação, deveres sacratissimos em relação á progenie, quando o pae deixava todo o seu patrimônio a estranhos, esquecido de que, chamando á vida novos seres, contrahira, para com a sociedade, e para com a sua consciência em primeiro logar, a obrigação de ampara-los contra os golpes da fortuna adversa e contra o assedio das necessidades inadiáveis.[17]

---

formalidades para deserdar os sui foi o meio que lhe possibilitou libertar-se dessa limitação; bastava observá-las, para que pudesse testar em favor de qualquer pessoa". ALVES, José Carlos Moreira. *Direito Romano*. 18. ed. Rio de Janeiro: Forense, 2018, p. 812.

13. ANTONINI, Mauro. *Sucessão Necessária*. Tese (Mestrado). Universidade de São Paulo. São Paulo, 2013. Disponível em: https://teses.usp.br/teses/disponiveis/2/2131/tde-23032017-144516/pt-br.php, p. 74.

14. Como aclara Pietro Bonfante, "La successione legittima contro il testamento si svolse come reazione al diritto assoluto di testare del paterfamilias, Il quale, perduto il sup significato primitivo, poteva bensi essere adoperato a respingere il vincolo puramente agnatizio e gentilizio in pro della famiglia naturale, ma poteva anche essere volto dall'arbitrio individuale a tradire agnati e cognati". Tradução livre: "A sucessão legítima contra o testamento surgiu como reação ao direito absoluto de testar do paterfamilias, que, tendo perdido o seu significado primitivo, podia ser utilizado para rejeitar o vínculo puramente agnático e gentílico em favor da família natural, mas também podia ser utilizado pelo indivíduo arbitrariamente para trair agnáticos e cognáticos". BONFANTE, Pietro. *Istituzioni di Diritto Romao*. 6. ed. Milano: Casa Editrice.Doutor Francesco Vallardi, 1919, p. 608-609.

15. ALVES, José Carlos Moreira. *Direito Romano*. 18. ed. Rio de Janeiro: Forense, 2018, p. 810.

16. Tradução livre: "Continuidade daqueles que por laços naturais deveriam assumir a posição do falecido, e a obrigatoriedade ou dever moral do finado, que deveria os proporcionar pelo menos uma parte dos seus bens". LÓPEZ, Rodrigo González. *Precedentes romanos de la regulación de las legítimas en el Código Civil Español y en la vigente Compilación de Derecho Civil de Galicia*. Tese (Doutorado). Departamento de Dereito Privado, Universidade de Vigo. España, 2012. Disponível em: chrome-extension:// efaidnbmnnnibpcajpcglclefindmkaj/https://www.investigo.biblioteca.uvigo.es/xmlui/bitstream/ handle/11093/451/Precedentes%20romanos%20de%20la%20regulaci%C3%B3n%20de%20las%20 leg%C3%ADtimas.pdf?sequence=1, p. 129.

17. BEVILAQUA, Clóvis. *Direito das Sucessões*. 3. ed. Rio de Janeiro: Livraria Editora Freitas Bastos, 1938, p. 291.

CAPÍTULO II • A LEGÍTIMA DOS HERDEIROS NECESSÁRIOS

67

Em fins da República, o desprezo – seja por preterição ou deserdação – a determinados parentes próximos sem motivo justo se tornou repudiável, em virtude do princípio que o testador tinha o dever moral de afeição (*officium pietatis*),[18] consequência disto foi o surgimento da *querela inofficiosi testamenti*,[19] "e, assim, direito da familia reagia contra as incontinencias da liberdade individual para a qual eram carentes de estimulo as puras affeiçoes da consangüinidade".[20] À vista disso, principiaram-se as primárias noções da legítima do direito hereditário,[21] notando-se uma proteção material aos herdeiros próximos, com a imposição da lei de deveres *post mortem* aos chefes de família.[22]

Conforme brevemente vimos, com Justiniano,[23] o instituto da legítima teve maiores progressos, a fazer surgir um novo sistema, em que se impôs restrição à liberdade de testar; acabou com a distinção entre parentes cognáticos e agnáticos; e estabeleceu ordem de vocação hereditária, categorizando os herdeiros em quatro

---

18. Rolf Madaleno explica: "A legítima estava assentada nessa noção muito específica de um dever sucessório para com a família, em uma relação de proteção da família, um verdadeiro officium, e este era o comportamento esperado dos romanos nas suas diversas facetas sociais. A valorização desses princípios de respeito aos antepassados, à civitas e aos deuses, era o comportamento aguardado de um cidadão romano, eis que sua vida tinha de ser de acordo com os postulados da pietas, em seus distintos matrizes: religioso, familiar e cívico. Do cidadão romano era esperado este officium pietatis e, sendo os bens familiares propriedade de todos, o herdeiro legitimário não podia ser despojado da sua herança senão pela deserdação por justa causa". MADALENO, Rolf. *Sucessão Legítima*. 2. ed. Rio de Janeiro: Forense, 2020, p. 272.
19. ANTONINI, Mauro. Sucessão Necessária. Tese (Mestrado). Universidade de São Paulo. São Paulo, 2013. Disponível em: https://teses.usp.br/teses/disponiveis/2/2131/tde-23032017-144516/pt-br.php, p. 75.
20. BEVILAQUA, Clóvis. *Direito das Sucessões*. 3. ed. Rio de Janeiro: Livraria Editora Freitas Bastos, 1938, p. 292.
21. BEVILAQUA, Clóvis. *Direito das Sucessões*. 3. ed. Rio de Janeiro: Livraria Editora Freitas Bastos, 1938, p. 292.
22. LÓPEZ, Rodrigo González. *Precedentes romanos de la regulación de las legítimas en el Código Civil Español y en la vigente Compilación de Derecho Civil de Galicia*. Tese (Doutorado). Departamento de Dereito Privado, Universidade de Vigo. España, 2012. Disponível em: chrome-extension:// efaidnbmnnnibpcajpcglclefindmkaj/https://www.investigo.biblioteca.uvigo.es/xmlui/bitstream/ handle/11093/451/Precedentes%20romanos%20de%20la%20regulaci%C3%B3n%20de%20las%20 leg%C3%ADtimas.pdf?sequence=1, p. 147.
23. Segundo Clóvis Bevilaqua, Justiniano: "Manteve a querela do testamento inofficioso, em favor dos parentes já indicados, e com o effeito de rescindil-o, se a exclusão fosse completa; mas, accrescentou uma acção suppletoria para, por meio della, pedir o prejudicado o complemento de sua porção legitima, quando esta se achasse desfalcada. Aumentou a porção legitima dos filhos, para um terço da herança, quando estes não excedessem a quatro, e para a metade, quando excedessem. Finalmente propoz, ao testador, a obrigação formal de instituir herdeiros os descendentes e ascendentes, deixando-lhes o quinhão assignado pelo direito, ou de desherdal-os, expressamente, por uma das causas taxativamente indicadas na conhecida novella 115. Se o testador não instituisse nem desherdasse os seus descendentes e ascendentes, o testamento era rescindivel, abrindo-se a successao ab intestato, se havia instituição, mas não na medida determinada, tinham os herdeiros legitimos o direito de arguir o testamento, e, por meio da acção suppletoria, pedir a integração da porção devida" BEVILAQUA, Clóvis. *Direito das Sucessões*. 3. ed. Rio de Janeiro: Livraria Editora Freitas Bastos, 1938, p. 292-293.

classes: descendentes, ascendentes, colaterais e cônjuge sobrevivo.[24] Esse novo sistema se justificava pela própria modificação estrutural da família, que clamava pela adaptação do sistema jurídico no sentido de enaltecer o parentesco natural frente à artificialidade do parentesco agnático.[25] Conforme José Cretella Júnior:

> Deixa-se de lado o antigo princípio, fundamentado no parentesco agnático, para colocar-se o direito sucessório sob a influência de novo princípio informativo, o parentesco cognático.
>
> Antiga regra, extraída dos centúnviros, é revivida: o testador é obrigado a deixar a seus parentes mais próximos uma parte intocável e determinada, em lei, que recebe o nome de *legítima*. Limita-se, pois, a liberdade de testar, princípio que deita raízes nos séculos anteriores, no direito imemorial dos parentes próximos de conservarem algo, que lhes é próprio, na sucessão.[26]

Em suma, ao final do período republicano de Roma, rompido o ideal da típica e antiga família, houve uma reação favorável de respeito aos interesses dos consanguíneos em matéria testamentária,[27] inaugurando-se, consequentemente, o sistema da sucessão legítima. Com ele, foi instaurada a necessidade de mencionar os parentes mais próximos (descendentes e ascendentes) no testamento, e atribuir a eles uma porção determinada do patrimônio (*portio legitima* ou *portio debita*),[28] com o fito de garantir a dignidade e unidade da gleba familiar, fruto da nova consciência social fundamentada na equidade, afeto e vínculo sanguíneo.

---

24. ROLIM, Luiz Antonio. *Instituições de Direito Romano*. 2. ed. São Paulo: Ed. RT, 2003, p. 282.
25. CRETELLA JÚNIOR, José. *Curso de Direito Romano*: o Direito Romano e o Direito Civil Brasileiro. 26. ed. Rio de Janeiro: Forense, 2001, p. 263.
26. CRETELLA JÚNIOR, José. *Curso de Direito Romano: o Direito Romano e o Direito Civil Brasileiro*. 26. ed. Rio de Janeiro: Forense, 2001, p. 265.
27. Rafael Bernard Mainar acrescenta ainda que "La nueva concepción familiar consanguínea sostenida por Justiniano provocó reformas importantes en lo que a la sucesión en la poción legítima se refiere, puesto que se abandona definitivamente el parentesco civil agnaticio y se toma en consideración solamente la consanguinidad, eso sí, condicionada por la legitimidad matrimonial, dada la influencia del cristianismo: en efecto, se pretende fortalecer las relaciones interparentales sobre la base de un modelo familiar unido por vínculos de solidaridad. Y es que la legislación justinianea acabará por transformar en deberes legales comportamientos que la tradición jurídica romana sustentaba en principios éticos, fundamentalmente en el ámbito de la familia y, por derivación, también en materia sucesoria". Tradução livre: "A nova concepção de família consanguínea defendida por Justiniano provocou importantes reformas no que respeita à sucessão na porção legítima, uma vez que se abandonou definitivamente o parentesco civil agnático e se passou a considerar apenas a consanguinidade, ainda que condicionada pela legitimidade do casamento, dada a influência do cristianismo: com efeito, pretendeu-se fortalecer as relações interparentais sobre a base de um modelo familiar unido por vínculos de solidariedade. E o fato é que a legislação justiniana acabou por transformar em deveres legais comportamentais que a tradição jurídica romana sustentava em princípios éticos, fundamentalmente no âmbito da família e, por derivação, também em matéria sucessória". MAINAR, Rafael Bernad. De la Legítima Romana a la Reserva Familiar Germanica. *Revista Internacional de Derecho Romano*. Abril, 2015. Disponível em: De la legítima romana a la reserva familiar germánica (uclm.es), p. 24-25.
28. ALVES, José Carlos Moreira. *Direito Romano*. 18. ed. Rio de Janeiro: Forense, 2018, p. 809.

Em caso de desrespeito a tais preceitos, o respectivo testamento deveria ser reputado inoficioso e conferia ao herdeiro desfavorecido o direito de impugná-lo, exigindo a cota mínima dos bens da herança, como mecanismo de controle social, "en torno al cumplimiento a cargo del paterfamilias del deber ético para con los suyos emanado del officium pietatis, según el cual ha de proteger a sus parientes más próximos. Así pues, la infracción de los deberes éticos del afecto y la solidaridad que los vínculos de sangre imponen constituirían la fundamentación de la impugnación del testamento por inoficioso".[29]

É frente esses precedentes que surge a primeira origem e efetiva base da legítima[30] no âmbito judicial, com a necessidade de proteção dela, como forma de equilíbrio entre os poderes de "voluntad y reserva, derechos y obligaciones y individualismo y colectivismo familiar". Com exceção da deserdação justificada, ao passo que "la legítima supondría una especie de reserva del patrimonio hereditario a favor de determinadas personas, imposibilitando al testador su libre disposición sobre parte del caudal relicto".[31]

A preferência demonstrada pelos romanos pela sucessão testamentária à sucessão intestada – que, inclusive, ensejou as primeiras noções de legítima – é perfeitamente conhecida, a qual, entrementes, contrasta com o desconhecimento do testamento pelos primitivos germanos.[32] No direito consuetudinário germânico, as alienações em decorrência da morte, sobretudo, o testamento, não eram intuições jurídicas reconhecidas, razão pela qual a sucessão *ab intestato* era a única existente e, por conseguinte, não havia que se falar em legítima, tampouco em deserdação. Isto porque, permeava o princípio *"der Erbe wird geboren, nicht erkoren"* ("o herdeiro nasce, não é escolhido"), o qual, posteriormente, foi transmitido ao antigo direito francês sob a expressão *"heredes gignuntur, non fiunt;*

---

29. Tradução livre: "em torno do cumprimento a cargo do paterfamilias do dever ético para com os seus, decorrente do officium pietatis, segundo o qual há de se proteger os parentes mais próximos. Assim, a violação dos deveres éticos de afeto e solidariedade impostos pelos laços de sangue constituiria a base da impugnação do testamento por inoficiosidade". MAINAR, Rafael Bernad. De la Legitima Romana a la Reserva Familiar Germanica. *Revista Internacional de Derecho Romano*. Abril, 2015. Disponível em: De la legítima romana a la reserva familiar germánica (uclm.es), p. 21-22.

30. MADALENO, Rolf. *Sucessão Legítima*. 2. ed. Rio de Janeiro: Forense, 2020, p. 266.

31. Tradução livre: "vontade e reserva, direitos e obrigações, individualismo e colectivismo familiar". E, "a legítima supõe uma espécie de reserva do patrimônio hereditário em favor de determinadas pessoas, impossibilitando o testador de dispor livremente de uma parte da herança". LÓPEZ, Rodrigo González. *Precedentes romanos de la regulación de las legítimas en el Código Civil Español y en la vigente Compilación de Derecho Civil de Galicia*. Tese (Doutorado). Departamento de Dereito Privado, Universidade de Vigo. España, 2012. Disponível em: chrome-extension://efaidnbmnnnibpcajpcglclefindmkaj/https://www.investigo.biblioteca.uvigo.es/xmlui/bitstream/handle/11093/451/Precedentes%20romanos%20de%20la%20regulaci%C3%B3n%20de%20las%20leg%C3%ADtimas.pdf?sequence=1, p. 146-147 e 150-151.

32. HERRERA, Francisco López. *Derecho de Sucesiones*. 4. ed. Publicaciones: UCAB – Universidad Católica Andrés Bello. Caracas. 2011, t. I. fl. 132.

solus Deus heredem facere potest, non homo" ("os herdeiros nascem, não são feitos; só Deus pode fazer um herdeiro, não o homem").[33]

Justamente por não serem os sentimentos do pai que transmite a herança aos seus filhos, mas a vontade divina, que se consagrava a proibição de testar como meio de manutenção do patrimônio no núcleo familiar,[34] considerando que à época, o sistema patrimonial organizado pelos antigos germanos era com base em uma espécie de copropriedade familiar, que consistia, precisamente, na necessidade de preservação dos bens na família[35] – com o perdão da redundância. Ao contrário do direito primitivo romano – que a transmissão hereditária se dava como forma de continuidade da religião doméstica –, o direito germânico entendia que o herdeiro recebia a herança em nome próprio e não em deferência ao *de cujus*, motivo pelo qual não respondia pelas dívidas do defunto.[36] Sobre isto, Rafael Bernard Mainar acrescenta:

> A estos usos largamente practicados debe añadirse la vigencia del principio de la copropiedad familiar, que no es sino una manifestación concreta de la copropiedad germánica o en mano común, en cuya virtud los hijos no sucedían al padre en su patrimonio, sino que recibían lo que ya era de ellos por la propia configuración de la familia germánica, esto es, los hijos contaban con un derecho de copropiedad sobre el patrimonio del padre mientras éste vivía y, tras su muerte, este derecho pasaba a ser de propiedad exclusiva. En efecto, la propiedad privada se desconoció primitivamente en el Derecho germánico, pues regía la copropiedad familiar, dentro de la cual el padre era reputado como primus inter pares, cuya función consistía en la mera administración y conservación del patrimonio, de tal manera que no se le confería el poder de enajenar bienes familiares ni entre vivos ni por causa de muerte y, en el caso de división del patrimonio, su cuota era igual a la de cualquiera de los hijos.[37]

---

33. HERRERA, Francisco López. *Derecho de Sucesiones*. 4. ed. Publicaciones: UCAB – Universidad Católica Andrés Bello. Caracas. 2011, t. I. fl. 25 e 221.
34. MAINAR, Rafael Bernad. De la Legitima Romana a la Reserva Familiar Germanica. *Revista Internacional de Derecho Romano*. Abril, 2015. Disponível em: De la legítima romana a la reserva familiar germánica (uclm.es), p. 38.
35. HERRERA, Francisco López. *Derecho de Sucesiones*. 4. ed. Publicaciones: UCAB – Universidad Católica Andrés Bello. Caracas. 2011, t. I. fl. 47.
36. MAINAR, Rafael Bernad. De la Legitima Romana a la Reserva Familiar Germanica. *Revista Internacional de Derecho Romano*. Abril, 2015. Disponível em: De la legítima romana a la reserva familiar germánica (uclm.es), p. 39.
37. Tradução livre: "Para além destes costumes há muito estabelecidos, vigorava também o princípio da copropriedade familiar, que é uma manifestação concreta da copropriedade germânica ou em mancomunhão, segundo o qual os filhos não sucediam ao pai em seu patrimônio, mas recebiam o que já lhes pertencia pela própria configuração da família germânica, isto é, os filhos tinham um direito de copropriedade sobre o patrimônio do pai enquanto este fosse vivo e, após a sua morte, esse direito passava a ser propriedade exclusiva deles. De fato, a propriedade privada era originalmente desconhecida no direito germânico, uma vez que se regia a copropriedade familiar, em que o pai era considerado primus inter pares, cuja função era apenas a administração e preservação do patrimônio, de tal maneira que não tinha poderes para dispor dos bens da família, quer entre vivos, quer por morte, e, em caso de divisão do patrimônio, a sua quota era igual à de qualquer dos filhos". MAINAR, Rafael Bernad. De la Legitima Romana a la

CAPÍTULO II • A LEGÍTIMA DOS HERDEIROS NECESSÁRIOS   71

Com a invasão dos bárbaros no Império Romano, houve a propagação do costume romano em testar, o que se operou em sua grande parte pela afirmação do poder da Igreja Católica, que vislumbrou no testamento um mecanismo adequado de reparação da alma do disponente, permitindo-se, em um primeiro momento, a disposição de última vontade somente em seu favor – não se falando ainda em deserdação ou instituição de herdeiros. Um aforismo reflete a este princípio: *"Deus solus heredem facere potest, non homo"* ("Só Deus pode fazer um herdeiro, não o homem").[38]

Essa influência da Igreja fez com que o testamento tivesse um caráter mais religioso a jurídico. Todavia, posteriormente, "se nota una tendencia regresiva y cada vez más insistente, de tratar el testamento como um acto meramente jurídico y de caráter patrimonial. Dicha corriente culmina y se generaliza con la Revolucíon Francesa".[39] Com este novo posicionamento, surge a possibilidade de deserdação, o que, contudo, não significa que o conceito de copropriedade familiar primitivo estivesse excluído.

Foi o confronto da tendência do direito romano da faculdade de testar, com o direito germânico da copropriedade familiar, que urgiu o instituto da *reserva* familiar, segundo o qual o autor da herança pode dispor parcialmente de seus bens. Em outras palavras, a reserva constituiu um relaxamento da proibição de dispor dos bens em virtude da ideia original de copropriedade doméstica; permitindo ao autor da herança deixar pequena parcela de seu patrimônio para *extraneus*,[40] enquanto o restante permanecia conservado, necessariamente, aos parentes mais próximos – o grau menor afasta os demais se em ordem mais remota.[41] Sobre o tema, Francisco López Herrera nos ensina:

> Las reglas respectivas fueron siendo poco a poco precisadas en el Derecho Feudal, aunque con ciertas variaciones de región a región. La porción de la cual no podia privarse a lós familiares más cercanos del de cujus, terminó por oscilar entre las cuatro quintas partes y las dos terceras partes del total de los biens (inmuebles) próprios del causante; quien, por otra parte, podía disponer

---

Reserva Familiar Germanica. *Revista Internacional de Derecho Romano*. Abril, 2015. Disponível em: De la legítima romana a la reserva familiar germánica (uclm.es), p. 39-40.

38. TULLIO, Antonio. La Tutela dei Diritti dei Legittimari. In: BONILINI, Giovanni. *Trattao di Diritto delle Successioni e Donazioni*. Milão: Giuffrè Editore, 2009, v. III, La Sucessione Legittima p. 377.

39. Tradução livre: "nota-se uma tendência regressiva e cada vez mais insistente, de tratar o testamento como um ato meramente jurídico e de caráter patrimonial. Dita tendência culmina e se generaliza com a Revolução Francesa". HERRERA, Francisco López. *Derecho de Sucesiones*. 4. ed. Publicações: UCAB –Universidad Católica Andrés Bello. Caracas. 2011, t. I. fl. 132.

40. HERRERA, Francisco López. *Derecho de Sucesiones*. 4. ed. Publicações: UCAB –Universidad Católica Andrés Bello. Caracas. 2011, t. I. fl. 221.

41. MAINAR, Rafael Bernad. De la Legitima Romana a la Reserva Familiar Germanica. *Revista Internacional de Derecho Romano*. Abril, 2015. Disponível em: De la legítima romana a la reserva familiar germánica (uclm.es), p. 43.

libremente del resto de lós mismos, así como también de la totalidad de sus bienes (inmuebles) adquiridos y de sus bienos muebles (que sobraran después de ser satisfechos los acredores).[42]

Ao contrário do direito romano, o direito germânico admitia a coexistência das sucessões testamentária e legítima, bem como considerava válido o testamento mesmo ante a declaração de nulidade ou ineficácia de parcela de suas cláusulas.[43] Igualmente, ao revés do direito romano que era regido pelo princípio da unidade da sucessão, o direito germânico fazia distinção dos bens em diversas categorias – a ser interpretado como se uma mesma pessoa fosse detentora de vários patrimônios. Tal divisão estava associada ao conceito de linhagem, ou seja, da necessidade de manutenção dos bens ancestrais na família.[44]

Ademais, ainda que o direito germânico passou a aceitar a disposição de bens em favor de terceiros, impôs, porém, limitação quanto à forma: permitiu apenas a título particular (legados), mantendo-se a proibição de instituição de herdeiros via testamentária. O pensamento de que somente o sangue, o círculo familiar, constituía herdeiros legítimos permaneceu incólume. Tal sistema evidencia a superioridade da sucessão intestada sobra à testamentária.[45]

Portanto, embora os germânicos tenham abraçado o testamento romano com seus requisitos, preservaram o antigo princípio de que "*el derecho hereditario emana del parentesco, de los vínculos de sangre*". Como consectário da propriedade familiar nasce o instituto da reserva, reduzindo-se a parte disponível, como forma de proteger eficazmente a família.[46]

Em que pese haver um elemento comum na legítima romana e na reserva germânica, qual seja, constituir restrição à vontade do testador,[47] em verdade, elas

---

42. Tradução livre: "As respectivas regras foram gradualmente clarificadas no direito feudal, embora com algumas variações de região para região. A porção da qual os parentes mais próximos do de cujus não podiam ser privados variava entre quatro quintos e dois terços do total dos bens (imóveis) próprios do falecido; este último, em contrapartida, podia dispor livremente do resto deles, bem como da totalidade dos seus bens (imóveis) adquiridos e dos seus bens móveis (que restavam depois de satisfeitos os credores)". HERRERA, Francisco López. *Derecho de Sucesiones*. 4. ed. Publicaciones: UCAB – Universidad Católica Andrés Bello. Caracas. 2011, t. I. fl. 221.
43. MADALENO, Rolf. *Sucessão Legítima*. 2. ed. Rio de Janeiro: Forense, 2020, p. 268.
44. MENGONI, Luigi. Sucessioni per Causa di Morte – Parte Speciale, Siccessione Necessari. In: CICU, Antonio; MESSINEO, Francesco. *Tratatto di Diritto Civile e Commerciale*. Milão: Giuffreè Editore, 1967, v. XLIII, t. 2. p. 20.
45. MENGONI, Luigi. Sucessioni per Causa di Morte – Parte Speciale, Siccessione Necessari. In: CICU, Antonio; MESSINEO, Francesco. *Tratatto di Diritto Civile e Commerciale*. Milão: Giuffreè Editore, 1967, v. XLIII, t. 2. p. 20.
46. MAINAR, Rafael Bernad. De la Legitima Romana a la Reserva Familiar Germanica. *Revista Internacional de Derecho Romano*. Abril, 2015. Disponível em: De la legítima romana a la reserva familiar germánica (uclm.es), p. 43-44.
47. MAINAR, Rafael Bernad. De la Legitima Romana a la Reserva Familiar Germanica. *Revista Internacional de Derecho Romano*. Abril, 2015. Disponível em: De la legítima romana a la reserva familiar germánica (uclm.es), p. 48.

manam de polos distintos, consoante síntese apresentada por Luigi Mengoni. A legítima foi implementada como remédio à irrestrita liberdade de testar, em razão do dever ético do *officium pietatis*, como mecanismo de garantir a subsistência dos familiares próximos – portanto, de encargo alimentar e assistencial –, cujo objeto correspondia à totalidade do patrimônio herdado, representando a *pars bonurum*, em favor dos descendentes, ascendentes e irmãos do falecido, com a efetivação da *portio debita* ou *portio legitima*. Enquanto a reserva, teve caminho inverso; a sua concretização veio para conferir limitada e miúda autonomia testamentária – em resposta à proibição primitiva absoluta de testar –, cuidando de salvaguardar a fração da copropriedade doméstica advinda do princípio consuetudinário, frente à necessidade de manutenção do patrimônio na família, em defesa da posição social e política ocupava – respaldado no pensamento de linhagem –, cujo objeto abarcava apenas os bens denominados como próprios, retratando a *pars hereditas*, em favor dos filhos, e na falta destes, de todos os herdeiros das linhas paterna e materna.[48] Antonio Tullio bem delimita as diferenças da natureza jurídica de ambas:

> Differente, si appalesa la ratio della réserve rispetto alla legitima romana: mentre a quest'ultima era riconosciuta uma spiccata funzione alimentare, essendo vota ad ll quotidianum cibum ai prossimi-congiuti, la réserve, per contro, era finalizzata a conservare l'éclat de la maison e la grandeur del lignaggio della nobiltà, impedendo la polverizazione del patrimonio familiare. La legitima poneva, dunque, un limite ad originaria ed assoluta libertà di testare, fondato sul principio dell'officium pietatis verso i prossimi congiunti; la réserve, invece, si poneva quale risultato di un processo di limitazione del divieto, in origine tassativo, di testare, fondato sulla politica del lignaggio, vale a dire sull'esigenza di salvaguardare la posizione economica e sociale del casato. In consimile, mutata, prospettiva, si comprende, allora, come ll dirritto consuetudinario fissasse direttamente la quota disponibile, laddove, per converso, le fonti romane determinavano la portio legitima, vale a dire la porzione indisponibile.[49]

---

48. MENGONI, Luigi. Sucessioni per Causa di Morte – Parte Speciale, Siccessione Necessari. In: CICU, Antonio; MESSINEO, Francesco. *Tratatto di Diritto Civile e Commerciale*. Milão: Giuffreè Editore, 1967, v. XLIII, t. 2. p. 25-26.

49. Tradução livre: "A razão de ser da reserva difere da legitima romana: enquanto esta última era reconhecida como tendo uma função alimentar distinta, uma vez que se destinava a fornecer o quotidianum cibum aos parentes mais próximos, a reserva, pelo contrário, visava preservar o esplendor da casa e a grandeza da linhagem da nobreza, evitando a pulverização do patrimônio familiar. A legítima punha, assim, um limite à liberdade original e absoluta de testar, com base no princípio do officium pietatis para com os parentes mais próximos; a reserva, pelo contrário, resultou de um processo de limitação da proibição originalmente peremptória de testar, com base na política da linhagem, ou seja, na necessidade de salvaguardar a posição econômica e social da família. Numa perspectiva semelhante e alterada, compreender-se, então, como o direito consuetudinário determinava diretamente a quota disponível, enquanto, inversamente, as fontes romanas determinavam a portio legitima, ou seja, a parte indisponível". TULLIO, Antonio. La Tutela dei Diritti dei Legittimari. In: BONILINI, Giovanni. *Trattao di Diritto delle Successioni e Donazioni*. Milão: Giuffrè Editore, 2009, v. III, La Sucessione Legittima, p. 377-378.

No desenrolar do processo histórico, as incongruências da reserva foram sendo atenuadas pela influência recíproca da legítima, no que resultou na fusão de ambas, surgindo um *tertium genus*, em que se adaptou a estrutura da reserva aos fins da legítima. O fruto da soma representa uma junção equilibrada entre a legítima romana original e reserva consuetudinária familiar germânica, cujo resultado híbrido foi o expoente da *réserve* do Código Napoleônico (arts. 913-930),[50] constituída pela indisponibilidade da cota reservada aos herdeiros necessários, para salvaguardar a subsistência dos parentes próximos, restaurando-se a unidade da sucessão romana – em contraponto à abolição da diferenciação entre bens próprios e adquiridos.[51] É justamente este sistema entrelaçado que serviu e ainda serve de modelo para outros tantos ordenamentos jurídicos de tradição romano-germânico, inclusive o nosso.[52] Sobre o tema, as observações de Antonio Tullio se mostram pertinentes.

> La quota di riserva o, se vuolsi, di legittima, che, come è noto, ha trovato ingresso anche nell'attuale Codificazione, risponde, nelle intenzioni del Legislatore, all'esigenza di contemperare Il principio romanistico dell'autonomia testamentaria, con l'esigenza di tutelare le aspettative dei parenti prossimi a sucedere, pro quota, nel patrimonio del de cuius. Il vigente sucessorio è improntato, infatti, alla più ampia tutela dell'autonomia testamentaria, che trova, come unico limite, l'esigenza di salvaguardia dei diritti dei legittimarii.[53]

Como leciona Arnoldo Wald, "o Direito Romano aceitou a legítima como exceção ao princípio da liberdade de testar e o Direito Germânico viu, na livre disposição de pequena parcela de bens pelo testador, uma exceção ao princípio do condomínio familiar. Foram evoluções inversas que o Direito moderno mesclou e confundiu".[54] Percebe-se, assim, que o direito pátrio concilia o elemento individual (a propriedade), com o elemento social (a família) na legítima.[55]

---

50. Código disponível em: https://gallica.bnf.fr/ark:/12148/bpt6k5406276n/f246.item.texteImage.
51. MENGONI, Luigi. Sucessioni per Causa di Morte – Parte Speciale, Siccessione Necessari. In: CICU, Antonio; MESSINEO, Francesco. *Tratatto di Diritto Civile e Commerciale*. Milão: Giuffreè Editore, 1967, v. XLIII, t. 2. p. 28-29.
52. MAINAR, Rafael Bernad. De la Legitima Romana a la Reserva Familiar Germanica. *Revista Internacional de Derecho Romano*. Abril, 2015. Disponível em: De la legítima romana a la reserva familiar germánica (uclm.es), p. 55-56 e 58.
53. Tradução livre: "A quota da reserva ou, se preferir, a legítima, que, como é sabido, também encontrou o seu lugar na atual Codificação, responde, nas intenções do legislador, à necessidade de conciliar o princípio romanista da autonomia testamentária, com a necessidade de proteger as expectativas dos parentes mais próximos de sucederem, pro quota, ao património do de cujus. Com efeito, a sucessão atual é marcada pela mais ampla proteção da autonomia testamentária, limitada apenas pela necessidade de salvaguardar os direitos dos legitimários". TULLIO, Antonio. La Tutela dei Diritti dei Legittimari. In: BONILINI, Giovanni. *Trattao di Diritto delle Successioni e Donazioni*. Milão: Giuffrè Editore, 2009, v. III, La Sucessione Legittima. p. 380-381.
54. WALD, Arnoldo. *Curso de Direito Civil Brasileiro*. São Paulo: Ed. RT, 1992, v. V. p. 150.
55. BEVILAQUA, Clóvis. *Código Civil dos Estados Unidos do Brasil Comentado*. Edição histórica. 6. tir. Rio de Janeiro: Editora Rio Estácio Sa, 1958, v. 04. p. 18.

CAPÍTULO II • A LEGÍTIMA DOS HERDEIROS NECESSÁRIOS

Diferentemente de alguns sistemas estrangeiros, como o inglês, adeptos à liberdade ilimitada de testar, o direito francês – com a intermediação do romano –, que utilizamos como modelo, é partidário ao ideal de limitação a liberdade de testar, reputando que a presença de parentes próximos impõe o dever social de transmitir bens em favor deles, ainda que limitados a uma fração, em contraponto à liberdade de disposição.[56] É neste ínterim, que Carlos Maximiliano afirma que as raízes da sucessão legítima se fixam na preocupação social com a unidade e a solidariedade da família, sendo que o direito de suceder se prolonga até onde se estende a consciência da unidade e da presunção da existência da solidariedade.[57]

2.2 CONCEITO DE LEGÍTIMA NO DIREITO CONTEMPORÂNEO BRASILEIRO

Antes de adentrarmos ao conceito atual de legítima, torna-se necessário esclarecer sua terminologia. Conforme leciona Francisco López Herrera, os termos *legítima*, *reserva* e *sucessão necessária* ou *sucessão forçada* são, costumeiramente, empregados como sinônimos – como faremos no presente trabalho –, porém, do ponto de vista técnico são distintos – o que, inclusive, já foi possível observar pela leitura dos itens anteriores. Nos ensinamentos do autor:

> La *legítima*, que es la expresión realmente adecuada para hacer referencion a la institucíon que ahora estudiamos, tuvo su origen – como ya sabemos – em el Derecho Romano, aunque en verdad el significado de la misma no corresponde exactamente hoy día al que tuvo en Roma (lo cual se explica en razón de que la legítima moderna es el resultado de una fusión llevada a cabo por el Código Napoleón, de esa legítima romana con la reserva germánica).
>
> La *reserva*, en cambio, es un término original del antiguo Derecho Germánico, del cual pasó al Derecho Feudal: primitivamente significaba exactamente lo contrario a la legítima romana.
>
> La *sucesión necesaria* o *forzosa* era la que correspondia en el Derecho Romano a los heredes necessarii o a los heredes sui et necessarii. Aquéllos eran los esclavos del testador instituidos herederos por él, quienes después de su muerte se hacían libres y herederos, aun contra su voluntad; los heredes sui et necessarii, en cambio, eran los descendientes del causante que se encontraban bajo su potestad para la apertura de la sucesión y que, quisieran o no, tenían que convertise em sus herederos. De manera pues que en Roma no se consideraba heredero necesario (o forzoso) al heredero legitimario, sino al heredero que no podía renunciar la herancia que se defería.[58]

---

56. LEITE, Eduardo de Oliveira. In: TEIXEIRA, Sálvio de Figueiredo (Coord.). *Comentários ao novo Código Civil*. 3. ed. Rio de Janeiro: Editora Forense, 2003, v. XXI. p. 40-41.
57. MAXIMILIANO, Carlos. *Direito das Sucessões*. 2. ed. Rio de Janeiro: Livraria Editora Freitas Bastos, 1942, v. I, p. 143.
58. Tradução livre: "A legítima, que é a expressão verdadeiramente adequada para designar a instituição que agora estudamos, teve a sua origem – como já sabemos – no Direito Romano, embora, na verdade, o seu significado não corresponda exatamente, hoje, ao que tinha em Roma (o que se explica pelo fato de a legítima moderna ser o resultado de uma fusão, levada a cabo pelo Código Napoleónico, daquela

No direito moderno, é concedida a faculdade aos herdeiros de aceitarem ou renunciarem a herança, ao passo que não persiste mais a sucessão necessária ou forçada propriamente dita,[59] como equivalente da instituição da legítima – nos dias de hoje, em verdade, o caráter "obrigatório" está vinculado ao *auctor hereditatis*, que não pode excluí-los. Tais expressões, tampouco, designam um terceiro título ou uma nova causa de sucessão por morte (em adição à intestada e à testamentaria), visto que a legítima, em realidade, é uma parcela da sucessão *ab intestado*.[60]

Quando o *de cujus* deixa herdeiros legitimários – adentraremos ao termo na seção subsequente –, sua herança é compreendida por duas partes: a porção disponível e a indisponível. A quota disponível, como o próprio nome já diz, equivale à parcela do patrimônio que o titular pode dispor livremente, seja por herança ou doação. Enquanto, a quota indisponível é, precisamente, a legítima, "o sea la parte del patrimonio hereditario reservada por la ley a los herederos legitimarios y que el testador no puede tocar ni afectar válidamente".[61]

Octavio Lo Prete assinala não existir unanimidade doutrinária no conceito de legítima. Alguns autores optam por assentá-la como "uma porção" da herança, enquanto outros preferem defini-la como "um direito" sobre determinada porção.[62] Essa divergência é notada também nos ordenamentos estrangeiros. A citar de forma exemplificativa, o código argentino compreende a legítima como "um direito", nos termos do seu artigo 3.591: "La legítima de los herederos forzosos

---

legítima romana com a reserva germânica). A reserva, por outro lado, é um termo original do antigo Direito Germânico, do qual passou para o Direito Feudal: primitivamente significava exatamente o oposto da legitima romana. A sucessão necessária ou forçada era a que correspondia, no Direito Romano, aos heredes necessarii ou aos heredes sui et necessarii. Aqueles eram os escravos do testador instituídos como herdeiros por este, que após a sua morte se tornavam livres e herdeiros, mesmo contra a sua vontade; os heredes sui et necessarii, por outro lado, eram os descendentes do testador que estavam sob a sua autoridade para a abertura da sucessão e que, querendo ou não, tinham de se tornar seus herdeiros. Assim, em Roma, o herdeiro necessário (ou forçado) não era considerado o herdeiro legitimário, mas o herdeiro que não podia renunciar à herança". HERRERA, Francisco López. *Derecho de Sucesiones*. 4. ed. Publicaciones: UCAB – Universidad Católica Andrés Bello. Caracas. 2011, t. I. fl. 223.

59. Carlos Maximiliano bem sintetiza a qualidade de obrigatória na antiguidade: "Em Roma, a expressão – *herdeiros necessários* (*heredes necessarii*) não atribuíam o sentido moderno; ela designava os indivíduos obrigados à situação de sucessores universais, os escravos por exemplo, libertados e instituídos beneficiários do espólio, por meio de um ato de última vontade. O seu direito advinha do testamento, não do parentesco e nascimento: não ex natura e ex lege, como se dá com os descendentes e ascendentes". MAXIMILIANO, Carlos. *Direito das Sucessões*. 2. ed. Rio de Janeiro: Livraria Editora Freitas Bastos, 1943, v. III. p. 16-17.

60. HERRERA, Francisco López. *Derecho de Sucesiones*. 4. ed. Publicaciones: UCAB – Universidad Católica Andrés Bello. Caracas. 2011, t. I. fl. 223-224.

61. Tradução livre: "ou seja, a parte do patrimônio hereditário reservado pela lei aos herdeiros legitimários e que o testador não pode validamente tocar ou afetar". HERRERA, Francisco López. *Derecho de Sucesiones*. 4. ed. Publicaciones: UCAB – Universidad Católica Andrés Bello. Caracas. 2011, t. I. fl. 224.

62. LO PRETE, Octavio. *Acciones Protectoras de la Legítima*. Buenos Aires: Hammurabi, 2009, p. 33.

es un derecho de sucesión limitado a determinada porción de la herencia. La capacidad del testador para hacer sus disposiciones testamentarias respecto de su patrimonio, sólo se extiende hasta la concurrencia de la porción legítima que la ley asigna a sus herederos",[63] enquanto a lei portuguesa como "uma porção de bens", nos termos do seu artigo 2156: "Entende-se por legítima a porção de bens de que o testador não pode dispor, por ser legalmente destinada aos herdeiros legitimários".[64]

Não obstante, a legislação brasileira optou por se esquivar da discussão, adotando ambas as concepções. É neste sentido que o artigo 1.846 do Código Civil, enuncia que a legítima pertence de pleno direito aos herdeiros necessários, e que corresponde à metade dos bens.[65] É acompanhando o ordenamento pátrio que entendemos que um conceito não anula o outro, mas se complementam. A dizer que a legítima corresponde tanto a uma porção de bens da herança, quanto a um direito dos sucessores. A conceituação trazida por Clóvis Bevilaqua reflete esta junção: "a lei assegura a determinadas pessoas sobre uma certa parte da herança",[66] constitui pois, a legítima "um freio ao poder de dispor por ato de última vontade",[67] o que não se limita às disposições testamentárias, e sim liberalidades, traduzidas também por atos *inter vivos*, as doações inoficiosas.[68]

Por consequência, preceitua o artigo 1.789 do Código Civil que, "havendo herdeiros necessários, o testador só poderá dispor da metade da herança", a qual é chamada de porção disponível. O sistema adotado foi da inflexibilidade da legítima, ou seja, a fração da metade indisponível permanece inalterada, independentemente da quantidade ou qualidade dos herdeiros.[69] Com o intuito de se evitar burlar a proteção dos herdeiros necessários, a intangibilidade da legítima é

---

63. Tradução livre: "A legítima dos herdeiros forçosos é um direito de sucessão limitado a determinada porção da herança. A capacidade do testador para fazer disposições testamentárias relativamente a seu patrimônio, só se estende até a concorrência da parte legítima que a lei atribui aos seus herdeiros". Código disponível em: chrome-extension://efaidnbmnnnibpcajpcglclefindmkaj/https://www.oas.org/dil/esp/codigo_civil_de_la_republica_argentina.pdf.

64. Código disponível em: https://diariodarepublica.pt/dr/legislacao-consolidada/decreto--lei/1966-34509075.

65. Código disponível em: https://www.planalto.gov.br/ccivil_03/_ato2015-2018/2015/lei/l13105.htm.

66. BEVILAQUA, Clóvis. *Direito das Sucessões*. 3. ed. Rio de Janeiro: Livraria Editora Freitas Bastos, 1938, p. 292-293.

67. MONTEIRO, Washington de Barros; PINTO, Ana Cristina de Barros Monteiro França. *Curso de Direito Civil. Direito das Sucessões*. 39. ed. São Paulo: Saraiva, 2016, v. 06. p. 23.

68. DANELUZZI, Maria Helena Marques Braceiro. *Aspectos Polêmicos na Sucessão do Cônjuge Sobrevivente*: de acordo com a Lei 10.406, de 10 de janeiro de 2002. São Paulo: Editora Letras Jurídicas, 2004, p. 222.

69. OTERO, Marcelo Truzzi. *Justa Causa Testamentária*: Inalienabilidade, Impenhorabilidade e Incomunicabilidade sobre a legítima do herdeiro necessário. Porto Alegre: Livraria do Advogado, 2012, p. 36.

resguardada por três institutos: colação; redução das disposições testamentárias excedentes à fração disponível; e redução das doações inoficiosas – tais temas, porém, não merecem maiores aprofundamento por não serem pertinentes ao presente debate.

Consoante nos ensina Carlos Maximiliano, outra característica da legítima – a qual advém com a sucessão – é ser intangível, no sentido de não ser permitido a reduzir na sua essência, tampouco no valor, por cláusula testamentária. Proíbem-se, assim, segundo o rol apresentado pelo escritor, a instituição por testamento sobre a quota da legítima, de legados, fideicomisso, usufruto, habitação, servidão, perdão de dívida, uso, ereção de fundação etc., sendo igualmente vedado a subordiná-la a encargo ou condição.[70]

Ademais, Cristiano Chaves de Farias e Nelson Rosenvald justificam, com o nosso endosso, que a legítima encontra respaldo na proteção e manutenção da família:

> Com efeito, a omissão do titular do patrimônio em estabelecer o testamento deve funcionar como uma manifestação volitiva tácita de que pretende a transmissão do patrimônio as pessoas contempladas pela lei. Além disso, a restrição ao limite do testamento quando existem herdeiros necessários (aos quais se garante um mínimo patrimonial, correspondente à legítima) é de ser vista como um mecanismo de proteção e manutenção da família (parentes e cônjuge ou companheiro) que sobrevivam ao falecido. O afeto que entrelaça os componentes de uma entidade familiar serve de mola propulsora para justificar uma proteção patrimonial deles quando o desalento se abate sobre as pessoas, em virtude da inestimável perda.[71]

Entendemos que a justificativa está em conformidade com a perspectiva civil-constitucional, mencionada quando estudamos o fundamento do direito das sucessões na seção 1.2.

2.3 HERDEIROS LEGÍTIMOS: NECESSÁRIOS E FACULTATIVOS

Como alerta Marcelo Truzzi, é preciso distinguir as classes de herdeiros legítimos, "a fim de se evitarem indesejáveis consequências práticas que equívocos conceituais podem ensejar no direito do sucessor".[72] Neste sentido, Washington de Barros nos clarifica que "todo herdeiro necessário é legítimo, mas nem todo

---

70. MAXIMILIANO, Carlos. *Direito das Sucessões*. 2. ed. Rio de Janeiro: Livraria Editora Freitas Bastos, 1943, v. III, p. 16 e 22-23.
71. FARIAS, Cristiano Chaves de; ROSENVALD, Nelson. *Curso de Direito Civil. Sucessões*. 9. ed. São Paulo: JusPodivm, 2023, v. 07. p. 297-298.
72. OTERO, Marcelo Truzzi. *Justa Causa Testamentária*: Inalienabilidade, Impenhorabilidade e Incomunicabilidade sobre a legítima do herdeiro necessário. Porto Alegre: Livraria do Advogado, 2012, p. 17.

CAPÍTULO II • A LEGÍTIMA DOS HERDEIROS NECESSÁRIOS 79

herdeiro legítimo é necessário,[73] também designado legitimário, reservartário, obrigatório ou forçado".[74]

Os herdeiros legítimos são todos aqueles dispostos na ordem de vocação hereditária – em específico no artigo 1.829 do Código Civil –, a qual representa "a relação preferencial, estabelecida pela lei, das pessoas que são chamadas a suceder o finado". Entende-se preferencial, pois, em tese, a presença de herdeiros de classe anterior exclui o chamamento à sucessão os pertencentes à classe subsequente.[75] São, portanto, na atual legislação brasileira, herdeiros legítimos: os descendentes, ascendentes, cônjuge, convivente e parentes transversais até o quarto grau.[76]

Os colaterais e companheiros (conforme analisaremos na seção 4.3), entretanto, diferem-se dos demais, porquanto são herdeiros legítimos facultativos, vez que podem ser afastados livremente da sucessão. Enquanto, os descendentes, os ascendentes e o cônjuge são considerados herdeiros legítimos necessários – nos termos do artigo 1.845 do Código Civil,[77] porque somente diante de "renúncia espontânea, ou por motivos especiais determinados em lei, alegados e provados, ficam despojados da sua quota primacial".[78] Conforme vimos, tal parte legalmente indisponível constitui a legítima.[79]

Ao lado do vocábulo herdeiros necessários, reaparecem os termos de legítima e porção disponível, que estão intimamente interligados.[80] Como escreve Euclides de Oliveira:

---

73. Walter Moraes sistematiza que a sucessão legitimária é a exceção da testamentária, e esta, por sua vez, exceção da legítima. Elucida o autor que: "Se é certo que a sucessão legítima ostenta, de princípio, caráter subsidiário na sua relação com a testamentária, esta última encontra na sucessão legitimária, subespécie da primeira, forte óbice que lhe constrange a preponderância desde os seus fundamentos (qual está no princípio da liberdade de testar). A lei, proibindo o testador de dispor de uma parte da herança que deve ficar reservada a certos herdeiros legítimos, e, mais, cercando de severas salvaguardas tal proibição e levado às últimas consequências seu zelo de manter intacta a reserva legitimaria – a lei impõe, com efeito, àquele referido princípio, incisiva quebra. A ponto de ocorrerem, na doutrina moderna opiniões que negam a liberdade de testar como princípio de base, sustentando que, pelo contrário, a regra em herança é a indisponibilidade e a exceção a disponibilidade". MORAES, Walter. *Programa de Direito das Sucessões*: Teoria Geral e Sucessão Legítima. São Paulo: Ed. RT, 1980, p. 115-116.

74. MONTEIRO, Washington de Barros; PINTO, Ana Cristina de Barros Monteiro França. *Curso de Direito Civil. Direito das Sucessões.* 39. ed. São Paulo: Saraiva, 2016, v. 06. p. 129.

75. RODRIGUES, Silvio. *Direito Civil. Direito das Sucessões.* 17. ed. São Paulo: Saraiva, 1989, v. 07. p. 68.

76. Importante elucidar que, de acordo com a posição por nós seguida, o Estado não é herdeiro, mas mero destinatário – por força do *jus imperii* – dos bens vagos, não sendo a ele concedida a faculdade de repudiar a herança.

77. Art. 1.845. "São herdeiros necessários os descendentes, os ascendentes e o cônjuge".

78. MAXIMILIANO, Carlos. *Direito das Sucessões.* 2. ed. Rio de Janeiro: Livraria Editora Freitas Bastos, 1943, v. III, p. 15.

79. MORAES, Walter. *Programa de Direito das Sucessões*: Teoria Geral e Sucessão Legítima. São Paulo: Ed. RT, 1980, p. 109.

80. MONTEIRO, Washington de Barros; PINTO, Ana Cristina de Barros Monteiro França. *Curso de Direito Civil. Direito das Sucessões.* 39. ed. São Paulo: Saraiva, 2016, v. 06. p. 129.

Dentre as pessoas chamadas por lei a suceder nos bens do morto, algumas se colocam em posição não apenas de prioridade com relação às remanescentes, como também em situação de privilégio ante a vontade do titular dos bens, obstando à sua livre disposição. São chamados herdeiros necessários, exatamente porque se colocam, de forma necessária, no rol dos sucessíveis com relação a determinada quota da herança, que se torna indisponível.[81]

A sucessão legítima ou legal[82] – compreendida por aquela que é deferida por lei, a contraposto da testamentária, que é por ato de última vontade –, a luz do artigo 1.788 do Código Civil,[83] prevalece se o morto não deixou testamento, e o mesmo ocorrerá quanto aos bens que não forem compreendidos no testamento; e bem assim subsiste a sucessão legítima se o testamento caducar, ou for julgado nulo. Portanto, ela regulamenta a transmissão dos bens aos sucessores legítimos (sejam facultativos ou necessários), sendo a legítima reservada apenas se existirem herdeiros necessários, legitimário, reservartário, obrigatório ou ainda, forçado.[84]

Em síntese, a diferença entre elas está na possibilidade de ser afastada pelo autor da herança, ao passo que a sucessão legítima é supletiva, enquanto a legitimária é imperativa (*jus cogens*), vez que incorre mesmo contra a vontade do *de cujus*. "O querer do *auctor successionis* sobrepõe-se à sucessão legítima, excluindo-a, mas é impotente perante a sucessão legitimária, que se lhe impõe".[85] Inocêncio Galvão Telles acentua ainda que inexiste correspondência de significados entre o adjetivo legítimo e o substantivo legítima:

> Ambos os termos têm como raiz *lex, legis* – a lei. *Legítima* é a quota do patrimônio do *de cuius* que certos sucessíveis têm garantia *por lei*, quota de que ele não pode dispor. Sucessíveis *legítimos* seriam, à letra, todos os designados *por lei*, mas a expressão tomou um sentido

---

81. OLIVEIRA, Euclides Benedito de. *Direito de Herança: a nova ordem da sucessão*. 2. ed. São Paulo: Saraiva, 2009, p. 55.
82. Caio Mário apresenta o seu entendimento – com o qual concordamos – de que a sucessão legítima também pode ser designada como legal, uma vez que "se processa sob o império exclusivo da lei, sem a participação da vontade". PEREIRA, Caio Mário da Silva. *Instituições de Direito Civil* – Direito das Sucessões. Atual. Carlos Roberto Barbosa Moreira. 24. ed. Rio de Janeiro: Forense, 2017, v. VI. p. 95.
83. Art. 1.788. "Morrendo a pessoa sem testamento, transmite a herança aos herdeiros legítimos; o mesmo ocorrerá quanto aos bens que não forem compreendidos no testamento; e subsiste a sucessão legítima se o testamento caducar, ou for julgado nulo".
84. A mesma nomenclatura é utilizada para sucessão, consoante conceitua Francisco José Cahali: "A sucessão legítima é a transmissão causa mortis deferida às pessoas indicadas na lei como herdeiros do autor da herança. Essa indicação é feita através da chamada ordem de vocação hereditária, ou por regras próprias de indicação de sucessor (por exemplo, CC, art. 1.790), pelas quais se identificam aqueles que serão convocados para adquirir a herança, uns na falta dos outros, ou em concorrência entre si. Chama-se também de sucessão legal, pois convocados os escolhidos pela lei, e se contrapõe a sucessão testamentária, na qual a escolha dos herdeiros, nos limites do permitido, é feita em vida pelo próprio falecido". CAHALI, Francisco José. In: NANNI, Giovanni Ettore (Coord.). *Comentários ao Código Civil*: Direito Privado Contemporâneo. 3. ed. São Paulo: Thomson Reuters Brasil, 2023, p. 1.839.
85. TELLES, Inocêncio Galvão. *Direito das Sucessões* – Noções Fundamentais. 6. ed. Coimbra: Editora Coimbra, 1991, p. 101.

particular, concentrando-se na categoria oposta à dos legitimários. Sucessíveis legítimos nesta acepção *restrita* são precisamente os sucessíveis legais que não têm legítima ou enquanto não sucede nela, mas na quota disponível. De legítima derivou legitimário: o que dela beneficia. Em matéria terminológica há ainda a notar que a qualificação de sucessão como legítima nada tem a ver com a qualificação do parentesco como legítimo ou ilegítimo, distinção aliás abolida pela Constituição [...].[86]

Surge, então, o questionamento de como conjugar as definições dos artigos 1.845 e 1.846,[87] ambos do Código Civil, se o cônjuge, ainda que detenha a qualidade de necessário, não participa da herança em determinados regimes de bens quando em concorrência com descendentes. A resposta respalda na conclusão de ser o cônjuge herdeiro legitimário eventual, nem sempre é chamado à sucessão; situação que se iguala aos ascendentes, que são invocados à sucessão apenas na falta de descendentes, em que pese também serem sucessores necessários.[88] A qualidade de herdeiro necessário apenas garante participação no acervo hereditário aos descendentes em primeiro grau.[89] Ademais, conforme estudaremos no capítulo três, quando concorre, o cônjuge não é chamado a título de sucessor universal, mas tão somente para exercer o direito sucessório de concorrência conjugal.

2.4 A LEGÍTIMA NO DIREITO ESTRANGEIRO

Em matéria de direito estrangeiro, as legislações que mais influenciaram o ordenamento pátrio (Itália, França Portugal e Alemanha), igualmente elevam, nos dias atuais, o cônjuge à qualidade de herdeiro necessário e estipulam o direito de concorrência. Há, entretanto, diversidade quanto ao valor da quota legítima, bem assim quanto à característica de invariável. Ainda, no tocante aos conviventes, não é sequer atribuído a qualidade de herdeiro legítimo, quando muito, detêm tão somente direitos assistenciais. Alguns permitem apenas o registro da união estável de casais do mesmo sexo, pois as relações heterossexuais podem contrair matrimônio.

A Itália, *exempli gratia*, qualifica como herdeiros necessários, o cônjuge, os descendentes e os ascendentes, nos termos do artigo 536[90] do *Codice*

---

86. TELLES, Inocêncio Galvão. *Direito das Sucessões* – Noções Fundamentais. 6. ed. Coimbra: Editora Coimbra, 1991, p. 106.

87. Art. 1.846. "Pertence aos herdeiros necessários, de pleno direito, a metade dos bens da herança, constituindo a legítima".

88. CAHALE, Claudia Ye Ho Kim. *A Sucessão do Cônjuge no Código Civil de 2002*. Tese (Mestrado). Pontifícia Universidade Católica de São Paulo. São Paulo, 2007. Disponível em: https://tede2.pucsp. br/bitstream/handle/7855/1/Claudia%20Ye%20Ho%20Kim%20Cahale.pdf, p. 61.

89. NADER, Paulo. *Curso de Direito Civil*. 7. ed. Rio de Janeiro: Forense, 2016 (e-book), v. 06. Direito das Sucessões, p. 229.

90. Art. 536: "Le persone a favore delle quali la legge riserva una quota di eredità o altri diritti nella successione sono: il coniuge, i figli, gli ascendenti [...]". Tradução livre: As pessoas a favor das quais a lei

Civile.[91] É assegurado-lhes uma porção variável do patrimônio inventariado, a depender da quantidade e do vínculo dos sucessores, bem assim da circunstância ou não de concurso. Portanto, percebe-se da leitura do *Codice Civile* que inexiste uma fração fixa da legítima, a qual pode ser estabelecida em metade, 1/3 (um terço) ou 2/3 (dois terços) dos bens, senão vejamos.

Ao cônjuge supérstite é reservada a metade dos bens (art. 540[92]), salvo se concorrer com filhos. Se o *de cujus* deixar um único filho, além do cônjuge, cada um fará jus à terça parte do patrimônio. Se há mais de um filho, a quota do cônjuge será equivalente a um quarto do patrimônio, enquanto a reserva da prole à metade dos bens (art. 542[93]). Na hipótese da concorrência do viúvo ser com ascendente do sucedido, fará jus à metade do acervo e os ascendentes, à quarta parte (art. 544[94]). Se inexistir cônjuge e havendo apenas um filho, a este caberá à metade da herança; se mais de um, serão reservados dois terços para o conjunto, distribuído igualmente entre todos (art. 537[95]). Caso não haja cônjuge ou descendentes, aos ascendentes legítimos caberá a terça parte do patrimônio (art. 538[96]).

---

reserva uma quota da herança ou outros direitos na sucessão são: o cônjuge, os filhos legítimos, os ascendentes legítimos.

91. Código disponível em: https://www.altalex.com/documents/codici-altalex/2015/01/02/codice-civile.

92. Art. 540: "A favore del coniuge è riservata la metà del patrimonio dell'altro coniuge, salve le disposizioni dell'articolo 542 per il caso di concorso con i figli". Tradução livre: Em favor do cônjuge (art. 459) é reservada a metade do patrimônio, salvo o disposto no art. 542, para o caso de concorrência com os filhos.

93. Art. 542: "Se chi muore lascia, oltre al coniuge, un solo figlio, a quest'ultimo è riservato un terzo del patrimonio ed un altro terzo spetta al coniuge.
Quando i figli, sono più di uno, ad essi è complessivamente riservata la metà del patrimonio e al coniuge spetta un quarto del patrimonio del defunto. La divisione tra tutti i figli, è effettuata in parti uguali.". Tradução livre: Se quem morre deixa, além do cônjuge, um único filho, a este é reservado um terço do patrimônio e ao cônjuge outro terço. Quando houver mais de um filho, a eles é reservada conjuntamente metade do patrimônio e ao cônjuge um quarto do patrimônio do defunto. A divisão entre todos os filhos é efetuada em partes iguais.

94. Art. 544: "Quando chi muore non lascia figli, ma ascendenti e il coniuge, a quest'ultimo è riservata la metà del patrimonio, ed agli ascendenti un quarto.
In caso di pluralità di ascendenti, la quota di riserva ad essi attribuita ai sensi del precedente comma è ripartita tra i medesimi secondo i criteri previsti dall'articolo 569". Tradução livre: Quando quem morre não deixa filhos, mas deixa ascendentes e o cônjuge, a este último é reservada a metade do patrimônio, e aos ascendentes um quarto. Em caso de pluralidade de ascendentes, a quota de reserva desses, atribuída nos termos do parágrafo anterior, é repartida entre eles segundo os critérios previstos no art. 569.

95. Art. 537: "Salvo quanto disposto dall'articolo 542, se il genitore lascia un figlio solo, a questi è riservata la metà del patrimonio.
Se i figli sono più, è loro riservata la quota dei due terzi, da dividersi in parti uguali tra tutti i figli". Tradução livre: Salvo o quanto disposto no art. 542, se o genitor deixar um único filho, a este é reservada a metade do patrimônio. Se houver mais de um filho, a eles é reservada uma quota de dois terços, a dividir em partes iguais por todos os filhos.

96. Art. 538: "Se chi muore non lascia figli, ma ascendenti, a favore di questi è riservato un terzo del patrimonio, salvo quanto disposto dall'articolo 544.

Além da sucessão legitimária – destinada aos sucessores que não podem ter afastada a quota hereditária reservada pela lei – acima referenciada, o diploma italiano regula ainda a sucessão legítima – ou *ab intestato* – de modo apartado. Na ausência de testamento válido, aplicam-se os artigos 581 e seguintes do *Codice Civile Italiano*. Se o cônjuge concorrer com só um filho, ser-lhe-á destinada metade da herança; se com mais filhos, terá direito a um terço dela (art. 581[97]). Na hipótese do viúvo concorrer com ascendentes ou irmãos do falecido, terá direito a dois terços do patrimônio, e os parentes, a um terço (art. 582[98]). Na ausência de filhos, irmãos e ascendentes, ao cônjuge é destinada a totalidade da herança (art. 583[99]).

A legislação recente italiana permite apenas o registro da união estável (*unioni civili*) de casais do mesmo sexo, nos termos da Lei 76, 20 de maio de 2016 (Legge 20 maggio 2016, n. 76,[100] tendo em vista que as relações heterossexuais podem contrair matrimônio.[101] Assim sendo, não reconhece direitos sucessórios ao homem e mulher que vivem em união de fato.

A França, da mesma forma, faz variar a quota legítima de acordo com o número de herdeiros e o tipo de vínculo familiar com o autor da herança. A vocação hereditária no *Code Civil*[102] segue a seguinte ordem:

> Art. 734: En l'absence de conjoint successible, les parents sont appelés à succéder ainsi qu'il suit:
>
> 1º Les enfants et leurs descendants;

In caso di pluralità di ascendenti, la riserva è ripartita tra i medesimi secondo i criteri previsti dall'articolo 569". Tradução livre: Se quem morre não deixa filhos, mas ascendentes, a favor destes é reservado um terço do patrimônio, salvo o disposto no art. 544. Em caso de pluralidade de ascendentes, a reserva é repartida entre eles segundo os critérios previstos no art. 569.

97. Art. 581: "Quando con il coniuge concorrono figli, il coniuge ha diritto alla metà dell'eredità, se alla successione concorre un solo figlio, e ad un terzo negli altri casi". Tradução livre: Quando com o cônjuge concorre filho, o cônjuge tem direito a metade da herança, se apenas um filho estiver incluído na sucessão, e a um terço nos outros casos.

98. Art. 582: "Al coniuge sono devoluti i due terzi dell'eredità se egli concorre con ascendenti o con fratelli e sorelle anche se unilaterali, ovvero con gli uni e con gli altri. In quest'ultimo caso la parte residua è devoluta agli ascendenti, ai fratelli e alle sorelle, secondo le disposizioni dell'articolo 571, salvo in ogni caso agli ascendenti il diritto a un quarto dell'eredità". Tradução livre: Ao cônjuge são atribuídos dois terços da herança em concorrência com ascendentes ou com irmãos e irmãs, mesmo se unilaterais, com um ou com outro. Neste último caso, o restante é devolvido aos ascendentes, aos irmãos e às irmãs, segundo o disposto no art. 571, ressalvado em qualquer caso, aos ascendentes, o direito a um quarto da herança.

99. Art. 583: "*In mancanza di figli, di ascendenti, di fratelli o sorelle, al coniuge si devolve tutta l'eredità*". Tradução livre: Na falta de filhos, de ascendentes, de irmãos ou irmãs, ao cônjuge se devolve toda a herança.

100. Lei disponível em: https://www.normattiva.it/uri-res/N2Ls?urn:nir:stato:legge:2016-05-20;76.

101. RODRÍGUEZ, Sofía Amor. Las Parejas de Hecho. Tese (Mestrado). Universidad de Oviedo. Disponível em: chrome-extension://efaidnbmnnnibpcajpcglclefindmkaj/https://digibuo.uniovi.es/dspace/bitstream/handle/10651/59695/TFM_SofiaAmorRodriguez.pdf?sequence=4&isAllowed=y, p. 36.

102. Código disponível em: https://www.legifrance.gouv.fr/codes/section_lc/LEGITEXT000006070721/LEGISCTA000006117929/#LEGISCTA000006117929.

2º Les père et mère; les frères et soeurs et les descendants de ces derniers;

3º Les ascendants autres que les père et mère;

4º Les collatéraux autres que les frères et soeurs et les descendants de ces derniers.

Chacune de ces quatre catégories constitue un ordre d'héritiers qui exclut les suivants.[103]

O citado dispositivo deve ser interpretado em conjunto com aqueles que abordam a sucessão do cônjuge, em especial, o artigo 756, que preconiza: "*Le conjoint successible est appelé à la succession, soit seul, soit en concours avec* les parents du défunt".[104] O artigo 757 é o responsável por regular a concorrência com os descendentes: "Si l'époux prédécédé laisse des enfants ou descendants, le conjoint survivant recueille, à son choix, l'usufruit de la totalité des biens existants ou la propriété du quart des biens lorsque tous les enfants sont issus des deux époux et la propriété du quart en présence d'un ou plusieurs enfants qui ne sont pas issus des deux époux".[105] Quando a concorrência for com os pais do falecido, o artigo 757-1[106] estabelece que metade do patrimônio caberá ao cônjuge, um quarto à mãe e outro um quarto ao pai. Se concorrer com apenas um ascendente, ao cônjuge caberá três quartos. Na ausência de descendentes e pais, a herança será destinada ao cônjuge integralmente (art. 757-2[107]), ressalvados os bens que o *de cujus* tiver recebido dos ascendentes a título gratuito, cuja metade condizente será destinada aos irmãos ou filhos destes (art. 757-3[108]).

---

103. Tradução livre: Art. 734: Na ausência de cônjuge sucessível, os parentes são chamados a suceder como segue: 1º Filhos e seus descendentes; 2º Pai e mãe; irmãos e irmãs e seus descendentes; 3º Outros ascendentes, além dos pais; 4º Colaterais, além dos irmãos e irmãs e seus descendentes. Cada uma destas quatro categorias constitui uma ordem de herdeiros que exclui os seguintes.

104. Tradução livre: O cônjuge sucessível é chamado à sucessão, sozinho ou em concorrência com os parentes do falecido.

105. Tradução livre: Se o cônjuge falecido deixa filhos ou descendentes, o cônjuge sobrevivo recebe, à sua escolha, o usufruto da totalidade dos bens existentes ou a propriedade de um quarto dos bens, quando todos os filhos forem de ambos os cônjuges, e a propriedade de um quarto, na presença de um ou mais filhos que não sejam de ambos os cônjuges.

106. Art. 757-1: "Si, à défaut d'enfants ou de descendants, le défunt laisse ses père et mère, le conjoint survivant recueille la moitié des biens. L'autre moitié est dévolue pour un quart au père et pour un quart à la mère.

Quand le père ou la mère est prédécédé, la part qui lui serait revenue échoit au conjoint survivant". Tradução livre: Se, na ausência de filhos ou de descendentes, o falecido deixa seu pai e sua mãe, o cônjuge sobrevivo recebe metade dos bens. Quando o pai ou a mãe tiver morrido, a parte que lhe seria destinada é entregue ao cônjuge sobrevivo.

107. Art. 757-2: "En l'absence d'enfants ou de descendants du défunt et de ses père et mère, le conjoint survivant recueille toute la succession". Tradução livre: Na ausência de filhos ou descendentes do falecido e de seu pai e sua mãe, o cônjuge sobrevivo recebe a toda a herança.

108. Art. 757-3: "Par dérogation à l'article 757-2, en cas de prédécès des père et mère, les biens que le défunt avait reçus de ses ascendants par succession ou donation et qui se retrouvent en nature dans la succession sont, en l'absence de descendants, dévolus pour moitié aux frères et soeurs du défunt ou à leurs descendants, eux-mêmes descendants du ou des parents prédécédés à l'origine de la transmission". Tradução livre: Em derrogação do art. 757-2, quando o falecido morrer antes do pai e da mãe, os bens

Quanto à porção da legítima, o artigo 913 preconiza que as liberalidades não podem exceder a metade dos bens do disponente, se este deixar apenas um filho; um terço, se deixar dois filhos; e um quarto, se deixar três ou mais filhos.[109] Na falta de descendentes, mas havendo cônjuge, não podem exceder três quartos dos bens (art. 914-1[110]). É da interpretação do artigo 916 que se observa a qualidade de herdeiro necessário apenas do cônjuge e descendentes: *"A défaut de descendant et de conjoint survivant non divorcé, les libéralités par actes entre vifs ou testamentaires pourront épuiser la totalité des biens".*[111]

As pessoas que celebram um pacto de solidariedade civil (*pacte civil de solidarité*[112]) não são reputadas herdeiros legitimários, tampouco legítimos. Porém, lhes é concedido o direito de permanecer gratuitamente no imóvel por ele ocupado, pelo período de um ano; bem como direito de preferência (art. 515-6[113]).

Em Portugal, o Código Civil[114] estabelece a seguinte ordem de vocação hereditária:

Art. 2133º: 1. A ordem por que são chamados os herdeiros, sem prejuízo do disposto no título da adopção, é a seguinte:

---

que tiver recebido dos seus ascendentes por herança ou doação e que se encontrarem na sucessão serão, na ausência de descendentes, divididos entre os irmãos e irmãs do falecido ou seus descendentes, se eles forem descendentes dos pais premortos no momento da transmissão.

109. Art. 913: "Les libéralités, soit par actes entre vifs, soit par testament, ne pourront excéder la moitié des biens du disposant, s'il ne laisse à son décès qu'un enfant ; le tiers, s'il laisse deux enfants ; le quart, s'il en laisse trois ou un plus grand nombre". Tradução livre: As liberalidades, quer por atos entre vivos, quer por testamento, não podem exceder a metade dos bens do disponente, se ele deixa com sua morte um filho; um terço, se ele deixa dois filhos; um quarto, se ele deixa três ou mais filhos.

110. Art. 914-1: "Les libéralités, par actes entre vifs ou par testament, ne pourront excéder les trois quarts des biens si, à défaut de descendant, le défunt laisse un conjoint survivant, non divorcé". Tradução livre: As liberalidades, por ato entre vivos ou por testamento, não podem exceder três quartos dos bens se, na ausência de descendentes, o falecido deixar um cônjuge sobrevivo, não divorciado.

111. Tradução livre: Na falta de descendentes e de cônjuge sobrevivo não divorciado, as liberalidades por atos entre vivos ou testamentárias podem esgotar a totalidade dos bens.

112. Contemplado ao longo dos artigos 515-1 à 515-7-1 do Code Civil.

113. Art. 515-6: "Les dispositions des articles 831, 831-2, 832-3 et 832-4 sont applicables entre partenaires d'un pacte civil de solidarité en cas de dissolution de celui-ci.
Les dispositions du premier alinéa de l'article 831-3 sont applicables au partenaire survivant lorsque le défunt l'a expressément prévu par testament.
Lorsque le pacte civil de solidarité prend fin par le décès d'un des partenaires, le survivant peut se prévaloir des dispositions des deux premiers alinéas de l'article 763". Tradução livre: As disposições dos arts. 831, 831-2, 832-3 e 832-4 são aplicáveis entre os parceiros de um pacto civil de solidariedade em caso de dissolução deste. O disposto na primeira alínea do art. 831. 3. aplica-se ao parceiro sobrevivo quando o falecido o tenha expressamente previsto por testamento. Se o pacto civil de solidariedade cessar por morte de um dos parceiros, o parceiro sobrevivo pode recorrer às disposições das duas primeiras alíneas do art. 763.

114. Código disponível em: https://diariodarepublica.pt/dr/legislacao-consolidada/decreto-lei/1966-34509075.

a) Cônjuge e descendentes;

b) Cônjuge e ascendentes;

c) Irmãos e seus descendentes;

d) Outros colaterais até ao quarto grau;

e) Estado.

2. O cônjuge sobrevivo integra a primeira classe de sucessíveis, salvo se o autor da sucessão falecer sem descendentes e deixar ascendentes, caso em que integra a segunda classe [...]

O artigo 2139° regula a concorrência do cônjuge com os filhos do falecido, estipulando a divisão da herança em tantas partes quantos forem os herdeiros; com a ressalva de que a quota do cônjuge não pode ser inferior a uma quarta parte da herança.[115] Na hipótese da concorrência do viúvo ser com ascendentes, caberá a ele duas terças partes e aos ascendentes, uma terça parte dos bens (art. 2142°).[116]

O elenco dos herdeiros necessários está disposto no artigo 2157°: "São herdeiros legitimários o cônjuge, os descendentes e os ascendentes, pela ordem e segundo as regras estabelecidas para a sucessão legítima". Sendo que, se inexistir parentes em linha reta, a legítima do cônjuge corresponderá à metade da herança (art. 2158°); em caso de concurso com os filhos, de dois terços da herança; e não havendo cônjuge, a legítima pertencerá com exclusividade aos filhos, pelo seguinte critério: a) a metade da herança, se existir um único filho; e b) dois terços dos bens, havendo dois ou mais filhos (art. 2459°). Se a concorrência for com ascendentes, a legítima equivale à terça parte do patrimônio; na falta de descendentes e cônjuge, a legítima dos ascendentes corresponderá a: a) metade do patrimônio, se destinada aos pais; e b) um terço da herança, se para outros ascendentes (art. 2161°).

No que concerne aos conviventes, estes não são herdeiros legítimos, e muito menos legitimários, são chamados à sucessão apenas se houver disposição testamentária neste sentido.[117] Detêm apenas direitos assistenciais, como o real de

---

115. Art. 2139°: "1. A partilha entre o cônjuge e os filhos faz-se por cabeça, dividindo-se a herança em tantas partes quantos forem os herdeiros; a quota do cônjuge, porém, não pode ser inferior a uma quarta parte da herança.

2. Se o autor da sucessão não deixar cônjuge sobrevivo, a herança divide-se pelos filhos em partes iguais".

116. Art. 2142°: "1. Se não houver descendentes e o autor da sucessão deixar cônjuge e ascendentes, ao cônjuge pertencerão duas terças partes e aos ascendentes uma terça parte da herança.

2. Na falta de cônjuge, os ascendentes são chamados à totalidade da herança.

3. A partilha entre os ascendentes, nos casos previstos nos números anteriores, faz-se segundo as regras dos artigos 2135° e 2136°".

117. PEREIRA, André Gonçalo Dias. Notas sobre a união de facto em Portugal. In: SILVA, Regina Beatriz Tavares da; CORREIA, Atalá; DE SOLAVAGIONE, Alicia García. *Tratado da união de fato*: Tratado de la unión de hecho. São Paulo: Almedina, 2021, p. 815.

habitação pelo prazo de cinco anos, e no mesmo prazo, direito de preferência na sua venda, se o membro da união estável, proprietário da casa de moradia comum, falecer, salvo se "sobrevivam descendentes com menos de 1 ano de idade ou que com ele convivessem há mais de um ano e pretendam habitar a casa, ou no caso de disposição testamentária em contrário", nos termos do artigo 4º da Lei 7/2001.[118]

Na Alemanha, a ordem de vocação hereditária é abordada nos § 1924 ao § 1929 do Bürgerliches Gesetzbuch (BGB).[119] Os descendentes são colocados na primeira classe (§ 1924[120]); na segunda classe estão alojados os pais, sendo que se um ou ambos forem pré-mortos, os seus descendentes são chamados (§ 1925[121]); na terceira classe estão os avós e seus descendentes (§ 1926[122]); na quarta classe estão os bisavós e seus descendentes (§ 1928[123]). Por fim, chama-se à sucessão os demais ascendentes e seus descendentes (§ 1929[124]).

Embora o cônjuge não conste em ordem específica, o § 1931 estabelece o direito de concorrência com os parentes de primeira e segunda classe e os avós; recebendo um quarto dos bens se concorrer com a primeira classe, ou metade nos demais casos. Na hipótese de inexistência destes familiares, o cônjuge receberá a totalidade da herança.[125]

---

118. Legislação disponível em: https://diariodarepublica.pt/dr/detalhe/lei/7-2001-314194.

119. Código disponível em: https://www.gesetze-im-internet.de/bgb/.

120. § 1924: "(1) Gesetzliche Erben der ersten Ordnung sind die Abkömmlinge des Erblassers [...]". Tradução livre: Os herdeiros legítimos de primeira ordem são os descendentes do autor da herança.

121. § 1925: "(1) Gesetzliche Erben der zweiten Ordnung sind die Eltern des Erblassers und deren Abkömmlinge [...]". Tradução livre: Os herdeiros legítimos de segunda ordem são os pais do autor da herança e os descendentes destes.

122. § 1926: "(1) Gesetzliche Erben der dritten Ordnung sind die Großeltern des Erblassers und deren Abkömmlinge [...]". Tradução livre: Os herdeiros legais da terceira ordem são os avós do autor da herança e os descendentes destes.

123. § 1928: "(1) Gesetzliche Erben der vierten Ordnung sind die Urgroßeltern des Erblassers und deren Abkömmlinge [...]". Tradução livre: Os herdeiros legítimos de quarta ordem são os bisavós do autor da herança e os descendentes destes.

124. § 1929: "(1) Gesetzliche Erben der fünften Ordnung und der ferneren Ordnungen sind die entfernteren Voreltern des Erblassers und deren Abkömmlinge [...]". Tradução livre: Os herdeiros legítimos de quinta ordem e de ordens mais remotas são os ascendentes mais distantes do autor da herança e os descendentes destes.

125. § 1931: "(1) Der überlebende Ehegatte des Erblassers ist neben Verwandten der ersten Ordnung zu einem Viertel, neben Verwandten der zweiten Ordnung oder neben Großeltern zur Hälfte der Erbschaft als gesetzlicher Erbe berufen. Treffen mit Großeltern Abkömmlinge von Großeltern zusammen, so erhält der Ehegatte auch von der anderen Hälfte den Anteil, der nach § 1926 den Abkömmlingen zufallen würde.

(2) Sind weder Verwandte der ersten oder der zweiten Ordnung noch Großeltern vorhanden, so erhält der überlebende Ehegatte die ganze Erbschaft". Tradução livre: (1) O cônjuge supérstite do autor da herança é chamado a concorrer como herdeiro legítimo com os parentes da primeira ordem a um quarto da herança, e com os parentes de segunda ordem ou com os avós do autor da herança a metade da herança, nos termos do art. 1926. (2) Se não houver parentes da primeira, nem da segunda, nem avós, o cônjuge supérstite recebe toda a herança.

No tocante ao valor da legítima, extrai-se do § 2303 que corresponde à metade, e que fazem jus a ela, os descendentes, pais e cônjuge do *de cujus*:

> § 2303: (1) Ist ein Abkömmling des Erblassers durch Verfügung von Todes wegen von der Erbfolge ausgeschlossen, so kann er von dem Erben den Pflichtteil verlangen. Der Pflichtteil besteht in der Hälfte des Wertes des gesetzlichen Erbteils.
>
> (2) Das gleiche Recht steht den Eltern und dem Ehegatten des Erblassers zu, wenn sie durch Verfügung von Todes wegen von der Erbfolge ausgeschlossen sind. Die Vorschrift des § 1371 bleibt unberührt.[126]

Em passos similares ao italiano, a Alemanha autoriza o registro apenas das uniões estáveis *(Lebenspartnerschaft)* de casal do mesmo sexo, nos termos da *Lebenspartnerschaftsgesetz*, de 16 de fevereiro de 2001,[127] pelo mesmo fundamento de não atender o mesmo formalismo e tratamento fiscal do casamento.[128] Em vista disto, inexistem direitos sucessórios aos conviventes heterossexuais unidos de fato.

---

126. Tradução livre: (1) Se um descendente do falecido for excluído da sucessão por disposição de bens por morte, pode exigir a parte obrigatória ao herdeiro. A quota-parte obrigatória é constituída por metade do valor da quota-parte legal da herança. (2) Os pais e o cônjuge do falecido têm o mesmo direito se estiverem excluídos da sucessão por morte. A disposição do artigo 1371º não é afetada.

127. Lei disponível em: https://www.gesetze-im-internet.de/lpartg/BJNR026610001.html#BJNR-026610001BJNG000200305.

128. LIGERA, Wilson Ricardo. *O Companheiro na Qualidade de Herdeiro Necessário e seu Direito à Legítima*. Tese (Doutorado). Faculdade de Direito da Universidade de São Paulo. São Paulo, 2013. Disponível em: https://www.teses.usp.br/teses/disponiveis/2/2131/tde-21012015-150824/pt-br.php, p. 115.

Capítulo III
DA POSSIBILIDADE DE EXCLUSÃO CONVENCIONAL DA CONCORRÊNCIA SUCESSÓRIA CONJUGAL

3.1 CONSIDERAÇÕES INICIAIS

O direito concorrencial, disposto ao final dos incisos I e II do artigo 1.829, da codificação civil, é objeto de profunda discussão no mundo jurídico. Em razão disto, a temática está entre as medidas estudadas no âmbito da Comissão Especial do Senado para a reforma do Código Civil, inclusive com sugestão de alteração no relatório parcial, bem assim o final,[1] bem como se mostra presente em projetos de lei apresentados desde a promulgação do Código Reale.[2]

Nesta seara, há uma forte vertente que defende a retirada do direito de concorrência do cônjuge – e do convivente –, de forma a restaurar a redação que constava na codificação brasileira de 1916. Inclusive, diferentemente do relatório parcial apresentado pela CJCODCIVIL, a sua versão final revoga da codificação civil o direito concorrencial conjugal, em evidente retrocesso.

Entretanto, com o devido respeito à posição divergente, entendemos que excluir o direito concorrencial do ordenamento jurídico não é a solução adequada. Os motivos se equivalem aos que serão apresentados na segunda seção do capítulo subsequente quanto à necessidade de manutenção do *status* jurídico

---

1. Sugestão de texto apresentada pela Subcomissão de Direito das Sucessões da CJCODCIVIL, no relatório parcial: "Art. 1.829. A sucessão legítima defere-se na ordem seguinte: I – aos descendentes, em concorrência com o cônjuge ou com o companheiro sobrevivente, salvo no regime de separação de bens; II – aos ascendentes, em concorrência com o cônjuge ou com o companheiro sobrevivente, salvo no regime de separação de bens; III – ao cônjuge ou ao companheiro sobrevivente; IV – aos colaterais até o quarto grau. Parágrafo único. A concorrência do cônjuge ou companheiro com descendentes ou ascendentes recairá somente sobre os bens comuns".

   Sugestão de texto apresentada pela CJCODCIVIL, no relatório final: "Art. 1.829. A sucessão legítima defere-se na ordem seguinte: I – aos descendentes; II – aos ascendentes; III – ao cônjuge ou ao convivente sobrevivente; IV – aos colaterais até o quarto grau".

2. Projetos de Leis 4.775/2005, 1.792/2007, 699/2011 (reapresentação dos PL 6.960/2002 e 276/2007), 3.536/2019 e 2.449/2021.

do cônjuge como herdeiro necessário. Ora, "dissolvida a sociedade conjugal por morte de um delles, não se considere o sobrevivente um estranho, pois nelle se concentram ainda affectos e tradições, que apertam os laços da familia".[3] Sobre isto, endossamos as palavras de Giselda Hironaka:

> Nessa ordem de valores, o legislador parece ter andado bem quando elevou o cônjuge e o companheiro a concorrentes na sucessão dos descendentes e ascendentes do *de cujus*, amealhando quota parte variável e dependente de verificação de certos pressupostos [...] É que, fazendo com que o companheiro de vida (cônjuge ou companheiro) concorra na sucessão do morto, premia aquele que esteve a seu lado até a sua morte e, em alguns momentos, faz isso sem indagar se o sobrevivo contribuiu ou não para a aquisição dos bens postos em sucessão. Mas não se esquece de privilegiar os descendentes do autor da herança, garantindo-lhes meios de iniciar ou dar continuidade a suas vidas. E, na falta dos últimos, não esquece nem deixa de privilegiar os ascendentes do *de cujus*, responsáveis, no mais das vezes, pela formação e pelo caráter do descendente falecido. Agindo assim, o legislador demonstrou sapiência digna de nota e parece ter se enquadrado entre aqueles que veem como fundamento do direito sucessório não apenas o direito de propriedade em sua inteireza, como também o direito de família, com o intuito de protegê-la, uni-la e perpetuá-la, como os antigos parecem ter buscado.[4]

Não obstante, importa destacar que na vigência do Código Civil de 1916, a escolha legislativa foi de não prever direito de herança do cônjuge na presença de descendentes e ascendentes, tendo em vista que o regime legal supletivo à época era o da comunhão universal de bens, com o que, ressalvadas as raras hipóteses de incomunicabilidade, todo o patrimônio do casal se comunicava. Assim, ao viúvo – cujo casamento era indissolúvel (até a edição da Lei do Divórcio 6.515 de 1977) – era assegurada metade do patrimônio, de modo que sua subsistência já estaria salvaguardada pela meação.[5] Ainda, na eventualidade de adoção de outro regime, ao consorte supérstite era atribuído o usufruto vidual.

Com a alteração do regime legal supletivo para o da comunhão parcial de bens, e da extinção do usufruto vidual, o legislador se preocupou em proporcionar uma proteção ao cônjuge (entende-se também ao companheiro), concedendo-lhe participação na herança em concorrência com os descendentes e ascendentes,[6] tanto que o usufruto vidual e o direito de concorrência ficam ambos compre-

---

3. BEVILAQUA, Clóvis. *Código Civil dos Estados Unidos do Brasil Comentado*. Edição histórica. 6. tir. Rio de Janeiro: Editora Rio Estácio Sa, 1958, v. 04. p. 795.

4. HIRONAKA, Giselda Maria Fernandes Novaes. Direito das Sucessões: Introdução. In: HIRONAKA, Giselda Maria Fernandes Novaes; PEREIRA, Rodrigo da Cunha (Coord.). *Direito das Sucessões e o Novo Código Civil.*. Belo Horizonte: Del Rey, 2004, p. 05.

5. ROSA, Conrado Paulino da; RODRIGUES, Marco Antonio. *Inventário e Partilha* – Teoria e Prática. 4. ed. São Paulo: JusPodivm, 2022, p. 153.

6. ROSA, Conrado Paulino da; RODRIGUES, Marco Antonio. *Inventário e Partilha* – Teoria e Prática. 4. ed. São Paulo: JusPodivm, 2022, p. 154.

endidos no título "Da sucessão legítima" e no capítulo "Da ordem de vocação hereditária", aquele da codificação civil de 1916, e este último de 2002.[7] Projetando, assim, um amparo financeiro a incidir em momento posterior ao término da vida em comum, ceifada pela morte de um dos nubentes.[8] Com o que, permanece a intenção do legislador em privilegiar além da relação de parentesco, a feição e elo conjugal, sem, contudo, desguarnecer os parentes de linha reta. Nas palavras de Arnaldo Rizzardo, com escólio de Miguel Reale:[9]

> No pertinente ao cônjuge, à semelhança do Código Civil português, deu-se a sua inclusão como herdeiro concorrente com os descendentes pelo Código de 2002, rompendo uma tradição secular, e refletindo uma tendência que vinha se fazendo sentir fazia algum tempo, especialmente a partir da adoção do regime de comunhão parcial como o oficial. Passou a se levar em conta que, normalmente, em face do regime de comunhão parcial que predomina, fica o cônjuge mais sujeito à debilidade econômica, se não resultar patrimônio durante a vigência do casamento. No dizer de Miguel Reale, *"seria injusto que o cônjuge somente participasse daquilo que é produto comum do trabalho, quando outros bens podem vir a integrar o patrimônio a ser objeto da sucessão"*. Destaca duas razões que justificam para tanto: *"De um lado, uma razão de ordem jurídica, que é a mudança do regime de bens do casamento; e a outra, a absoluta equiparação do homem e da mulher, pois a grande beneficiada com tal dispositivo é, no fundo, mais a mulher do que o homem"*.[10]

O direito à concorrência – em propriedade plena – surgiu, portanto, com o objetivo de amparar o viúvo, atuando como garantia de um mínimo existencial. Daí porque, guarda viés humanitário: evita que o consorte sobrevivo passe de um bem-estar para a mendicância. Ora, se não fosse a atual legislação, moldada para dispor o cônjuge supérstite em "redoma de proteção patrimonial e de cunho nitidamente assistencial, descendentes e ascendentes quase sempre presentes na vocação hereditária tornariam bastante distante a expectativa sucessória do consorte que é chamado como herdeiro de terceira classe sucessível".[11]

A regra da concorrência sucessória objetiva assegurar a solidariedade familiar constitucionalmente imposta, bem assim atender à função social da herança,

---

7. MADALENO, Rolf. Renúncia de Herança no Pacto Antenupcial. In: PEREIRA, Rodrigo da Cunha e DIAS, Maria Berenice (Coord.). *Família e Sucessões: Polêmicas, Tendências e Inovações*. Belo Horizonte: IBDFAM, 2018, p. 50-51.
8. MADALENO, Rolf. *Sucessão Legítima*. 2. ed. Rio de Janeiro: Forense, 2020, p. 423.
9. REALE, Miguel. *Visão Geral do Projeto de Código Civil*. Disponível em: chrome-extension://efaidnbmnnnibpcajpcglclefindmkaj/https://edisciplinas.usp.br/pluginfile.php/3464464/mod_resource/content/1/O%20novo%20C%C3%B3digo%20Civil%20-%20Miguel%20Reale.pdf, p. 13-14.
10. RIZZARDO, Arnaldo. *Direito das Sucessões*. 11. ed. Rio de Janeiro: Forense, 2019 (e-book), p. 166.
11. MADALENO, Rolf. Renúncia de Herança no Pacto Antenupcial. In: PEREIRA, Rodrigo da Cunha e DIAS, Maria Berenice (Coord.). *Família e Sucessões*: Polêmicas, Tendências e Inovações. Belo Horizonte: IBDFAM, 2018, p. 41.

nos termos analisados na seção 1.2.[12] Assim, aniquilar tal direito assistencial do ordenamento jurídico brasileiro resultaria em deixar o viúvo à míngua, tornando-se dependente de seus filhos, enteados, e até mesmo dos sogros.[13] Situação esta que a lei jamais pode ser congruente.

Ademais, a adoção de um regime "diverso" do escolhido pelas partes por ocasião do casamento na sucessão *mortis causa*, também justifica a concessão de direito concorrencial por razões públicas *imperativas*. Como bem observa Capelo de Sousa, ao analisar a legislação lusitana:

> [...] há razões públicas *imperativas*, que impõem que o cônjuge sobrevivo, pela própria dignidade da instituição matrimonial, tenha o nível de vida mais próximo possível do que vinha usufruindo durante o casamento. Já lhe basta o sofrimento da morte do outro cônjuge com quem teve uma relação presumidamente sólida e profícua, como vimos, não deve perder ainda o seu trem habitual de vida e ver, nomeadamente, entrar pela porta da casa de morada da família reivindicantes que não tiveram a ligação humana que existiu entre os dois. Há na sucessão do cônjuge sobrevivo uma protecção ao grau de afectos presumidos. O casamento tem finalidades sociais básicas e insubstituíveis e é dever do Estado protegê-lo especialmente (arts. 66º Const. e 1576º e 1577º CC), em função de interesses não só particulares, mas também colectivos.[14]

Logo, a manutenção da concorrência sucessória é medida que melhor se adéqua as necessidades sociais. Refuta-se, deste modo, a proposta da CJCODCI-VIL, em que ao resgatar a qualidade de herdeiro facultativo ao cônjuge, estipula que caso haja o afastamento deste da sucessão por exclusão em testamento, "o juiz instituirá usufruto sobre determinados bens da herança para garantir a subsistência do cônjuge ou convivente sobrevivente que comprovar insuficiência de recursos ou de patrimônio".[15]

---

12. ZANETTI, Pollyanna Thays. Possibilidade de Renúncia ao Direito de Concorrência Sucessória pelo Cônjuge: Estudo Comparativo Brasil-Portugal. *Revista de Direito de Família e Sucessão*. e-ISSN: 2526-0227. Encontro Virtual. v. 08, n. 01, p. 37, 2022.

13. OTERO, Marcelo Truzzi. Os artigos 1.829, I, e 1.830 do Código Civil a partir da Legalidade Constitucional: Uma Perspectiva Funcionalizada do Direito Sucessório. In: PEREIRA, Rodrigo da Cunha; DIAS, Maria Berenice (Coord.). *IX Congresso Brasileiro de Direito de Família*. Família: pluralidade e felicidade. Belo Horizonte, 2014, p. 64 e 66.

14. SOUSA, Rabindranath Capelo de. Os Direitos Sucessórios do Cônjuge Sobrevivo. Universidade de Coimbra. Coimbra, 2005. In: VILLAR, Alfonso Murillo; GARCÍA, Olga Gil. Aidron e BOE (Coord.). *Fundamentos Romanísticos del Derecho Contemporáneo. Derecho de Sucesiones*. 2021, t. VIII. v. I. Disponível em: https://www.boe.es/biblioteca_juridica/anuarios_derecho/anuario.php?id=R_2021&fasc=8, p. 1321.

15. Íntegra da redação sugerida ao artigo 1.850 pela CJCODCIVIL: "Art. 1.850. Para excluir da herança o cônjuge, o convivente, ou os herdeiros colaterais, basta que o testador o faça expressamente ou disponha de seu patrimônio sem os contemplar. § 1º Sem prejuízo do direito real de habitação, nos termos do art. 1.831 deste Código, o juiz instituirá usufruto sobre determinados bens da herança para garantir a subsistência do cônjuge ou convivente sobrevivente que comprovar insuficiência de recursos ou de patrimônio. § 2º Cessa o usufruto quando o usufrutuário tiver renda ou patrimônio suficiente para manter sua subsistência ou quando constituir nova família".

Isto porque, considerando que referido parágrafo foi inserido no artigo referente ao afastamento de herdeiros facultativos pelo próprio autor da herança por disposição de última vontade, conclui-se da interpretação da proposta que o direito ao usufruto é concedido apenas para esta hipótese, não abrigando os casos em que o viúvo não participar da sucessão pelo afastamento recíproco do *status* de herdeiro no pacto antenupcial (art. 426[16]), ou pela ordem do chamamento em si da vocação hereditária (art. 1.829[17]), o que demonstra evidente incongruência, não passível de chancela. Independentemente disso, o Código Civil de 2002 extinguiu a sucessão do cônjuge em usufruto justamente por ela estabelecer uma proteção insuficiente e estática ao viúvo, "que muitas vezes é o mais desamparado em virtude da morte do consorte, sendo o cônjuge supérstite o único componente fixo e essencial do núcleo familiar, pois os filhos se desprendem da família primitiva, formando suas próprias entidades familiares",[18] não sendo crível, portanto, restaurá-la. A mesma conclusão é entendida por Rabindranath Capelo de Sousa:

> A isto há que responder que o usufruto, para além de querer manter, notadamente, uma prevalência dos irmãos e seus descendentes face ao cônjuge, traduz uma solução obsoleta, porque vai longe o tempo das famílias patriarcais, da grande família, os irmãos e os próprios descendentes e ascendentes dispersam-se face à globalização actual, enquanto o cônjuge é que acompanha dia a dia a vida do *de cujus*. Velhas ideias, como a garantia da troncalidade e a permanência dos bens dentro da mesmo estripe familiar, não se compadecem com as situações actuais da vida moderna.[19]

---

16. Redação sugerida pela CJCODCIVIL: "Art. 426. Não pode ser objeto de contrato a herança de pessoa viva. § 1º Não são considerados contratos tendo por objeto herança de pessoa viva, os negócios: I – firmados, em conjunto, entre herdeiros necessários, descendentes, que disponham diretivas sobre colação de bens, excesso inoficioso, partilhas de participações societárias, mesmo estando ainda vivo o ascendente comum; II – que permitam aos nubentes ou conviventes, por pacto antenupcial ou convivencial, renunciar à condição de herdeiro. § 2º Os nubentes podem, por meio de pacto antenupcial ou por escritura pública pós-nupcial, e os conviventes, por meio de escritura pública de união estável, renunciar reciprocamente à condição de herdeiro do outro cônjuge ou convivente. § 3º A renúncia pode ser condicionada, ainda, à sobrevivência ou não de parentes sucessíveis de qualquer classe, bem como de outras pessoas, nos termos do art. 1.829 deste Código, não sendo necessário que a condição seja recíproca. § 4º A renúncia não implica perda do direito real de habitação previsto o no art. 1.831 deste Código, salvo expressa previsão dos cônjuges ou conviventes. § 5º São nulas quaisquer outras disposições contratuais sucessórias que não as previstas neste código, sejam unilaterais, bilaterais ou plurilaterais. § 6º A renúncia será ineficaz se, no momento da morte do cônjuge ou convivente, o falecido não deixar parentes sucessíveis, segundo a ordem de vocação hereditária".
17. Redação sugerida pela CJCODCIVIL "Art. 1.829. A sucessão legítima defere-se na ordem seguinte: I – aos descendentes; II – aos ascendentes; III – ao cônjuge ou ao convivente sobrevivente; IV – aos colaterais até o quarto grau."
18. NEVARES, Ana Luiza Maia. *A Sucessão do Cônjuge e do Companheiro na Perspectiva do Direito Civil-Constitucional*. 2. ed. São Paulo: Atlas, 2015, p. 90.
19. SOUSA, Rabindranath Capelo de. Os Direitos Sucessórios do Cônjuge Sobrevivo. Universidade de Coimbra. Coimbra, 2005. In: VILLAR, Alfonso Murillo; GARCÍA, Olga Gil. Aidron e BOE (Coord.). *Fundamentos Romanísticos del Derecho Contemporáneo. Derecho de Sucesiones.* 2021, t. VIII. v. I. Disponível em: https://www.boe.es/biblioteca_juridica/anuarios_derecho/anuario.php?id=R_2021&fasc=8, p. 1319.

Posto isto, torna-se imperioso analisar se o objeto da concorrência recai sobre bens particulares, comuns ou ambos. Diante da confusa redação do inciso I, do artigo 1.829 do Código Civil, há corrente que defende que a concorrência sucessória se opera exclusivamente aos bens comuns. E outra frente (minoritária), que sustenta que o cônjuge concorre em face tanto dos bens particulares, quanto comuns, pois a norma não faria distinção.[20]

Com respeito a ambas as formas de pensar, o entendimento desta autora é que o exercício da concorrência sucessória incide e assim deve permanecer tão somente quanto aos bens particulares, haja vista que tal direito foi implementado como forma de assegurar parcela mínima do patrimônio ao viúvo que não participará do patrimônio pela sucessão legítima e tampouco terá direito à meação, em clara expressão de garantia existencial.[21] Ora, aos bens comuns, já existe a proteção do cônjuge pela sua participação como meeiro. O benefício sucessório se justifica onde ainda não existe o amparo ao consorte. Este, aliás, é o teor do Enunciado 270 do CJF/STJ, da III Jornada de Direito Civil:

> O art. 1.829, inc. I, só assegura ao cônjuge sobrevivente o direito de concorrência com os descendentes do autor da herança quando casados no regime da separação convencional de bens ou, se casados nos regimes da comunhão parcial ou participação final nos aquestos, o falecido possuísse bens particulares, hipóteses em que a concorrência se restringe a tais bens, devendo os bens comuns (meação) ser partilhados exclusivamente entre os descendentes.

É justamente neste ínterim, que o legislador afastou categoricamente a concorrência sucessória em todos os regimes de bens que o consorte supérstite tem a meação de todo o patrimônio (comunhão universal e comunhão parcial sem bens particulares), com base no pressuposto que detendo a metade do acervo patrimonial do *de cujus*, cumpre a meação a função tutelar que os bens particulares tendem a assegurar.[22] Os bens comunicáveis refletem o regime de bens adotado, enquanto o benefício conjugal da concorrência o dever de solidariedade. Exatamente sobre os bens que não há a contribuição do cônjuge supérstite para amealhar, a partir da compreensão de que aquilo que enriquece a um, o faz

---

20. Francisco Cahali elaborou tabela doutrinária apresentando as três correntes encontradas. CAHALI, Francisco José; e HIRONAKA, Giselda Maria Fernandes Novaes. *Direito das Sucessões*. 5. ed. São Paulo: Ed. RT, 2014, p. 225-228.
21. OTERO, Marcelo Truzzi. Os artigos 1.829, I, e 1.830 do Código Civil a partir da Legalidade Constitucional: Uma Perspectiva Funcionalizada do Direito Sucessório. In: PEREIRA, Rodrigo da Cunha; DIAS, Maria Berenice (Coord.). *IX Congresso Brasileiro de Direito de Família*. Família: pluralidade e felicidade. Belo Horizonte, 2014, p. 66.
22. OTERO, Marcelo Truzzi. Os artigos 1.829, I, e 1.830 do Código Civil a partir da Legalidade Constitucional: Uma Perspectiva Funcionalizada do Direito Sucessório. In: PEREIRA, Rodrigo da Cunha; DIAS, Maria Berenice (Coord.). *IX Congresso Brasileiro de Direito de Família*. Família: pluralidade e felicidade. Belo Horizonte, 2014, p. 66.

em respeito a ambos,[23] pois para o enrobustecimento da família também houve contribuição pela solidariedade conjugal.[24]

O entendimento contrário provoca preocupante contradição sistemática. Isto porque, se adotado o posicionamento de que quando há bens particulares, o cônjuge concorre tanto com relação a esses bens, quanto aos comuns, o regime da comunhão parcial é tratado com mais favorecimento ante ao da comunhão universal. Toma-se o exemplo ilustrado por Mauro Antonini: o patrimônio deixado contempla um veículo de valor desprezível, cuja aquisição ocorreu antes do matrimônio, e dez imóveis de valor vultoso, conquistados na constância do casamento. Se o regime for da comunhão universal, ao cônjuge sobrevivo caberá à meação de todos os bens, sem concorrer à herança. Se comunhão parcial, o viúvo terá direito a meação e mais uma cota hereditária sobre todos os imóveis, além da cota sobre o veículo. Veja, que a cota hereditária adicional sobre os imóveis só se deu em razão do veículo, o que realça ainda mais a incoerência desta corrente. Diante disto, conclui o escritor, com a nossa concordância, ser ilógico que:

> [...] a existência ou não de bens particulares, circunstância aleatória, possa ser o critério jurídico a diferenciar o tratamento em relação aos bens comuns. Essa solução teratológica só pode ser superada mediante análise sistemática, que mantenha a coerência entre as duas exceções, do casado pela comunhão universal e parcial. A coerência é preservada mediante aplicação da regra clara que se intui da norma: o cônjuge concorre nos bens particulares, não nos comuns. No regime da comunhão parcial, portanto, havendo bens particulares, a solução é a de se estabelecer a concorrência do cônjuge com os descendentes nos bens particulares exclusivamente, não nos bens comuns, porque em relação a estes o cônjuge já está protegido pela meação.[25]

De igual forma, existe contradição sistemática na vertente adotada pela Subcomissão de Direito das Sucessões no relatório parcial da CJCODCIVIL, isto é, da concorrência sucessória incidir sobre os bens comuns. Para tanto, basta imaginar o casamento regido pelo regime comunhão parcial carente de bens comuns, apenas com particulares. Hipótese na qual, o cônjuge sobrevivente nada receberia – nem a título de meação, tampouco de herança –, ao passo que frustraria toda a tutela legal sucessória do viúvo estabelecida pelo Código Civil de 2002.[26]

---

23. COSTA, María Josefa Méndez. In: MADALENO, Rolf. *Sucessão Legítima*. 2. ed. Rio de Janeiro: Forense, 2020, p. 424.

24. MADALENO, Rolf. Renúncia de Herança no Pacto Antenupcial. In: PEREIRA, Rodrigo da Cunha e DIAS, Maria Berenice (Coord.). *Família e Sucessões*: Polêmicas, Tendências e Inovações. Belo Horizonte: IBDFAM, 2018, p. 41.

25. ANTONINI, Mauro. In: PELUSO, Cezar (Coord.). *Código Civil Comentado*: Doutrina e Jurisprudência: Lei n. 10.406 de 10.01.2002. 17. ed. Santana de Paraíba: Manole, 2023, p. 2242-2243.

26. OTERO, Marcelo Truzzi. Os artigos 1.829, I, e 1.830 do Código Civil a partir da Legalidade Constitucional: Uma Perspectiva Funcionalizada do Direito Sucessório. In: PEREIRA, Rodrigo da Cunha;

É justamente em decorrência da infeliz redação do dispositivo, que enseja pluralidade de interpretações, bem assim das propostas de alteração apresentadas, que sugeriremos a modificação do texto no último capítulo. A necessidade de *lege* ferenda, foi sintetizada com clareza por Francisco José Cahali:

> [...] o legislador, à evidência, foi extremamente falho na técnica, confuso na apresentação do tema, tumultuando na variada casuística de identificação da convocação, de acordo com elementos jurídicos ou variáveis fáticas (regime de bens, existência de bens particulares, separação de fato por culpa do falecido, existência de filhos comuns ou exclusivos, incidência de quinhão apenas sobre parcela do patrimônio etc.).
>
> A perplexidade da doutrina sobre essa atrapalhada regra foi decantada desde o seu período de vacância, e serviu apenas de fermento para, aos poucos, também a jurisprudência fazer crescer a massa de dúvidas, conflitos e divergências a seu respeito. A certeza maior, na verdade é a única na comunidade jurídica: há necessidade de modificação legislativa para superarem as imperfeições e impropriedades do Código.[27]

Cahali estende as críticas tecidas à redação do artigo 1.829 também para a termologia adotada. O escritor entende que "mesmo sendo um termo jurídico, a palavra traz a ideia de disputa, ou competição, quando melhor teria sido chamar o viúvo em conjunto ou em comum, indicativos igualmente de convocação ao mesmo tempo, simultânea ou concomitante, mas sem carregar sinais de disputa".[28]

Contudo, respeitado o saber do ilustre professor, ousamos discordar. Não se desconhece a força e poder que as palavras têm, como no caso da utilização do termo "visita", ao invés de "convivência" para designar o tempo despedido entre pais e filhos. "Visita veicula um significante de frieza, relação protocolar, formal, que e tudo que não deve haver entre pais e filhos",[29] a nomenclatura fomenta a visão patriarcal de que a mãe teria maiores propensões a cuidar e amar a prole, a configurar o mito do amor materno.[30] "Ora, se pai e mãe são igualmente referencias importantes e fundamentais para o filho, não há razão lógica e psíquica para se continuar paralisado nestas referencias de uma ideo-

---

DIAS, Maria Berenice (Coord.). *IX Congresso Brasileiro de Direito de Família*. Família: pluralidade e felicidade. Belo Horizonte, 2014, p. 68.

27. CAHALI, Francisco José. In: NANNI, Giovanni Ettore (Coord.). *Comentários ao Código Civil*: Direito Privado Contemporâneo. 3. ed. São Paulo: Thomson Reuters Brasil, 2023, p. 1.843.

28. CAHALI, Francisco José. In: In: NANNI, Giovanni Ettore (Coord.). *Comentários ao Código Civil*: Direito Privado Contemporâneo. 3. ed. São Paulo: Thomson Reuters Brasil, 2023, p. 1.840.

29. PEREIRA, Rodrigo da Cunha. Direito de Família, Coronavírus e Guarda Compartilhada. *Consultor Jurídico*, 08 abr. 2020. Disponível em: https://www.conjur.com.br/2020-abr-08/cunha-pereira-direito-familia-coronavirus-guarda-compartilhada2/.

30. Sobre o tema, recomenda-se a leitura de BADINTER, Elizabeth. *Um Amor Conquistado*: o Mito do Amor Materno. Trad. *L'Amour en plus*. Rio de Janeiro: Nova Fronteira, 1985.

logia patriarcal em que a mãe e sempre a protagonista na criação dos filhos, e o pai e o coadjuvante".[31]

Lado outro, a concorrência sucessória do viúvo não é ruim.[32] Conceder participação nos bens privados àquele que foi eleito para ser o parceiro do dia e da noite, em todos os momentos, sejam eles bons ou ruins, com quem o falecido mais intimamente compartilhou a própria vida, é coerente com torná-lo merecedor de uma tutela jurídica qualificada.[33]

A nosso ver a carga pejorativa não está na nomenclatura, pois a ideia de disputa independe do nome atribuído, mas sim da não aceitação da participação do outro ou, ainda, na intenção de obter maior percentual da herança e/ou os melhores bens em desfavor dos demais. Vejamos, por exemplo, dois cenários. O primeiro, a consorte concorre com os filhos comuns de uma união longeva, em que inexiste qualquer conflito entre os herdeiros. O segundo, a viúva, cujo casamento pendurou por um ano, concorre com os filhos exclusivos do finado, os quais não aceitam a participação dela na herança. O litígio ou a pacificação são instaurados à ignorância da palavra designada, porque, em verdade, dependem unicamente do *animus* das partes envolvidas. O desconforto, portanto, ao referido termo está nos sentimentos que guiam os olhos de quem o lê.

É do nosso entender que, em realidade, a carga pejorativa está atribuída à falsa compreensão que o direito concorrencial do cônjuge não pode ser afastado por vontade dos nubentes ainda em vida, de forma a prejudicar a transmissão total do patrimônio aos parentes de linha reta, com exclusão do viúvo. Ademais, por ser a concorrência um direito vidual que difere do direito à herança, e que sua exclusão não tem o condão de alterar a ordem de vocação hereditária – conforme será abaixo estudado – entendemos que o nome concorrência,

---

31. PEREIRA, Rodrigo da Cunha. Direito de Família, Coronavírus e Guarda Compartilhada. *Consultor Jurídico*, 08 abr. 2020. Disponível em: https://www.conjur.com.br/2020-abr-08/cunha-pereira-direito-familia-coronavirus-guarda-compartilhada2/.

32. Sobre isto, afirmam Cristiano Farias e Nelson Rosenvald: "Nada contra proteger o cônjuge (e o companheiro) quando há uma vontade do titular do patrimônio nesse sentido. O que não nos parece razoável é impor a alguém que pretende transmitir o seu patrimônio, adquirido por esforço único, para os seus filhos, unicamente, a imperativa divisão sucessória com o cônjuge – que, insista-se à exaustão, pode não ser o ascendente ou descendente desta prole. Viola-se, a mais não poder, a autonomia privada, ferindo de morte a própria liberdade que serve como esteio do estado constitucional de direito". FARIAS, Cristiano Chaves de; ROSENVALD, Nelson. *Curso de Direito Civil. Sucessões*. 9. ed. São Paulo: JusPodivm, 2023, v. 07. p. 340.

33. OTERO, Marcelo Truzzi. Os artigos 1.829, I, e 1.830 do Código Civil a partir da Legalidade Constitucional: Uma Perspectiva Funcionalizada do Direito Sucessório. In: PEREIRA, Rodrigo da Cunha; DIAS, Maria Berenice (Coord.). *IX Congresso Brasileiro de Direito de Família*. Família: pluralidade e felicidade. Belo Horizonte, 2014, p. 64-65.

com suas derivações (direito de concorrência e direito concorrencial) melhor reflete sua essência.

Em vista do todo o exposto, é que entendemos que o direito concorrencial do cônjuge sobrevivente em relação exclusivamente aos bens particulares deve ser mantido no ordenamento pátrio. Podendo, outrossim, ser implementada cláusula de sua mútua exclusão, a qual pode ser feita, *de lege lata*, ou seja, sem a necessidade de alteração legislativa.

Importa esclarecer que a compreensão da possibilidade da exclusão do direito concorrencial sem a necessidade de alteração legislativa está ganhando cada vez mais força na doutrina. Há, inclusive, autores que antes a refutavam, migrando para a sua aceitação, como, por exemplo, Conrado Paulino,[34] Mauro Antonini,[35] Carolina Edith Mosmann dos Santos e João Francisco Massoneto Junior.[36] Além deles, há outros tantos escritores que igualmente defendem a sua viablidade, como Rolf Madaleno, Mário Delgado, Francisco José Cahali, Cristiano Chaves de Farias, Nelson Rosenvald, Priscila Corrêa da Fonseca, Felipe Frank, Arthur Del Guércio Neto e Ana Letícia Guide, consoante veremos no desenrolar deste capítulo.

A posição contrária, isto é, que para ser considerada válida a cláusula de mútua exclusão do direito concorrencial entre os nubentes é imprescindível reforma legislativa, sustenta a sua impossibilidade, principalmente, em decorrência da norma proibitiva do artigo 426 do Código Civil,[37] enquadrando-a entre os chamados *pacta corvina*. Contudo, a justificativa e demais correlatas não se sustentam, pelos motivos analisados ao longo do presente capítulo.

---

34. ROSA, Conrado Paulino da; RODRIGUES, Marco Antonio. *Inventário e Partilha* – Teoria e Prática. 4. ed. São Paulo: JusPodivm, 2022.
    ROSA, Conrado Paulino da. Planejamento Sucessório – Teoria e Prática. 3. ed. São Paulo: JusPodivm, 2024.
35. ANTONINI, Mauro. In: PELUSO, Cezar (Coord.). *Código Civil Comentado*: Doutrina e Jurisprudência: Lei n. 10.406 de 10.01.2002: contém o Código Civil de 1916. 5. ed. Barueri: Manole, 2011.
    ANTONINI, Mauro. In: In: PELUSO, Cezar (Coord.). Código Civil Comentado: Doutrina e Jurisprudência: Lei n. 10.406 de 10.01.2002. 17. ed. Santana de Paraíba: Manole, 2023.
36. SANTOS, Carolina Edith Mosmann dos; MASSONETO JUNIOR, João Francisco. O Pacto Antenupcial, a Separação Total de Bens e o Desejo das Partes de Não Serem Herdeiros Um do Outro. *Coluna Migalhas*, 2021. Disponível em: https://www.migalhas.com.br/coluna/migalhas-notariais-e-registrais/348860/o-pacto-antenupcial-a-separacao-total-de-bens.
    GUÉRCIO NETO, Arthur Del, SANTOS, Carolina Edith Mosmann dos; MASSONETO JUNIOR, João Francisco. A Renúncia Sucessória no Pacto Antenupcial: O Aumento do Clamor Social e a Nova Posição Que Vem Se Formando na Doutrina Brasileira. *IBDFAM*: 2023. Disponível em: https://ibdfam.org.br/artigos/2016/A+ren%C3%BAncia+sucess%C3%B3ria+no+pacto+antenupcial%3A+O+aumento+do+clamor+social+e+a+nova+posi%C3%A7%C3%A3o+que+vem+se+formando+na+doutrina+brasileira.
37. Art. 426. Não pode ser objeto de contrato a herança de pessoa viva.

3.2 NECESSIDADE DE INTERPRETAR NORMAS INFRACONSTITUCIONAIS À LUZ DOS PRINCÍPIOS CONSTITUCIONAIS: DIGNIDADE HUMANA, PROTEÇÃO À FAMÍLIA, AUTONOMIA PRIVADA E AFETIVIDADE

A função social da sucessão necessária e da legítima é a valorização e construção da família constitucional. Contempla o direito sucessório, poderoso fator de perpetuação da família.[38] Se assim não fosse, a herança seria recolhida em sua totalidade pelo Estado e redistribuída à sociedade, ao invés de se garantir parte do patrimônio a determinados herdeiros e incidir apenas uma pequena tributação em prol da federação.[39]

Isto porque, em continuação harmônica ao estudado no primeiro capítulo, Inocêncio Galvão Telles pondera que a propriedade não deve ser concebida "como algo puramente egoísta", como se sua existência se pautasse no "mero interesse do proprietário" ou "como um instrumento de dominação ou opressão dos mais fortes relativamente aos mais fracos". Telles registra que a propriedade também serve ao interesse geral, alertando, ademais, que a ultrapassada concepção individualista de que ao servir aos interesses do proprietário estaria automática e harmonicamente realizando os coletivos fora superada por ser inquestionavelmente ficcional.[40]

O escritor, agora já em análise específica da sucessão legítima, continua a sua reflexão constatando que a função social da propriedade ao transcender o indivíduo a coloca a serviço da comunidade, não exclusivamente ao Estado, mas a outras formas de organização social, como a família:

> A família cria vínculos estreitos entre os seus membros [...] Existem recíprocos afectos e deveres, há um vínculo de solidariedade. E a família não é uma realidade transitória, mas permanente, não tem existência efêmera: superando o tempo perpetua-se através das gerações, constitui uma transcendente unidade, que liga o passado ao futuro. As pessoas bem formadas são legitimamente ciosas do bom nome da família que herdaram e desejam legar.[41]

Conclui que: "A função social da propriedade manifesta-se aqui no destino familiar, nesse seu encaminhamento *post-mortem* para o grupo primário de que o

---

38. OLIVEIRA, Arthur Vasco Itabaiana de. *Tratado de Direito das Sucessões*. Da Sucessão Geral e Da Sucessão Legítima. 4. ed. São Paulo: Max Limonad, 1952, v. 01. p. 51.

39. GOMES, Renata Raupp. *Entre a Fundamentalidade dos Direitos a Herança, à Propriedade e a Concretização do Paradigma Familiar Constitucional*: a Função Social da Legítima no Direito Brasileiro. Tese (Doutorado). Universidade Federal de Santa Catarina. Florianópolis, 2019. Disponível em: https://repositorio.ufsc.br/handle/123456789/211585, p. 186.

40. TELLES, Inocêncio Galvão. *Direito das Sucessões* – Noções Fundamentais. 6. ed. Coimbra: Editora Coimbra, 1991, p. 264-265.

41. TELLES, Inocêncio Galvão. *Direito das Sucessões* – Noções Fundamentais. 6. ed. Coimbra: Editora Coimbra, 1991, p. 266-267.

falecido fazia parte".[42] Reconhecer, portanto, a relevância da célula básica (família) e um meio hábil de satisfazer os seus moldes idealizados pela Constituição Federal de 1988, condiz com a proteção sucessória assegurada aos herdeiros necessários pode cumprir, tanto para o indivíduo, quanto para o Estado e sociedade:

> Logo, quando se afirma aqui cumprir a legítima a função social de realizar o modelo familiar proposto constitucionalmente mediante uma reserva sucessória destinada aos herdeiros necessários, deve-se compreendê-la como garantia do espaço coletivo familiar, único meio de realização plena da dimensão individual de seus componentes. Sob esse olhar, a legítima tem função social de promovente das potencialidades humanas, garantindo que a família não se torne um empecilho ao indivíduo, mas, ao contrário, uma fonte de estímulo e de proteção de sua personalidade.[43]

Os ditames que regem o direito das sucessões representam, sobretudo, o meio de realizar na sociedade a família idealizada constitucionalmente, em todos os seus formatos. A legítima se justifica exatamente como uma maneira de proteger a família imediata do falecido e de respeito ao vínculo com seus familiares.[44] A seguir, transcreve-se passagem de Francisco de Paula Lacerda de Almeida na qual se pode identificar a importância da proteção da família na transmissão dos bens por morte:

> A família, repetem philosophos de todos os credos, é a cellula mater da sociedade civil; de sua organização vigorosa ou frágil depende a fortaleza ou imbecilidade do povo, o qual outra cousa mais não é que vasto aggrupamento de familias. Ora o regime de propriedade na familia e consequete transmissão dos bens por morte do chefe ou de algum de seus membros é assumpto que altamente interessa a garantia e segurança dessa sociedade nuclear, da qual depende a grande sociedade que se chama nação.[45]

A família brasileira, do ponto de vista fenomenológico, protagonizou expressivas transmutações: "mudou o seu formato de modo tão significativo que o próprio nome do direito que a regula se pluralizou. Agora se fala em Direito das Famílias".[46] Neste ponto, afirma Paulo Lôbo que, "nenhum ramo do direito

---

42. TELLES, Inocêncio Galvão. *Direito das Sucessões* – Noções Fundamentais. 6. ed. Coimbra: Editora Coimbra, 1991, p. 267.

43. GOMES, Renata Raupp. *Entre a Fundamentalidade dos Direitos a Herança, à Propriedade e a Concretização do Paradigma Familiar Constitucional*: a Função Social da Legítima no Direito Brasileiro. Tese (Doutorado). Universidade Federal de Santa Catarina. Florianópolis, 2019. Disponível em: https://repositorio.ufsc.br/handle/123456789/211585, p. 188.

44. HERRERA, Francisco López. *Derecho de Sucesiones*. 4. ed. Publicaciones: UCAB – Universidad Católica Andrés Bello. Caracas, 2011, t. I. p. 219.

45. ALMEIDA, Francisco de Paula Lacerda de. *Sucessões*. Rio de Janeiro: Livraria Cruz Coutinho, 1995, p. II.

46. DIAS, Maria Berenice. *Questões Patrimoniais e Aspectos Éticos do Direito Sucessório*. Publicado em 02 abr. 2009. Disponível em: https://berenicedias.com.br/questoes-patrimoniais-e-aspectos-eticos-do--direito-sucessorio/.

CAPÍTULO III • EXCLUSÃO CONVENCIONAL DA CONCORRÊNCIA SUCESSÓRIA CONJUGAL **101**

privado renovou-se tanto quanto o direito de família, que antes se caracterizava como o mais estável e conservador de todos".[47]

Como reflexo, a Constituição Federal de 1988 assentou o princípio da pluralidade das entidades familiares. Conceber a família sob uma perspectiva plural significa ampliar a tutela estatal, "outrora restrita ao modelo monolítico do casamento heterossexual, a todas as formas de organizações familiares antes marginalizadas pelo ordenamento jurídico. Representa, nessa medida, o alargamento do conceito jurídico de família para abarcar os diferentes tipos de conjugalidades [...]".[48]

Além da consolidação da profunda mudança no reconhecimento de outros tantos modelos de família, a entidade familiar também passou a ser vista como uma comunidade de afeto, um meio de realização pessoal de cada integrante, um local de desenvolvimento da dignidade humana, destacando-se, com isso, o seu caráter eudemonista. Esta nova formatação, já havia levado à aprovação do divórcio onze anos antes da promulgação da constituinte (Lei 6.515, de 26 de dezembro de 1977).[49] Neste diapasão, denota Rodrigo da Cunha Pereira que:

> O fantasma do fim da conjugalidade foi atravessado por uma realidade social em que imperava a necessidade de que o sustento do laço conjugal estivesse no amor, no afeto e no companheirismo. Aí reside uma das mudanças paradigmáticas e estruturantes do Direito de Família: a família deixou de ser essencialmente um núcleo econômico e de reprodução.[50]

De acordo com os dados da pesquisa de Estatísticas do Registro Civil realizada pelo Instituto Brasileiro de Geografia e Estatísticas (IBGE), o número total de processos de divórcio concedidos em 1ª instância ou por escrituras extrajudiciais no Brasil, em 2021, foi de 386.813. A pesquisa também apontou que apenas 21,98% dos divórcios ocorreram entre casais sem filhos, enquanto 54,96% entre casais com filhos.[51] No intervalo de uma década, a procura por divórcios teve aumento de 10,14 pontos percentuais, entre 2011 e 2021.

Por outro lado, o último censo realizado apontou que 932.502 casamentos foram celebrados no ano de 2021. Sendo que, do total das pessoas que se casa-

---

47. LÔBO, Paulo. *Direito Civil*: Famílias. 13. ed. São Paulo: SaraivaJur, 2023 (e-book), v. 05. p. 21.
48. GOMES, Renata Raupp. *Entre a Fundamentalidade dos Direitos a Herança, à Propriedade e a Concretização do Paradigma Familiar Constitucional*: a Função Social da Legítima no Direito Brasileiro. Tese (Doutorado). Universidade Federal de Santa Catarina. Florianópolis, 2019. Disponível em: https://repositorio.ufsc.br/handle/123456789/211585, p. 147.
49. DIAS, Maria Berenice. *Questões Patrimoniais e Aspectos Éticos do Direito Sucessório*. Publicado em 02 abr. 2009. Disponível em: https://berenicedias.com.br/questoes-patrimoniais-e-aspectos-eticos-do-direito-sucessorio/.
50. PEREIRA, Rodrigo da Cunha. *Princípios Fundamentais Norteadores do Direito de Família*. 4. ed. Curitiba: Juruá, 2022, p. 23-24.
51. 0,58% dos casais não declararam se tinham filhos ou não.

ram, 358.368 eram viúvas ou divorciadas, ao passo que, com o novo matrimônio, famílias recompostas foram formadas.[52] Os números são ainda maiores se considerarmos as uniões de fato, ou seja, aquelas sem registro solene a viabilizar mapeamento.[53]

Após rompimento de um relacionamento, é natural que a pessoa opte por se envolver com outra, formando, assim, nova entidade familiar, inclusive algumas já com filhos exclusivos da união anterior e/ou com o patrimônio, preponderantemente, construído. Fatos estes, que contribuem para o incremento do cenário de famílias recompostas ou reconstituídas, constituída por casais que dissolveram pretérito laço conjugal e construíram nova entidade familiar. Sobre elas, Rodrigo da Cunha Pereira reflete:

> Essas novas famílias que são em número cada vez mais crescente, é o resultado da quebra do princípio da indissolubilidade do casamento, instalando-se uma lógica calcada no princípio da liberdade dos sujeitos, um dos pilares e base de sustentação da ciência jurídica. E assim, as pessoas são mais livres para desfazerem seus laços conjugais e constituírem outros. Nessa constituição de novos vínculos, é muito comum que se reúnam filhos comuns do casal, com os filhos de relações anteriores.[54]

É justamente com base no exemplo de indivíduos maduros, com filiação exclusiva, que pretendem celebrar novas núpcias, mas não desejam a comunicação dos patrimônios nem mesmo em eventual sucessão hereditária, a fim de evitar que, em sucessão subsequente, seus bens se transmitam aos filhos exclusivos do seu parceiro ou a um novo cônjuge do viúvo, em detrimento dos seus próprios familiares troncais, que Mauro Antonini argumenta que impedir o afastamento da comunicação patrimonial pela forçosa concorrência desestimula o casamento, a formação de nova família. Este risco não existia na codificação anterior, pois a concorrência do cônjuge com os parentes em linha reta em usufruto vidual pendurava enquanto subsistisse a qualidade de viúvo, ou seja, havendo novo matrimônio ou com o seu falecimento, o usufruto se extinguia e a propriedade plena era consolidada aos familiares do *de cujus*, sem possibilidade, portanto, de transmissão a novo cônjuge ou convivente do

---

52. IBGE – Instituto Brasileiro de Geografia e Estatística. Estatísticas do Registro Civil. Brasil: 2021. Disponível em: https://www.ibge.gov.br/estatisticas/sociais/populacao/9110-estatisticas-do-registro-civil.html?=&t=resultados.

53. Sobre a posição mutável do cônjuge, Flávio Tartuce aduz que: "O casamento perpétuo está em crise. Não o casamento em si, pois as pessoas das gerações mais novas continuam se casando e cada vez mais, mas aquele modelo tradicional, cativo no tempo, indissolúvel, está em derrocada". TARTUCE, Flávio. *Direito Civil*: Direito das Sucessões. 10. ed. Rio de Janeiro: Forense, 2017 (e-book), v. 06. p. 104-105.

54. PEREIRA, Rodrigo da Cunha. *Direito das Famílias*. 2. ed. Rio de Janeiro: Forense, 2021, p. 32.

CAPÍTULO III • EXCLUSÃO CONVENCIONAL DA CONCORRÊNCIA SUCESSÓRIA CONJUGAL

consorte supérstite ou a filhos exclusivos dele (artigo 1.611, § 1º, do Código Civil de 1916[55]).[56]

A pluralidade de modelos familiares, cuja organização não se esgota na família nuclear, inclusive com difusão de famílias recompostas, deve ser observada pela análise jurídica.[57] Sobre isto, Cristiano Farias e Nelson Rosenvald constatam, com o nosso apoio:

> Seguramente, o sistema sucessório desenhado para o cônjuge teve em mira a arquitetura da unicidade casamentária, considerada a sua indissolubidade e o fato de ser o único modo de constituição de um grupo familiar. Não se imaginou que o deferimento de herança para o cônjuge exige a retirada de herança dos filhos do falecido (que, não necessariamente, são filhos do sobrevivente). No entanto, nesta nova fase de relações familiares, consagrada, em sede constitucional, o princípio da multiplicidade dos núcleos familiares, a ordem jurídica tem de reconhecer a possibilidade de reconstituição de núcleos familiares (como nos exemplos do divórcio e da dissolução da união estável), protegendo as novas entidades formadas por pessoas que, anteriormente, compunham outras famílias.[58]

O desestímulo ao matrimônio é, igualmente, observado por outros tantos doutrinadores, como Maria Berenice Dias:

> Basta figurar um exemplo para flagrar a incongruência do que vem sendo sustentado: alguém, tendo filhos e bens, vem a casar e recebe a herança de seu genitor. Quando de sua morte, o viúvo (que não é o genitor dos filhos do de cujus) recebe fração igual a cada um dos herdeiros. Ou seja, o cônjuge sobrevivente torna-se proprietário de parte da meação do finado e de parte da herança do sogro. Vindo o cônjuge a morrer, seu patrimônio – integrado dos bens do ex-marido – passará aos seus sucessores (seus filhos, seus pais, seu novo cônjuge ou seus irmãos ou sobrinhos), pois não reverterá aos órfãos o patrimônio que o pai havia amealhado sozinho, nem a herança do avô, que cairão em mãos de estranhos.
>
> E, como não há qualquer regime de bens que impeça tal resultado, talvez a solução seja não casar, viver só ou em união estável, onde inexiste esse risco que, certamente, ninguém há de querer correr.[59]

Neste mesmo sentido, também é a reflexão de Cristiano Chaves Farias e Nelson Rosenvald:

---

55. § 1º "O cônjuge viúvo se o regime de bens do casamento não era o da comunhão universal, terá direito, enquanto durar a viuvez, ao usufruto da quarta parte dos bens do cônjuge falecido, se houver filho deste ou do casal, e à metade se não houver filhos embora sobrevivam ascendentes do 'de cujus'".

56. ANTONINI, Mauro. In: PELUSO, Cezar (Coord.). *Código Civil Comentado*: Doutrina e Jurisprudência: Lei n. 10.406 de 10.01.2002. 17. ed. Santana de Paraíba: Manole, 2023, p.2.246.

57. PERLINGIERI, Pietro. *O Direito Civil na Legalidade Constitucional*. Trad. Maria Cristina De Cicco. Trad. Maria Cristina De Cicco. Rio de Janeiro: Renovar, 2008, p. 983.

58. FARIAS, Cristiano Chaves de; ROSENVALD, Nelson. *Curso de Direito Civil. Sucessões*. 9. ed. São Paulo: JusPodivm, 2023, v. 07. p. 339.

59. DIAS, Maria Berenice. Ponto Final. *Artigos IBDFAM*, 07.07.2003. Disponível em: https://ibdfam.org.br/artigos/96/Ponto+final.

> Ao nosso viso, estaremos condenando as pessoas que, por motivos pessoais (como, *v.g.*, por já terem patrimônio e filhos de relações anteriores), escolhem o regime da separação total de bens a não casar, uma vez que o regime separatório não conseguiria impedir uma indesejada sucessão para o cônjuge. Impõe-se uma verdadeira *escolha de Sofia* para quem elege a separação absoluta de bens: casar e ver a sua vontade violada, com a atribuição da herança ao cônjuge, retirando patrimônio dos filhos, que podem não ser da viúva, ou, simplesmente, não casar, para ver preservados os seus interesses patrimoniais.[60]

Desenvolvendo o exemplo, observa-se que também há o desincentivo ao casamento àqueles que têm patrimônio suficiente para a própria subsistência e para os empresários, que visam à unicidade do patrimônio no seu tronco familiar. Ante a falta de soluções pragmáticas, eles deixam de formar novas famílias ou se socorrem a intrincados planejamentos sucessórios, na tentativa de preservar o acervo privado da sociedade conjugal, causando "preocupação extensível aos terceiros credores e investidores da sociedade familiar, e aos próprios sócios que querem conferir à administração da sociedade empresária uma razoável previsibilidade aos atos de continuidade da direção da empresa", sem confundir o ente jurídico com as uniões afetivas ou agregados de seus sócios.[61]

Nessa conjuntura, Mauro Antonini conclui, com o nosso endosso, que os inconvenientes que fundamentam a proibição dos pactos sucessórios renunciativos são menos relevantes ao criar indesejado obstáculo ao casamento e à constituição de nova família. Em juízo de ponderação, o valor a prevalecer é o que a Constituição Federal reputa como mais relevante, ou seja, o prestígio à formação de nova família, tendo em vista que o seu artigo 226, *caput*[62] afirma expressamente que a família é a base da sociedade.[63] A família representa alicerce mais sólido em que se assenta toda a organização social, razão pela qual, há intervenção de natureza institucional a ensejar proteção especial do Estado. Constitui, portanto, direito fundamental.[64]

Logo, disposição infraconstitucional que causa dificuldade na criação de novos núcleos familiares deve ser reinterpretada à luz desse princípio maior da Carta Magna, a anuir a exclusão do direito concorrencial, porquanto a proi-

---

60. FARIAS, Cristiano Chaves de; ROSENVALD, Nelson. *Curso de Direito Civil. Sucessões*. 9. ed. São Paulo: JusPodivm, 2023, v. 07. p. 358.
61. MADALENO, Rolf. Renúncia de Herança no Pacto Antenupcial. In: PEREIRA, Rodrigo da Cunha e DIAS, Maria Berenice (Coord.). *Família e Sucessões*: Polêmicas, Tendências e Inovações. Belo Horizonte: IBDFAM, 2018, p. 75-76.
62. Art. 226. "A família, base da sociedade, tem especial proteção do Estado".
63. ANTONINI, Mauro. In: PELUSO, Cezar (Coord.). *Código Civil Comentado*: Doutrina e Jurisprudência: Lei n. 10.406 de 10.01.2002. 17. ed. Santana de Paraíba: Manole, 2023, p. 2.246.
64. O Enunciado 17 do IBDFAM dispõe expressamente que "A técnica de ponderação, adotada expressamente pelo art. 489, § 2º, do Novo CPC, é meio adequado para a solução de problemas práticos atinentes ao Direito das Famílias e das Sucessões".

CAPÍTULO III • EXCLUSÃO CONVENCIONAL DA CONCORRÊNCIA SUCESSÓRIA CONJUGAL

bição contraria a atuação e o incentivo da legislação em prol do casamento e da constituição de família, violando-se direito fundamental. E, ainda que se argumente que:

> [...] a tutela sucessória imperativa nos casos de separação convencional tem por finalidade assegurar ao cônjuge sobrevivente um mínimo de participação na herança, para lhe garantir subsistência digna, quase que em caráter alimentar. Para tal hipótese, a solução adequada, a nosso ver, seria a aplicação do art. 1.700 do CC, ou seja, se o sobrevivente não tem renda própria nem bens para sua subsistência, se era dependente financeiramente do *de cujus*, poderia postular o recebimento de alimentos, em caráter excepcional, calculados proporcionalmente às forças da herança [...] esse art. 1.700, embora situado no livro do direito de família, cuida de instituto diretamente relacionado ao direito das sucessões, hipótese de legado legal de alimentos, em similitude ao legado testamentário de alimentos do art. 1.920, e seria importante válvula de escape do sistema, de aplicação excepcional e subsidiária, para atendimento de determinadas situações como a acima mencionada.[65]

Acrescentamos ainda que, impedir a exclusão pactícia da concorrência sucessória conjugal pode acarretar na violação ao princípio da igualdade de filiação, insculpido no artigo 227, § 6º da Constituição Federal.[66] Explicamos. Nos núcleos formados pela família mosaico – ou seja, composta por filhos exclusivos anteriores à união (ou adulterinos) e filhos comuns nascidos na constância do relacionamento –, em recebendo o viúvo os bens particulares do autor da herança, com a sua posterior sucessão, este acervo patrimonial, naturalmente, transferir-se-á aos seus próprios filhos, sejam comuns ou exclusivos, de forma que os filhos exclusivos do titular primário do patrimônio ficarão desfavorecidos, recebendo quinhão a menor em relação aos seus irmãos unilaterais, cuja mãe é sua madrasta, em nítida afronta ao princípio de igualdade de filiação.

Em decorrência da importante adaptação do perfil do casamento, que o instituto matrimonial não mais pode ser estudado "com base em conceitos jurídicos estruturados no casamento indissolúvel patriarcal. A manutenção de compasso com a realidade social é essencial para a eficácia das normas de Direito de Famílias".[67]

Insistir na impossibilidade de excluir previamente o direito de concorrência "retrata o apego exasperado à subsunção, e a prevalência da visão estrutural em

---

65. ANTONINI, Mauro. In: PELUSO, Cezar (Coord.). *Código Civil Comentado*: Doutrina e Jurisprudência: Lei n. 10.406 de 10.01.2002. 17. ed. Santana de Paraíba: Manole, 2023, p. 2.246.

66. § 6º "Os filhos, havidos ou não da relação do casamento, ou por adoção, terão os mesmos direitos e qualificações, proibidas quaisquer designações discriminatórias relativas à filiação".

67. NAHAS, Luciana Faisca. Pacto Antenupcial – o que Pode e o que Não Pode Constar? Reflexões sobre Cláusulas Patrimoniais e Não Patrimoniais. In: PEREIRA, Rodrigo da Cunha e DIAS, Maria Berenice (Coord.). *Família e Sucessões*: Polêmicas, Tendências e Inovações. Belo Horizonte: IBDFAM, 2018, p. 226-227.

desprestígio da funcionalização do Direito".[68] A atual conjuntura jurídico-social de pluralidade de modelos familiares exige uma maior reflexão sobre o tratamento jurídico do regime sucessório.[69] Pietro Perlingieri acompanha esse entendimento: "A pluralidade de modelos familiares, o fato de que a sua organização não se esgote nas restritas formas de uma família nuclear, o fenômeno das reagregações de parentes [...] não devem ser ignorados na análise jurídica".[70]

Para tanto, torna-se indispensável analisar a visão de normas trazidas por Robert Alexy. Ele entende – acompanhado de certo consenso doutrinário – que as normas que compõem um ordenamento jurídico se bifurcam entre normas-princípios e normas-regras. Sendo que, ambas dizem o que "deve ser", mas com outros tantos critérios qualitativos que as distinguem.[71]

Os princípios, na concepção do autor, são normas jurídicas dotadas de alto grau de abstração, que informam uma ciência: determinam a realização de algo na maior medida do possível, dentro do contexto jurídico e real existentes. Traduzem em mandamentos de otimização, "caracterizados por poderem ser satisfeitos em graus variados e pelo fato de que a medida devida de sua satisfação não depende somente das possibilidades fáticas, mas também das possibilidades jurídicas".[72] Como bem apontam Cristiano Chaves de Farias e Nelson Rosenvald:[73]

> São, portanto, as bases sobre as quais se constrói o sistema jurídico. Em outras palavras: constituem as proposições genéricas que servem de substrato para a organização de um ordenamento jurídico. Daí a sua induvidosa importância no estudo das ciências jurídicas. Com isso, não se pode olvidar que os princípios são *enunciados com força normativa* e, por força disso, tendem à produção de efeitos concretos, que emergem do garantismo constitucional, voltados, em especial, à valoração da pessoa humana e à afiração de sua dignidade.[74]

---

68. MONTEIRO FILHO, Carlos Edison do Rêgo; SILVA, Rafael Cândido da. A Proibição dos Pactos Sucessórios: Releitura Funcional de uma Antiga Regra. *Revista dos Tribunais Online*. São Paulo, v. 17, n. 72, p. 169-194, 2016. Disponível em: https://bd.tjdft.jus.br/jspui/handle/tjdft/42893, p. 176.

69. SILVA, Rafael Cândido da. Pactos Sucessórios: *Ensaio sobre a Perspectiva Funcional da Autonomia Privada na Sucessão causa mortis*. Universidade do Estado do Rio de Janeiro. Tese (Mestrado). Rio de Janeiro, 2017. Disponível em: https://www.bdtd.uerj.br:8443/bitstream/1/9789/1/Rafael%20Candido%20da%20Silva%20versao%20final%20protegido.pdf, p. 167.

70. PERLINGIERI, Pietro. *Perfis do Direito Civil*: Introdução ao Direito Civil Constitucional. 3. ed. Rio de Janeiro: Renovar, 2007, p. 250.

71. ALEXY, Robert. *Teoria dos direitos fundamentais*. 2 ed. 5 tir. São Paulo: Malheiros Editora, 2017, p. 87.

72. ALEXY, Robert. *Teoria dos direitos fundamentais*. 2 ed. 5 tiragem. São Paulo: Malheiros Editora, 2017, p. 90.

73. FARIAS, Cristiano Chaves de; ROSENVALD, Nelson. *Curso de Direito Civil. Sucessões*. 9. ed. São Paulo: JusPodivm, 2023, v. 07. p. 55.

74. Neste mesmo sentido, afirma Rodrigo da Cunha Pereira que: "Os princípios significam o alicerce, os pontos básicos e vitais para a sustentação do Direito. São eles que traçam as regras ou preceitos, para toda a espécie de operação jurídica, e têm um sentido mais relevante que o da própria regra jurídica. Não se compreendem aí apenas os fundamentos jurídicos legalmente instituídos, mas todo axioma jurídico derivado da cultura universal. Os princípios constituem, então, os fundamentos da ciência

As normas-princípios, para Robert Alexy, expressam deveres *prima facie*, que não dispõem da extensão do seu conteúdo em razão da existência de princípios colidentes e das múltiplas possibilidades fáticas. Os princípios se fundamentam em uma axiologia mais acentuada que as regras, pois conservam valores generalizantes e servem para balizar todas as regras. Um princípio cede lugar – sem ser excluído do ordemanemto jurídico – quando ao princípio antagônico é conferido um peso de maior importância, em determinada circunstância concreta, por meio da técnica de ponderação.[75] Há, portanto, relação de precedência condicionada.[76] Neste mesmo sentido, explica Ronaldo Porto Macedo Júnior que:

> [...] os princípios funcionam segundo uma gramática lógica que exige algum tipo de ponderação – e, portanto, prática argumentativa e de justificação – e envolvem a referência a um valor como o seu foco intencional determinante. Isto é, o *point* (a intencionalidade) dos princípios é valorativo e exige uma atitude interpretativa (ou melhor, "interpretista" ou "interpretativa interpretativista", para que se evitem confusões nesse ponto) da parte do operador do direito. Princípios não funcionam dentro da gramática da subsunção, do "tudo ou nada".[77]

Enquanto as regras são compreendidas por ser mandados de definição, que prescrevem comando imperativo, a partir de uma textura fechada, cujo objetivo é alcançado no enquadramento de um fato cotidiano à previsão abstrata na norma. Inexiste espaço para balanceamento, "tão somente para uma aferição de validade da regra em relação ao sistema jurídico como um todo".[78] Nas palavras de Robert Alexy: "as regras são normas que são sempre ou satisfeitas ou não satisfeitas. Se uma regra vale, então, deve se fazer exatamente aquilo que ela exige; nem mais, nem menos. Regras contêm, portanto, determinações no âmbito daquilo que é fática e juridicamente possível".[79] Logo:

> [...] a distinção está na determinação da prescrição da contuda que resulta da interpretação das regras e princípios. Nestes estão estabelecidos os fins normativos relevantes (funcionalização ao estado ideal de coisas a ser atingido), enquanto nas regras o comportamento já está previsto frontalmente pela norma, dado seu caráter descritivo. No aspecto axiológico, a

---

jurídica e as noções em que se estrutura o próprio Direito". PEREIRA, Rodrigo da Cunha. *Princípios Fundamentais Norteadores do Direito de Família*. 4. ed. Curitiba: Juruá, 2022, p. 37.

75. ALEXY, Robert. *Teoria dos direitos fundamentais*. 2. ed. 5. tir. São Paulo: Malheiros, 2017, p. 104-105.

76. SILVA, Rafael Cândido da. *Pactos Sucessórios*: Ensaio sobre a Perspectiva Funcional da Autonomia Privada na Sucessão *causa mortis*. Universidade do Estado do Rio de Janeiro. Tese (Mestrado). Rio de Janeiro, 2017. Disponível em: https://www.bdtd.uerj.br:8443/bitstream/1/9789/1/Rafael%20Candido%20da%20Silva%20versao%20final%20protegido.pdf, p. 173.

77. MACEDO JÚNIOR, Ronaldo Porto. *Do Xadrez à Cortesia*: Dworkin e a Teoria do Direito Contemporânea. São Paulo : Saraiva, 2013, (*e-book*), p. 74.

78. FARIAS, Cristiano Chaves de; ROSENVALD, Nelson. *Curso de Direito Civil. Sucessões*. 9. ed. São Paulo: JusPodivm, 2023, v. 07. p. 55.

79. ALEXY, Robert. *Teoria dos direitos fundamentais*. 2. ed. 5 tir. São Paulo: Malheiros, 2017, p. 91.

subjetividade é contornada pela positivação de valores, viabilizando a sua aplicação racional dentro da argumentação jurídica.[80]

O fato dos princípios não oferecerem solução única permite a adaptação do direito de acordo com a evolução dos valores da sociedade, sem que haja, para tanto, mudança ou revogação de normas jurídicas. Com efeito, não se compromete a estabilidade jurídica, pois o "processo de adaptação contínua evita a obsolência tão frequente das regras jurídicas, ante o advento de novos valores sociais".[81]

Em outras palavras, como aduz Pietro Perlingieri, a releitura da legislação ordinária à luz das normas fundamentais "representa não somente uma exigência da unidade do sistema e do respeito da hierarquia das fontes, mas também o caminho para obviar o risco das degenerações do Estado de direito formal". Trata-se, pois, de "adequar a interpretação e as técnicas aos valores primários, evitando aceitar como válidas as praxes oficiais".[82]

Por este ângulo, Gustavo Tepedino observa que "[...] a aplicação direta dos princípios constitucionais constitui resposta hermenêutica a duas características essenciais da própria noção de ordenamento: unidade e complexidade". O autor prossegue na sua explicação:

O conceito de ordenamento pressupõe um conjunto de normas destinadas a ordenar a sociedade segundo um determinado modo de vida historicamente determinado. Daqui decorrem duas consequências fundamentais: (i) o ordenamento não se resume ao direito positivo; e (ii) para que possa ser designado como tal, o ordenamento há de ser sistemático, orgânico, lógico, axiológico, prescritivo, uno, monolítico, centralizado.

Se o conceito de ordenamento pudesse se reduzir ao conjunto de normas de um mesmo nível hierárquico, poder-se-ia admiti-lo como universo técnico homogêneo e fechado em si mesmo. Sendo, ao contrário, o ordenamento jurídico composto por uma pluralidade de fontes normativas, apresenta-se necessariamente como sistema heterogêneo e aberto; e daí a sua complexidade, que só alcançará a unidade caso seja assegurada a centralidade da Constituição, que contém a tábua de valores que caracterizam a identidade cultural da sociedade [...] Ou bem o ordenamento é uno ou não é ordenamento jurídico.[83]

---

80. SILVA, Rafael Cândido da. *Pactos Sucessórios*: Ensaio sobre a Perspectiva Funcional da Autonomia Privada na Sucessão *causa mortis*. Universidade do Estado do Rio de Janeiro. Tese (Mestrado). Rio de Janeiro, 2017. Disponível em: https://www.bdtd.uerj.br:8443/bitstream/1/9789/1/Rafael%20Candido%20da%20Silva%20versao%20final%20protegido.pdf, p. 175.

81. LÔBO, Paulo Luiz Netto. O Princípio Constitucional da Solidariedade nas Relações de Família. In: CONRADO, Marcelo; PINHEIRO, Rosalice Fidalgo (Coord.). *Direito Privado e Constituição*. Curitiba: Juruá, 2009, p. 326.

82. PERLINGIERI, Pietro. *O Direito Civil na Legalidade Constitucional*. Trad. Maria Cristina De Cicco. Rio de Janeiro: Renovar, 2008, p. 577.

83. TEPEDINO, Gustavo. Normas Constitucionais e Direito Civil na Construção Unitária do Ordenamento. In: CONRADO, Marcelo; PINHEIRO, Rosalice Fidalgo (Coord.). *Direito Privado e Constituição*. Curitiba: Juruá, 2009, p. 37-38.

CAPÍTULO III • EXCLUSÃO CONVENCIONAL DA CONCORRÊNCIA SUCESSÓRIA CONJUGAL | **109**

A efetiva ampliação da busca pela superação do formalismo positivista, cujo propósito é servir como instrumento "pedagógico que possibilite a construção das premissas fundantes que conduzem a um direito 'novo'",[84] é denominada como teoria jurídica crítica. Nas palavras, Antonio Carlos Wolker

> Falar em "teoria crítica", "crítica jurídica" ou "pensamento crítico" no Direito implica o exercício reflexivo de questionar a normatividade que está ordenada/legitimada em uma dada formação social e admitir a possibilidade de outras formas de práticas diferenciadas no jurídico. Há de se encarar, como fenômeno natural, na complexidade da vida social e na estrutura do próprio saber humano, a relatividade e a ambivalência das formas de "verdades". Nenhum saber é totalmente absoluto, uniforme e inesgotável; nenhum modelo de "verdade" expressa, de modo permanente e contínuo, respostas a todas as necessidades, incertezas e aspirações humanas em tempo e espaço distintos. Na evolução dialética do mundo material, psíquico e social, cada período ou momento histórico possui certo conjunto de verdades que se edificam, se estruturam e se extinguem. O ritmo e o grau de dinamismo das formas de exterioridade material e social são acompanhados por padrões valorativos de comportamento e sistemas impostos de "verdades racionais". Entretanto, o fenômeno do descompasso entre a especificidade progressiva da existencialidade material e social e a particularidade móvel dos padrões éticos, culturais e científicos resulta no esgotamento da justificação dos paradigmas histórico-racionais de "época".
>
> Por consequência, falar em um "pensamento crítico" nada mais é do que a tentativa de buscar outra direção ou outro referencial epistemológico que atenda à modernidade presente, pois os paradigmas de fundamentação (tanto ao nível das ciências humanas quanto da Teoria Geral do Direito) não acompanham as profundas transformações sociais e econômicas por que passam as modernas sociedades políticas industriais e pós-industriais.[85]

De sorte que, o coordenador do Código Civil de 2002, Miguel Reale, já exprimiu que diversamente dos juristas alemães – particularmente com relação ao Código Civil de 1900, o BGB –, que buscavam solucionar os problemas jurídicos por intermédio de categorias jurídicas, os elaboradores da Lei Civil brasileira elegeram a compreensão do Direito em função de princípios jurídicos e metajurídicos. A ensejar "o novo entendimento do que seja 'sujeito de direito', não mais concebido como um indivíduo 'in abstracto', em uma igualdade formal, mas sim em razão do indivíduo situado concretamente no complexo de suas circunstâncias éticas e socioeconômicas".[86]

À vista disso, é preciso compreender os desafios correntes para analisar os fatos à luz dos valores sociais e dos princípios fundantes do sistema.[87] Posição

---

84. WOLKER, Antonio Carlos. *Introdução ao Pensamento Jurídico Crítico*. 9. ed. São Paulo: Saraiva, 2015 (e-book), p. 176.
85. WOLKER, Antonio Carlos. *Introdução ao Pensamento Jurídico Crítico*. 9. ed. São Paulo: Saraiva, 2015 (e-book), p. 117-118.
86. REALE, Miguel. *A Constituição e o Código Civil*. Disponível em: https://www.miguelreale.com.br/artigos/constcc.htm.
87. TEPEDINO, Gustavo. Normas Constitucionais e Direito Civil. *Revista da Faculdade de Direito de Campos*, Campos dos Goytacazes. ano IV, n. 4 e ano V, n. 5, 2003-2004, 2003-2004. Disponível em: http://bdjur.stj.jus.br/dspace/handle/2011/25727, p. 173.

refratária à disseminação dos valores constitucionais no sistema jurídico como um todo unitário e complexo, não se justifica, porquanto o maior relevo da estrutura dos institutos jurídicos é o seu perfil funcional. A proibição de exclusão convencional do direito concorrencial desconsidera os seus próprios fins e utilidade social, porque desestimula a constituição de novos núcleos familiares por estar em descompasso com às novas necessidades das formações sociais.[88]

A partir da Constituição da República de 1988, a família é considerada o *locus* privilegiado para o desenvolvimento e realização da pessoa,[89] bem assim de promoção da personalidade humana.[90] É por meio de sua proteção que o Estado protege o cidadão. "A mudança de paradigmas emprestou mais valor à realização plena da pessoa. Ocorreu o fenômeno que se passou a chamar de repersonalização ou despatrimonialização do direito,[91] ou seja, o respeito à pessoa humana coloca o patrimônio e o próprio direito a serviço das pessoas, razão de ser e fim derradeiro de todos os saberes".[92] As situações patrimoniais devem, portanto, ser funcionalizadas à realização da pessoa humana, valor unificador do ordenamento jurídico.[93]

A proteção especial outorgada em favor da organização familiar provocou a constitucionalização do direito das famílias, bem como elevou a família à categoria de direito fundamental, por ser ela instrumento indissociável da materialização da dignidade da pessoa humana – orientadora da nossa ordem jurídica e traduz o mais cristalino e alto espírito do Direito.[94] Vale citar as palavras do Min. Moura Ribeiro:

> [...] O artigo 226, §7° da CF/88 deu ênfase à família, como forma de garantir a dignidade da pessoa humana. Assim o direito das famílias está ligado ao princípio da dignidade da pessoa

---

88. SILVA, Rafael Cândido da. *Pactos Sucessórios*: Ensaio sobre a Perspectiva Funcional da Autonomia Privada na Sucessão *causa mortis*. Universidade do Estado do Rio de Janeiro. Tese (Mestrado). Rio de Janeiro, 2017. Disponível em: https://www.bdtd.uerj.br:8443/bitstream/1/9789/1/Rafael%20Candido%20da%20Silva%20versao%20final%20protegido.pdf, p. 178.
89. PERLINGIERI, Pietro. *Perfis do Direito Civil*: Introdução ao Direito Civil Constitucional. 3. ed. Rio de Janeiro: Renovar, 2007, p. 243-244.
90. ALVES, Leonardo Barreto Moreira. *Direito de Família Mínimo*: A Possibilidade de Aplicação e o Campo de Incidência da Autonomia Privada no Direito de Família. Rio de Janeiro: Lumen Juris, 2010, p. 119.
91. Em igual sentido: "Foi na medida dessas transformações que a constitucionalização do direito buscou, nos princípios e valores constitucionais, a ressignificação dos institutos do Direito Civil, promovendo, com isso, a repersonalização do direito privado, que fez deslocar o foco jurídico do patrimônio (sem, por evidente, mitigá-lo como garantia) para a pessoa em si". FACHIN, Luiz Edson. *Direito Civil*: Sentidos, Transformações e Fim. Rio de Janeiro: Renovar, 2015, p. 162-163.
92. DIAS, Maria Berenice. *Manual das Sucessões*. 6. ed. Salvador: JusPodivm, 2019, p. 52.
93. NEVARES, Ana Luiza Maia. *A Sucessão do Cônjuge e do Companheiro na Perspectiva do Direito Civil-Constitucional*. 2. ed. São Paulo: Atlas, 2015, p. 17.
94. PEREIRA, Rodrigo da Cunha. *Princípios Fundamentais Norteadores do Direito de Família*. 4. ed. Curitiba: Juruá, 2022, p. 37.

humana de forma molecular. É também com base em tal princípio que se deve solucionar o caso concreto, por ser um supraprincípio constitucional, devendo ele, aliás, ser observado em todas as pretensões jurisdicionais de um Estado Democrático de Direito. Destarte, não se pode descuidar, no direito familiar, de que as estruturas familiares estão em mutação. E, para lidar com essas modificações, não bastam somente as leis [...] É preciso ter em mente que o Estado deverá cada vez estar mais atento à dignidade da pessoa humana [...][95]

Certo é, que o valor máximo da atual constituinte é a dignidade da pessoa humana, compreendida como o motor impulsor de todo o sistema jurídico. Ao se içar o homem ao centro das relações de direito, devem as normas "ser compreendidas em razão da pessoa e de sua realização existencial, garantindo-lhe um mínimo de direitos fundamentais que sejam vocacionados para proporcionar-lhe vida com dignidade".[96] Nesse diapasão, são as considerações de Leonardo Barreto Moreira Alves:

[...] considerando que a fundamentalidade material dos direitos fundamentais reside no princípio da dignidade da pessoa humana (artigo 1º, inciso III, da Constituição Federal), verifica-se que a constitucionalização do Direito Civil acaba desencadeando uma mudança de paradigma nesta seara, no sentido de que o foco de atenção dos institutos civilistas deixa de ser o patrimônio – característica marcante do Código Civil de 1916 – e passa a ser a realização da personalidade humana.

Há, pois, uma franca personalização do Direito Civil, capitaneada pelo Texto Maior. Sem dúvida alguma, o reconhecimento de direitos fundamentais pela Constituição desestabilizou a estrutura liberal e obsoleta da legislação civil até então reinante. O modelo fechado, autossuficiente e patrimonialista do Código de 1916 ruiu perante o sistema constitucional focado na dignidade da pessoa humana.

Se o valor necessário à felicidade de um indivíduo, segundo o Código, era a propriedade, o acúmulo de bens, o ter, a Carta Magna, quebrando com esse paradigma, estabelece como fator de realização da pessoa a sua dignidade, o ser, a sua real condição de sujeito de direito. Daí por que é possível afirmar que houve uma verdadeira despatrimonialização ou personalização do Direito Civil.[97]

Pela força normativa da dignidade humana, consagrada pela Constituição Federal como um dos fundamentos da República Federativa do Brasil, em seu artigo 1º, inciso III,[98] toda a racionalidade do ordenamento jurídico pátrio nela se escoa,[99] representando o alicerce material dos direitos fundamentais, no

---

95. STJ – REsp. 1.448.969/SC 2014/0086446-1 – Rel. Min. Moura Ribeiro – 3ª T. – DJE 03.11.2014.
96. FARIAS, Cristiano Chaves de; ROSENVALD, Nelson. *Curso de Direito Civil. Sucessões*. 9. ed. São Paulo: Editora Juspodivm, 2023, v. 07. p. 50.
97. ALVES, Leonardo Barreto Moreira. *Direito de Família Mínimo*: A Possibilidade de Aplicação e o Campo de Incidência da Autonomia Privada no Direito de Família. Rio de Janeiro: Lumen Juris, 2010, p. 95.
98. Art. 1º "A República Federativa do Brasil, formada pela união indissolúvel dos Estados e Municípios e do Distrito Federal, constitui-se em Estado Democrático de Direito e tem como fundamentos: [...] III – a dignidade da pessoa humana [...]".
99. FACHIN, Luiz Edson; PIANOVSKI, Carlos Eduardo. A Dignidade da Pessoa Humana no Direito Contemporâneo: Uma Contribuição à Crítica da Raiz Dogmática do Neopositivismo Constitu-

propósito que eles devem "buscar essencialmente satisfazer as necessidades da pessoa humana. Desse modo, tem-se que os direitos fundamentais são instrumentos de realização da personalidade humana, não possuindo, portanto, um fim em si mesmo. O foco de atuação do Estado Democrático de Direito deve ser sempre, pois, o ser humano".[100] De sorte que, tem aplicação imediata as normas definidoras dos direitos e garantias fundamentais, conforme dispõe o artigo 5º, § 1º da Lei Maior.

Assim sendo, no que concerne ao direito das sucessões, destaca-se o direito fundamental de herança (art. 5º, XXX da CF) – que não se reveste de caráter absoluto[101] –, cuja leitura, por óbvio, deve ser feita a partir do princípio da dignidade humana. Aponta Paulino da Rosa que:

> Com a definição de uma nova tábua axiológica pela Constituição da República, impõe-se a releitura dos institutos clássicos (fundamentais) do estatuto patrimonial das relações privadas, importando, por conseguinte, em nova percepção, também, do instituto sucessório. Significa, pois, que todas as relações jurídicas, inclusive no âmbito sucessório, precisam estar funcionalizadas a partir da afirmação da dignidade de cada um dos partícipes dela.[102]

Isto posto, consoante observa Delgado, o direito de herança assegurado no artigo 5º, inciso XXX da Constituição Federal diverge do direito à herança, este último direcionado apenas aos herdeiros necessários. Segundo o autor, a distinção não é meramente semântica, a Carta Magna ao tratar do direito de herança, além de trazer proteção ao sucessor legítimo, também abarca os herdeiros testamentários e legitimários, mas, principalmente o titular do patrimônio, "a quem deve ser garantido o pleno exercício de todos os poderes atinentes ao domínio, especialmente, o de dispor, em vida ou para após a morte, do acervo patrimonial que integrará a futura herança".[103] Há uma eficácia no plano hermenêutico, na medida em que assegura a autodeterminação pessoal (ao garantir ao autor da

---

cionalista. *Revista trimestral de direito civil*: RTDC, v. 9, n. 35, p. 101-119, jul./set. 2008. Disponível em: chrome-extension://efaidnbmnnnibpcajpcglclefindmkaj/https://www.opet.com.br/faculdade/revista-anima/pdf/anima5/Luiz-Edson-Fachin.pdf, p. 101.

100. ALVES, Leonardo Barreto Moreira. *Direito de Família Mínimo*: A Possibilidade de Aplicação e o Campo de Incidência da Autonomia Privada no Direito de Família. Rio de Janeiro: Lumen Juris, 2010, p. 113.

101. Consoante lembra Mário Delgado: "Apenas quatro direitos fundamentais são considerados pela doutrina como absolutos, não admitindo-se sua ponderação com qualquer outro: 1. O direito de não ser escravizado; 2. O direito de não ser torturado; 3. O direito de não ser associado contra a vontade; 4. O direito de não se extraditado, em sendo brasileiro nato" . Mário Luiz. *Direito Fundamental de Herança*: Sob a Ótica do Titular do Patrimônio. Indaiatuba: Editora Foco, 2023, p. 12.

102. ROSA, Conrado Paulino da. *Planejamento Sucessório* – Teoria e Prática. 3. ed. São Paulo: JusPodivm, 2024, p. 24-25.

103. Relembra-se que Shelly Kreiczer-Levy igualmente enxerga no direito de herança um duplo fundamento, tanto em benefício ao sucessor, quanto ao sucedido, conforme vimos na seção 1.2. KREICZER-LEVY, Shelly. The Mandatory Nature of Inheritance. *The American Journal of Jurisprudence*, v. 53, 2008.

herança o direito de planejar) e a solidariedade familiar (ao reservar a legítima aos herdeiros necessários).[104] Como notou Gustavo Henrique Baptista Andrade, a:

> [...] redação do inciso XXX do art. 5º da Constituição é de ordem sintática e diz respeito ao uso da preposição "de" ao invés da preposição "a" na expressão nela contida. De fato, garantiu-se o direito de herança e não o direito à herança. Não obstante a pouca importância no que diz respeito à linguística, já que ambas as utilizações estão corretas, é forçoso reconhecer que a expressão 'direito de herança' traz em si carga de objetividade compatível com boa técnica legislativa. *O direito de herança está afeto aos* [...] *herdeiros, Estado e todos os demais cidadãos; liga-se à lei que deve regulamentá-lo; e também por óbvio ao autor da herança.* A norma tratou de garantir o instituto jurídico da herança. Caso o legislador tivesse optado por usar a preposição "a", transformando a expressão em 'direito a herança', a norma dirigir-se-ia de maneira muito mais clara aos herdeiros.[105]

Em outros termos, a Lei Maior assegura a sucessão *mortis causa* privada, enaltecendo-se, assim, a relevância do direito à propriedade privada, em detrimento da apropriação pelo Estado dos bens de uma pessoa após a sua morte.[106] Haveria incongruência na apropriação pelo Estado dos bens de uma pessoa, após falecer, quando durante toda a vida lhe foi garantida a propriedade daqueles bens. Objetiva, pois, a circulação da propriedade privada por intermédio do direito sucessório. Por esse motivo, que tanto o direito de propriedade quanto o direito sucessório dispõem de assento constitucional.[107]

A lógica sucessória é de transmitir aos sucessores do finado o patrimônio, conforme as prescrições da lei civil, só passando para o ente público na ausência dos sucessores legais ou testamentários, hipótese em que se considera a herança vacante".[108] Ao Estado é, portanto, vedado interferir para restringir a transmissão de bens, o seu papel é justamente, garanti-los e preservá-los em favor dos herdeiros legitimários.[109]

Assim sendo, o direito "de" herança é direito fundamental do sucessor, em ser reconhecido na condição de herdeiro, e do sucedido, como garantia funda-

---

104. DELGADO. Mário Luiz. *Direito Fundamental de Herança*: Sob a Ótica do Titular do Patrimônio. Indaiatuba: Foco, 2023, p. 06-07.

105. ANDRADE, Gustavo Henrique Baptista. *O Direito de Herança e a Liberdade de Testar. Um Estudo Comparado Entre os Sistemas Jurídicos Brasileiro e Inglês*. Belo Horizonte: Forum, 2019, p. 51-52.

106. DELGADO. Mário Luiz. *Direito Fundamental de Herança*: Sob a Ótica do Titular do Patrimônio. Indaiatuba: Editora Foco, 2023, p. 03.

107. VALESI, Raquel Helena. *Anotação Registrária em Assento de Nascimento e Óbito dos Pais Como Prevenção e Efetividade de Acesso a Legítima Pelos Descendentes*. Tese (Doutorado). Pontifícia Universidade Católica de São Paulo. São Paulo, 2016. Disponível em: https://tede2.pucsp.br/handle/handle/19635, p. 160-161.

108. TEPEDINO, Gustavo; NEVARES, Ana Luiza Maia; MEIRELES, Rose Melo Vencelau. *Fundamentos do Direito Civil* – Direito das Sucessões. 4. ed. Rio de Janeiro: Forense, 2023 (e-book), v. 07. p. 03.

109. DELGADO. Mário Luiz. *Direito Fundamental de Herança*: Sob a Ótica do Titular do Patrimônio. Indaiatuba: Foco, 2023, p. 05.

mental do pleno exercício do poder de dispor da propriedade pela transmissão *causa mortis* segundo os seus interesses. Mesmo porque "todo e qualquer direito fundamental constitui concretização e explicitação do princípio da dignidade da pessoa humana, abrangente, por óbvio, de toda e qualquer pessoa":

> Nem o direito de propriedade, nem o direito de herança escapam a essa necessária vinculação à dignidade da pessoa humana. E sendo assim, ou seja, constituindo forma de concretização da dignidade, também a herança se prestará a tal papel, não só aos destinatários do patrimônio hereditário, mas também ao disponente que, sob esse prisma, encontrará na autodeterminação para planear a sucessão e na liberdade de disposição do acervo hereditário o núcleo da sua dignidade.[110]

Logo, a possibilidade da exclusão convencional ao direito concorrencial para além de não ferir a garantia constitucional do direito de herança, em verdade, respeita-a sob a análise do aspecto do autor da herança como titular do direito constitucionalmente assegurado. Uma simples mudança de postura ideológica pela doutrina solucionaria, *de lege lata*, a questão:

> Partindo, então, para uma interpretação inclusiva do direito de herança proteger também o titular do patrimônio, e tendo em vista a proteção à liberdade testamentária e à livre disposição dos direitos patrimoniais, seria possível concluir, com facilidade, pela validade e eficácia da renúncia prévia do direito à concorrência sucessória (que não se confunde com a herança) pelo cônjuge ou companheiro, uma vez que normas proibitivas, como a do art. 426 do CC, não podem receber interpretação extensiva.[111]

Há que se ressalvar, contudo, que este pensamento não é aplicável à proposta apresentada pela CJCODCIVIL, que sugere possibilitar a renúncia ao *status* jurídico de herdeiro por pacto antenupcial e contrato de convivência. Isto porque, não visa preservar somente o *"amor primum descendit, deinde ascendit"*, mas tornar válida a renúncia da herança em si, perante qualquer pessoa, em desconformidade com o artigo 5º, inciso XXX da Constituição da República – que proíbe a retirada ou restrição desse direito pela legislação ordinária – e à metodologia civil-constitucional. Deixando-se de prestigiar aquele que contribuiu indiretamente para a formação do patrimônio (conforme vimos na seção 3.1) em favor de terceiros que nada fizeram para o acúmulo patrimonial, em evidente cenário de injustiça.

Em suma, partindo-se da premissa – certeira e incontroversa –, de ser a Constituição Federal a norma suprema do sistema jurídico, que impõe "obediência, formal e material, a toda a normatividade infraconstitucional", é imperativa uma

---

110. DELGADO. Mário Luiz. *Direito Fundamental de Herança*: Sob a Ótica do Titular do Patrimônio. Indaiatuba: Foco, 2023, p. 07-08.
111. DELGADO. Mário Luiz. *Direito Fundamental de Herança*: Sob a Ótica do Titular do Patrimônio. Indaiatuba: Foco, 2023, p. 18.

CAPÍTULO III • EXCLUSÃO CONVENCIONAL DA CONCORRÊNCIA SUCESSÓRIA CONJUGAL | **115**

nova percepção da estrutura intrínseca dos institutos do estatuto patrimonial das relações privadas, e dos conceitos fundamentais do direito civil, à luz da planilha axiológica imposta pela redação constitucional.[112] Melhor dizendo, a dimensão normativa dos princípios constitucionais enseja a investigação do uso da técnica de ponderação como instrumento de superação da vedação à exclusão do direito de concorrência, porquanto detém a legítima, papel crucial na formação de entidades familiares que merecem especial tutela estatal, não havendo razões justificadores da proscrição.[113] Na lição de Pietro Perlingieri:

> Considerando que os valores constitucionais impõem plena atuação, compreendendo-se totalmente a necessidade, aqui manifestada, de não limitar a valoração do ato ao mero juízo de licitude e de requerer também um juízo de valor: não basta, portanto, em negativo, a invasão de um limite de tutela, mas é necessário, em positivo, que o fato possa ser representado como realização prática da ordem jurídica dos valores, como coerente desenvolvimento de premissas sistemáticas colocadas no Texto Constitucional. O juízo de valor do ato deve ser expresso à luz dos princípios fundamentais do ordenamento e dos valores que o caracterizam.[114]

Alías, o próprio órgão de cúpula do Poder Judiciário, a quem compete, precipuamente, a guarda da Constituição, ou seja, o Supremo Tribunal Federal (art. 102 da CF), utiliza-se da técnica de ponderação. A citar em caráter exemplificativo, o julgamento que outorgou reconhecimento jurídico às uniões homoafetivas (ADI 4277 e ADPF 132[115]), embora até então *contra legem*, a marcar opção legislativa de 2002. Colheu a magistratura brasileira os princípios diretivos do texto constitucional para dirimir a controvérsia, ressignificando o conceito de família:[116]

> A decisão do STF faz uma interpretação do art. 226, § 4º, "conforme à constituição", tomando os direitos fundamentais, em especial o direito à igualdade, como um conjunto de valores com status superior na hierarquia constitucional, para diluir a distinção entre homem e mulher como elemento discriminatório; mas somente um elemento diferenciador que não justifica o afastamento de direitos para homens e mulheres que possuem relações com pessoas do mesmo gênero, afirmando, portanto, que o disposto no art. 226, parágrafo 4º da CF já autorizaria o reconhecimento jurídico da união homoafetiva como entidade familiar.[117]

---

112. FARIAS, Cristiano Chaves de; ROSENVALD, Nelson. *Curso de Direito Civil. Sucessões*. 9. ed. São Paulo: JusPodivm, 2023, v. 07. p. 49-51.

113. SILVA, Rafael Cândido da. *Pactos Sucessórios*: Ensaio sobre a Perspectiva Funcional da Autonomia Privada na Sucessão *causa mortis*. Universidade do Estado do Rio de Janeiro. Tese (Mestrado). Rio de Janeiro, 2017. Disponível em: https://www.bdtd.uerj.br:8443/bitstream/1/9789/1/Rafael%20Candido%20da%20Silva%20versao%20final%20protegido.pdf, p. 165 e 170.

114. PERLINGIERI, Pietro. *Perfis do Direito Civil*: Introdução ao Direito Civil Constitucional. 3. ed. Rio de Janeiro: Renovar, 2007, p. 92.

115. Rel. Min. Ayres Britto, Tribunal Pleno, j. 05.05.2011, DJe 14.10.2011.

116. TEPEDINO, Gustavo. *Temas de Direito Civil*. Rio de Janeiro: Renovar, 2006, t. II. p. 40.

117. BRANCO, Gerson Luiz Carlos; MOREIRA, José Alberto Marques. Autonomia Privada nas Relações do Direito de Família. *Seminário Nacional de Dimensões Materiais e Eficaciais dos Direitos Fundamentais*,

A insuficiência do sistema de regras faz com que os tribunais brasileiros atribuam os parâmetros hermenêuticos e valorativos presentes na sociedade, bem assim insculpidos na Constituição, concedendo-se força aos princípios. "É com esse risco material que se tornou possível construir o conteúdo normativo dos princípios e, por consequinte, aplicá-los diretamente às relações interprivadas".[118] Com o que, "[...] denota-se, a função primordial dos princípios: a interpretação de todo o direito infraconstitucional, fundamentada também no descarte (em razão da insuficiência) da mera subsunção lógica das normas no caso concreto".[119]

Logo, a função social da regra proibitiva exposta no artigo 426 do Código Civil[120] deve ser flexibilizada quando ponderada com a norma insculpida no artigo 226, *caput* da Constituição Federal,[121] a qual outorga especial proteção às entidades familiares por parte do Estado, dando-se ênfase à família, como forma de garantir a dignidade da pessoa humana. No tocante a essa mudança de paradigma no direito civil, pertinentes são as palavras de Perlingieri, a seguir reprisadas:

> Portanto, a normativa constitucional não deve ser considerada sempre e somente como mera regra hermenêutica, mas também como norma de comportamento, idônea a incidir sobre o conteúdo das relações entre situações subjetivas, funcionalizando-se aos novos valores. Para o civilista apresenta-se um amplo e sugestivo programa de investigação que se proponha à atuação de objetivos qualificados: individuar um sistema do direito civil mais harmonizado aos princípios fundamentais e, em especial, às necessidades existenciais da pessoa; redefinir o fundamento e a extensão dos institutos jurídicos e, principalmente, daqueles civilísticos, evidenciando os seus perfis funcionais, numa tentativa de revitalização de cada normativa à luz de um renovado juízo de valor (*giudizio di meritevolezza*); verificar e adaptar as técnicas e as noções tradicionais (da situação subjetiva à relação jurídica, da capacidade de exercício à legitimação etc.), em um esforço de modernização dos instrumentos e, em especial, da teoria da interpretação.[122]

Nesse estado de coisas, considerando que o príncipio da dignidade da pessoa humana é "um macroprincípio sob o qual irradiam e estão contidos outros princípios e valores essenciais",[123] como, *v.g.*, a afetividade e a autonomia

---

I, Chapecó: Unoesc, 2011, p. 131146). Disponível em: https://periodicos.unoesc.edu.br/seminario-nacionaldedimensoes/article/view/959, p. 139.

118. PEREIRA, Rodrigo da Cunha. *Princípios Fundamentais Norteadores do Direito de Família*. 4. ed. Curitiba: Juruá, 2022, p. 31.

119. NAMUR, Samir. *Autonomia Privada para a Constituição da Família*. Tese (Doutorado). Universidade do Estado do Rio de Janeiro. Rio de Janeiro, 2012. Disponível em: https://www.bdtd.uerj.br:8443/handle/1/9258, p. 84.

120. Art. 426. "Não pode ser objeto de contrato a herança de pessoa viva".

121. Art. 226. "A família, base da sociedade, tem especial proteção do Estado".

122. PERLINGIERI, Pietro. *Perfis do Direito Civil*: Introdução ao Direito Civil Constitucional. 3. ed. Rio de Janeiro: Renovar, 2007, p. 12.

123. PEREIRA, Rodrigo da Cunha. *Princípios Fundamentais Norteadores do Direito de Família*. 4. ed. Curitiba: Juruá, 2022, p. 92.

CAPÍTULO III • EXCLUSÃO CONVENCIONAL DA CONCORRÊNCIA SUCESSÓRIA CONJUGAL | **117**

privada, também em observância a eles, deve-se permitir a exclusão do direito concorrencial.

Ora, tendo em mente que os cônjuges e companheiros não são parentes, a sucessão em seu favor ocorre com base no afeto (*affectio familiae*) – corolário natural da dignidade humana. Isto porque, o sistema hereditário considera aqueles que o *de cujus*, originalmente, desejaria deixar sua herança, porquanto são com eles que, em razão do estreito vínculo afetivo, naturalmente lhes deixaria os bens.

A Constituição Federal ao afirmar que a família é a base da sociedade e merece especial proteção do Estado, elevou a afetividade à categoria de direito constitucionalmente tutelado.[124] Tornando, com isso, "o afeto um valor jurídico, e na esteira da evolução do pensamento jurídico ganhou status de princípio jurídico",[125] e redimensionando a tábua axiológica do direito.[126] Sem dúvidas, "o afeto é o principal fundamento das relações familiares. Ainda que o afeto não conste expressamente como um direito fundamental, ele decorre da valorização constante da dignidade humana. E do afeto decorre a autorização do exercício da autonomia privada".[127] Em outros termos:

> Dentro do contexto de franca personalização do Direito Civil, a família passa a ser encarada como uma verdadeira comunidade de afeto e entreajuda e não mais como uma fonte de produção de riqueza como outrora. É o âmbito familiar o local mais propício para que o indivíduo venha a obter a plena realização da sua dignidade enquanto ser humano, porque o elo entre os integrantes da família deixa de ter conotação patrimonial para envolver, sobretudo, o afeto, o carinho, amor e a ajuda mútua.[128]

O direito das sucessões – que tem dimensão social ao apresentar como finalidade garantir a segurança familiar –, ao inviabilizar a faculdade de exclusão do direito de concorrência, age justamente contrário ao afeto – e, por conseguinte, em desrespeito à dignidade da pessoa humana –, porque pessoas estão deixando de formar uniões para não prestigiar o parceiro em detrimento dos seus parentes, em sentido contrário aos interesses da família. Além de ferir

---

124. DIAS, Maria Berenice. *Manual das Sucessões*. 6. ed. Salvador: JusPodivm, 2019, p. 52.
125. PEREIRA, Rodrigo da Cunha. *Princípios Fundamentais Norteadores do Direito de Família*. 4. ed. Curitiba: Juruá, 2022, p. 179.
126. PEREIRA, Rodrigo da Cunha. *Princípios Fundamentais Norteadores do Direito de Família*. 4. ed. Curitiba: Juruá, 2022, p. 27.
127. BRANCO, Gerson Luiz Carlos; MOREIRA, José Alberto Marques. *Autonomia Privada nas Relações do Direito de Família. Seminário Nacional de Dimensões Materiais e Eficaciais dos Direitos Fundamentais*, I, Chapecó: Unoesc, 2011, p. 131146). Disponível em: https://periodicos.unoesc.edu.br/seminario-nacionaldedimensoes/article/view/959, p. 136.
128. ALVES, Leonardo Barreto Moreira. *Direito de Família Mínimo*: A Possibilidade de Aplicação e o Campo de Incidência da Autonomia Privada no Direito de Família. Rio de Janeiro: Lumen Juris, 2010, p. 120.

a autonomia existencial,[129] porquanto, retira-se a própria liberdade de casar e escolher o seu destino.[130]

Ademais, neste mesmo contexto de despatrimonialização e da ênfase na pessoa humana, "a ampla liberdade de casar e permanecer casado deve trazer outros contornos à liberdade de pactuar os efeitos do casamento, acompanhando o movimento do instituto jurídico a que se vincula",[131] de maneira que a proteção especial conferida pelo Estado à família deve transcender à ordem patrimonial, o que importa, em restringir a presença do Estado nas relações familiares, para que a autonomia privada[132] de cada um dos seus componentes seja afirmada e acatada como princípio fundamental.[133] Isto porque, "não há liberdade se a pessoa não pode organizar livremente o seu projeto de vida privada e familiar".[134] Portanto, é forçoso reconhecer a superação definitiva da indevida e excessiva participação estatal nas relações familiares, "deixando de ingerir sobre os aspectos personalíssimos da vida privada, que seguramente, dizem respeito somente à vontade e à liberdade de autodeterminação do próprio titular, como expressão mais pura de sua dignidade".[135]

A melhor maneira de honrar a tábua axiológica constitucional, no âmbito do direito civil contemporâneo, inclusive no direito sucessório, é fazer prevalecer

---

129. "A autonomia existencial se manifesta, especialmente, pelo direito de casar ou constituir união estável e de dissolver o casamento ou a união estável, inclusive via extrajudicialmente, com qualquer pessoa, de qualquer sexo, gênero ou orientação sexual". DELGADO, Mário Luiz; MARINHO JÚNIOR, Jânio Urbano. Posso Renunciar à Herança em Pacto Antenupcial. *Revista IBDFAM*: Família e Sucessões. Belo Horizonte: IBDFAM, v. 31, p. 09-10, jan./fev. 2019.

130. FARIAS, Cristiano Chaves de; ROSENVALD, Nelson. *Curso de Direito Civil. Sucessões*. 9. ed. São Paulo: JusPodivm, 2023, v. 07. p. 357.

131. NAHAS, Luciana Faisca. Pacto Antenupcial – o que Pode e o que Não Pode Constar? Reflexões sobre Cláusulas Patrimoniais e Não Patrimoniais. In: PEREIRA , Rodrigo da Cunha e DIAS, Maria Berenice (Coord.). *Família e Sucessões*: Polêmicas, Tendências e Inovações. Belo Horizonte: IBDFAM, 2018, p. 228-229.

132. "Sobre a definição do que seja a autonomia privada, essa pode ser conceituada como a liberdade de autorregulamentação negocial, ou seja, a liberdade que a pessoa tem de regular os seus próprios interesses. Nos dizeres de Francisco Amaral, que muito me influenciou, "a autonomia privada é o poder que os particulares têm de regular, pelo exercício de sua própria vontade, as relações que participam, estabelecendo-lhe o conteúdo e a respectiva disciplina jurídica. Sinônimo de autonomia da vontade para grande parte da doutrina contemporânea, com ela porém não se confunde, existindo entre ambas sensível diferença. A expressão 'autonomia da vontade' tem uma conotação subjetiva, psicológica, enquanto a autonomia privada marca o poder da vontade no direito de um modo objetivo, concreto e real" (AMARAL, Francisco. *Direito Civil. Introdução*. 5. ed. Rio de Janeiro: Renovar, 2003, p. 347-348).". TARTUCE, Flávio. *Autonomia privada e Direito de Família* – As reflexões atuais. Colégio Notarial do Brasil Seção São Paulo, 2021. Disponível em: https://cnbsp.org.br/2021/08/25/artigo-autonomia-privada-e-direito-de-familia-as-reflexoes-atuais-%C2%96-por-flavio-tartuce/.

133. PEREIRA, Rodrigo da Cunha. *Princípios Fundamentais Norteadores do Direito de Família*. 4. ed. Curitiba: Juruá, 2022, p. 152 e 156.

134. LÔBO, Paulo. *Direito Civil*: Famílias. 13. ed. São Paulo: SaraivaJur, 2023 (e-book), v. 05. p. 138.

135. FARIAS, Cristiano Chaves de; ROSENVALD, Nelson. *Curso de Direito Civil. Famílias*. 7. ed. São Paulo: Atlas, 2015, v. 06. p. 124-125.

CAPÍTULO III • EXCLUSÃO CONVENCIONAL DA CONCORRÊNCIA SUCESSÓRIA CONJUGAL

à intervenção mínima do Estado, com a valorização da autonomia privada e a todos os princípios garantidores da liberdade de autodeterminação. Mormente nos cenários que inexiste qualquer interesse público.[136] Nesta toada:

> [...] tem-se que deve a intervenção estatal na esfera familiar e sucessória ocorrer tão somente nos casos em que seja imperiosa a sua atuação, com a mesma excepcionalidade que reconhece o ordenamento ao Direito Penal, cuja atuação restringe-se à *ultima ratio*, tutelando apenas os bens mais caros à sociedade. Pontualmente, é de empréstimo do Direito Penal que se emplaca a lógica do *direito de família mínimo*, segundo a qual devem as relações familiares e sucessórias ser pautadas pelo predomínio da autonomia privada, cabendo à tutela estatal apenas a proteção daqueles que não puderem manifestar sua vontade com o pleno discernimento que as relações demandarem.[137]

A figura de *protetor-repressor* do Estado foi abandonada, para assumir de *protetor-provedor-assistencialista*.[138] Fala-se, por conseguinte, de emancipação da pessoa humana, cuja dignidade é, de acordo com Luiz Fachin e Carlos Eduardo Pianovski, "aferível no atendimento das necessidades que propiciam ao sujeito se desenvolver com efetiva liberdade".[139]

Consoante observam Cristiano Chaves de Farias e Nelson Rosenvald, o princípio da intervenção mínima, além de ser fruto da nova ordem constitucional que prima pela dignidade humana, pode ser extraído, ainda, do artigo 226, § 6º da Carta Constitucional – alterado pela Emenda Constitucional nº 66/2010 –, que implantou a possibilidade do divórcio independente do lapso temporal ou indagação de motivo, resguardando-se a liberdade de se casar e, igualmente, de não permanecer casado. E, do § 7º do mesmo dispositivo, que afirma que o planejamento familiar decorre da livre decisão do casal, impondo ao Poder Público propiciar recursos educacionais e financeiros para o exercício desse direito, evitando-se o desenvolvimento de seios familiares carentes de condições de sustento e de manutenção.[140] É evidente que "a atuação do Estado nesse caso não viola a autonomia privada, mas, sim, tende a estabelecer garantias

---

136. FARIAS, Cristiano Chaves de; ROSENVALD, Nelson. *Curso de Direito Civil. Sucessões*. 9. ed. São Paulo: JusPodivm, 2023, v. 07, p. 356 e 373.

137. ELY, Gabriel Delving. Legalidade da Renúncia Prévia ao Direito Concorrencial à Herança no Brasil e a Vedação aos Pactos Sucessórios. *Revista IBDFAM*: Família e Sucessões. Belo Horizonte: IBDFAM, v. 62, p. 117, mar./abr. 2024.

138. PEREIRA, Rodrigo da Cunha. *Princípios Fundamentais Norteadores do Direito de Família*. 4. ed. Curitiba: Juruá, 2022, p. 154.

139. FACHIN, Luiz Edson; PIANOVSKI, Carlos Eduardo. A Dignidade da Pessoa Humana no Direito Contemporâneo: Uma Contribuição à Crítica da Raiz Dogmática do Neopositivismo Constitucionalista. *Revista Trimestral de Direito Civil*: RTDC, v. 9, n. 35, p. 101-119, jul./set. 2008. Disponível em: chrome-extension://efaidnbmnnnibpcajpcglclefindmkaj/https://www.opet.com.br/faculdade/revista-anima/pdf/anima5/Luiz-Edson-Fachin.pdf, p. 110-111.

140. Art. 226. "A família, base da sociedade, tem especial proteção do Estado [...].
§ 6º O casamento civil pode ser dissolvido pelo divórcio.

mínimas para o exercício da autodeterminação do casal, assumindo o Estado um papel promocional, estabelecendo providências para o exercício pleno de direitos" pelos nubentes.[141] O artigo 1.565, § 2° do Código Civil replicou tal disposição.[142]

Na mesma sintonia, o artigo 1.513 do Código Civil consagra a intervenção mínima do Estado nas relações familiares e, por consequência, a autonomia privada: "é defeso a qualquer pessoa, de direito público ou privado, interferir na comunhão de vida instituída pela família". A diretriz foi adotada com sustentáculo no artigo XII da Declaração Universal dos Direitos Humanos, segundo o qual "ninguém será sujeito à interferência em sua vida privada, na sua família". Trata-se de norma destinada ao ente público, cujo alcance "tutela o princípio da dignidade da pessoa humana (CF, art. 1°, III), a não permitir a interferência estatal indevida nos domínios íntimos da família, fazendo surgir para os seus membros, em quaisquer das formas de entidade familiar, uma verdadeira autonomia existencial e patrimonial".[143]

Aliás, entendemos que a possibilidade de afastar a qualidade de sucessor eventual do parceiro afetivo está, inclusive, em congruência com o artigo 227, § 7° da Constituição Federal, no atinente à paternidade responsável. Ao se viabilizar o livre planejamento patrimonial, de modo a afastar o direito concorrencial do cônjuge, há o exercício da paternidade responsável, porquanto privilegia a transmissão do acervo patrimonial integral em benefício dos descendentes. Nessa medida, além do direito do casal em organizar o número de filhos que pretende ter, o mencionado dispositivo também poderia ser interpretado como o direito de planejar a exclusão mútua da concorrência sucessória.[144]

---

§ 7° Fundado nos princípios da dignidade da pessoa humana e da paternidade responsável, o planejamento familiar é livre decisão do casal, competindo ao Estado propiciar recursos educacionais e científicos para o exercício desse direito, vedada qualquer forma coercitiva por parte de instituições oficiais ou privadas [...]"

141. FARIAS, Cristiano Chaves de; ROSENVALD, Nelson. *Curso de Direito Civil. Famílias.* 7. ed. São Paulo: Atlas, 2015, v. 06. p. 126.

142. Art. 1.565. "Pelo casamento, homem e mulher assumem mutuamente a condição de consortes, companheiros e responsáveis pelos encargos da família [...]

§ 2° O planejamento familiar é de livre decisão do casal, competindo ao Estado propiciar recursos educacionais e financeiros para o exercício desse direito, vedado qualquer tipo de coerção por parte de instituições privadas ou públicas".

143. DELGADO. Mário Luiz. *Direito Fundamental de Herança*: Sob a Ótica do Titular do Patrimônio. Indaiatuba: Foco, 2023, p. 25.

144. FRANK, Felipe. *Autonomia Sucessória e Pacto Antenupcial: Problematizações Sobre o Conceito de Sucessão Legítima e Sobre o Conteúdo e os Efeitos Sucessórios das Disposições Pré-Nupciais*. Tese (Doutorado). Universidade Federal do Paraná. Curitiba, 2017. Disponível em: https://acervodigital.ufpr.br/handle/1884/52021, p. 186.

No âmago da lógica contemporânea de pensamento de menor ingerência estatal na esfera familiar, com a consequente valorização da autodeterminação, com prestígio ao livre-arbítrio e à autonomia privada, mostra-se imperioso resguardarmos aos integrantes de relacionamentos afetivos o livre planejamento de poder escolher se deseja ou não adquirir a qualidade de herdeiro eventual com o casamento.[145] Do contrário, afigura-se excessiva a tutela jurídica do Estado, tolhendo demasiadamente a autonomia privada dos nubentes, além da justa medida,[146] cujas consequências, salienta-se à exaustão, "podem transcender aos aspectos econômico-patrimoniais, chegando a significar uma ingerência na autonomia existencial de escolher formar ou não uma relação conjugal estável".[147]

É de Francisco José Cahali a assertiva de que a natureza do direito à herança é disponível, previstas as situações de renúncia quando aberta a sucessão (CC/02, art. 1.804 e ss.). Assim sendo, enaltecendo-se o caráter de disponível, "há que se admitir a opção por não se adquirir, em tese, esse potencial direito quando do casamento". Com total razão, diferencia o autor a forma com a qual a sucessão é instaurada: porquanto no casamento e na união estável decorre de iniciativa própria, ou seja, por ato de vontade do casal, enquanto para os herdeiros das outras classes, pelo vínculo de parentesco, logo circunstancial e involuntária. Diante da situação específica do cônjuge e convivente, a eles é possível afastar a condição jurídica de sucessor eventual (e não a herança propriamente dita). Nas palavras de Cahali:

> A situação é diversa da renúncia prematura por herdeiro de outras classes, pois a qualidade destes decorre não de um ato de vontade deles, mas pelo vínculo de parentesco (ou seja, circunstancial e não voluntária), e ainda, o direito só se adquire com a abertura da sucessão. No casamento, a qualidade de herdeiro, em potencial, mas ainda inerte se adquire no exato instante do voluntário matrimônio. E aqui entendemos ser possível o exercício de opção pela pessoa quanto a ter ou não integrado ao universo jurídico eventual direito sucessório.

> No parentesco, a condição jurídica de sucessor eventual é involuntária; no casamento, a condição jurídica de sucessor eventual decorre da iniciativa pelo casamento, e da própria opção a um ou outro regime de bens. Como tal, a condição jurídica de sucessor eventual (não o direito à herança propriamente dito, cuja disponibilidade nasce com a abertura da sucessão) pode ser afastada pela vontade dos nubentes.[148]

---

145. ROSA, Conrado Paulino da. *Planejamento Sucessório – Teoria e Prática*. 3. ed. São Paulo: JusPodivm, 2024, p. 63-64.

146. ANTONINI, Mauro. In: PELUSO, Cezar (Coord.). *Código Civil Comentado*: Doutrina e Jurisprudência: Lei n. 10.406 de 10.01.2002. 17. ed. Santana de Paraíba: Manole, 2023, p. 2.246.

147. GOMES, Renata Raupp. *Entre a Fundamentalidade dos Direitos a Herança, à Propriedade e a Concretização do Paradigma Familiar Constitucional*: a Função Social da Legítima no Direito Brasileiro. Tese (Doutorado). Universidade Federal de Santa Catarina. Florianópolis, 2019. Disponível em: https://repositorio.ufsc.br/handle/123456789/211585, p. 170.

148. CAHALI, Francisco José. In: NANNI, Giovanni Ettore (Coord.). *Comentários ao Código Civil*: Direito Privado Contemporâneo. 3. ed. São Paulo: Thomson Reuters Brasil, 2023, p. 1.850.

Além disso, há ruptura da coerência axiológica em reconhecer ao casal a possibilidade de autodeterminação para elegerem regime com insurgência de bens particulares e a eles ser negada essa mesma possibilidade pela imposição de uma comunicabilidade dos mesmos *post mortem*.[149] Vê-se, pois, com clarividência, que o desrespeito ao ajuste espontâneo e recíproco entre as partes, "esvazia de sentido lógico suas finalidades e nega respeito à liberdade de escolha e, consequentemente, ao princípio constitucional da liberdade (art. 5° da Constituição)".[150] Sobre o tema, a observação de Karime Costalunga se mostra pertinente:

> Já que à pessoa humana é reconhecida a dignidade e, consequentemente, é-lhe devido um espaço de autodeterminação (inclusive patrimonial), não se pode compreender que ao mesmo tempo essa autodeterminação seja afirmada e seja negada, anulando o exercício de direitos da personalidade, pois se entende a autodeterminação como um verdadeiro pressuposto aos direitos da personalidade. A incompreensão é ainda maior quando está presente que o novo Código Civil tratou de positivar os direitos da personalidade, garantidores da dignidade da pessoa humana, até então não recebidos sistematicamente no âmbito do Código Civil. Desse modo, outras alternativas devem ser buscadas no plano hermenêutico, na certeza de minimizar os problemas decorrentes da solução do legislador, que irá acabar causando (até que seja reconhecido pelo Poder Legislativo o desacerto da norma) injustiças àqueles que lhe forem submetidos durante o referido período.[151]

Assim, consoante conclui Mário Luiz Delgado, "no exercício da autonomia privada, e em respeito ao princípio da liberdade contratual, podem os nubentes convencionar a renúncia do direito concorrencial exatamente para que o regime de bens livremente escolhido por eles espraiasse os seus efeitos após a morte",[152] vez que esta se traduz na continuação da personalidade do finado pela projeção jurídica dos arranjos patrimoniais em vida.[153] Em outros termos, "a ampla liberdade advinda da possibilidade de pactuação quanto ao regime matrimonial de bens, prevista pelo Direito Patrimonial de Família, não pode ser toldada pela imposição fleumática do Direito das Sucessões".[154]

---

149. COSTALUNGA, Karime. *Direito de Herança e Separação de Bens* – Uma Leitura Orientada pela Constituição e pelo Código Civil. São Paulo: Quartier Latin, 2009, p. 130-131.
150. LÔBO, Paulo. *Direito Civil*: Famílias. 13. ed. São Paulo: SaraivaJur, 2023 (e-book), v. 05. p. 140-143.
151. COSTALUNGA, Karime. *Direito de Herança e Separação de Bens* – Uma Leitura Orientada pela Constituição e pelo Código Civil. São Paulo: Quartier Latin, 2009, p. 131.
152. DELGADO, Mário Luiz. Pacto Sucessório. Renúncia a Direito Concorrencial. Possibilidade. Inteligência do Art. 426 do Código Civil. *Revista Nacional de Direito de Família e Sucessões*, n. 43, jul./ago. 2021 – Parecer, p. 176-177.
153. REALE, Miguel; COSTA, Judith Martins. Casamento sob o Regime da Separação Total de Bens, Voluntariamente Escolhido pelos Nubentes. Compreensão do Fenômeno Sucessório e Seus Critérios Hermenêuticos. A Força Normativa do Pacto Antenupcial. *Revista Trimestral de Direito Civil*, v. 06, n. 24, p. 205-228. Rio de Janeiro: Ed. Padma, 2005, p. 226.
154. ANDRIGHI, Nancy. STJ – REsp: 992749 MS 2007/0229597-9, Relator: Ministra Nancy Andrighi, Data de Julgamento: 1°.12.2009, T3 – Terceira Turma, Data de Publicação: DJe 05.02.2010, v. 217, p. 820.

CAPÍTULO III • EXCLUSÃO CONVENCIONAL DA CONCORRÊNCIA SUCESSÓRIA CONJUGAL

Outrossim, a possibilidade de dispor sobre direitos sucessórios no pacto antenupcial ou de convivência restou aludida pelo Ministro Luís Roberto Barroso no julgamento dos Recursos Extraordinários 646.721 e 878.694. Transcreve-se abaixo o enxerto:

> É impróprio, após a dissolução da unidade familiar com a morte de um dos companheiros, convertê-la em outra diversa, inobservando a adoção, quando em vida, de certo regime jurídico, inclusive no tocante aos direitos patrimoniais. Não há como afirmar que o companheiro falecido aderiria a regime jurídico diverso do alusivo à união estável, surgindo incompatível justamente com a autodeterminação da pessoa a revisão após o óbito.[155]

Em igual sentido foram as suas palavras durante o julgamento: "Eu acho que é perfeitamente legítimo que os companheiros em união estável pactuem diferentemente [do disposto em lei, tal como os cônjuges, os nubentes, podem fazer. Portanto, não é uma imposição. Esta é a regra que se aplica caso os companheiros em união estável não tenham convencionado diferentemente".[156]

Nada obstante na sequência ter sido criticado pelo Ministro Marco Aurélio, segundo quem tal não seria possível devido à vedação da *pacta corvina* (CC/02, art. 426) e por não se poder confundir meação com herança, o posicionamento do Min. Barroso encontra amparo constitucional, porquanto o todo estudado neste tópico. E, igualmente há amparo infraconstitucional, conforme será demonstrado nos próximos tópicos.

À vista do exposto,[157] torna-se imperioso superar a visão acanhada do direito das sucessões, cujos quadrantes se restringem ao direito civil, como singelo campo de regulamentação de transmissão de herança, à luz das regras codificadas. É necessário ampliar a compreensão do direito das sucessões a partir do marco paradigmático imposto pela normatividade constitucional, com a inclusão de normas principiológicas que fundamentam uma nova

---

155. STF, RE 646.721/RS, Rel. Min. Luís Roberto Barroso, j. 10.05.2017, DJe 11.09.2017, p. 11.

156. BARROSO, Luís Roberto. Debates orais no julgamento do RE 646.721. *YouTube*: Pleno – Supremo afasta diferença entre cônjuge e companheiro para fim sucessório. 11 de maio de 2017 (1:22:16 a 1:22:39). Disponível em: https://www.youtube.com/watch?v=ZQDVuD9Rops.

157. Rafael Cândido da Silva elucida que: "O direito Civil, sob a perspectiva constitucional, deve primar pela cidadania, sendo não o seu fim, mas o instrumento para garantia do seu pleno exercício. A nova leitura do Direito Civil propõe a superação do modelo das fórmulas abstratas de juízos aprioristicos generalizantes, devendo estar aberto para mudanças e novas interpretações sobre suas velhas estruturas, mais adequado à realidade social na qual vivemos. Assim, valoriza-se a força criadora das demandas e dos fatos sociais, de modo a viabilizar que novas manifestações contratuais úteis à satisfação dos interesses da sociedade e à solução dos problemas vivenciados pelos particulares". SILVA, Rafael Cândido da. *Pactos Sucessórios*: Ensaio sobre a Perspectiva Funcional da Autonomia Privada na Sucessão *causa mortis*. Universidade do Estado do Rio de Janeiro. Tese (Mestrado). Rio de Janeiro, 2017. Disponível em: https://www.bdtd.uerj.br:8443/bitstream/1/9789/1/Rafael%20Candido%20da%20Silva%20versao%20final%20protegido.pdf, p. 136.

metodologia de analise o direito civil.[158] O direito adstrito a concepções meramente formais, enclausurado em uma moldura positivista não mais pode ser aceito.[159]

3.3 EXCLUSÃO DO DIREITO CONCORRENCIAL DIVERGE DE RENÚNCIA À HERANÇA

A regra proibitiva contida no artigo 426 do Código Civil ("não pode ser objeto de contrato a herança de pessoa viva") não se aplica à exclusão convencional da concorrência sucessória. Isto porque, não se trata de renúncia à herança, e sim a direito sucessório impuro (direito vidual), que eventualmente prejudique direitos de parentes de linha reta.[160] A este respeito, é preciso relembrar da distinção conceitual entre herança e sucessão, já abordada no capítulo primeiro, com a alerta de Clóvis Beviláqua de que a utilização dos dois vocábulos como sinônimos impacta em obscuridade para a ciência.[161]

Assim sendo, rememora-se que sucessão constitui o direito por força da qual a herança é devolvida, enquanto a herança se refere ao acervo de bens. Direitos sucessórios, por sua vez, "são todos aqueles recebidos por hereditariedade, que decorrem da sucessão *causa mortis*". Existem diversos direitos sucessórios, dentre eles, destaca-se o usufruto vidual, o direito real de habitação, à legítima, à reserva troncal e, claro, à concorrência com descendentes e ascendentes. Os direitos sucessórios são gênero, enquanto herança é espécie. "Da morte, como fato jurídico extintivo da personalidade, não decorre somente a transmissão de bens e direitos do falecido aos sucessores, mas o nascimento de vários outros direitos".[162] Daí porque, a vedação esculpida no dispositivo acima citado alcança apenas o acervo patrimonial (herança) e não todo e qualquer direito sucessório propriamente dito.[163]

---

158. ALVES, Leonardo Barreto Moreira. *Direito de Família Mínimo*: A Possibilidade de Aplicação e o Campo de Incidência da Autonomia Privada no Direito de Família. Rio de Janeiro: Lumen Juris, 2010, p. 93-94.

159. PEREIRA, Rodrigo da Cunha. *Princípios Fundamentais Norteadores do Direito de Família*. 4. ed. Curitiba: Juruá, 2022, p. 32.

160. DELGADO, Mário Luiz. Pacto Sucessório. Renúncia a Direito Concorrencial. Possibilidade. Inteligência do Art. 426 do Código Civil. *Revista Nacional de Direito de Família e Sucessões*, n. 43, jul./ago. 2021 – Parecer, p. 180.

161. BEVILAQUA, Clóvis. *Direito das Sucessões*. 3. ed. Rio de Janeiro: Livraria Editora Freitas Bastos, 1938, p. 17.

162. DELGADO, Mário Luiz. *Direito Fundamental de Herança*: Sob a Ótica do Titular do Patrimônio. Indaiatuba: Editora Foco, 2023, 02.

163. DELGADO, Mário Luiz. Pacto Sucessório. Renúncia a Direito Concorrencial. Possibilidade. Inteligência do Art. 426 do Código Civil. *Revista Nacional de Direito de Família e Sucessões*, n. 43, jul./ago. 2021 – Parecer, p. 181.

CAPÍTULO III • EXCLUSÃO CONVENCIONAL DA CONCORRÊNCIA SUCESSÓRIA CONJUGAL — 125

Mário Luiz Delgado lembra que essa distinção já era considerada desde a Consolidação das Leis Civis de Teixeira de Freitas,[164] ao prever em seu artigo 352 que "as heranças de pessoas vivas não podem ser igualmente objecto de contracto", mas estabelecer no artigo 353 que "são nullos todos os pactos sucessorios, para succeder, ou não succeder; ou sejão entre aquelles, que esperão ser herdeiros; ou com a propria pessoa, de cuja a herança se trata", e no artigo 354 dispor que "não é aplicável a disposição do Art. antecedente aos pactos e condições em contractos matrimoniaes sobre a successão reciproca dos esposos".[165]

A herança não pode ser renunciada em parte (art. 1.808[166]). Os direitos sucessórios, por outro lado, podem ser renunciados separadamente, mantendo-se o recebimento do patrimônio. Ou também, na forma inversa, é possível renunciar com exclusividade à herança, subsistindo os direitos sucessórios, conforme exegese do artigo 1.831 do Código Civil.[167] Da mesma forma, aos cônjuges (e conviventes) é permitido renunciar ao direito concorrencial, sem prejuízo da participação que lhes caiba da herança, quando chamados a suceder como herdeiros de terceira classe, em conformidade com a ordem de vocação hereditária estabelecida no artigo 1.829 do Código Civil.[168]

O direito de concorrer – nova faceta do usufruto vidual – com herdeiros de primeira e segunda classe tem natureza diversa do direito à herança, e do direito à legítima intangível e sucessível, que o viúvo faz jus na ausência de descendentes e ascendentes. Com propriedade, Rolf Madaleno observa que quando concorre com os parentes de linha reta do *de cujus*, o cônjuge é herdeiro eventual e irregular. A condição de herdeiro legitimário é assumida pelo cônjuge apenas quando chamado, isoladamente, na terceira ordem, como herdeiro único e universal, independente do regime de bens adotado.[169]

Tanto assim o é que, consoante apontado por Francisco José Cahali, na ausência de descendentes, ao viúvo ainda não caberá à totalidade da herança, pois a

---

164. DELGADO, Mário Luiz. Pacto Sucessório. Renúncia a Direito Concorrencial. Possibilidade. Inteligência do Art. 426 do Código Civil. *Revista Nacional de Direto de Família e Sucessões*, n. 43, jul./ago. 2021 – Parecer, p. 181.
165. Legislação disponível em: chrome-extension://efaidnbmnnnibpcajpcglclefindmkaj/https://web.novalaw.unl.pt/Anexos/Investigacao/1946.pdf.
166. Art. 1.808. "Não se pode aceitar ou renunciar a herança em parte, sob condição ou a termo".
167. Art. 1.831. "Ao cônjuge sobrevivente, qualquer que seja o regime de bens, será assegurado, sem prejuízo da participação que lhe caiba na herança, o direito real de habitação relativamente ao imóvel destinado à residência da família, desde que seja o único daquela natureza a inventariar".
168. DELGADO, Mário Luiz. Pacto Sucessório. Renúncia a Direito Concorrencial. Possibilidade. Inteligência do Art. 426 do Código Civil. *Revista Nacional de Direto de Família e Sucessões*, n. 43, jul./ago. 2021 – Parecer, p. 182.
169. MADALENO, Rolf. Renúncia de Herança no Pacto Antenupcial. In: PEREIRA, Rodrigo da Cunha e DIAS, Maria Berenice (Coord.). *Família e Sucessões*: Polêmicas, Tendências e Inovações. Belo Horizonte: IBDFAM, 2018, p. 42 e 61.

segunda classe de preferência (os ascendentes) será convocada e, a concorrência sucessória será renovada nos termos do inciso II. Vale dizer:

> [...] o privilégio legal é dos descendentes; na falta destes [...], a segunda preferência é dos ascendentes, comparecendo o cônjuge viúvo nessas classes apenas na qualidade de concorrente, ou seja, com participação conjunta, mas sem lhe outorgar a prioridade na convocação em relação à segunda categoria de sucessores (inciso II) [...]
>
> Assim, pode-se afirmar que o cônjuge sobrevivente não integra a primeira ou segunda classe de preferência, formada exclusivamente pelos descendentes e ascendentes respectivamente, mas apenas, por opção legislativa, excepcionalmente, nas condições previstas, é chamado em conjunto.[170]

A legítima atende, portanto, a ordem estabelecida no ordenamento civil: primeiro os descendentes, em segundo plano os ascendentes e em terceiro, o viúvo, só "quando os herdeiros vocacionados se apresentam nesta ordem de chamamento é que pode ser considerados legitimários, não em posição concorrente, pois nesta se apresentam cônjuge e companheiro como beneficiário de um direito familiar, com intuito protetivo, que lhes reserva um direito certo e determinado". Acrescenta que:

> Fosse a concorrência um direito sucessório equivalente à legítima e, certamente, o seu pagamento não poderia ficar condicionado a determinados regimes de bens, como tampouco poderia ser limitado aos bens particulares do falecido e muito menos variar o valor do quinhão hereditário segundo a origem de filiação dos descendentes com os quais o cônjuge está concorrendo. O cônjuge é herdeiro necessário quando não existam descendentes e ascendentes e sua legítima será pelo menos correspondente à metade dos bens sucessíveis, sejam eles próprios ou comuns.[171]

Assim, a possibilidade de exclusão recíproca ao direito concorrencial em pacto antenupcial, ou em escritura pública de união estável, ou por meio de escritura mandada lavrar durante a constância do casamento ou união estável, não está, com toda a certeza, contemplada na regra proibitiva do artigo 426 do Código Civil. Basta, para tanto, atentar-se:

> [...] para a circunstância de que a proposição de renúncia preventiva de direitos hereditários se limita, por sua natureza, aos *benefícios viduais* do direito do cônjuge ou do convivente, quando concorrem como coerdeiros com descendentes e ascendentes. Não tem a extensão de permitir a renúncia antecipada do cônjuge ou do convivente quando são vocacionados como herdeiros diretos e únicos, verdadeiros sucessores universais chamados a herdar o

---

170. CAHALI, Francisco José. In: NANNI, Giovanni Ettore (Coord.). *Comentários ao Código Civil*: Direito Privado Contemporâneo. 3. ed. São Paulo: Thomson Reuters Brasil, 2023, p. 1.851.

171. MADALENO, Rolf. Renúncia de Herança no Pacto Antenupcial. In: PEREIRA, Rodrigo da Cunha e DIAS, Maria Berenice (Coord.). *Família e Sucessões*: Polêmicas, Tendências e Inovações. Belo Horizonte: IBDFAM, 2018, p. 61 e 64.

universo de bens do falecido diante da inexistência ou desistência de seus descendentes e ascendentes.[172]

Mário Luiz Delgado igualmente enfatiza que sob a perspectiva exposta, a exclusão do direito concorrencial é admitida, por não contemplar a dicção restritiva do artigo 426, eis que a hipótese "não se confunde com a situação de ser chamado sozinho à sucessão, como herdeiro único e universal, e que não implica, dessa maneira, violação ao princípio da intangibilidade da legítima, constituindo-se, assim, em direito validamente renunciável".[173] Ou seja, renuncia-se à posição concorrente do cônjuge na sucessão e não à herança.

Na compreensão de Cristiano Chaves de Farias e Nelson Rosenvald, "[...] é uma máxima hermenêutica indiscutível que toda norma a estabelecer limitação ao exercício de direitos deve ser interpretada restritivamente. E, assim, o disposto no aludido dispositivo legal (CC, art. 426) precisa ter uma compreensão (=interpretação) restritiva". De forma a ser essencial, que se realize uma interpretação racional do que reza, *verbum ad verbo*, o artigo.[174]

Em sentido idêntico, Felipe Frank alerta que não se pode "confundir a hipótese de exclusão convencional do cônjuge da concorrência sucessória com renúncia prévia do cônjuge à herança do *de cujus*. Isso porque a exclusão da concorrência sucessória não tem o condão de afastar o cônjuge da condição de herdeiro de terceira classe na ordem de vocação hereditária".[175] O autor acrescenta ainda que, ao se considerar que o artigo 1.789 do vigente Código Civil,[176] seja pela interpretação teleológica[177] ou literalmente, veda tão somente que o consorte, na qualidade de herdeiro necessário, seja excluído da herança por testamento do *de cujus* (negócio jurídico unilateral), "tem-se como perfeitamente possível sua exclusão da concorrência sucessória por pacto antenupcial (negócio jurídico bilateral)".[178]

---

172. MADALENO, Rolf. Renúncia de Herança no Pacto Antenupcial. In: PEREIRA, Rodrigo da Cunha e DIAS, Maria Berenice (Coord.). *Família e Sucessões*: Polêmicas, Tendências e Inovações. Belo Horizonte: IBDFAM, 2018, p. 90.

173. DELGADO, Mário Luiz; MARINHO JÚNIOR, Jânio Urbano. Posso Renunciar à Herança em Pacto Antenupcial: *Revista IBDFAM*: Família e Sucessões. Belo Horizonte: IBDFAM, v. 31, p. 20, jan./fev. 2019.

174. FARIAS, Cristiano Chaves de; ROSENVALD, Nelson. *Curso de Direito Civil. Sucessões*. 9. ed. São Paulo: Juspodivm, 2023, v. 07. p. 80.

175. FRANK, Felipe. Autonomia Sucessória e Pacto Antenupcial: A Validade da Cláusula Pré-Nupcial de Mútua Exclusão da Concorrência Sucessória dos Cônjuges. *Revista de Direito Civil Contemporâneo*. São Paulo: Ed. RT, jul./set. 2021, v. 28, ano 8. p. 217-246. p. 228-229.

176. Art. 1.789. "Havendo herdeiros necessários, o testador só poderá dispor da metade da herança".

177. À luz do exposto nos dois primeiros capítulos deste trabalho.

178. FRANK, Felipe. Autonomia Sucessória e Pacto Antenupcial: A Validade da Cláusula Pré-Nupcial de Mútua Exclusão da Concorrência Sucessória dos Cônjuges. *Revista de Direito Civil Contemporâneo*. São Paulo: Ed. RT, jul./set. 2021, v. 28, ano 8. p. 217-246. p. 235.

Felipe Frank vai além, para ele, tendo em mente a diferença entre pacto antenupcial (negócio jurídico bilateral) e renúncia à herança (ato jurídico unilateral e não receptício, que não permite modulação eficacial), sequer há que se confundir a hipótese de exclusão convencional do cônjuge da concorrência sucessória com renúncia prévia do cônjuge à herança do falecido. Isto porque, a exclusão do direito concorrencial, não tem, justamente, o condão de afastar o sobrevivo da condição de herdeiro de terceira classe na ordem de vocação hereditária, operando-se apenas em relação aos descendentes e ascendentes.[179] Em verdade, a disposição pactícia a respeito da concorrência sucessória do cônjuge e companheiro apenas atenderia a preocupação histórica – convenientemente examinada no primeiro capítulo deste texto – em amparar materialmente os descendentes e ascendentes.

Priscila Corrêa da Fonseca, de igual forma, infere que não há vedação a exclusão do direito concorrencial, que sequer se insere na vedação disposta na codificação civil. Acrescenta ainda, que a favor da abdicação do concurso hereditário militam outras três razões – todas estudadas ao longo do presente capítulo –, incluindo não implicar em abdicação à condição de herdeiro necessário:

> Em primeiro lugar porque a renúncia é ato unilateral de vontade, não partilhando da natureza contratual reclamada pelo art. 426 do Código Civil.
>
> Em segundo lugar porque ao renunciar à concorrência sucessória, o cônjuge não está transacionando com terceiros herança de pessoa viva, mas abrindo mão de uma futura e ainda incerta concorrência sucessória.
>
> Em terceiro lugar – o que se revela mais importante –, é que na renúncia à concorrência sucessória, a par de não haver transação sobre herança de pessoa viva, o cônjuge declina de um direito, eliminando, destarte, qualquer interesse acerca da não preservação da vida do consorte.
>
> Anota-se, por fim, que a renúncia à concorrência não implica em abdicação à condição de herdeiro necessário e não altera a ordem da sucessão hereditária.
>
> A renúncia à concorrência sucessória configura, portanto, manifestação de vontade que além de não se enquadrar no escopo do artigo 426 do Código Civil, tem finalidade exatamente oposta àquela que levou o legislador a proscrever a *pacta corvina*.[180]

É justamente pelo fato da exclusão do direito de concorrência preservar a condição de herdeiro legitimário que o cônjuge assume quando, isoladamente,

---

179. FRANK, Felipe. *Autonomia Sucessória e Pacto Antenupcial*: Problematizações Sobre o Conceito de Sucessão Legítima e Sobre o Conteúdo e os Efeitos Sucessórios das Disposições Pré-Nupciais. Tese (Doutorado). Universidade Federal do Paraná. Curitiba, 2017. Disponível em: https://acervodigital.ufpr.br/handle/1884/52021, p. 168.

180. FONSECA, Priscila Corrêa da. Reflexões sobre a Renúncia do Cônjuge à Concorrência Sucessória. *Coluna Migalhas*, 2022. Disponível em: https://www.migalhas.com.br/depeso/362139/reflexoes-sobre-a-renuncia-do-conjuge-a-concorrencia-sucessoria, p. 5-12.

é convocado na terceira ordem, como herdeiro único e universal, independente do regime de bens adotado,[181] que cabe-nos criticar a proposta de *lege ferenda* de sucessão contratual apresentada pela CJCODCIVIL, em que, para além de retirar o qualidade de herdeiro necessário do cônjuge, permite-se renunciar a herança em si, desfavorecendo o cônjuge perante qualquer pessoa, irrestritamente, inclusive ante a concubinos de seu consorte.

Um adendo é importante ser feito, a matéria debatida no presente capítulo se restringe à possibilidade de exclusão prévia do direito concorrencial, não sendo prejudicial a outros direitos, sobretudo os personalíssimos, porquanto se sujeitam a "regras próprias distintas das aplicáveis à sucessão nas relações patrimoniais". Eles são de intransmissibilidade absoluta.[182]

Dentre os direitos hereditários *intuitu personae* do cônjuge e convivente que não permitem a renúncia prévia estão, a exemplificar, o direito real de habitação e o direito aos alimentos, insculpidos nos artigos 1.831[183] e 1.700[184] do Código Civil, respectivamente. São normas visivelmente protecionistas, em que se:

> Pretende impedir uma quebra da razoabilidade em casos corriqueiros de famílias recons- tituídas. Assim, obsta-se, *exempli gratia*, que os filhos do falecido cônjuge ou companheiro (quando não forem descendentes da viúva) venham a retirá-la do imóvel que residia *[ou, por analogia, deixam-na sem recursos suficientes para subsistência]*, em um momento tão doloroso, causando uma situação de verdadeira penúria afetiva e material. A regra, portanto, tem um pano de fundo protetivo, mostrando-se válida e compatível com o sistema jurídico, inclusive os princípios dos quais deflui.[185]

O cabimento às referidas pretensões personalíssimas deve ser verificado unicamente quando da ruptura do laço conjugal, *in casu*, do óbito. Tratando-se de norma pública, que impõe determinada obrigação em razão da morte, carente de qualquer ressalva legal no sentido de permitir afastar a sua incidência por vontade

---

181. MADALENO, Rolf. Renúncia de Herança no Pacto Antenupcial. In: PEREIRA, Rodrigo da Cunha e DIAS, Maria Berenice (Coord.). *Família e Sucessões*: Polêmicas, Tendências e Inovações. Belo Hori- zonte: IBDFAM, 2018, p. 42 e 61.

182. TELLES, Inocêncio Galvão. *Direito das Sucessões* – Noções Fundamentais. 6. ed. Coimbra: Editora Coimbra, 1991, p. 65 e 104.

183. Art. 1.831. "Ao cônjuge sobrevivente, qualquer que seja o regime de bens, será assegurado, sem prejuízo da participação que lhe caiba na herança, o direito real de habitação relativamente ao imóvel destinado à residência da família, desde que seja o único daquela natureza a inventariar".

184. Art. 1.700. "A obrigação de prestar alimentos transmite-se aos herdeiros do devedor, na forma do art. 1.694".
Art. 1.694. "Podem os parentes, os cônjuges ou companheiros pedir uns aos outros os alimentos de que necessitem para viver de modo compatível com a sua condição social, inclusive para atender às necessidades de sua educação".

185. FARIAS, Cristiano Chaves de; ROSENVALD, Nelson. *Curso de Direito Civil. Sucessões.* 9. ed. São Paulo: JusPodivm, 2023, v. 07. p. 373.

das partes, a cláusula de renúncia prévia ao seu exercício se caracteriza como ilícita, com o que, deixa de produzir efeitos.[186] Ora, admitir a renúncia desses direitos em específico, antes mesmo do conhecimento do cenário ao tempo do falecimento, não apresenta qualquer sentido, ao revés, provoca profunda incoerência com o espírito sistema se deixar o viúvo iniquamente desprotegido.[187]

A renúncia a eles tem como pressuposto a existência da obrigação. Antes da verificação do direito aos alimentos e de permanecer residindo no imóvel que servia de lar para o casal, não é possível cogitar a sua renúncia, "até mesmo diante da incerteza quanto ao surgimento, no futuro, da obrigação, pela necessidade de preenchimento de outros elementos" além da simples sucessão. Em outras palavras, "o *direito em potência* não enseja a disponibilidade pelas partes, prevalecendo, aqui, a imperatividade da norma; já o *direito em ato*, ou seja, apto a ser exercido no momento da dissolução pela aplicação da norma, permite a renúncia, por inexistir vedação legal para a sua abdicação".[188]

Daí porque, criticamos a proposta apresentada pela CJCODCIVIL, em que se inseriu a faculdade de exclusão prévia do direito real de habitação por contrato de convivência ou pacto antenupcial, no bojo do artigo 426, parágrafo 4º.[189]

3.4 POSSIBILIDADE DE RENUNCIAR DIREITOS HEREDITÁRIOS ANTES DA ABERTURA DA SUCESSÃO

A busca por casais de arranjos contratuais no afã de fazer prevalecer à autonomia patrimonial ocorre, com maior frequência, nas famílias recompostas, ou seja, quando os nubentes já vieram de relacionamento passado, com seus próprios filhos e patrimônio construído. Ainda que inexistam filhos, com ascendentes vivos.

Neste cenário, conforme ensina Mário Delgado, a cláusula de renúncia ao direito de concorrer com descendentes e ascendentes não se trata, propriamente, de uma promessa de renúncia futura, mas de renúncia atual e efetiva, tendo em

---

186. CAHALI, Francisco José. *Contrato de Convivência na União Estável*. São Paulo: Saraiva, 2002, p. 259.
187. PEREIRA, Maria Margarida Silva; HENRIQUES, Sofia. Pensando sobre os Pactos Renunciativos pelo Cônjuge: Contributos para o Projeto de Lei 781/XIII. *Julgar Online*, 2018. Disponível em: https://julgar.pt/pensando-sobre-os-pactos-renunciativos-pelo-conjuge-contributos-para-o-projeto-de-lei-n-o--781xiii/, p. 16.
188. CAHALI, Francisco José. *Contrato de Convivência na União Estável*. São Paulo: Saraiva, 2002, p. 261.
189. Art. 426. "Não pode ser objeto de contrato a herança de pessoa viva. § 1º Não são considerados contratos tendo por objeto herança de pessoa viva, os negócios: [...] II – que permitam aos nubentes ou conviventes, por pacto antenupcial ou convivencial, renunciar à condição de herdeiro [...]§ 4º A renúncia não implica perda do direito real de habitação previsto o no art. 1.831 deste Código, salvo expressa previsão dos cônjuges ou conviventes [...]".

CAPÍTULO III • EXCLUSÃO CONVENCIONAL DA CONCORRÊNCIA SUCESSÓRIA CONJUGAL **131**

vista que os parentes de linha reta já existam e são conhecidos quando da inserção da cláusula. Explica o autor, que o direito concorrencial, nestes casos, refere-se a um direito familiar protetivo presente e atual, que pode ser abdicado.[190]

Malgrado isso, Mário Luiz Delgado defende, com a nossa concordância, que mesmo se compreendido como um direito futuro – em outras palavras, de cuja aquisição não se acabou de acontecer – inexiste, em tese, qualquer restrição à sua renúncia:[191] "Não há dúvida de qualquer direito subjetivo (ou expectativa de direito), de natureza patrimonial, mesmo encontrando-se garantido constitucionalmente, pode ser objeto de renúncia". Explica o autor, que a menção a palavra "contrato" no artigo 426 do Código Civil[192] viabiliza a interpretação de ser permitida a renúncia à herança, vez que é ato unilateral de vontade – livre e espontâneo de dispor de direito de sua titularidade –, arbitrário, emanado dos poderes dispositivos de quem é sujeito de direito legalmente reconhecido. Continuando que:

> Como negócio jurídico unilateral, jamais pode ser confundida com contrato, ainda que a palavra "contrato", referida no art. 426, abarcaria todo e qualquer ato ou negócio jurídico, inclusive os unilaterais, seria atribuir interpretação extensiva a uma norma restritiva de direitos, o que repugna ao sistema jurídico e a todos os cânones hermenêuticos.[193]

Explica-se que a doutrina classifica a renúncia como ato jurídico *stricto sensu* ou como negócio jurídico unilateral, não lhe tratando como contratação, ainda que conste em um instrumento negocial, como o pacto antenupcial, por exemplo, ela não perde a sua característica de ser unilateral.[194] Neste liame, Marcos Bernardes de Mello afirma que em razão da natureza autônoma, "o negócio jurídico unilateral pode ser incluído em negócio jurídico bilateral, sem que se dissolva nele ou perca, de alguma maneira, a sua identidade própria".[195] Em sentido idêntico, Inocêncio Galvão Telles observa que o repúdio é, por essência,

---

190. DELGADO, Mário Luiz. Pacto Sucessório. Renúncia a Direito Concorrencial. Possibilidade. Inteligência do Art. 426 do Código Civil. *Revista Nacional de Direito de Família e Sucessões*, nº 43, jul./ago. 2021 – Parecer, p. 177-178.
191. DELGADO, Mário Luiz. Pacto Sucessório. Renúncia a Direito Concorrencial. Possibilidade. Inteligência do Art. 426 do Código Civil. *Revista Nacional de Direito de Família e Sucessões*, n. 43, jul./ago. 2021 – Parecer, p. 178.
192. Art. 426. "Não pode ser objeto de contrato a herança de pessoa viva".
193. DELGADO. Mário Luiz. *Direito Fundamental de Herança*: Sob a Ótica do Titular do Patrimônio. Indaiatuba: Editora Foco, 2023, p. 45.
194. GUIDI, Ana Letícia Cechinel. *A Renúncia Antecipada de Herança Concorrente pelo Cônjuge no Ordenamento Jurídico Brasileiro*. Tese (Mestrado). Universidade Federal de Santa Catarina. Florianópolis, 2021. Disponível em: https://repositorio.ufsc.br/handle/123456789/229363, p. 88-89.
195. MELLO, Marcos Bernardes de. *Teoria do Fato Jurídico*: Plano da Existência. 23. ed. São Paulo: Saraiva, 2022 (e-book), p. 91.

ato unilateral: "Nunca reveste carácter bilateral ou pactício, ainda que apareça acidentalmente associado a outras estipulações".[196]

Assim sendo, a renúncia ao direito concorrencial sucessório é unilateral, pura e abdicativa, não há qualquer contraprestação. Diferentemente de um contrato, que é ato bilateral, com vantagem financeira para as partes.[197] Conforme exposto no tópico antecessor, este entendimento também é partilhado por Priscila Corrêa da Fonseca.[198] Adiciona-se, outrossim, o endosso de Luiz Roldão de Freitas Gomes a Clóvis Paulo da Rocha, que argumentam ser um descalabro afirmar que todo ato jurídico bilateral consubstancia contrato. Se assim o fosse, seriam contratos:

> [...] a emancipação, o casamento, a separação consensual, a reconciliação dos cônjuges, o reconhecimento dos filhos, a adoção (de maiores), a aquisição da posse em virtude de acordo de vontade, a aquisição da propriedade, a constituição voluntária de direitos reais, a aceitação da herança testamentária, nela compreendidos os legados, a partilha e muitos outros atos que se estendem além do direito privado, inserindo-se no direito processual, no administrativo e no internacional público.[199]

Mormente em relação ao pacto antenupcial, sustenta Débora Gozzo, com o suporte teórico da doutrina italiana, que não seria um contrato, mas um negócio jurídico de direito de família, porque é "um ato jurídico (lato sensu) *pessoal*. Só os nubentes podem ser partes. É *formal*, sendo indispensável a escritura pública. *Nominado*, isto é, previsto em lei. E, por último, é *legítimo* (típico), pois os nubentes têm a sua autonomia limitada pela lei e não podem, consequentemente, estipular que o pacto produzirá efeitos diversos daqueles previstos pela norma jurídica".[200]

Em específico às convenções antenupciais, o doutrinador italiano Roberto de Ruggiero repudia fervorosamente a sua equiparação ao contrato. De acordo com ele, "a convenção matrimonial [...] não se pode considerar como um contrato qualquer, nem se pode equiparar a todos os outros negócios jurídicos que têm conteúdo patrimonial", pois seu "fim [...] supera aqui as intenções egoístas de quem contrata, ultrapassa a esfera do indivíduo e vai mais além: diz respeito

---

196. TELLES, Inocêncio Galvão. *Direito das Sucessões* – Noções Fundamentais. 6. ed. Coimbra: Editora Coimbra, 1991, p. 123.

197. GUÉRCIO NETO, Arthur Del, SANTOS, Carolina Edith Mosmann dos; MASSONETO JUNIOR, João Francisco. A Renúncia Sucessória no Pacto Antenupcial: O Aumento do Clamor Social e a Nova Posição Que Vem Se Formando na Doutrina Brasileira. *IBDFAM*: 2023. Disponível em: https://ibdfam. org.br/artigos/2016/A+ren%C3%BAncia+sucess%C3%B3ria+no+pacto+antenupcial%3A+O+au-mento+do+clamor+social+e+a+nova+posi%C3%A7%C3%A3o+que+vem+se+formando+na+-doutrina+brasileira.

198. FONSECA, Priscila Corrêa da. Reflexões sobre a Renúncia do Cônjuge à Concorrência Sucessória. *Coluna Migalhas*, 2022. Disponível em: https://www.migalhas.com.br/depeso/362139/reflexoes-so-bre-a-renuncia-do-conjuge-a-concorrencia-sucessoria, p. 11.

199. GOMES, Luiz Roldão de Freitas. *Contrato*. 2. ed. Rio de Janeiro: Renovar, 2002. p. 21-22.

200. GOZZO, Débora. *Pacto antenupcial*. São Paulo: Saraiva, 1992. p. 30-34.

à família, como organismo ético, social e jurídico e consistente em promover e assegurar a propriedade do consórcio familiar". Como resultado, incide-se "normas particulares", não aplicáveis aos contratos em geral e cuja lógica a eles transcende, notadamente no que se refere à capacidade das pessoas, ao conteúdo e à forma e ao tempo da estipulação.[201]

Como observa Felipe Frank, sem nenhuma contradição ao entendimento doutrinário já firmado no Código de 1916, a codificação civil de 2002 corrigiu o erro terminológico, deixando de se referir ao pacto como contrato antenupcial. Optando-se, com acerto, denominá-lo de pacto antenupcial, ao espelho do que sucede na legislação italiana. Com o que, solidificou-se, que "o contrato teria forma maleável e finalidade estritamente econômica. Isso marcou, em definitivo, sua diferença em relação ao pacto antenupcial, negócio jurídico de direito de família que, nada obstante também seja destinado à regulamentação patrimonial dos cônjuges, tem caráter existencial, essencial ao livre desenvolvimento da personalidade humana".[202]

A distinção da natureza do contrato e da renúncia é, portanto, notória. É irrelevante o "objeto de cada um, bastando que se reconheça: renúncia e contrato são negócios jurídicos completamente diferentes, e por isso não pode estender à renúncia a vedação do artigo 426, CC, já que a norma privada restritiva de direitos não permite a extensão de sua proibição para além do posto na letra fria da lei".[203] Assim sendo:

> Exigir-se um instrumento apartado e individual de renúncia à concorrencialidade seria forçar um dispêndio desnecessário, por mero perfeccionismo formal, ao não reconhecer que uma cláusula de renúncia e um instrumento, independente, firmados em mesma data, têm exatamente o mesmo efeito, e se revestem da mesma legalidade fundamentada acima.[204]

Com razão, observam Carlos Edison do Rêgo Monteiro Filho e Rafael Cândido da Silva, não proceder à afirmação de que nulidade da cláusula de mútua exclusão do direito concorrencial é em decorreria da ausência do objeto, pois não há nada que impeça que o sejam as coisas futuras. É reconhecida a convenção da prestação

---

201. RUGGIERO, Roberto de. *Instituições de Direito Civil* – Direito de Família e Direitos Reais e Posse. 3. ed. São Paulo: Saraiva, 1972, v. II. p. 107-108.
202. FRANK, Felipe. Autonomia Sucessória e Pacto Antenupcial: A Validade da Cláusula Pré-Nupcial de Mútua Exclusão da Concorrência Sucessória dos Cônjuges. *Revista de Direito Civil Contemporâneo*. São Paulo: Ed. RT, jul./set. 2021, v. 28, ano 8. p. 217-246. p. 225.
203. ELY, Gabriel Delving. Legalidade da Renúncia Prévia ao Direito Concorrencial à Herança no Brasil e a Vedação aos Pactos Sucessórios. *Revista IBDFAM*: Família e Sucessões. Belo Horizonte: IBDFAM, v. 62, p. 120, mar./abr. 2024.
204. ELY, Gabriel Delving. Legalidade da Renúncia Prévia ao Direito Concorrencial à Herança no Brasil e a Vedação aos Pactos Sucessórios. *Revista IBDFAM*: Família e Sucessões. Belo Horizonte: IBDFAM, p. 121, v. 62, mar./abr. 2024.

a ser realizada por ocasião do advento de um termo pela codificação civil. Este termo pode ser de um evento futuro de ocorrência certa ou data específica, não o descaracterizando a impossibilidade de precisá-lo, desde que sua ocorrência no futuro seja certa. Hipótese na qual se enquadra o evento morte. Assim sendo, "sob o ponto de vista literal, não há nada que impeça a celebração de negócios jurídicos cuja eficácia fique subordinada à morte de uma parte ou de terceiros".[205]

Nos casos em que intencionou impor vedação à renúncia a direito futuro o Código Civil é explícito, a citar de forma exemplificativa os artigos 424[206] e 556.[207] Se a impossibilidade de renúncia a direito futuro fosse inerente ao ordenamento brasileiro, as proibições impostas nos artigos referenciados seriam despicienda,[208] de tal maneira que, inexiste disposição que vede a renúncia de direitos hereditários antes da abertura da sucessão.[209] Concluindo, corretamente, que apesar de haver outras tantas situações além dessas duas de proibição à renúncia de direito futuro, fato é que "a regra é a sua renunciabilidade, assim como a possibilidade de renúncia à expectativa de um direito. Afinal de contas, quando se opta pelo regime de separação, não se renuncia ao direito futuro de comunicação dos aquestos?".[210] Logo, não se afigura "impeditivo convencionar precedente renúncia a típico benefício vidual, com natureza jurídica de direito *assistencial* e não sucessória":

> Esses direitos viduais são e sempre foram benefícios renunciáveis, como renunciáveis são todos os direitos concedidos por lei, ao menos que esta renúncia seja contrária ao interesse e à ordem pública ou realizada em prejuízo de terceiro, fatos que não sucedem na renúncia de um direito vidual como dele são exemplos o usufruto e o benefício concorrencial. Somente a legítima dos descendentes que são chamados em primeiro lugar, conserva suas características de direito inviolável e irrenunciável, como manteria iguais características acaso fossem chamados à herança os ascendentes pela ausência dos herdeiros da classe anterior.[211]

---

205. MONTEIRO FILHO, Carlos Edison do Rêgo; SILVA, Rafael Cândido da. A Proibição dos Pactos Sucessórios: Releitura Funcional de uma Antiga Regra. R*evista dos Tribunais Online*. São Paulo, v. 17, n. 72, p. 169-194, 2016. Disponível em: https://bd.tjdft.jus.br/jspui/handle/tjdft/42893, p. 176-177.

206. Art. 424. "Nos contratos de adesão, são nulas as cláusulas que estipulem a renúncia antecipada do aderente a direito resultante da natureza do negócio".

207. Art. 556. "Não se pode renunciar antecipadamente o direito de revogar a liberalidade por ingratidão do donatário".

208. DELGADO, Mário Luiz; MARINHO JÚNIOR, Jânio Urbano. Posso Renunciar à Herança em Pacto Antenupcial: *Revista IBDFAM*: Família e Sucessões. Belo Horizonte: IBDFAM, v. 31, p. 17. Jan./fev. 2019.

209. DELGADO, Mário Luiz. Da Renúncia Prévia ao Direito Concorrencial por Cônjuges ou Companheiros. *Consultor Jurídico*: abr. 2019. Disponível em: https://www.conjur.com.br/2019-abr-07/processo-familiar-renuncia-previa-direito-concorrencial-conjuge-companheiro/.

210. DELGADO, Mário Luiz. Pacto Sucessório. Renúncia a Direito Concorrencial. Possibilidade. Inteligência do Art. 426 do Código Civil. *Revista Nacional de Direto de Família e Sucessões*, n. 43, jul./ago. 2021 – Parecer, p. 178.

211. MADALENO, Rolf. Renúncia de Herança no Pacto Antenupcial. In: PEREIRA, Rodrigo da Cunha e DIAS, Maria Berenice (Coord.). *Família e Sucessões*: Polêmicas, Tendências e Inovações. Belo Horizonte: IBDFAM, 2018, p. 64 e 92.

CAPÍTULO III • EXCLUSÃO CONVENCIONAL DA CONCORRÊNCIA SUCESSÓRIA CONJUGAL

Quanto aos direitos futuros, expõe o escritor que os direitos sucessórios são direitos futuros *não deferidos*,[212] "porquanto submetidos a termo indeterminado, evento futuro e certo, porém de data incerta, que é a morte do autor da sucessão". E que, os pertinentes aos parceiros afetivos são ainda subordinados a uma condição (evento futuro e incerto), isto é, a permanência do vínculo conjugal, nos termos do artigo 1.830 do Código Civil.[213] Sendo, de igual forma, compreendidos como direitos adquiridos, pela própria definição apresentada no parágrafo segundo do artigo 6º da Lei de Introdução às normas do Direito Brasileiro, que abriga tanto os direitos atuais, quanto os condicionados e a termo:[214] "§ 2º Consideram-se adquiridos assim os direitos que o seu titular, ou alguém por êle, possa exercer, como aquêles cujo comêço do exercício tenha têrmo pré-fixo, ou condição pré-estabelecida inalterável, a arbítrio de outrem".

Alerta Mário Delgado constituir erro gravíssimo confundir direitos futuros, expectativos ou expectados com expectativa de direito:

> Enquanto a expectativa é uma situação sem significação no mundo jurídico, o direito expectativo é irradiação de efeito de negócio jurídico que já existe, como no caso do negócio subordinado à condição suspensiva, cujo titular já tem o direito (expectativo) de adquirir o direito objeto do negócio jurídico (direito expectado) assim que a condição se implementar. Em outras palavras, o direito expectativo é o direito (já adquirido, já incorporado ao patrimônio) de adquirir outro direito, chamado de expectado, que é o direito dependente de condição, termo ou encargo. Assim, quando falamos em direitos condicionais ou a termo, estamos, na verdade, aludindo a dois direitos: o expectativo e o expectado.[215]

Com isso, tem-se que no momento da implementação da cláusula de mútua exclusão ao direito de concorrência sucessória, o casal já é titular do direito (expectativo), advindo do laço conjugal, de adquirir o direito sucessório concorrencial (direito expectado) quando da ocorrência do termo (morte), desde que

---

212. "Dentre os direitos futuros devem-se distinguir os deferidos e os não deferidos. Os deferidos só dependem do arbítrio do adquirente para se incorporarem ao seu patrimônio. O não deferido se subordina a um fato ou condição e não se incorporou, e talvez não se incorpore, ao patrimônio do titular, por razões alheias à sua vontade [...] Como direitos futuros tanto se compreendem o direito condicional como o eventual, respectivamente, quando dependem do implemento de determinada condição, ou de evento previsível". In: FRANÇA, Rubens Limongi (Coord.). *Enciclopédia Saraiva do direito*. São Paulo: Saraiva, 1977. v. 27. p. 171.

213. Art. 1.830. "Somente é reconhecido direito sucessório ao cônjuge sobrevivente se, ao tempo da morte do outro, não estavam separados judicialmente, nem separados de fato há mais de dois anos, salvo prova, neste caso, de que essa convivência se tornara impossível sem culpa do sobrevivente".

214. DELGADO, Mário Luiz. Pacto Sucessório. Renúncia a Direito Concorrencial. Possibilidade. Inteligência do Art. 426 do Código Civil. *Revista Nacional de Direto de Família e Sucessões*, n. 43, jul./ago. 2021 – Parecer, p. 178-179.

215. DELGADO, Mário Luiz. Pacto Sucessório. Renúncia a Direito Concorrencial. Possibilidade. Inteligência do Art. 426 do Código Civil. *Revista Nacional de Direto de Família e Sucessões*, n. 43, jul./ago. 2021 – Parecer, p. 179.

não verificada a condição resolutiva (extinção da conjugalidade). E sendo assim, são perfeitamente renunciáveis direitos expectativo e expectado sem depender da data de abertura da sucessão.[216] Daí porque, também sob esta ótica, que a mútua exclusão do direito de concorrência já é possível ser feita *de lege lata*.

Pelas razões expostas é que nos contrapomos à interpretação extensiva do artigo 426 do Código Civil, que injustificadamente prevalece até os dias atuais na doutrina, embora construída sob a exegese do Código Civil de 1916. Sintetizada por Pontes de Miranda da seguinte forma:

> No direito brasileiro, não se admite qualquer contrato sucessório, nem a renúncia a herança. Estatui o Código Civil, art. 1.089: "Não pode ser objeto de contrato de pessoa viva". A regra jurídica, a despeito dos dois termos empregados "contrato" e "herança", tem de ser entendida como se estivesse escrito: "Não pode ser objeto de negócio jurídico unilateral, bilateral ou plurilateral a herança ou qualquer elemento da herança de pessoa viva". Não importa quem seja o outorgante (o *de cujo* ou o provável herdeiro ou legatário), nem quem seja o outorgado (cônjuge, provável herdeiro ou legatário, ou terceiro).[217]

Com máximo respeito às posições divergentes, sequer na própria obra de Pontes de Miranda vislumbra-se qualquer justificativa a exegese dada pelo autor – que contraria os preceitos da hermenêutica – e seguida cegamente pela doutrina, a não ser a repetição acrítica da vedação generalizada dos pactos sucessórios pelo direito romano. Tanto o é, que para fundamentar o seu posicionamento, Pontes de Miranda precisou recorrer da alteração do texto da lei.

3.5 PACTOS SUCESSÓRIOS ADMITIDOS NO ORDENAMENTO JURÍDICO BRASILEIRO

Como ensina Guilherme Braga da Cruz, a expressão "pacto sucessório", em sentido amplo, compreende todo e qualquer contrato cujo objeto seja herança de pessoa viva. A construção jurídica quanto à classificação das modalidades de pacto sucessório foi formulada pelos romanos e é utilizada até os dias atuais.[218] Toma-se como necessário a análise destas modalidades (*pacta corvina*), para que se obtenha a compreensão da extensão da norma proibitiva do artigo 426 do Código Civil[219] e,

---

216. DELGADO, Mário Luiz. Pacto Sucessório. Renúncia a Direito Concorrencial. Possibilidade. Inteligência do Art. 426 do Código Civil. *Revista Nacional de Direto de Família e Sucessões*, n. 43, jul./ago. 2021 – Parecer, p. 179-180.

217. MIRANDA, Francisco Cavalcanti Pontes de. *Tratado de Direito Privado*. Parte Especial. Rio de Janeiro: Borsoi, 1970, Tomo XXXVIII. Direito das Obrigações. Negócios jurídicos Unilaterais Direito Cambiariforme. Duplicata Mercantil. Outros Títulos cambiariformes. p. 127.

218. CRUZ, Guilherme Braga da. Os Pactos Sucessórios na História do Direito Português. *Revista da Faculdade de Direito da Universalidade de São Paulo*. v. 06, p. 94, 1965.

219. Art. 426. "Não pode ser objeto de contrato a herança de pessoa viva".

CAPÍTULO III • EXCLUSÃO CONVENCIONAL DA CONCORRÊNCIA SUCESSÓRIA CONJUGAL **137**

em consequência, a apuração da possibilidade de celebração de algumas delas.[220] Rompendo-se, com isso, a interpretação "hiperbolizada" do referido dispositivo legal, que vem atingindo situações não abrangidas em seu conteúdo restritivo.[221]

As categorias[222] fundamentais de pacto sucessório são: pactos aquisitivos ou "*de sucedendo*"; pactos renunciativos ou "*de non sucedendo*"; e pactos sobre a sucessão de terceiro ou "*de hereditate tertii*":[223]

a) Pactos aquisitivos ou "*de sucedendo*": equivale ao que se denomina no direito sucessório lusitano de "instituição contratual", pois congregam a instituição de herdeiros (se a título universal) ou legatários (se a título particular). Na legislação pátria, pode-se considerar como um pacto aquisitivo a doação *mortis causa*: quando "o disponente prevê a transferência de bem(ns) do seu patrimônio, a título gratuito, para depois da sua morte";[224]

b) Pactos renunciativos ou "*de non sucedendo*": são aqueles em que há a renúncia de um ou de ambos os contratantes à sucessão do outro. É facultado a esta renúncia à nomeação de pessoa beneficiária, porém, obrigatoriamente deve o titular cuja sucessão se refere intervir no ato com sua aceitação. O seu conteúdo e extensão dependem do objeto. No ordenamento jurídico brasileiro, tratando-se de renúncia à herança, há vedação que se restrinja a bens determinados ou à parte do acervo hereditário, nos termos do artigo 1.808 do Código Civil,[225] cuja norma, porém, não se aplica a renúncia antes da abertura da sucessão, conforme visto no tópico anterior. "Por outro lado, a renúncia ao direito concorrencial pelo cônjuge ou pelo companheiro, que não se confunde com renúncia à herança ou com renúncia à condição de herdeiro, é juridicamente possível, sem óbices de ingresso no plano da validade, não obstante a atual redação do art. 426".[226]

---

220. DELGADO, Mário Luiz. Pacto Sucessório. Renúncia a Direito Concorrencial. Possibilidade. Inteligência do Art. 426 do Código Civil. *Revista Nacional de Direto de Família e Sucessões*, n. 43, jul./ago. 2021 – Parecer, p. 183.

221. DELGADO, Mário Luiz. Da Renúncia Prévia ao Direito Concorrencial por Cônjuges ou Companheiros. *Consultor Jurídico*: 07 de abril de 2019. Disponível em: https://www.conjur.com.br/2019-abr-07/processo-familiar-renuncia-previa-direito-concorrencial-conjuge-companheiro/.

222. Itabaiana de Oliveira faz referência, ainda, a uma quarta categoria, a qual é designada de "*pacto de mutua sucessione*", em que há uma instituição mútua de herdeiro. OLIVEIRA, Arthur Vasco Itabaiana de. *Tratado de Direito das Sucessões*. Da Sucessão Geral e Da Sucessão Legítima. 4. ed. São Paulo: Max Limonad, 1952, v. 01. p. 71-72.

223. CRUZ, Guilherme Braga da. Os Pactos Sucessórios na História do Direito Português. *Revista da Faculdade de Direito da Universalidade de São Paulo*. v. 06, p. 94-97, 1965.

224. GAGLIANO, Pablo Stolze; PAMPLONA FILHO, Rodolfo. *Manual de Direito Civil*. 6. ed. São Paulo: Saraiva, 2022 (e-book), v. único. p. 884.

225. Art. 1.808. "Não se pode aceitar ou renunciar a herança em parte, sob condição ou a termo".

226. DELGADO, Mário Luiz. Pacto Sucessório. Renúncia a Direito Concorrencial. Possibilidade. Inteligência do Art. 426 do Código Civil. *Revista Nacional de Direto de Família e Sucessões*, n. 43, jul./ago. 2021 – Parecer, p. 184.

c) Pactos sobre a sucessão de terceiro ou "*de hereditate tertii*": referem-se aqueles em que a renúncia à herança se opera sem a intervenção e aceitação da pessoa cujo patrimônio se trata. O legislador foi expresso quando almejou impedir os pactos dispositivos. Assim é a vedação a cessão de direitos hereditários celebrada entre herdeiro e terceiro, enquanto vivo o titular do patrimônio objeto da avença,[227] com fulcro nos artigos 426 e 1.793,[228] ambos do Código Civil.

A abdicação do direito de concorrer com outros herdeiros em sucessão futura, não se confunde e, tampouco deve receber o mesmo tratamento dos pactos *hereditate tertii*. Isto porque, em congruência à legislação primitiva, no artigo 426 do Código Civil inexiste proibição genérica e absoluta aos pactos sucessórios.[229]

Ao contrário, são várias as exceções admitidas no direito brasileiro. Essas sim têm por objeto a herança de pessoa viva e, indubitavelmente podem impulsionar ao contratante beneficiado interesse pelo fim da vida do titular do patrimônio.[230] A saber, a título exemplificativo: partilha em vida, sobretudo a disciplinada nos artigos 2.014[231] e 2.018,[232] do Código Civil; doação *mortis causa*; hipótese de sucessão das quotas sociais, com amparo legal no artigo 1.028[233] do Código Civil; contratação de seguro de vida e doação com reserva de usufruto vitalício e comodato vitalício. Em acréscimo, a lição de Rolf Madaleno:

> Fosse realmente reprimido contratar herança de pessoa viva também seria proibido aos sócios de uma empresa de responsabilidade limitada consignarem no contrato social a vedação da incorporação ou não dos herdeiros na sociedade, como seria então vetado ao consorte ou ao convivente excluírem do trâmite sucessório uma parte importante do seu

---

227. DELGADO, Mário Luiz; MARINHO JÚNIOR, Jânio Urbano. Posso Renunciar à Herança em Pacto Antenupcial: *Revista IBDFAM*: Família e Sucessões. Belo Horizonte: IBDFAM, v. 31, p. 17, jan./fev. 2019.

228. Art. 1.793. "O direito à sucessão aberta, bem como o quinhão de que disponha o coerdeiro, pode ser objeto de cessão por escritura pública".

229. DELGADO, Mário Luiz. Pacto Sucessório. Renúncia a Direito Concorrencial. Possibilidade. Inteligência do Art. 426 do Código Civil. *Revista Nacional de Direto de Família e Sucessões*, n. 43, jul./ago. 2021 – Parecer, p. 184.

230. FONSECA, Priscila Corrêa da. Reflexões sobre a Renúncia do Cônjuge à Concorrência Sucessória. *Coluna Migalhas*, 2022. Disponível em: https://www.migalhas.com.br/depeso/362139/reflexoes-sobre-a-renuncia-do-conjuge-a-concorrencia-sucessoria, p. 10.

231. Art. 2.014. "Pode o testador indicar os bens e valores que devem compor os quinhões hereditários, deliberando ele próprio a partilha, que prevalecerá, salvo se o valor dos bens não corresponder às quotas estabelecidas".

232. Art. 2.018. "É válida a partilha feita por ascendente, por ato entre vivos ou de última vontade, contanto que não prejudique a legítima dos herdeiros necessários".

233. Art. 1.028. "No caso de morte de sócio, liquidar-se-á sua quota, salvo:
    I – se o contrato dispuser diferentemente;
    II – se os sócios remanescentes optarem pela dissolução da sociedade;
    III – se, por acordo com os herdeiros, regular-se a substituição do sócio falecido".

CAPÍTULO III • EXCLUSÃO CONVENCIONAL DA CONCORRÊNCIA SUCESSÓRIA CONJUGAL **139**

patrimônio por meio de um contrato de seguro de vida ou através de uma expressiva e direcionada previdência privada.[234]

Como constatado, as exceções consagradas no ordenamento brasileiro à vedação aos pactos sucessórios são diversas, o que torna evidente que a restrição à pactuação sucessória não é absoluta, de modo que a exegese do artigo 426 deve ser feita, impreterivelmente, na forma restritiva. Com o que, compreende somente "a proibição expressa na dicção da lei, qual seja, a de se contratar a herança de pessoa viva, sem participação dessa pessoa. Vale dizer, o que está vedado de forma expressa no Código Civil é a cláusula contratual que tenha por objeto a "herança" de pessoa diversa das partes contratantes", em outras palavras, os pactos dispositivos ou "*de hereditate tertii*".[235]

É justamente sob esse olhar atento, "que se deve fazer a leitura do artigo 426, quando dispõe que não pode ser objeto de contrato a herança de pessoa viva. Assim, a pactuação sobre o acervo de bens ou sobre bens determinados e que integrariam a 'herança' estariam vedadas. Mas não o estariam a renúncia ao direito de suceder alguém ou a renúncia ao direito concorrencial pelo cônjuge ou pelo companheiro".[236] Diante da reflexão amiúde que o tema merece, infere-se não haver vedação à renúncia ao direito concorrencial no direito pátrio, a qual sequer está inserida no escopo do artigo 426 da codificação civil.[237]

3.6 ANÁLISE SISTEMÁTICA DO ARTIGO 426 DO CÓDIGO CIVIL

Guilherme Braga da Cruz expõe que a Constituição de Quaestione, do imperador Justiniano – que deu origem aos pactos sucessórios – foi tomada pelos romanistas como uma proibição genérica a todos os pactos sucessórios, embora desautorizasse apenas os de natureza *hereditate tertii*.[238] Entretanto, ilustra o autor que no início do século XVI, a aceitação generalizada dos pactos sucessórios nos

---

234. MADALENO, Rolf. Renúncia de Herança no Pacto Antenupcial. In: PEREIRA, Rodrigo da Cunha e DIAS, Maria Berenice (Coord.). *Família e Sucessões*: Polêmicas, Tendências e Inovações. Belo Horizonte: IBDFAM, 2018, p. 52.

235. DELGADO, Mário Luiz. Da Renúncia Prévia ao Direito Concorrencial por Cônjuges ou Companheiros. *Consultor Jurídico*: 07 abr. 2019. Disponível em: https://www.conjur.com.br/2019-abr-07/processo-familiar-renuncia-previa-direito-concorrencial-conjuge-companheiro/.

236. DELGADO, Mário Luiz. Da Renúncia Prévia ao Direito Concorrencial por Cônjuges ou Companheiros. *Consultor Jurídico*: 07 abr. 2019. Disponível em: https://www.conjur.com.br/2019-abr-07/processo-familiar-renuncia-previa-direito-concorrencial-conjuge-companheiro/.

237. FONSECA, Priscila Corrêa da. Reflexões sobre a Renúncia do Cônjuge à Concorrência Sucessória. *Coluna Migalhas*, 2022. Disponível em: https://www.migalhas.com.br/depeso/362139/reflexoes-sobre-a-renuncia-do-conjuge-a-concorrencia-sucessoria, p. 11.

238. CRUZ, Guilherme Braga da. Os Pactos Sucessórios na História do Direito Português. *Revista da Faculdade de Direito da Universalidade de São Paulo*. v. 06, p. 105, 1965.

contratos antenupciais já tinha adquirido bastante força em todos os países da Europa ocidental:

> Os contratos antenupciais, que revestiam ao tempo a natureza de verdadeiros pactos de família, eram o terreno ideal para a estipulação da mais variada gama de arranjos sucessórios tendentes a manter o lustre das famílias e a conservação da integridade das fortunas através das gerações. E, por isso mesmo, a hostilidade romanística aos pactos sucessórios rendia-se aqui totalmente perante o argumento do *favor matrimonii*, aceitando em têrmos gerais a validade dos pactos celebrados nesse momento pelos esposados entre si, ou entre êles e os seus familiares.[239]

O dogma jurídico de que os princípios gerais referentes à proibição dos pactos sucessórios não tinham aplicação nas convenções matrimoniais pendurou no direito lusitano até o advento do Código Civil de 1867, o qual seguiu os moldes do Código Napoleônico, que, por seu turno, manteve viva a primitiva hostilidade romana contra todos os pactos sobre sucessão futura.[240] O legislador brasileiro, influenciado pela tradição romanística integrada no Código Civil Napoleônico, adotou a proibição genérica dos pactos sucessórios. A redação do artigo 426 do Código Civil – idêntica ao texto do artigo 1.089 do Código Civil de 1916 –, dispõe que: "Não pode ser objeto de contrato a herança de pessoa viva".

O Código Civil de 2002 nasceu duplamente velho. A sua origem adveio de um projeto apresentado mais de um quarto de século antes, mais especificamente, na década de 1970 (velho cronologicamente) e o seu conteúdo não era congruente com o pensamento jurídico e valores predominantes no início do século XXI (velho axiologicamente).[241] Sobre isto, Gustavo Tepedino assevera que a codificação civil nasceu velha, sobretudo, "por não levar em conta a história constitucional brasileira e a corajosa experiência jurisprudencial que protegem a personalidade humana mais do que a propriedade, o ser mais do que o ter, os valores existenciais mais do que os patrimoniais". Quanto ao direito de família, prossegue o autor, que o mal maior "é a reprodução de uma dogmática matrimonialista institucionalizada, que focaliza na família através da lente do casamento e dos seus diversos regimes patrimoniais".[242]

---

239. CRUZ, Guilherme Braga da. Os Pactos Sucessórios na História do Direito Português. *Revista da Faculdade de Direito da Universalidade de São Paulo*. v. 06, p. 107-108, 1965.

240. CRUZ, Guilherme Braga da. Os Pactos Sucessórios na História do Direito Português. *Revista da Faculdade de Direito da Universalidade de São Paulo*. v. 06, p. 114, 119-120, 1965.

241. RIBEIRO, Raphael Rego Borges. O *Direito das Sucessões e a Constituição Federal de 1988*: Reflexão Crítica Sobre os Elementos do Fenômeno Sucessório à Luz da Metodologia Civil-Constitucional. Tese (Doutorado). Universidade Federal da Bahia, Salvador, 2019. Disponível em: https://repositorio.ufba.br/handle/ri/31687, p. 45.

242. TEPEDINO, Gustavo. *O Novo Código Civil*: Duro Golpe na Recente Experiência Constitucional Brasileira. Editorial. RTDC, v. 07, 2001. Disponível em: chrome-extension://efaidnbmnnnibpcajpcglclefindmkaj/http://www.tepedino.adv.br/wpp/wp-content/uploads/2012/09/RTDC.Editorial.v.007.pdf.

CAPÍTULO III • EXCLUSÃO CONVENCIONAL DA CONCORRÊNCIA SUCESSÓRIA CONJUGAL

Ainda assim, a justificar pela suposta clareza dos termos da lei, que não admitiria outra interpretação, a doutrina logo proclamou a ausência de exceções ao texto legal do artigo 426, embora tenha havido vozes que sustentassem ao menos duas possibilidades –[243] entre elas, Clóvis Beviláqua, conforme se verá mais adiante. De forma que, a legislação pátria presenciou longo período de silêncio nos debates acerca do tema.[244]

O ramo do direito das famílias e sucessões foi impulsionado por grandes mudanças nos últimos anos, como, *v.g.*, o reconhecimento do divórcio como direito potestativo, a igualdade na filiação, a modificação no rol dos herdeiros legitimários e a equiparação do convivente com o cônjuge na sucessão legítima. É com base neste cenário, que Ana Letícia Cechinel Guidi alerta, com razão, pela necessidade de se fazer uma releitura ao artigo 426 do Código Civil, tomando o contexto social no qual foi inserido, que não mais representa a realidade atual.[245] Em relação ao tema, bem pontua Carlos Maximiliano sobre a indispensabilidade de se interpretar a norma de acordo com as mudanças implementadas na sociedade ao longo do tempo:

> Não é possível que algumas séries de normas, embora bem feitas, sintéticas, espelhem todas as faces da realidade: *neque leges, neque senatusconsulta ita scribi possunt, ut omnes casus qui quandoque inciderint comprehendantur* – "nem as leis nem os senátus-consultos podem ser escritos de tal maneira que em seu contexto fiquem compreendidos todos os casos em qualquer tempo ocorrentes".
>
> Por mais hábeis que sejam os elaboradores de um Código, logo depois de promulgado surgem dificuldades e dúvidas sobre a aplicação de dispositivos bem redigidos. Uma centena de homens cultos e experimentados seria incapaz de abranger em sua visão lúcida a infinita variedade dos conflitos de interesses entre os homens. Não perdura o acordo estabelecido, entre o texto expresso e as realidades objetivas. Fixou-se o Direito Positivo; porém a vida continua, evolve, desdobra-se em atividades diversas, manifesta-se sob aspectos múltiplos: morais, sociais, econômicos.
>
> Transformam-se as situações, interesses e negócios que teve o Código em mira regular. Surgem fenômenos imprevistos, espalham-se novas ideias, a técnica revela coisas cuja existência ninguém poderia presumir quando o texto foi elaborado. Nem por isso se deve

---

243. SILVA, Rafael Cândido da. Pactos Sucessórios: *Ensaio sobre a Perspectiva Funcional da Autonomia Privada na Sucessão causa mortis*. Universidade do Estado do Rio de Janeiro. Tese (Mestrado). Rio de Janeiro, 2017, Disponível em: https://www.bdtd.uerj.br:8443/bitstream/1/9789/1/Rafael%20Candido%20da%20Silva%20versao%20final%20protegido.pdf, p. 22.

244. MONTEIRO FILHO, Carlos Edison do Rêgo; SILVA, Rafael Cândido da. A Proibição dos Pactos Sucessórios: Releitura Funcional de uma Antiga Regra. *Revista dos Tribunais Online*. São Paulo, v. 17, n. 72, p. 169-194, 2016. Disponível em: https://bd.tjdft.jus.br/jspui/handle/tjdft/42893, p. 170.

245. GUIDI, Ana Letícia Cechinel. *A Renúncia Antecipada de Herança Concorrente pelo Cônjuge no Ordenamento Jurídico Brasileiro*. Tese (Mestrado). Universidade Federal de Santa Catarina. Florianópolis, 2021. Disponível em: https://repositorio.ufsc.br/handle/123456789/229363, p. 74.

censurar o legislador, nem reformar a sua obra. A letra permanece: apenas o sentido se adapta às mudanças que a evolução opera na vida social.[246]

O autor explicita que no campo legislativo não mais cabe a nenhum jurista repetir o antigo dogma axiomático *"in claris cessat interpretatio"* (lei clara não carece de interpretação), afirmativa sem nenhum valor científico.[247] Em contrassenso a esta máxima, é justamente pela análise perfunctória do artigo 426 – adotada pela maioria dos operadores de direito que negam a exclusão prévia do direito concorrencial – que se denota ser proibida qualquer forma de contratação de herança, sem maiores digressões. Isto porque, a interpretação puramente literal, também conhecida como gramatical, restringe-se apenas a firmar o sentido do texto legal, de modo a sanar eventual obscuridade com o significado literal das palavras.[248] Sobre a manutenção aparentemente intacta do referido dispositivo legal há mais de século, bem observa Rafael Cândido da Silva:

> A abordagem unitária da regra proibitiva, o seu caráter genérico, a aceitação acrítica pela comunidade jurídica, a repetição das fórmulas e lições manualística, a raridade de profundos estudos do tema e, por fim, o exacerbado apego moral de um de seus fundamentos, o *votum capitandae mortis*, talvez sejam esses alguns dos motivos pelos quais a disposição legal se mantenha aparentemente intacta durante praticamente um século, representando um verdadeiro fóssil em nosso sistema. Não que a norma não tenha sua razão de ser, mas as grandes transformações sociais, que implicaram na adequação das normas civis em vários seguimentos do direito civil, tudo isso não foi capaz de suscitar o debate sobre o atual art. 426 do Código Civil.[249]

Ora, os domínios da hermenêutica não se limitam aos textos defeituosos, ao invólucro verbal. O objetivo é identificar o conteúdo da norma, o sentido e alcance das expressões do direito. "Obscuras ou claras, deficientes ou perfeitas, ambíguas ou isentas de controvérsia, todas as frases jurídicas aparecem aos modernos como suscetíveis de interpretação". O conceito de clareza não é absoluto: o que se mostra evidente para um, a outro parece obscuro e dúbio. "Basta, às vezes, passar do exame superficial para o rigoroso, sobretudo se jogar com o elemento

---

246. MAXIMILIANO, Carlos. *Hermenêutica e Aplicação do Direito*. Atual. Alysson Mascaro. (Fora de série). 23. ed. Rio de Janeiro: Forense, 2022 (e-book), p. 28.
247. MAXIMILIANO, Carlos. *Hermenêutica e Aplicação do Direito*. Atual. Alysson Mascaro. (Fora de série). 23. ed. Rio de Janeiro: Forense, 2022 (e-book), p. 46.
248. GUIDI, Ana Letícia Cechinel. *A Renúncia Antecipada de Herança Concorrente pelo Cônjuge no Ordenamento Jurídico Brasileiro*. Tese (Mestrado). Universidade Federal de Santa Catarina. Florianópolis, 2021. Disponível em: https://repositorio.ufsc.br/handle/123456789/229363, p. 75.
249. SILVA, Rafael Cândido da. Pactos Sucessórios: Ensaio sobre a Perspectiva Funcional da Autonomia Privada na Sucessão *causa mortis*. Universidade do Estado do Rio de Janeiro. Tese (Mestrado). Rio de Janeiro, 2017. em: https://www.bdtd.uerj.br:8443/bitstream/1/9789/1/Rafael%20Candido%20da%20 Silva%20versao%20final%20protegido.pdf, p. 54.

CAPÍTULO III • EXCLUSÃO CONVENCIONAL DA CONCORRÊNCIA SUCESSÓRIA CONJUGAL

histórico, o sistemático e os valores jurídico-sociais; logo se verificará ser menos translúcida a forma do que se julgava a princípio".[250]

A norma é um instrumento modelado para disciplinar à vida de relação. "O intérprete não pode limitar a tomar conhecimento da fórmula legislativa, mas deve investigar a *ratio iuris*, a sua tarefa não pode variar segundo que seja chamado a aplicar leis <<claras>> ou leis <<ambíguas>>: a clareza não é um *prius* (o pressuposto), mas é um *posterius* (o resultado) da interpretação". A norma "existe e exerce a sua função dentro do ordenamento, e o seu significado muda com o dinamismo e a complexidade do próprio ordenamento; de forma que se impõe uma interpretação evolutiva da lei".[251]

Com isso, compreende-se ser a interpretação literal mais superficial. Cabe em um primeiro momento para estabelecer o primeiro contato com o texto, mas não para apurar o verdadeiro sentido da norma. Portanto, tendo em consideração que a hermenêutica jurídica enseja outras interpretações, cabe-nos analisar o dispositivo sob outro viés, mais adequado à realidade social.[252] "Afinal, a tradição não pode ser um elemento legitimador da regra ora discutida".[253] E mais, há muito está superada a interpretação literal. Sabe-se hoje, que a norma não se confunde com a letra fria da lei.[254] Nas palavras de Pietro Perlingieri:

> O que se deve superar é, portanto, a concepção meramente semântica ou linguística da interpretação, puramente formal do legislador. Se nenhum texto é hermético, já que necessita da análise do intérprete, não se pode omitir o momento <<extralinguístico>>. A palavra é um sinal <<que para além de si mesmo, remete a outra coisa que, por sua vez, possui um caráter essencialmente extralinguístico>>. O sentido não é uma <<qualidade da palavra>>, mas a sua <<relação a uma coisa>>, a um contexto material ou a um contexto de experiência; de forma que, com a palavra <<sentido>> entende-se a senha para a específica relação entre a expressão linguística e a relativa coisa, que é estabelecida através de uma definição. Não existe, portanto, um sentido imanente à palavra: este é a relação (e nada mais) entre o texto e um objeto ao qual se refere. A interpretação deve levar em consideração essa referência necessariamente externa ao texto, resultado estéril qualquer interpretação limitada a um

---

250. MAXIMILIANO, Carlos. *Hermenêutica e Aplicação do Direito. Atualizada por Alysson Mascaro.* (Fora de série). 23. ed. Rio de Janeiro: Forense, 2022 (e-book), p. 48.

251. PERLINGIERI, Pietro. *O Direito Civil na Legalidade Constitucional.* Trad. Maria Cristina De Cicco. Trad. Maria Cristina De Cicco. Rio de Janeiro: Renovar, 2008, p. 616-617.

252. GUIDI, Ana Letícia Cechinel. *A Renúncia Antecipada de Herança Concorrente pelo Cônjuge no Ordenamento Jurídico Brasileiro.* Tese (Mestrado). Universidade Federal de Santa Catarina. Florianópolis, 2021. Disponível em: https://repositorio.ufsc.br/handle/123456789/229363, p. 75-78.

253. SILVA, Rafael Cândido da. *Pactos Sucessórios*: Ensaio sobre a Perspectiva Funcional da Autonomia Privada na Sucessão *causa mortis*. Universidade do Estado do Rio de Janeiro. Tese (Mestrado). Rio de Janeiro, 2017. em: https://www.bdtd.uerj.br:8443/bitstream/1/9789/1/Rafael%20Candido%20da%20 Silva%20versao%20final%20protegido.pdf, p. 179.

254. COSTALUNGA, Karime. *Direito de Herança e Separação de Bens* – Uma Leitura Orientada pela Constituição e pelo Código Civil. São Paulo: Quartier Latin, 2009, p. 140.

<<significado próprio das palavras>>, como se existisse um significado interno ao texto, a prescindir da relação com a realidade exterior. O sentido não é um atributo dos respectivos textos ou palavras: o sentido de um elemento é distinto do sentido da inteira estrutura. Nessa observação reside o fundamento da necessidade, metodológica e hermenêutica, de individualizar <<o contexto de significado no qual uma proposição jurídica está situada, e a sistemática de um texto jurídico>>. A hermenêutica (a teoria da interpretação) revela a conexão fundamental entre realidade e interpretação.[255]

O autor conclui que a proposta de superação do positivismo meramente linguístico revela o constante reenvio do direito positivo a elementos extrapositivos, seja ele social ou natural. "A ampliação da noção de direito positivo e a sua abertura em direção de noções e valores não literalmente e explicitamente subsuntos nos textos jurídicos permite a superação da técnica de subsunção e, em uma concepção unitária da realidade, a apresentação da relação dialética e de integração fato-norma de forma mais realista".[256]

Os motivos que inspiram a regra proibitiva no direito brasileiro dos pactos sucessórios são relatados na experiência do direito alienígena e compreendem, em especial, quatro: (i) imoralidade, na medida em que suscitaria o desejo de morte do outro ("*votum alicujus mortis*"); (ii) violação à ordem pública, porque alteraria a ordem de vocação hereditária; (iii) desrespeito à liberdade de testar, posto a característica de revogabilidade dos testamentos que não se aplicariam à natureza contratual dos pactos; (iv) potencial lesão aos sucessíveis, que não teriam como avaliar e precificar o seu direito.[257] Ricardo Rodrigues Gama[258] acrescenta ainda uma quinta e última razão: o beneficiário do patrimônio poderia se tornar pródigo ou alimentar fantasias destoantes da vida real, tendo em vista o recebimento da herança.[259] Entretanto, os argumentos não se sustentam sob a perspectiva da interpretação sistemática.

O primeiro e maior fundamento da regra proibitiva de pactos sucessórios nas legislações modernas recai na presunção de incitar a torcida pela morte do

---

255. PERLINGIERI, Pietro. *O Direito Civil na Legalidade Constitucional*. Trad. Maria Cristina De Cicco. Trad. Maria Cristina De Cicco. Rio de Janeiro: Renovar, 2008, p. 603-604.
256. PERLINGIERI, Pietro. *O Direito Civil na Legalidade Constitucional*. Trad. Maria Cristina De Cicco. Trad. Maria Cristina De Cicco. Rio de Janeiro: Renovar, 2008, p. 605-606.
257. MONTEIRO FILHO, Carlos Edison do Rêgo; SILVA, Rafael Cândido da. A Proibição dos Pactos Sucessórios: Releitura Funcional de uma Antiga Regra. *Revista dos Tribunais Online*. São Paulo, v. 17, n. 72, p. 169-194, 2016. Disponível em: https://bd.tjdft.jus.br/jspui/handle/tjdft/42893, p. 176.
258. GAMA, Ricardo Rodrigues. *Direito das Sucessões*. Bauru, SP: Edipro, 1996, p. 31.
259. Itabaiana de Oliveira (ob. cit., 1952, p. 73) acrescenta ainda motivo a justificar a regra proibitiva: a impossibilidade de se adquirir ou renunciar a um direito não existente. Entretanto, como exposto na seção 3.4, *data maxima venia*, o raciocínio não se mantém, dado que nada impede a pactuação de coisas futuras. Soma-se ao fato de estar se renunciando tão somente do direito concorrencial e não da condição de herdeiro regular e universal de terceira ordem – ou seja, a herança –, conforme vimos na seção 3.3.

CAPÍTULO III • EXCLUSÃO CONVENCIONAL DA CONCORRÊNCIA SUCESSÓRIA CONJUGAL

outro (*"votum alicujus mortis"*). A expressão latina *pacta corvina* em tradução livre significa acordo do corvo. O corvo é uma ave carnívora famosa por sua astúcia e inteligência, alimenta-se basicamente de animais mortos, sendo, portanto, necrófaga.

Explica José Simão que a analogia feita é justamente em referência aos costumes alimentar dessas aves da família dos corvídeos (seres mortos) e o objeto do contrato (herança de pessoa viva). "O negócio jurídico com tal objeto indicaria o desejo, os votos de morte para aquele de quem a sucessão se trata. Tal como os corvos, que esperam a morte de suas vítimas para se alimentarem, os contratantes estariam avidamente aguardando o falecimento para se apossarem dos bens da herança".[260]

O escopo do legislador foi evitar os negócios jurídicos que culminassem na sanha argentária de alguns prováveis herdeiros, aventando-se até a chance dos pactos sucessórios despertarem a tentação para a prática de crime, fulminando o interessado ao extremo da eliminação daquele de cuja sucessão se refere.[261] Assim sendo, toda a construção legal e doutrinária caminha contra os abutres.[262]

Todavia, aqueles interessados na implementação de disposição pactícia do direito concorrencial são pessoas exatamente opostas ao corvo: são pombas da paz.[263] Interessam-se apenas pelo ser humano, respeitam a manutenção do acervo patrimonial no tronco familial do *de cujus*.[264] Com isso, a justificativa do

---

260. SIMÃO, José Fernando. Análise das Regras do Contrato de Sociedade Quando da Morte dos Sócios e a Vedação de Existência de Pacto Sucessório. *Revista Imes*, jan./jun. 2005 – p. 34-48. Disponível em: https://seer.uscs.edu.br/index.php/revista_direito/article/view/780/650, p. 39.

261. SIMÃO, José Fernando. Análise das Regras do Contrato de Sociedade Quando da Morte dos Sócios e a Vedação de Existência de Pacto Sucessório. *Revista Imes*, jan./jun. 2005 – p. 34-48. Disponível em: https://seer.uscs.edu.br/index.php/revista_direito/article/view/780/650, p. 39.

262. Calha à espécie a preleção de Guilherme Braga da Cruz sobre o fundamento genérico do *votum mortis* aplicável a todas as modalidades de pacto sucessório: "A regra de que os pactos sucessórios são, em princípio, proibidos e feridos de nulidade vão os romanistas desta época sobretudo buscá-la à famosa constituição De quaestione, do imperador Justiniano. Embora esta constituição se refira restrita e concretamente, conforme vimos, aos pactos de *hereditate tertii* – e não à instituição contratual, nem aos pactos renunciativos –, ela é sempre tomada agora pelos romanistas como um a proibição de ordem genérica de todos os pactos sucessórios. E a razão que nela se invoca – o facto de tais pactos implicarem um '*votum mortis*' e, portanto, um perigo para a vida do *de cuius* – é agora apresentada pelos romanistas como justificação da nulidade de todos os pactos sobre a sucessão dum a pessoa viva". CRUZ, Guilherme Braga da. Os Pactos Sucessórios na História do Direito Português. *Revista da Faculdade de Direito da Universalidade de São Paulo*. v. 06, p. 105, 1965.

263. MALUF, Renato. Do Tálamo ao Leito de Procusto, um Susto (as Ingerências da Lei nas Uniões Estáveis). *Coluna Migalhas*, 2017. Disponível em: https://www.migalhas.com.br/depeso/263825/do-talamo-ao--leito-de-procusto--um-susto--as-ingerencias-da-lei-nas-unioes-estaveis.

264. Francisco José Cahali concorda que a cláusula de exclusão da concorrência sucessória não representa pacta corvina, vedada pelo artigo 426, "[...] pois não se está dispondo de direito sucessório em favor de terceiros, mas em benefício do próprio titular do patrimônio (futuro autor da herança), e com a sua concordância, conferindo-lhe liberdade de destinar seu acervo, respeitada a legítima de eventu-

dispositivo supera a tradicional noção de "*votum alicujus mortis*" e passa a cuidar do disponente de quem a sucessão se tratará.[265]

Ao empregar uma interpretação sistemática, observa-se que o argumento moral está em defasagem com a realidade social. Excluir o direito concorrencial com os parentes de linha reta, não atrai a esperança da morte daquele cuja herança se trata. Ao revés, os herdeiros permanecem os mesmos, com exceção do cônjuge, que muito mais preferirá a vida ao falecimento de seu consorte.[266] A morte do outro não trará benefício ao sobrevivente.[267] Cita-se, neste sentido, Francisco José Cahali, segundo quem não há que se falar em *pacta corvina*, "pois não se está dispondo de direito sucessório em favor de terceiros, mas em benefício do próprio titular do patrimônio (potencial autor da herança), e com a sua concordância, conferindo-lhe liberdade de dispor do acervo, respeitada a legítima de outros eventuais herdeiros necessários".[268]

É em decorrência disto, que o Justiniano entendeu, desde os primórdios, que a convenção a respeito da sucessão de um terceiro deixa de ser imoral e de representar um perigo à vida do sucedido, se este expressar o seu consentimento e se houver a preservação deste consentimento até a morte ("*si voluntatem suam eis accommodaverit et in es usque ad extremum vitae spatium perseveraverit*").[269] Ainda sobre o tema, leciona Rolf Madaleno:

> [...] é imperioso concluir que nada realmente se apresenta como odioso ou imoral no fato de os cônjuges em vida abdicarem eventuais heranças conjugais. Primeiro, porque o próprio regime de separação de bens tem o inequívoco propósito de afastar a comunhão de bens, e, em efeito muito mais próximo dos cônjuges, em realidade mediato, porquanto incidente sobre a meação dos bens construídos diariamente na constância do casamento, represen-

---

ais outros herdeiros necessários. Ou seja, a disposição é em favor, e de comum acordo com o único interessado". CAHALI, Francisco José. In: NANNI, Giovanni Ettore (Coord.). *Comentários ao Código Civil*: Direito Privado Contemporâneo. 3. ed. São Paulo: Thomson Reuters Brasil, 2023, p. 1.850.

265. SIMÃO, José Fernando. Análise das Regras do Contrato de Sociedade Quando da Morte dos Sócios e a Vedação de Existência de Pacto Sucessório. *Revista Imes*, jan./jun. 2005 – p. 34-48. Disponível em: https://seer.uscs.edu.br/index.php/revista_direito/article/view/780/650, p. 44.

266. BUCAR, Daniel. Pactos Sucessórios: Possibilidades e Instrumentalização. In: TEIXEIRA, Ana Carolina Brochado; RODRIGUES, Renata de Lima. *Contratos, família e sucessões*: diálogos complementares. Indaiatuba: Editora Foco, 2019, p. 280-281.

267. GUÉRCIO NETO, Arthur Del, SANTOS, Carolina Edith Mosmann dos; MASSONETO JUNIOR, João Francisco. A Renúncia Sucessória no Pacto Antenupcial: O Aumento do Clamor Social e a Nova Posição Que Vem Se Formando na Doutrina Brasileira. *IBDFAM*: 2023. Disponível em: https://ibdfam. org.br/artigos/2016/A+ren%C3%BAncia+sucess%C3%B3ria+no+pacto+antenupcial%3A+O+au-mento+do+clamor+social+e+a+nova+posi%C3%A7%C3%A3o+que+vem+se+formando+na+-doutrina+brasileira.

268. CAHALI, Francisco José; e HIRONAKA, Giselda Maria Fernandes Novaes. *Direito das Sucessões*. 5. ed. São Paulo: Ed. RT, 2014, p. 195.

269. CRUZ, Guilherme Braga da. Os Pactos Sucessórios na História do Direito Português. *Revista da Faculdade de Direito da Universalidade de São Paulo*. v. 06, p. 101, 1965.

tado a renúncia futura e incerta herança uma simples extensão deste incontroverso escopo de separar os bens particulares de cada cônjuge, quanto mais a abdicação de uma herança ainda remota, e de mera especulação, mais ela ficaria condicionada a um sem-número de futuras circunstâncias fáticas que a tornam muito mais remota do que seria a meação.[270]

E mais, causa certa estranheza forçar uma *pacta corvina* inexistente, para a hipótese de exclusão do direito concorrencial, ignorando – conforme análise das situações abordadas no tópico antecessor –, que a própria legislação civil autorize outros tantos instrumentos jurídicos cujo objeto é a herança de pessoa viva. Estes sim despertam sentimentos que atentam contra a integridade de outrem,[271] ao passo que há incoerência no fundamento de *votum alicujus mortis* como proibição dos pactos *de non succedendo*, consoante criticam Carlos Edison do Rêgo Monteiro Filho e Rafael Cândido da Silva:

> A partir da análise das situações aqui ditas limítrofes da proibição dos pactos sucessórios, conclui-se que o principal fundamento para a repugnância do nosso Direito a esses negócios jurídicos, o *votum alicujus mortis*, é rigorosamente questionável, na medida em que outras figuras legalmente previstas atraem, igualmente, a expectativa de morte daquele cuja sucessão se trata. Se o sistema não é anacrônico, no mínimo criticável a apologia à pureza da regra de proibição aos pactos sucessórios no direito brasileiro.[272]

Como visto, na renúncia pura e abdicativa, ambos os nubentes cedem o direito de concorrer com os descendentes e ascendentes na sucessão do outro, de modo a não gerar qualquer expectativa de morte, justamente por inexistir benefício ao renunciante. Fato este que não caracteriza o fator imoral dos pactos sucessórios. Com base nesta mesma lógica, também resta afastado o argumento de que poderia se tornar pródigo ou alimentar fantasias destoantes da vida real.

Lado outro, porém, a impossibilidade de renunciar a tal direito pode gerar uma *pacta corvina* inversa, como explicitam Arthur Del Guércio Neto, Carolina Edith Mosmann dos Santos e João Francisco Massoneto Junior:

> Assim, não podendo eles renunciar antecipadamente, os herdeiros de ambos os cônjuges ficarão em uma situação de tudo ou nada. Ou terão que dividir a herança com o cônjuge, caso seu ascendente (pai ou mãe) faleça primeiro, onde sairão muito prejudicados. Ou

---

270. MADALENO, Rolf. Renúncia de Herança no Pacto Antenupcial. In: PEREIRA, Rodrigo da Cunha e DIAS, Maria Berenice (Coord.). *Família e Sucessões*: Polêmicas, Tendências e Inovações. Belo Horizonte: IBDFAM, 2018, p. 71-72.

271. PITUCO, Alice Pagnoncelli; FLEISCHMANN, Simone Tassinari Cardoso. A Renúncia ao Direito Concorrencial e a Vedação à "Pacta Corvina": Uma Reflexão acerca do Disposto no Artigo 426 do Código Civil. *Civilistica.com*. v.. 11, n. 01, 2022. Disponível em: https://civilistica.emnuvens.com.br/redc/article/view/676, p. 13.

272. MONTEIRO FILHO, Carlos Edison do Rêgo; SILVA, Rafael Cândido da. A Proibição dos Pactos Sucessórios: Releitura Funcional de uma Antiga Regra. *Revista dos Tribunais Online*. São Paulo, v. 17, n. 72, p. 169-194, 2016. Disponível em: https://bd.tjdft.jus.br/jspui/handle/tjdft/42893, p. 179.

poderão ser muito beneficiados, se o cônjuge de seu ascendente (padrasto ou madrasta) falecer primeiro, pois seu ascendente (pai ou mãe) irá adquirir o patrimônio do consorte, que futuramente passará a ser deles. Isso claramente pode despertar a especulação da morte do cônjuge de seu ascendente, não só para obter vantagem no patrimônio do padrasto ou da madrasta, como para não serem prejudicados na herança a que terão direito, gerando uma pacta corvina inversa.[273]

O segundo argumento para a regra proibitiva tampouco se mantém. Não há violação à ordem pública e quebra do sistema dual sucessório no que tange aos pactos de caráter renunciativo, e muito menos na exclusão do direito concorrencial, pois inexiste mudança nas regras sucessórias.[274] Há apenas a retirada dos nubentes da posição de herdeiro eventual e irregular na hipótese de concorrência sucessória com os herdeiros legitimários de primeira e segunda classe (incisos I e II do artigo 1.829, CC/02), o que não tem o condão de criar um novo sistema sucessório, a interferir na sucessão legítima ou testamentária. A ordem de vocação hereditária estabelecida pela lei civil permanece intacta, a qualidade de herdeiros legitimários se mantém aos familiares da linha troncal, assim como ao cônjuge na ausência deles,[275] inexiste afronta ao princípio da intangibilidade da legítima.[276]

Além disso, vale mencionar que nos pactos renunciativos não há uma transferência da condição de herdeiro por força desses negócios jurídicos: "o dispoente ou renunciante não estaria a negociar *id quod superest* a sua própria sucessão, não se interferindo, senão, indiretamente, na devolução dos bens do falecido e no modo de circulação desses bens e direitos advindos da morte de uma pessoa". Então, a exclusão do direito concorrencial não ofende a estrutura dualista da instituição sucessória proclamada pelo artigo 1.786[277] do Código Civil.[278]

---

273. GUÉRCIO NETO, Arthur Del, SANTOS, Carolina Edith Mosmann dos; MASSONETO JUNIOR, João Francisco. A Renúncia Sucessória no Pacto Antenupcial: O Aumento do Clamor Social e a Nova Posição Que Vem Se Formando na Doutrina Brasileira. *IBDFAM*: 2023. Disponível em: https://ibdfam. org.br/artigos/2016/A+ren%C3%BAncia+sucess%C3%B3ria+no+pacto+antenupcial%3A+O+aumento+do+clamor+social+e+a+nova+posi%C3%A7%C3%A3o+que+vem+se+formando+na+-doutrina+brasileira.

274. GUIDI, Ana Letícia Cechinel. *A Renúncia Antecipada de Herança Concorrente pelo Cônjuge no Ordenamento Jurídico Brasileiro*. Tese (Mestrado). Universidade Federal de Santa Catarina. Florianópolis, 2021. Disponível em: https://repositorio.ufsc.br/handle/123456789/229363, p. 86.

275. MADALENO, Rolf. Renúncia de Herança no Pacto Antenupcial. In: PEREIRA, Rodrigo da Cunha e DIAS, Maria Berenice (Coord.). *Família e Sucessões*: Polêmicas, Tendências e Inovações. Belo Horizonte: IBDFAM, 2018, p. 42 e 61.

276. DELGADO, Mário Luiz; MARINHO JÚNIOR, Jânio Urbano. Posso Renunciar à Herança em Pacto Antenupcial. *Revista IBDFAM*: Família e Sucessões. Belo Horizonte: IBDFAM, v. 31 jan./fev. p. 20, 2019.

277. Art. 1.786. "A sucessão dá-se por lei ou por disposição de última vontade".

278. SILVA, Rafael Cândido da. *Pactos Sucessórios*: Ensaio sobre a Perspectiva Funcional da Autonomia Privada na Sucessão *causa mortis*. Universidade do Estado do Rio de Janeiro. Tese (Mestrado). Rio de Janeiro, 2017. em: https://www.bdtd.uerj.br:8443/bitstream/1/9789/1/Rafael%20Candido%20da%20 Silva%20versao%20final%20protegido.pdf, p. 112-113.

CAPÍTULO III • EXCLUSÃO CONVENCIONAL DA CONCORRÊNCIA SUCESSÓRIA CONJUGAL

149

Ademais, "a ordem pública não pode ser concebida como um conjunto de regras estanques e despidas de conteúdo finalístico. Ao revés, o seu próprio conceito deve estar funcionalizando à promoção dos valores da ordem constitucional como uma decorrência da irradiação dos princípios e direitos fundamentais".[279]

Ainda que houvesse interferência na ordem pública, apenas por se tratar de direito de família ou sucessório não é mais correto dizer que é questão de direito indisponível.[280] A citar como exemplo, é o reconhecimento jurídico das uniões entre pessoas do mesmo sexo,[281] embora fosse *contra legem*, em que se marcava opção legislativa de 2002, foi acolhida ressignificação do conceito de família na doutrina e jurisprudência, o que foi viável pela interpretação axiológica de índole constitucional.

O terceiro motivo para a vedação é de que o pacto sucessório ofenderia a liberdade de testar, porque seria disposição irrevogável. O raciocínio também não se sustenta. Como ocorre com um contrato, o pacto sucessório pode ser igualmente alterado, por convenção das partes.[282] Este, aliás, é mais um ponto que demonstra a incompatibilidade entre a renúncia à herança – ato jurídico *stricto sensu* que não admite modulação eficacial (art. 1.808[283]) – e o negócio pactício – ato bilateral, que pode ser alterado pelos nubentes a qualquer momento,[284] desde que haja a mútua concordância (art. 1.639, § 2º[285]). Neste sentido é a pertinente observação de Felipe Frank:

> [...] pacto antenupcial é negócio jurídico bilateral que contempla amplo espaço de modulação eficacial, ao passo que os atos de renúncia da herança são atos jurídicos em sentido estrito, unilaterais e não receptícios, que não permitem modulação eficacial. Não há que se

---

279. SILVA, Rafael Cândido da. *Pactos Sucessórios*: Ensaio sobre a Perspectiva Funcional da Autonomia Privada na Sucessão *causa mortis*. Universidade do Estado do Rio de Janeiro. Tese (Mestrado). Rio de Janeiro, 2017. em: https://www.bdtd.uerj.br:8443/bitstream/1/9789/1/Rafael%20Candido%20da%20Silva%20versao%20final%20protegido.pdf, p. 180.

280. FRANK, Felipe. Autonomia Sucessória e Pacto Antenupcial: A Validade da Cláusula Pré-Nupcial de Mútua Exclusão da Concorrência Sucessória dos Cônjuges. *Revista de Direito Civil Contemporâneo*. São Paulo: Ed. RT, v. 28, ano 8. p. 217-246. jul./set. 2021, p. 235.

281. STF, ADPF 132, rel. Min. Ayres Britto, Tribunal Pleno, j. 05.05.2011, DJe 14.10.2011.

282. GUIDI, Ana Letícia Cechinel. *A Renúncia Antecipada de Herança Concorrente pelo Cônjuge no Ordenamento Jurídico Brasileiro*. Tese (Mestrado). Universidade Federal de Santa Catarina. Florianópolis, 2021. Disponível em: https://repositorio.ufsc.br/handle/123456789/229363, p. 86.

283. Art. 1.808. "Não se pode aceitar ou renunciar a herança em parte, sob condição ou a termo".

284. Daí porque reforçamos o entendimento de não ser a solução correta a proposta de *lege ferenda* que permitiria a renúncia prévia da herança.

285. Art. 1.639. "É lícito aos nubentes, antes de celebrado o casamento, estipular, quanto aos seus bens, o que lhes aprouver.
§ 1º O regime de bens entre os cônjuges começa a vigorar desde a data do casamento.
§ 2º É admissível alteração do regime de bens, mediante autorização judicial em pedido motivado de ambos os cônjuges, apurada a procedência das razões invocadas e ressalvados os direitos de terceiros".

falar, portanto, que a previsão pactícia de exclusão da concorrência sucessória implica renúncia antecipada da herança. Trata-se, em verdade, de disposição negocial havida no bojo pacto antenupcial que afasta, simplesmente, a incidência da regra positiva de concorrência sucessória.[286]

Lado outro, como pontua Rolf Madaleno, na verdade, excluir o direito concorrencial, amplia a liberdade de testar, "ao permitir afastar um herdeiro irregular de um planejamento sucessório que o consorte se apressa em pôr em prática para excluir por outras vias legais o indesejado herdeiro concorrencial".[287]

Ademais, mesmo que houvesse o caráter de irrevogabilidade, ainda sim seria possível reverter à situação ao contemplar o cônjuge na sucessão por meio de testamento, respeitando-se apenas o limite da legítima. Isto, pois, permite uma maior autonomia do próprio patrimônio, sem que haja uma imposição legal para tanto. Por disposição legislativa, a exclusão do direito concorrencial atinge apenas o cônjuge renunciante. Caso, "posteriormente, quiser o sucedido o beneficiá-lo, basta assim dispor por testamento, sem qualquer prejuízo".[288]

Como último fundamento apresentado para coibir a exclusão do direito de concorrência é a potencial lesão ao cônjuge renunciante que seria incapaz de avaliar e precificar a efetiva consistência patrimonial que estaria dispensando. Igualmente questionável esse argumento. *Primus*, porque o matrimônio não pode ser projetado como uma instituição de necessária produção de efeitos patrimoniais, como se as pessoas se casassem por persecuções econômicas; antes do casamento (e mesmo durante), cada consorte tem o seu próprio patrimônio amealhado; além do mais há diversas disposições protecionistas disponíveis no sistema jurídico ao viúvo e ao casal que se pretende amparar mutuamente para uma eventual viuvez,[289] estes sim impossíveis de renúncias prévias. *Secundus*, porque o ordenamento já admite as convenções particulares tendo por elemento a álea. *Tertius*, porque a precificação de um direito eventual escapa a técnica jurídica para alcançar outros ramos da ciência, como matemática, contabilidade e economia. Para os casos extremos, a legislação já confere mecanismo de proteção pela previsão de anulabilidade das convenções celebradas por pródigos

---

286. FRANK, Felipe. Autonomia Sucessória e Pacto Antenupcial: A Validade da Cláusula Pré-Nupcial de Mútua Exclusão da Concorrência Sucessória dos Cônjuges. *Revista de Direito Civil Contemporâneo*. São Paulo: Ed. RT, v. 28, ano 8. p. 217-246. jul./set. 2021, p. 228-229.

287. MADALENO, Rolf. Renúncia de Herança no Pacto Antenupcial. In: PEREIRA, Rodrigo da Cunha e DIAS, Maria Berenice (Coord.). *Família e Sucessões*: Polêmicas, Tendências e Inovações. Belo Horizonte: IBDFAM, 2018, p. 74.

288. FRANK, Felipe. Autonomia Sucessória e Pacto Antenupcial: A Validade da Cláusula Pré-Nupcial de Mútua Exclusão da Concorrência Sucessória dos Cônjuges. *Revista de Direito Civil Contemporâneo*. São Paulo: Ed. RT, v. 28, ano 8. p. 217-246. jul./set. 2021, p. 228.

289. FARIAS, Cristiano Chaves de; ROSENVALD, Nelson. *Curso de Direito Civil. Sucessões*. 9. ed. São Paulo: JusPodivm, 2023, v. 07. p. 339-340.

ou contaminados pelos vícios do dolo, estado de perigo ou lesão,[290] com fulcro no artigo 171, incisos I e II, do Código Civil.[291] *Quartus*, porque o regime de bens é escolhido recíproca e voluntariamente, pela deliberação de ambos, que manifestam, de forma expressa, a vontade de não comunicação dos bens particulares. Conceder direitos patrimoniais a quem declarou não desejar, desperta a confiança no outro e no núcleo familiar, ao passo que aceitar a concorrência sucessória representaria visível comportamento contraditório, incorrendo em abuso do direito por *"venire contra factum proprium"*,[292] sendo que "o problema da contradição das condutas – embora ambas lícitas – acarreta por si só um problema de sistematização, negando-se qualquer permanência de confiança – um dos pilares da relação de família – na relação entre as partes, mesmo que projetada para após a morte".[293]

A análise sistêmica constata que a exclusão do direito concorrencial não esbarra na vedação proposta pelo artigo 426 do Código Civil. Sustentar o contrário é estender, indevidamente, o conteúdo da norma. É necessário que haja o desapego da visão secular de proibição generalizada dos pactos sucessórios, cuja limitada exegese adveio do Código Civil de Napoleão, editado no longínquo ano de 1804, que se mantém pela fossilização acrítica de uma tradição normativa de alto cunho moral, desconectada da complexidade do ordenamento vigente, com previsão de tratamento desigual em relação aos contratos que verdadeiramente contenham o potencial do *votum captandae mortis*. Afinal, "sendo o Direito uma ciência dinâmica influenciado pelo cotidiano das pessoas, o estudo de uma previsão de nulidade genérica não pode se limitar ao texto do dispositivo legal".[294]

Lado outro, a mesma lógica não é passível de aplicação para a hipótese sugerida pela CJCODCIVIL de sucessão contratual, esta sim esbarraria, sobretudo, na violação à ordem pública, pois configura uma espécie de repúdio antecipado, cuja renúncia abrange somente a condição de herdeiro legitimário, sendo notório

---

290. SILVA, Rafael Cândido da. *Pactos Sucessórios*: Ensaio sobre a Perspectiva Funcional da Autonomia Privada na Sucessão *causa mortis*. Universidade do Estado do Rio de Janeiro. Tese (Mestrado). Rio de Janeiro, 2017. em: https://www.bdtd.uerj.br:8443/bitstream/1/9789/1/Rafael%20Candido%20da%20Silva%20versao%20final%20protegido.pdf, p. 114.

291. Art. 171. "Além dos casos expressamente declarados na lei, é anulável o negócio jurídico:

   I – por incapacidade relativa do agente;

   II – por vício resultante de erro, dolo, coação, estado de perigo, lesão ou fraude contra credores".

292. FARIAS, Cristiano Chaves de; ROSENVALD, Nelson. *Curso de Direito Civil. Sucessões*. 9. ed. São Paulo: JusPodivm, 2023, v. 07. p. 359.

293. COSTALUNGA, Karime. *Direito de Herança e Separação de Bens* – Uma Leitura Orientada pela Constituição e pelo Código Civil. São Paulo: Quartier Latin, 2009, p. 151.

294. SILVA, Rafael Cândido da. *Pactos Sucessórios*: Ensaio sobre a Perspectiva Funcional da Autonomia Privada na Sucessão *causa mortis*. Universidade do Estado do Rio de Janeiro. Tese (Mestrado). Rio de Janeiro, 2017. em: https://www.bdtd.uerj.br:8443/bitstream/1/9789/1/Rafael%20Candido%20da%20Silva%20versao%20final%20protegido.pdf, p. 118 e 186.

que a comissão se olvidou do princípio da indivisibilidade da vocação sucessória constante no artigo 1.808 do Código Civil,[295] colocando, assim, em crise a regra da unicidade do repúdio da herança. E, é potencialmente lesivo ao cônjuge sucessível, que fica sujeito a ser desfavorecido perante qualquer pessoa, inclusive até mesmo ante a concubina de seu consorte.

3.7 NÃO RECEPÇÃO DO § 2º, DO ARTIGO 257, NO PROJETO PRIMÁRIO DO CÓDIGO CIVIL DE 1916

Consoante observam Arthur Del Guércio Neto, Carolina Edith Mosmann dos Santos, João Francisco Massoneto Junior[296] e Felipe Frank,[297] a conclusão alcançada da análise do Projeto do Código Civil de 1916 é da exclusão do direito concorrencial não estar elencada na proibição do artigo 426 do Código Civil de 2002, que é idêntico ao do antigo 1.089 do Código Civil de 1916: "Não pode ser objeto de contrato a herança de pessoa viva". Tal redação é de autoria de Clóvis Beviláqua, jurista responsável pela elaboração do anteprojeto da codificação civil de 1916.

Diante da supressão do Senado da proibição à disposição pactícia da herança dos cônjuges inserida por Beviláqua no anteprojeto – *ex vi* § 2º, do artigo 257 –, ao aprovar o Projeto do Código Civil de 1916, que dispunha: "Também não serão validas as convenções ante-nupciaes: 2º Que alterarem a ordem legal da sucessão", o autor assume que, em que pese à tradição jurídica, podem os cônjuges estipular cláusulas relativamente à sua sucessão recíproca, insinuando-se dentre as exceções[298] que rompem a pureza do sistema do Código: "[...] apezar de não permitir o Código Civil os pactos sucessórios, nem os testamentos conjuncticos, nas convenções ante-nupciais, é lícito aos conjuges estabelecer clausulas relativamente à sua sucessão".[299]

---

295. Art. 1.808. "Não se pode aceitar ou renunciar a herança em parte, sob condição ou a termo".
296. GUÉRCIO NETO, Arthur Del, SANTOS, Carolina Edith Mosmann dos; MASSONETO JUNIOR, João Francisco. A Renúncia Sucessória no Pacto Antenupcial: O Aumento do Clamor Social e a Nova Posição Que Vem Se Formando na Doutrina Brasileira. *IBDFAM*: 2023. Disponível em: https://ibdfam.org.br/artigos/2016/A+ren%C3%BAncia+sucess%C3%B3ria+no+pacto+antenupcial%3A+O+aumento+do+clamor+social+e+a+nova+posi%C3%A7%C3%A3o+que+vem+se+formando+na+-doutrina+brasileira.
297. FRANK, Felipe. Autonomia Sucessória e Pacto Antenupcial: A Validade da Cláusula Pré-Nupcial de Mútua Exclusão da Concorrência Sucessória dos Cônjuges. *Revista de Direito Civil Contemporâneo*. . São Paulo: Ed. RT, v. 28, ano 8. p. 217-246, jul./set. 2021, p. 226-227.
298. "O Código Civil, fiel à tradição do nosso direito, condena os pactos sucessórios. [...] Duas exceções, entretanto, insinuaram-se, destruindo a pureza do sistema do Código: a) Nos contratos antenupciais, é lícito aos cônjuges regularem a sua sucessão recíproca [...] b) Podem os pais por ato entre vivos, partilhar os seus bens com os filhos (art. 1.776)". BEVILAQUA, Clóvis. *Código Civil dos Estados Unidos do Brasil Comentado*. Edição histórica. 6. tir. Rio de Janeiro: Editora Rio Estácio Sa, 1958, v. 04. p. 204.
299. BEVILAQUA, Clóvis. *Código Civil dos Estados Unidos do Brasil Comentado*. Edição histórica. 7. tir. Rio de Janeiro: Editora Rio Estácio Sa, 1940, v. 01. p. 639-640.

CAPÍTULO III • EXCLUSÃO CONVENCIONAL DA CONCORRÊNCIA SUCESSÓRIA CONJUGAL | **153**

Verificam-se dois consectários lógicos da não recepção do artigo cujo texto vedava a alteração da ordem de vocação hereditária, em conformidade com a posição de Clóvis Beviláqua. Primeiro: a proibição de modificação da ordem legal da sucessão não estava contemplada no artigo 1089 do Código Civil de 1916, tendo em vista que era expressamente prevista no artigo excluído. Segundo: ao optar por não recepcionar a vedação insculpida no § 2º, do artigo 257, o legislador deixou evidente a intenção de permitir aos cônjuges a implementação de cláusulas relativas à sua sucessão.[300]

Em sentido idêntico, Walter Moraes[301] e Débora Gozzo[302] elucidam que embora o nosso direito tenha optado por seguir a tradição romana e repelir, de um modo geral, a sucessão contratual pelo artigo 1.089 do Código Civil de 1916 (equivalente ao artigo 426 do Código Civil de 2002), há três exceções à regra: (i) doações para depois da morte do doador estipuladas no contrato antenupcial;[303] (ii) faculdade dos nubentes disporem reciprocamente sobre suas respectivas sucessões em contrato antenupcial; e (iii) partilha em vida.[304] Segundo Moraes, o entendimento da possibilidade da segunda exceção "provém de uma interpretação do art. 257 em face da sua tramitação legislativa. Havia no Projeto, diz Beviláqua, prescrição expressa de invalidade também para as convenções que alterassem '*a ordem legal das sucessões*'. Como o dispositivo foi suprimido conclui-se que tais pactos são válidos (!)".[305]

Acrescenta-se que, ao revés de outros dispositivos, igualmente excluídos pelo Senado, não foi apresentada qualquer justificativa para a não recepção do § 2º, do artigo 257, "remetendo ao fato de já haver outro artigo que tratava da mesma situação, o que reforça a conclusão de que tal proibição, de os cônjuges estabelecerem cláusulas relativamente à sua sucessão, não estava abrangida pelo artigo 1.089, do Código Civil de 1916".[306] Ademais, cumpre-se destacar que o

---

300. GUÉRCIO NETO, Arthur Del, SANTOS, Carolina Edith Mosmann dos; MASSONETO JUNIOR, João Francisco. A Renúncia Sucessória no Pacto Antenupcial: O Aumento do Clamor Social e a Nova Posição Que Vem Se Formando na Doutrina Brasileira. *IBDFAM*: 2023. Disponível em: https://ibdfam.org.br/artigos/2016/A+ren%C3%BAncia+sucess%C3%B3ria+no+pacto+antenupcial%3A+O+aumento+do+clamor+social+e+a+nova+posi%C3%A7%C3%A3o+que+vem+se+formando+na+doutrina+brasileira .
301. MORAES, Walter. *Programa de Direito das Sucessões*: Teoria Geral e Sucessão Legítima. São Paulo: Ed. RT, 1980, p. 07-08.
302. GOZZO, Débora. *Pacto antenupcial*. São Paulo: Saraiva, 1992, p. 85.
303. Art. 314, CC/1916. "As doações estipuladas nos contratos antenupciais, para depois da morte do doador, aproveitarão aos filhos do donatário, ainda que este faleça antes daquele".
304. Art. 1.776, CC/1916. "É válida a partilha feita pelo pai, por ato entre vivos ou de última vontade, contanto que não prejudique a legítima dos herdeiros necessário".
305. MORAES, Walter. *Programa de Direito das Sucessões*: Teoria Geral e Sucessão Legítima. São Paulo: Ed. RT, 1980, p. 08.
306. GUÉRCIO NETO, Arthur Del, SANTOS, Carolina Edith Mosmann dos; MASSONETO JUNIOR, João Francisco. A Renúncia Sucessória no Pacto Antenupcial: O Aumento do Clamor Social e a Nova Posição Que Vem Se Formando na Doutrina Brasileira. *IBDFAM*: 2023. Disponível em: https://ibdfam.

antigo artigo 257[307] tem redação similar ao seu correspondente no atual Código, ou seja, o 1.655, que preconiza ser "nula a convenção ou cláusula dela que contravenha disposição absoluta de lei".

Ora, a codificação civil de 2002 nada teve de revolucionária; não houve a pretensão de romper com as estruturas fundantes de 1916. Ao revés, a diretriz dada a Comissão foi justamente de preservar e conservar, sempre que possível, o código anterior.[308] Daí porque, Eduardo Tomasevicius Filho tem razão ao concluir que o Código de 2002 é uma atualização da codificação de 1916, diante da ausência de modificação estrutural das matérias, nem mesmo alterações redacionais (inclusive com repetição *ipsis litteris* de dispositivos).[309]

Portanto, considerando a ausência de modificação substancial na vigente codificação civil, houve a recepção da interpretação do Código Beviláqua em relação ao tema, ao passo que o entendimento da impossibilidade de exclusão do direito de concorrência se originou na doutrina, e não se justifica.[310]

3.8 INEXISTÊNCIA DE LIMITAÇÃO QUANTO À ESTIPULAÇÃO DE BENS, COM FULCRO NO ARTIGO 1.639 DO CÓDIGO CIVIL

Em adição, à conclusão de que a proibição de *pacta corvina* não atinge a regulação da sucessão recíproca nos contratos antenupciais, verifica-se a existência de dispositivo legal específico que regulamenta o que os nubentes podem ou não convencionar quanto aos seus bens antes do casamento. Trata-se, pois, do artigo 1639, do Código Civil:

---

org.br/artigos/2016/A+ren%C3%BAncia+sucess%C3%B3ria+no+pacto+antenupcial%3A+O+aumento+do+clamor+social+e+a+nova+posi%C3%A7%C3%A3o+que+vem+se+formando+na+-doutrina+brasileira.

307. Art. 257. "Ter-se-á por não escrita a convenção, ou a cláusula:

I – Que prejudique os direitos conjugais, ou os paternos.

II – Que contravenha disposição absoluta da lei".

308. RIBEIRO, Raphael Rego Borges. *O Direito das Sucessões e a Constituição Federal de 1988*: Reflexão Crítica Sobre os Elementos do Fenômeno Sucessório à Luz da Metodologia Civil-Constitucional. Tese (Doutorado). Universidade Federal da Bahia, Salvador, 2019. Disponível em: https://repositorio.ufba.br/handle/ri/31687, p. 47.

309. TOMASEVICIUS FILHO, Eduardo. O Legado do Código Civil de 1916. *Revista da Faculdade de Direito da Universidade de São Paulo*, São Paulo, v. 0111, jan./dez. 2016. Disponível em: https://www.revistas.usp.br/rfdusp/article/view/133495, p. 96.

310. GUÉRCIO NETO, Arthur Del, SANTOS, Carolina Edith Mosmann dos; MASSONETO JUNIOR, João Francisco. A Renúncia Sucessória no Pacto Antenupcial: O Aumento do Clamor Social e a Nova Posição Que Vem Se Formando na Doutrina Brasileira. *IBDFAM*: 2023. Disponível em: https://ibdfam.org.br/artigos/2016/A+ren%C3%BAncia+sucess%C3%B3ria+no+pacto+antenupcial%3A+O+aumento+do+clamor+social+e+a+nova+posi%C3%A7%C3%A3o+que+vem+se+formando+na+-doutrina+brasileira.

CAPÍTULO III • EXCLUSÃO CONVENCIONAL DA CONCORRÊNCIA SUCESSÓRIA CONJUGAL

155

> Art. 1.639. É lícito aos nubentes, antes de celebrado o casamento, estipular, quanto aos seus bens, o que lhes aprouver.
>
> § 1º O regime de bens entre os cônjuges começa a vigorar desde a data do casamento.
>
> § 2º É admissível alteração do regime de bens, mediante autorização judicial em pedido motivado de ambos os cônjuges, apurada a procedência das razões invocadas e ressalvados os direitos de terceiros.

O texto estampa a ampla liberdade e autonomia literalmente conferidas aos nubentes,[311] que podem, expressamente, "estipular, quanto aos seus bens, o que lhes aprouver". Inexiste qualquer exceção ao estabelecido no artigo 426, sequer foi inserido o enxerto "salvo disposição legal em contrário", como em muito outros casos. Inclusive, em comparação com a redação do artigo 1.698º do Código Civil de Portugal[312] – que tanto influenciou a legislação brasileira –, encontra-se a mesma expressão a facultar ao casal a liberdade de escolha do regime de bens, quer escolhendo um dos regimes previstos no código, quer estipulando o que a esse respeito "lhes aprouver". Contudo, o código lusitano inseriu um balizamento à última faculdade: dentro dos limites da lei. Régua esta, ausente na codificação pátria.

Há, portanto, ampla liberdade na convenção matrimonial, que carece de qualquer limitação. Posto isto, não se demonstra plausível interpretar que as partes ficariam restritas a convencionar acerca dos bens apenas em vida, e não também para depois de sua morte,[313] como já observamos no segundo tópico deste capítulo. Em sentido harmônico, é a ponderação de Renata Gomes acerca da extensão do artigo 1.639:

> [...] o pacto antenupcial ou o contrato de convivência deve ser encarado como o ajuste livre e consciente estabelecido por pessoas que desejam regular os efeitos patrimoniais de sua união. Sob essa óptica, questiona-se o porquê de se limitar tais efeitos à dissolução em vida. Inexiste fundamento jurídico válido para a legislação brasileira denegar o direito de ampla regulamentação das consequências patrimoniais do casamento ou da convivência, seja antecipando uma dissolução em vida ou em razão da morte. Ao revés, torna-se contraditório permitir ampla liberdade para dispor acerca dos bens conforme a conveniência

---

311. SANTOS, Francisco Cláudio De Almeida. O Pacto Antenupcial e a Autonomia Privada. In: BASTOS, Eliene Ferreira; SOUSA, Asiel Henrique de. (Coord.). *Família e Jurisdição*. Belo Horizonte: Del Rey, 2006. p. 183-209. Disponível em: https://bdjur.stj.jus.br/jspui/handle/2011/2589, p. 185.

312. Código disponível em: https://diariodarepublica.pt/dr/legislacao-consolidada/decreto--lei/1966-34509075.

313. GUÉRCIO NETO, Arthur Del, SANTOS, Carolina Edith Mosmann dos; MASSONETO JUNIOR, João Francisco. A Renúncia Sucessória no Pacto Antenupcial: O Aumento do Clamor Social e a Nova Posição Que Vem Se Formando na Doutrina Brasileira. *IBDFAM*: 2023. Disponível em: https://ibdfam.org.br/artigos/2016/A+ren%C3%BAncia+sucess%C3%B3ria+no+pacto+antenupcial%3A+O+au mento+do+clamor+social+e+a+nova+posi%C3%A7%C3%A3o+que+vem+se+formando+na+-doutrina+brasileira.

e desejo do casal, franqueando-lhe a liberdade de escolher qualquer regime matrimonial, cujos efeitos na dissolução por morte lhe são impostos por lei, vedada a possibilidade de autorregulação.[314]

Embora de modo pouco ortodoxo, a restrição excessiva da liberdade foi observada no acórdão emblemático do julgamento do REsp 992.749/MS, relatado pela Ministra Nancy Andrighi, da 3ª Turma do Superior Tribunal de Justiça, ao diagnosticar que "a ampla liberdade advinda da possibilidade de pactuação quanto ao regime matrimonial de bens, prevista pelo Direito Patrimonial da Família, não pode ser toldada pela imposição fleumática do Direito das Sucessões", arrematando ainda se tratar de "ato de liberdade conjuntamente exercido, ao qual o fenômeno sucessório não pode estabelecer limitações". Neste liame, observam Arthur Del Guércio Neto, Carolina Edith Mosmann dos Santos e João Francisco Massoneto Junior, que:

Se não houve exceção no próprio artigo que é específico sobre a liberdade dos nubentes em relação à estipulação de seus bens antes do casamento, parece desarrazoado buscar uma interpretação restritiva em outro artigo, localizado na parte de contratos, e que se refere expressamente a contratos, como é o caso do artigo 426, do Código Civil.[315]

Neste mesmo sentido, Priscila Corrêa da Fonseca observa que:

[...] a cláusula constante de pacto antenupcial ou de escritura pública que contemple renúncia à concorrência sucessória não se insere na proibição do art. 426 do Código Civil, sendo, portanto, a par de validade inquestionável, o único recurso de que dispõem os cônjuges ou companheiros para restabelecer a incomunicabilidade plena que deveria ser assegurada àqueles cuja união é presidida pelo regime da separação total de bens.

Essa possibilidade reflete, ademais, o princípio da liberdade de escolha do regime de bens, primado este basilar do direito de família brasileiro, consubstanciado no art. 1639 do Código Civil.[316]

---

314. GOMES, Renata Raupp. *Entre a Fundamentalidade dos Direitos a Herança, à Propriedade e a Concretização do Paradigma Familiar Constitucional*: a Função Social da Legítima no Direito Brasileiro. Tese (Doutorado). Universidade Federal de Santa Catarina. Florianópolis, 2019. Disponível em: https://repositorio.ufsc.br/handle/123456789/211585, p. 194.

315. GUÉRCIO NETO, Arthur Del, SANTOS, Carolina Edith Mosmann dos; MASSONETO JUNIOR, João Francisco. A Renúncia Sucessória no Pacto Antenupcial: O Aumento do Clamor Social e a Nova Posição Que Vem Se Formando na Doutrina Brasileira. *IBDFAM*: 2023. Disponível em: https://ibdfam.org.br/artigos/2016/A+ren%C3%BAncia+sucess%C3%B3ria+no+pacto+antenupcial%3A+O+aumento+do+clamor+social+e+a+nova+posi%C3%A7%C3%A3o+que+vem+se+formando+na+doutrina+brasileira .

316. FONSECA, Priscila Corrêa da. Reflexões sobre a Renúncia do Cônjuge à Concorrência Sucessória. *Coluna Migalhas*, 2022. Disponível em: https://www.migalhas.com.br/depeso/362139/reflexoes-sobre-a-renuncia-do-conjuge-a-concorrencia-sucessoria, p. 12.

CAPÍTULO III • EXCLUSÃO CONVENCIONAL DA CONCORRÊNCIA SUCESSÓRIA CONJUGAL — 157

Inclusive, o princípio da liberdade das convenções matrimoniais justificava já nas Ordenações Manuelitas (Livro IV, Título 7[317]), reproduzida nas Ordenações Filipinas (Livro IV, Título XLVI[318]), o dogma jurídico de que os princípios gerais referentes à proibição dos pactos sucessórios não tinham aplicação no domínio dos contratos antenupciais.[319]

Não obstante, admite a codificação civil a alteração do regime de bens para depois do casamento – cujos efeitos mais importantes são notadamente, os da comunhão ou não comunhão dos bens –, caso assim queiram os cônjuges (artigo 1.639, § 2º). Mais uma vez, condicionada a liberdade ou autodeterminação do casal. "Não é a morte, portanto, que determina se o que não era comunicável passa a sê-lo, em violação dos princípios. O direito das sucessões não modifica as relações jurídicas constituídas durante a vida da pessoa, pois apenas as recepciona para projetá-las nos âmbitos jurídicos de seus sucessores".[320]

Indo além, como bem se atenta Conrado Paulino, se a nossa codificação civil permite que "as partes poderão livremente pactuar regras de interpretação, de preenchimento de lacunas e de integração dos negócios jurídicos diversas daquelas previstas em lei", em seu § 2º do artigo 113, inexistindo vedação expressa à prévia exclusão do direito concorrencial, a vontade dos contratantes deverá prevalecer.[321]

Assim sendo, ao ordenamento jurídico pátrio não se adéqua a vedação de exclusão do direito concorrencial pela norma proibitiva do artigo 426 do Código Civil, cuja finalidade é frustrar outras hipóteses que verdadeiramente representam *pacta corvina*, e olvidar por completo o artigo 1.639, do Código Civil – cujo objetivo, frisa-se à exaustão, é específico sobre o que pode ou não ser pactuado sobre os bens antes do matrimônio. Ora, se a intenção é não afrontar norma cogente, o correto, portanto, é não afrontar o estabelecido no dispositivo que detém vínculo direto com o tema – o artigo 1.639.[322]

---

317. "TODOS os cafamentos que forem feitos em Noffos Reynos, e Senhorios, fe entendem feer feitos por carta de metade, faluo quando antre as partes outra coufa for acordado e contractado, porque entonce fe guardará o que antre elles for concertado". MANUELINAS, Ordenações. *Livro IV*. Lisboa: Fundação Calouste Gulbenkian, 1786, p. 23.

318. "Todos os casamentos feitos em nossos Reinos e senhorios se entendem serem feitos por Carta de ametade: salvo quando entre as partes outra cousa fôr acordada e contractada, porque então se guardará o que elles fôr contractado". FILIPINAS, Ordenações. *Livro IV e V*. Lisboa: Fundação Calouste Gulbenkian, 1870, p. 832.

319. CRUZ, Guilherme Braga da. Os Pactos Sucessórios na História do Direito Português. *Revista da Faculdade de Direito da Universalidade de São Paulo*. v. 06, p. 114-115, 1965.

320. LÔBO, Paulo. *Direito Civil*: Sucessões. 9. ed. São Paulo: SaraivaJur, 2023 (e-book), v. 06, p. 140-143.

321. ROSA, Conrado Paulino da. *Planejamento Sucessório* – Teoria e Prática. 3. ed. São Paulo: JusPodivm, 2024, p. 64.

322. GUÉRCIO NETO, Arthur Del, SANTOS, Carolina Edith Mosmann dos; MASSONETO JUNIOR, João Francisco. A Renúncia Sucessória no Pacto Antenupcial: O Aumento do Clamor Social e a Nova Posição Que Vem Se Formando na Doutrina Brasileira. *IBDFAM*: 2023. Disponível em: https://ibdfam.

3.9 ORDENAMENTOS ESTRANGEIROS QUE PERMITEM PACTUAÇÃO SUCESSÓRIA

Em matéria de direito comparado, observa-se que há uma tendência (em que pese criticada por nós as soluções adotadas), nos países que, tradicionalmente, proscreviam em absoluto os pactos sucessórios – e cujas legislações serviram de influência ao direito brasileiro –, de flexibilizá-los, sobretudo, os pactos renunciativos. De modo que, não mais subsistem fundamentos morais ou sociais para a proibição do *pactum de non sucedendo* relativo ao direito concorrencial dos nubentes.[323]

A legislação italiana, ainda que mais tímida, incorporou uma mitigação da proibição legal a partir da reforma legislativa de 2006, pela qual passou a admitir o *patto di famiglia* relativos à organização da sucessão empresarial, possibilitando ao empresário transferir suas ações para seus descendentes, mediante a intervenção de todos os herdeiros legitimários e do cônjuge no referido pacto, desde que haja a compensação da legítima daqueles que não foram contemplados no ato. É o que se observa do *Codice Civile*, após a redação dada pela Lei nº 55 de fevereiro de 2006 (*Legge 14 febbraio 2006, n. 55*):[324]

> Art. 458. Fatto salvo quanto disposto dagli articoli 768-bis e seguenti, è nulla ogni convenzione con cui taluno dispone della propria successione. È del pari nullo ogni atto col quale taluno dispone dei diritti che gli possono spettare su una successione non ancora aperta, o rinunzia ai medesimi.[325]
>
> Art. 768-bis. È patto di famiglia il contratto con cui, compatibilmente con le disposizioni in materia di impresa familiare e nel rispetto delle differenti tipologie societarie, l'imprenditore trasferisce, in tutto o in parte, l'azienda, e il titolare di partecipazioni societarie trasferisce, in tutto o in parte, le proprie quote, ad uno o più discendenti.[326]
>
> Art. 768-quater. Al contratto devono partecipare anche il coniuge e tutti coloro che sarebbero legittimari ove in quel momento si aprisse la successione nel patrimonio dell'imprenditore.

---

org.br/artigos/2016/A+ren%C3%BAncia+sucess%C3%B3ria+no+pacto+antenupcial%3A+O+aumento+do+clamor+social+e+a+nova+posi%C3%A7%C3%A3o+que+vem+se+formando+na+-doutrina+brasileira.

323. ROCHA, Maria Vital da; MENDES, Davi Guimarães. Admite-se a Exclusão Negocial do Direito de Cônjuges e Companheiros de Concorrer à Herança? *Revista Jurídica FA7*. v. 07, n. 02, Fortaleza, 2022. Disponível em: https://periodicos.uni7.edu.br/index.php/revistajuridica/article/view/1754, p. 152.

324. Código disponível em: https://www.altalex.com/documents/codici-altalex/2015/01/02/codice-civile.

325. Tradução livre: Salvo o disposto nos artigos 768-bis e seguintes, é nula qualquer convenção pela qual alguém disponha da própria sucessão. É igualmente nulo qualquer ato pelo qual uma pessoa disponha de direitos que lhe assistem relativamente a uma sucessão ainda não aberta, ou renuncie a esta.

326. Tradução livre: O pacto familiar é um contrato pelo qual, compativelmente com as disposições relativas à matéria de empresa familiar e no respeito dos diferentes tipos de sociedade, o empresário transfere, no todo ou em parte, a empresa, e o titular da participação societária transfere, no todo ou em parte, as suas ações, para um ou mais descendentes.

CAPÍTULO III • EXCLUSÃO CONVENCIONAL DA CONCORRÊNCIA SUCESSÓRIA CONJUGAL — 159

> Gli assegnatari dell'azienda o delle partecipazioni societarie devono liquidare gli altri parte-cipanti al contratto, ove questi non vi rinunzino in tutto o in parte, con il pagamento di una somma corrispondente al valore delle quote previste dagli articoli 536 e seguenti; i contraenti possono convenire che la liquidazione, in tutto o in parte, avvenga in natura.
>
> I beni assegnati con lo stesso contratto agli altri partecipanti non assegnatari dell'azienda, secondo il valore attribuito in contratto, sono imputati alle quote di legittima loro spettanti; l'assegnazione può essere disposta anche con successivo contratto che sia espressamente dichiarato collegato al primo e purchè vi intervengano i medesimi soggetti che hanno par-tecipato al primo contratto o coloro che li abbiano sostituiti.
>
> Quanto ricevuto dai contraenti non è soggetto a collazione o a riduzione.[327]

Entendemos que no Brasil, essa reforma legislativa não responderia aos anseios sociais, porquanto restringe à atividade empresarial, deixando à margem todas as outras modalidades de bens. Ademais, o ordenamento italiano não afas-tou a concorrência sucessória propriamente dita, mas apenas o ingresso forçado do cônjuge ou demais herdeiros legitimários na sociedade empresária. Ocorre que, na prática, a depender das cláusulas contratuais, o ingresso de novo sócio já pode ser obstruído mediante a contraprestação devida, ao passo que a referida alteração no direito pátrio se mostraria inútil.

O sistema jurídico francês, por seu turno, a partir da reforma legislativa de 2007 (*Loi du 23 jun 2006*), introduziu a possibilidade de renunciar ao exercício futuro da ação de redução dos atos excedentes à legítima, o que, na prática, permite a pré-exclusão do direito à herança. É o que se extrai do *Code Civil*:[328]

> Art. 929. Tout héritier réservataire présomptif peut renoncer à exercer une action en réduc-tion dans une succession non ouverte. Cette renonciation doit être faite au profit d'une ou de plusieurs personnes déterminées. La renonciation n'engage le renonçant que du jour où elle a été acceptée par celui dont il a vocation à hériter.
>
> La renonciation peut viser une atteinte portant sur la totalité de la réserve ou sur une fraction seulement. Elle peut également ne viser que la réduction d'une libéralité portant sur un bien déterminé.

---

327. Tradução livre: O cônjuge e todos aqueles que seriam legitimários se a sucessão do património do empresário fosse aberta nessa altura devem também participar no contrato. Os cessionários da socie-dade ou das participações sociais devem liquidar os outros contraentes, se estes não renunciarem a elas no todo ou em parte, mediante o pagamento de uma quantia correspondente ao valor das acções previsto nos artigos 536º e seguintes. I beni assegnati con lo stesso contratto agli altri partecipanti non assegnatari dell'azienda, secondo il valore attribuito in contratto, sono imputati alle quote di legittima loro spettanti; l'assegnazione può essere disposta anche con successivo contratto che sia espressamente dichiarato collegato al primo e purchè vi intervengano i medesimi soggetti che hanno partecipato al primo contratto o coloro che li abbiano sostituiti. O que foi recebido pelas partes não está sujeito a cotejo ou redução.

328. Código disponível em: https://www.legifrance.gouv.fr/codes/texte_lc/LEGI-TEXT000006070721/2024-03-02/.

> L'acte de renonciation ne peut créer d'obligations à la charge de celui dont on a vocation à hériter ou être conditionné à un acte émanant de ce dernier.[329]

Entendemos que, de certa forma, a França tornou viável o afastamento do direito concorrencial, porquanto, por pacto sucessório, autoriza ao autor da herança dispor em vida, livremente, de seus bens, sem que o pactuante desfavorecido possa reclamar a sua legítima. Há, contudo, ressalvas a serem feitas.

Pelos motivos expostos ao longo do presente trabalho, entendemos que tal alternativa para o direito pátrio é, sobretudo, inconstitucional, pois não só viabiliza a transmissão do patrimônio em favor dos familiares em linha reta em detrimento do cônjuge (afastando-se, assim, a concorrência sucessória), como também permite que o destinatário de todo o acervo patrimonial seja parente colateral ou até mesmo alguém completamente alheio ao núcleo familiar, podendo prejudicar, inclusive, os descendentes e ascendentes, ferindo-se, assim, o direito de herança insculpido no artigo 5º, XXX, da Lei Maior. Além disso, acreditamos que carece de racionalidade autorizar a livre disposição do patrimônio em vida, mas não estender para depois da morte, ao passo que a solução apresentada por nós, isto é, disposição pactícia de exclusão do direito concorrencial, parece-nos muito mais adequada e viável.

Em Portugal, a Lei nº 48, de 14 de agosto de 2018 alterou o Código Civil Português, para implementar a possibilidade dos cônjuges, casados sob o regime da separação de bens convencional ou legal, renunciarem, não a herança propriamente dita, mas a qualidade de herdeiro necessário do seu cônjuge. O que acaba surtindo o efeito esperado: do cônjuge não concorrer com os descendentes ou ascendentes na herança do seu consorte. Neste sentido é o Código Civil Português:[330]

> Art. 1700º 1. A convenção antenupcial pode conter:
>
> [...] c) A renúncia recíproca à condição de herdeiro legitimário do outro cônjuge.
>
> [...] 3 – A estipulação referida na alínea c) do n. 1 apenas é admitida caso o regime de bens, convencional ou imperativo, seja o da separação.
>
> 1707º-A Regime da renúncia à condição de herdeiro

---

329. Tradução livre: Todo herdeiro necessário presuntivo pode renunciar ao exercício de uma ação de redução relativa a uma sucessão não aberta. Essa renúncia deve ser feita em favor de uma ou mais pessoas determinadas. A renúncia só vincula o renunciante a partir da data em que é aceita por aquele que se destina a herdar. A renúncia pode ser da totalidade da reserva ou apenas a uma fração da mesma. Pode também ter como único objetivo reduzir uma doação de bens específicos. O ato de renúncia não pode criar obrigações por parte da pessoa a herdar ou estar condicionado a um ato emanado desta última.

330. Código disponível em: https://diariodarepublica.pt/dr/legislacao-consolidada/decreto-lei/1966-34509075.

CAPÍTULO III • EXCLUSÃO CONVENCIONAL DA CONCORRÊNCIA SUCESSÓRIA CONJUGAL **161**

> 1 A renúncia pode ser condicionada à sobrevivência de sucessíveis de qualquer classe, ou de determinadas pessoas, nos termos do artigo 1713º 2. O cônjuge sobrevivo que tenha renunciado à condição de herdeiro legal tem direito de exigir alimentos da herança do falecido.

A alteração legislativa foi implementada como resultado do Projeto de Lei 781/XIII, cujo intento foi de proteger o patrimônio dos filhos de uma união anterior daqueles que pretendiam se casar novamente. Confira-se a explicação contida no preâmbulo do respectivo projeto:

> Este regime *[da sucessão legitimária no direito civil português]* sempre representou um problema prático para quem pretende casar-se e já tem filhos, designadamente filhos de uma anterior ligação. Não é possível contrair um casamento sem que o cônjuge adquira o estatuto de herdeiro legitimário e, portanto, sem prejudicar os interesses patrimoniais potenciais desses filhos.
>
> Um regime criado quando casamentos não podiam ser dissolvidos, e que subsistiu quando o divórcio era raro, não é adequado a uma sociedade em que, até pelo aumento da esperança de vida, são tão frequentes as relações em que as famílias integram filhos de relações anteriores. Essa será uma das razões para que pessoas com filhos optem por não se casar (ou se casar de novo).
>
> Sem pretender proceder a uma revisão da filosofia subjacente ao regime sucessório do Código Civil, o presente projeto de lei propõe a criação de um regime, apenas aplicável àqueles que por mútuo acordo por ele optem, que permite que as pessoas possam contrair matrimónio sem qualquer efeito sucessório, e portanto, sendo esse o caso, sem qualquer efeito nos interesses patrimoniais dos filhos. A intenção do legislador, portanto, foi atualizar a legislação sucessória para solucionar um problema que afligia inúmeras as famílias recompostas.[331]

Neste aspecto, verifica-se, portanto, que a intenção do legislador lusitano foi essencialmente a proteção dos filhos de união anterior, garantindo-se, assim, a sua expectativa patrimonial, sem comprometer a celebração de novos casamentos. A ideia foi proteger as famílias recompostas e não desproteger aquele que esteve ao lado.

Entretanto, embora louvável, a norma foi inserida sem distinção a todos que se casarem sob o regime da separação total, abarcando, deste modo, inclusive os nubentes que não possuem qualquer parente na linha troncal. Assim sendo, pode a renúncia ser aplicada também em favor de parentes colaterais, ou até de pessoas alheias à ordem da vocação hereditária, com o que não podemos concordar. Nesse sentido, endossamos as palavras de Ana Filipa Santos Luz:

> [...] se o objetivo desta alteração legislativa era, de facto, promover uma certa troncalidade no âmbito do fenómeno sucessório, privilegiando-se, por isso, os sucessíveis legais, não se

---

331. Preâmbulo do Projeto de Lei 781/XIII. Altera o Código Civil, reconhecendo a possibilidade de renúncia recíproca à condição de herdeiro legal na convenção antenupcial. Disponível em: https://www.parlamento.pt/ActividadeParlamentar/Paginas/DetalheIniciativa.aspx?BID=42210.

pode admitir que a renúncia abranja um tão amplo círculo de pessoas nem um tão alargado leque de situações, o que aliás não se coaduna com a "intervenção cirúrgica que se pretendia levar a cabo" para resolver um problema prático concreto e identificado.[332]

Lado outro, entendemos que o problema que aflige o país lusitano, isto é, viabilizar a instituição de entidades familiares sem tornar o parceiro afetivo herdeiro necessário, não se aplica ao Brasil. Isto porque, diferentemente de Portugal, o direito brasileiro reconhece as uniões estáveis tanto entre casais do mesmo sexo, como distintos, tutelando-as e protegendo-as em igual patamar ao vínculo formado pelo matrimônio. Logo, não havendo interesse em promover o parceiro afetivo a herdeiro necessário, basta que formem união de fato, salvaguardando, assim, a autonomia privada, consoante veremos no próximo capítulo.

Não obstante, acreditamos que a CJCODCIVIL ao elaborar a proposta de *lege ferenda* em que se propõe a renúncia pactícia da qualidade de herdeiro do cônjuge em pacto antenupcial, seguiu cegamente a tradição brasileira secular de importar dispositivos de ordenamentos estrangeiros, sem, porém, se atentar a nossa realidade que já faculta a formação de família conjugal sem tornar o outro herdeiro necessário. E mais, entendemos que tal ímpeto cego de imprimir artigos alienígenas é também percebido pela proposta em si, visto que também sugere retomar o *status* jurídico de herdeiro facultativo do cônjuge, de forma que, na prática, essa renúncia prévia é completamente dispensável, bastando que o autor da herança disponha em vida dos seus bens particulares ou não contemple o parceiro em testamento, o que será objeto de crítica no próximo capítulo.

No direito alemão, a tradição, contrariando a influência romana, é permissiva em relação aos contratos sucessórios, permitindo-se a renúncia prévia dos herdeiros necessários, bem como a instituição de herdeiro por pacto sucessório formalizado por instrumento público. Além disto, a legislação alienígena permite aos nubentes a realização de testamento conjunto. É o que se observa da leitura do Bürgerliches Gesetzbuch (BGB):[333]

§ 1941 (1) Der Erblasser kann durch Vertrag einen Erben einsetzen, Vermächtnisse und Auflagen anordnen sowie das anzuwendende Erbrecht wählen (Erbvertrag).

(2) Als Erbe (Vertragserbe) oder als Vermächtnisnehmer kann sowohl der andere Vertragschließende als ein Dritter bedacht warden.[334]

---

332. LUZ, Ana Filipa Santos da. *Contratos Sucessórios Renunciativos Entre Nubentes* – Análise Crítica às Alterações Introduzidas ao Código Civil Pela Lei 48/2018, de 14 de Agosto. Tese (Mestrado). Faculdade de Direito da Universidade do Porto. Porto, 2019. Disponível em: https://repositorio-aberto.up.pt/handle/10216/125244, p. 58.

333. Código disponível em: https://www.gesetze-im-internet.de/bgb/.

334. Tradução livre: (1) O testador pode nomear um herdeiro por contrato, ordenar legados e condições e escolher o direito sucessório aplicável (contrato de herança). (2) Tanto a outra parte contratante como um terceiro podem ser nomeados como herdeiros (herdeiros contratuais) ou legatários.

CAPÍTULO III • EXCLUSÃO CONVENCIONAL DA CONCORRÊNCIA SUCESSÓRIA CONJUGAL — 163

§ 2342 (1) Verwandte sowie der Ehegatte des Erblassers können durch Vertrag mit dem Erblasser auf ihr gesetzliches Erbrecht verzichten. Der Verzichtende ist von der gesetzlichen Erbfolge ausgeschlossen, wie wenn er zur Zeit des Erbfalls nicht mehr lebte; er hat kein Pflichtteilsrecht.

(2) Der Verzicht kann auf das Pflichtteilsrecht beschränkt warden.[335]

§ 2346 Der Vertrag nach § 2346 bedarf der notariellen Beurkundung.[336]

§ 2352 Wer durch Testament als Erbe eingesetzt oder mit einem Vermächtnis bedacht ist, kann durch Vertrag mit dem Erblasser auf die Zuwendung verzichten. Das Gleiche gilt für eine Zuwendung, die in einem Erbvertrag einem Dritten gemacht ist. Die Vorschriften der §§ 2347 bis 2349 finden Anwendung.[337]

§ 2265 Ein gemeinschaftliches Testament kann nur von Ehegatten errichtet warden.[338]

Todavia, conforme vimos (e ainda veremos), a possibilidade de renúncia prévia da qualidade de herdeiro do cônjuge não merece chancela no Brasil, pois, em suma: (i) fere o direito de herança; (ii) viola à ordem pública; (iii) é potencialmente lesiva ao cônjuge supérstite; (v) faz ressurgir o problema mundial da "feminização da pobreza", como estudaremos no próximo capítulo, em conjunto com demais fatores.

Conquanto não seja o nosso propósito realizar uma pesquisa de direito comparado, a abordagem comparativa das legislações colhidas – notadamente as que tiveram maior influência no ordenamento jurídico brasileiro –, ainda que com críticas, constata uma tendência mundial de romper com a fossilizada proibição generalizada dos pactos sucessório, bem assim ampliar o espectro da autonomia privada, com a necessária proteção à família. Justificando-se, assim, questionar a respeito da manutenção das travas morais a possibilidade de exclusão do direito concorrencial do cônjuge e companheiro, sem ferir direitos constitucionais ou violar normas ordinárias.

---

335. Tradução livre: (1) Os familiares e o cônjuge do falecido podem renunciar aos seus direitos sucessórios legais mediante contrato com o falecido. A parte que renuncia é excluída da sucessão *ab intestato* como se já não estivesse viva aquando do óbito; não tem direito a uma parte obrigatória. (2) O repúdio pode limitar-se ao direito a uma quota-parte obrigatória.

336. Tradução livre: O contrato, nos termos do artigo 2346º, deve ser reconhecido notarialmente.

337. Tradução livre: Qualquer pessoa que seja nomeada herdeira num testamento ou que receba um legado pode renunciar ao benefício por contrato com o testador. O mesmo se aplica a uma doação feita a um terceiro num contrato de herança. São aplicáveis as disposições dos artigos 2347º a 2349.

338. Tradução livre: O testamento de mão comum só pode ser redigido pelos cônjuges.

CAPÍTULO IV
DA QUALIDADE DE HERDEIRO NECESSÁRIO DO CÔNJUGE E DE HERDEIRO FACULTATIVO DO CONVIVENTE

4.1 CONSIDERAÇÕES INICIAIS

Como vimos na seção 1.4, a sucessão do cônjuge e convivente sobrevivo sofreu intensas mudanças desde a primeira codificação escrita no Brasil, ensejando sempre infinitos debates e inconformismos por parcela da doutrina. Ignorando todo "um saber jurídico acumulado ao longo do tempo, que aconselha a manutenção do válido e eficaz, ainda que em novos termos",[1] além de propor modificação do artigo 1.829,[2] em que retirar-se-ia o direito concorrencial (conforme abordamos na seção 3.1), a CJCODCIVIL sugere também alterar o artigo e 1.845,[3] para fins de retornar o sistema do Código Civil de 1916, em que retomar-se-ia o *status* jurídico do cônjuge a herdeiro necessário. Na proposta, os efeitos sucessórios ao convivente seriam os mesmos.

Entretanto, acompanhando Gustavo Tepedino, entendemos que, na atual experiência brasileira, uma reforma legislativa somente "se justifica com a adoção de princípios normativos e de cláusulas gerais que não sejam meras estruturas formais e neutras mas, vinculados a critérios expressamente definidos, exprimam a tábua de valores da sociedade, consagrada na Constituição". Em conjunto, deve o legislador absorver com cuidado a experiência constitucional e civilista das últimas décadas, "consistente da realidade sociocultural contemporânea, não se afastando da história para meramente chancelá-la".[4]

---

1. REALE, Miguel. *Visão Geral do Projeto de Código Civil*. Disponível em: chrome-extension://efaid-nbmnnnibpcajpcglclefindmkaj/https://ediscipinas.usp.br/pluginfile.php/3464464/mod_resource/content/1/O%20novo%20C%C3%B3digo%20Civil%20-%20Miguel%20Reale.pdf, p. 03.
2. "Art. 1.829. A sucessão legítima defere-se na ordem seguinte: I – aos descendentes; II – aos ascendentes; III – ao cônjuge ou ao convivente sobrevivente; IV – aos colaterais até o quarto grau."
3. "Art. 1.845. São herdeiros necessários os descendentes e os ascendentes."
4. TEPEDINO, Gustavo. *Temas de Direito Civil*. Rio de Janeiro: Renovar, 2006, t. II, p. 45-46.

É em vista deste cenário que entendemos urgir a importância do presente trabalho, como forma de contribuição para que seja adotada a vertente que mais se coaduna com a realidade social, e que não figure retrocesso social. Até porque, há de se levar em consideração, que ainda que haja aprovação da redação sugerida pela comissão ou de outro projeto equivalente, nada impede alteração *posteriori*, de modo que o presente estudo não padece de envelhecimento.

4.2 MANUTENÇÃO DO CÔNJUGE COMO HERDEIRO NECESSÁRIO

Como analisamos, a família matrimonial não é mais compreendida como instituição de procriação e transferência de patrimônio. Pelos valores insculpidos na Constituição Federal de 1988, a família foi instrumentalizada, a ensejar proteção do Estado enquanto valorização da pessoa de cada um dos seus componentes (CF/88, arts. 1º, III e 226, § 8º), que encontram nesta formação social a busca pela felicidade pessoal, ao passo que o elemento afetivo conquista especial relevo.[5] Diante deste cenário, as relações familiares – cujo carácter é eudemonista –, em específico as entre consortes, permeiam-se pelos vínculos de solidariedade e de afetividade: duas pessoas que se amam e garantem ao outro o autodesenvolvimento e segurança.[6]

Na família nuclear, o cônjuge representa o único componente estável e essencial.[7] Os ascendentes podem até permanecer íntimos do autor da herança, porém, o elo que os mantém ainda é muito menos intenso em relação ao conjugal. O mesmo ocorre com os descendentes. Em determinado momento, os filhos se tornam independentes, formam a sua própria comunidade familiar, o seu núcleo existencial, afastando-se naturalmente dos genitores. Enquanto o cônjuge, solidário e parceiro, permanece, partilhando os tempos da velhice, cuja dedicação, zelo e cuidado se extinguem só com a morte. Ele "é o parceiro eleito, do dia e da noite, das alegrias e das desventuras, dos grandes e dos mais singulares momentos, é aquele com quem se compartilha a própria vida".[8]

---

5. CARBONERA, Silvana Maria. O Papel Jurídico Do Afeto Nas Relações De Família. In: FACHIN, Luiz Edson (Coord.). *Repensando Fundamentos do Direito Civil Brasileiro Contemporâneo*. Rio de Janeiro: Renovar, 1998, p. 290.

6. LÔBO, Paulo. *Direito Civil*: Sucessões. 9. ed. São Paulo: SaraivaJur, 2023 (e-book), v. 06. p. 123.

7. NEVARES, Ana Luiza Maia. *A Sucessão do Cônjuge e do Companheiro na Perspectiva do Direito Civil-Constitucional*. 2. ed. São Paulo: Atlas, 2015, p. 45.

8. OTERO, Marcelo Truzzi. Os artigos 1.829, I, e 1.830 do Código Civil a partir da Legalidade Constitucional: Uma Perspectiva Funcionalizada do Direito Sucessório. In: PEREIRA, Rodrigo da Cunha; DIAS, Maria Berenice (Coord.). *IX Congresso Brasileiro de Direito de Família*. Família: pluralidade e felicidade. Belo Horizonte, 2014, p. 64.

A comunhão plena de vida introduz laços de intimidade e afeto como título não inferior àquele que tem vínculo de sangue, ao contrário, até superior:[9] "No relacionamento a dois, as pessoas dividem sua esfera pessoal mais íntima, fazendo daí surgir um elo de modo tão próximo, que nenhum outro vínculo será de tamanha cumplicidade, partilha e dedicação".[10] Dessa maneira, nada mais justo do que contemplar participação do cônjuge, o eixo central da família,[11] como continuador da "personalidade patrimonial" do *de cujus*,[12] em consonância a tábua axiológica da *Lex Fundamentalis*. Ora, é razoável e congruente com "a legalidade constitucional, que a legislação civil volte os olhos para a pessoa que até o fim da vida do autor da herança compartilhou de um projeto existencial, tornando-o merecedor de uma tutela jurídica qualificada".[13] É em decorrência disto, que o cônjuge foi alçado a herdeiro necessário em propriedade plena no Código Civil de 2002,[14] e assim deve ser conservado.

Há razões públicas imperativas que impõem o *status* de herdeiro forçoso ao cônjuge sobrevivo pela própria dignidade da instituição matrimonial. Em sendo o divórcio extremamente facilitado pelas leis atuais, "há que resumir que são sólidos e profícuos os casamentos dissolvidos por morte de um dos cônjuges". Logo, tem-se que "respeitar esta solidez e proficuidade, o que justifica a legitimidade de o cônjuge sobrevivo ser herdeiro legitimário, para mais num mundo globalizado como o actual e de família nuclear, com tendências pós-modernas, como a nossa".[15]

Ademais, na perspectiva civil-constitucional, voltando-se a família como instrumento para promoção da dignidade humana, "a legítima adquire especial

---

9. RUGGIERO, Roberto de. *Instituições de Direito Civil* – Direito das Obrigações e Direito Hereditário. 3. ed. São Paulo: Saraiva, 1973, v. III. p. 497.
10. JEREISSATI, Regis Gurgel do Amaral. *A Vulnerabilidade e a Solidariedade Como Critérios Para o Reconhecimento do Herdeiro Necessário na Sucessão Legítima*. Tese (Mestrado). Universidade de Fortaleza. Fortaleza, 2018. Disponível em: https://www.oasisbr.ibict.br/vufind/Record/UFOR_f90f-3720fe398266f87dfad2179e5b6f, p. 264/265.
11. STJ, REsp 954.567/PE, 3ª Turma, Rel. Min. Massami Uyeda, j. 10.05.2011, DJe 18.05.2011.
12. MORAES, Walter. *Programa de Direito das Sucessões*: Teoria Geral e Sucessão Legítima. São Paulo: Ed. RT, 1980, p. 138.
13. OTERO, Marcelo Truzzi. Os artigos 1.829, I, e 1.830 do Código Civil a partir da Legalidade Constitucional: Uma Perspectiva Funcionalizada do Direito Sucessório. In: PEREIRA, Rodrigo da Cunha; DIAS, Maria Berenice (Coord.). *IX Congresso Brasileiro de Direito de Família*. Família: pluralidade e felicidade. Belo Horizonte, 2014, p. 65.
14. NEVARES, Ana Luiza Maia. *A Sucessão do Cônjuge e do Companheiro na Perspectiva do Direito Civil- -Constitucional*. 2. ed. São Paulo: Atlas, 2015, p. 45.
15. SOUSA, Rabindranath Capelo de. Os Direitos Sucessórios do Cônjuge Sobrevivo. Universidade de Coimbra. Coimbra, 2005. In: VILLAR, Alfonso Murillo; GARCÍA, Olga Gil. Aidron e BOE (Coord.). *Fundamentos Romanísticos del Derecho Contemporáneo. Derecho de Sucesiones*. 2021. t. VIII. v. I. Disponível em: https://www.boe.es/biblioteca_juridica/anuarios_derecho/anuario.php?id=R_2021&fasc=8, p. 1320-1321.

relevo, pois desempenha, para os membros da família, a função de instrumento para a concretização de uma vida digna, vez que estabelece mecanismos econômicos capazes de libertá-los de suas necessidades",[16] ou mesmo manter o padrão de vida que estava habituado pela parceria plena com o *de cujus*. Assim sendo, demonstra-se injusto prestigiar parentes consanguíneos distantes ou até terceiros estranhos ao núcleo familiar, inclusive possibilitando a transferência integral do patrimônio a uma concubina, em detrimento do parceiro de vida.

Não obstante, o indivíduo ao optar participar de uma comunhão de vida que se destina a ser plena, submete-se às responsabilidades dela inerentes, dentre elas, a mútua assistência moral e material, como meio de possibilitar ao outro a ter uma vida digna, realizando-se enquanto pessoa. Nesse contexto, extinguindo-se o vínculo conjugal com a morte de um de seus componentes, persiste a solidariedade familiar.[17]

Na busca pela proteção integral da pessoa humana (CF/88, art. 1º, III[18]), o constituinte almejou a construção de uma sociedade livre, justa e solidária que cabe a todos nós e a cada um de nós (CF/88, art. 3º, I[19]), para fins de conservar a nossa humanidade. Não se preconiza que "sintamos algo de bom pelo outro, mas que nos comportemos como se sentíssemos. Tem-se, portanto, o que podemos chamar de solidariedade objetiva, ou em outras palavras, dever de solidariedade".[20] Trata-se, portanto, de "um dos grandes marcos paradigmáticos que caracterizam a transformação do Estado liberal e individualista em Estado democrático e social. É a superação do individualismo jurídico pela função social dos direitos".[21]

---

16. NEVARES, Ana Luiza Maia. *A Sucessão do Cônjuge e do Companheiro na Perspectiva do Direito Civil-Constitucional*. 2. ed. São Paulo: Atlas, 2015, p. 31.

17. JEREISSATI, Regis Gurgel do Amaral. *A Vulnerabilidade e a Solidariedade Como Critérios Para o Reconhecimento do Herdeiro Necessário na Sucessão Legítima*. Tese (Mestrado). Universidade de Fortaleza. Fortaleza, 2018. Disponível em: https://www.oasisbr.ibict.br/vufind/Record/UFOR_f90f-3720fe398266f87dfad2179e5b6f, p. 267 e 270-271.

18. Art. 1º. "A República Federativa do Brasil, formada pela união indissolúvel dos Estados e Municípios e do Distrito Federal, constitui-se em Estado Democrático de Direito e tem como fundamentos: [...] III – a dignidade da pessoa humana [...]".

19. Art. 3º. "Constituem objetivos fundamentais da República Federativa do Brasil: I – construir uma sociedade livre, justa e solidária [...]; III – erradicar a pobreza e a marginalização e reduzir as desigualdades sociais e regionais; IV – promover o bem de todos, sem preconceitos de origem, raça, sexo, cor, idade e quaisquer outras formas de discriminação".

20. NEVARES, Ana Luiza Maia. *A Sucessão do Cônjuge e do Companheiro na Perspectiva do Direito Civil-Constitucional*. 2. ed. São Paulo: Atlas, 2015, p. 46-47.

21. VALESI, Raquel Helena. *Anotação Registrária em Assento de Nascimento e Óbito dos Pais Como Prevenção e Efetividade de Acesso a Legítima Pelos Descendentes*. Tese (Doutorado). Pontifícia Universidade Católica de São Paulo. São Paulo, 2016. Disponível em: https://tede2.pucsp.br/handle/handle/19635, p. 67.

CAPÍTULO IV • QUALIDADE DE HERDEIRO NECESSÁRIO DO CÔNJUGE E DO CONVIVENTE **169**

Ora, como bem observa Paulo Luiz Netto Lôbo, "sem a solidariedade, a subjetividade jurídica e a ordem jurídica convencional estão fadadas a constituírem mera forma de conexão de indivíduos que permanecem juntos, mas isolados".[22] A solidariedade tem como pressuposto a realização cotidiana da dignidade da pessoa humana.[23]

No âmbito familiar, a legítima é instrumento de concretização do princípio constitucional de solidariedade, na medida que impulsiona distribuição compulsória do acervo patrimonial entre os integrantes mais próximos do núcleo familiar diante da morte de um dele, viabilizando, deste modo, a realização da dignidade da pessoa humana. Por excelência, o lar significa "um lugar de colaboração, de cooperação, de assistência, de cuidado; em uma palavra: de solidariedade civil". De maneira que, "a solidariedade familiar é fato e direito; realidade e norma. No plano fático, as pessoas convivem, [...] não por submissão [...], mas porque compartilham afetos responsabilidades. No plano jurídico, os deveres de cada um para com os outros impuseram a definição de novos direitos e deveres jurídicos, inclusive na legislação infraconstitucional".[24]

Nesse mesmo sentido, nos votos proferidos no julgamento que resultou na declaração de inconstitucionalidade do artigo 1.790, CC/02 (RE 646.721/RS e 878.694/MG), o Ministro Luís Roberto Barroso igualmente observou que o regime sucessório conjuga solidariedade: "a ideia de se prever em lei um regime sucessório impositivo parte justamente da concepção de que, independentemente da vontade do indivíduo em vida, o Estado deve fazer com que ao menos uma parcela de seu patrimônio seja distribuída aos familiares mais próximos no momento de sua morte, de modo a garantir meios de sustento para o núcleo familiar",[25] e "pela necessidade de assegurar aos familiares mais próximos do sucedido um patamar de recursos que permita que preservem, na medida do possível, o mesmo padrão existencial até então desfrutado".[26]

---

22. LÔBO, Paulo Luiz Netto. O Princípio Constitucional da Solidariedade nas Relações de Família. In: CONRADO, Marcelo; PINHEIRO, Rosalice Fidalgo (Coord.). *Direito Privado e Constituição*. Curitiba: Juruá, 2009, p. 325.

23. VALESI, Raquel Helena. *Anotação Registrária em Assento de Nascimento e Óbito dos Pais Como Prevenção e Efetividade de Acesso a Legítima Pelos Descendentes*. Tese (Doutorado). Pontifícia Universidade Católica de São Paulo. São Paulo, 2016. Disponível em: https://tede2.pucsp.br/handle/handle/19635, p. 67.

24. LÔBO, Paulo Luiz Netto. O Princípio Constitucional da Solidariedade nas Relações de Família. In: CONRADO, Marcelo; PINHEIRO, Rosalice Fidalgo (Coord.). *Direito Privado e Constituição*. Curitiba: Juruá, 2009, p. 328-329.

25. BRASIL. Supremo Tribunal Federal – RE: 878.694 MG – Minas Gerais 1037481-72.2009.8.13.0439, Relator: Min. Luis Roberto Barroso, Data de Julgamento: 10.05.2017, Tribunal Pleno, Data de Publicação: DJe-021 06.02.2018. Disponível em: chrome-extension://efaidnbmnnnibpcajpcglclefindmkaj/https://redir.stf.jus.br/paginadorpub/paginador.jsp?docTP=TP&docID=14300644.

26. BRASIL. Supremo Tribunal Federal – RE: 646.721 – RS – Rio Grande do Sul, Relator: Min. Marco Aurélio, Data de Julgamento: 10.05.2017, Tribunal Pleno, Data de Publicação: DJe-021 06.02.2018.

É certo que o cônjuge sobrevivo é o que mais dependente do patrimônio do autor da herança. Ele é o familiar mais próximo do *de cujus* e, por consequência, do patrimônio amealhado. Tanto assim o é que, até o compromisso do inventariante, a administração da herança lhe cabe primeiro (CC/02, art. 1.797[27]), bem como é sua a preferência para ser nomeado inventariante pelo juiz (CPC/15, art. 617[28]).

Assim, mostra-se ser prudente corrigir o aspecto patológico das relações pessoais no seio da família, a saber, o desconhecimento de seus próprios deveres depois da morte. Ademais, não nos parece justo deixar de fora quem contribuiu para o acúmulo patrimonial e/ou sua conservação (a presunção de colaboração familiar é um dos fundamentos da legítima[29]), seja direta ou indiretamente, em benefício de parentes em grau distante ou até mesmo de terceiros estranhos ao núcleo familiar. Adotando os mesmos elementos valorativos José Luiz Gavião de Almeida que:

> A restrição à liberdade de testar tem justificativa válida, conquanto existam defensores da completa liberdade, que sobrevive em poucos países, como a Inglaterra. A restrição está legitimada em razão da necessidade de se proteger a família contra deliberações arbitrárias e precipitadas. Não se concebe que o patrimônio amealhado, em geral com a cooperação dos mais próximos, seja posteriormente transferido a terceiros, mais distantes, em proteção a uma liberdade demonstradora de desprezo pela família e apego a um individualismo, em regra, imoral.[30]

A respeito desta perspectiva quanto à figura do cônjuge, Clóvis Beviláqua aduz que "a equidade seria gravemente golpeada se o cônjuge fosse preferido por

---

Disponível em: chrome-extension://efaidnbmnnnibpcajpcglclefindmkaj/https://redir.stf.jus.br/paginadorpub/paginador.jsp?docTP=TP&docID=13579050.

27. CC/02, Art. 1.797. "Até o compromisso do inventariante, a administração da herança caberá, sucessivamente: I – ao cônjuge ou companheiro, se com o outro convivia ao tempo da abertura da sucessão; II – ao herdeiro que estiver na posse e administração dos bens, e, se houver mais de um nessas condições, ao mais velho; III – ao testamenteiro; IV – a pessoa de confiança do juiz, na falta ou escusa das indicadas nos incisos antecedentes, ou quando tiverem de ser afastadas por motivo grave levado ao conhecimento do juiz".

28. CPC/15, Art. 617. "O juiz nomeará inventariante na seguinte ordem: I – o cônjuge ou companheiro sobrevivente, desde que estivesse convivendo com o outro ao tempo da morte deste; II – o herdeiro que se achar na posse e na administração do espólio, se não houver cônjuge ou companheiro sobrevivente ou se estes não puderem ser nomeados; III – qualquer herdeiro, quando nenhum deles estiver na posse e na administração do espólio; IV – o herdeiro menor, por seu representante legal; V – o testamenteiro, se lhe tiver sido confiada a administração do espólio ou se toda a herança estiver distribuída em legados; VI – o cessionário do herdeiro ou do legatário; VII – o inventariante judicial, se houver; VIII – pessoa estranha idônea, quando não houver inventariante judicial. Parágrafo único. O inventariante, intimado da nomeação, prestará, dentro de 5 (cinco) dias, o compromisso de bem e fielmente desempenhar a função".

29. LO PRETE, Octavio. *Acciones Protectoras de la Legítima*. Buenos Aires: Hammurabi, 2009, p. 23.

30. ALMEIDA, José Luiz Gavião de. *Código Civil Comentado*: Direito das Sucessões, Sucessão em Geral, Sucessão Legítima: Arts. 1784 a 1856. São Paulo: Atlas, 2003, v. XVIII. p. 53.

um parente longínquo", salientando que "a fortuna do marido encontra na sábia economia da mulher um poderoso elemento de conservação e desenvolvimento".[31] Em termos de doutrinador contemporâneo, em sentido similar, Rolf Madaleno preconiza que "e considerando que em tempo de paridade de funções a fortuna do casamento encontra na atuação de ambos os consortes a sua construção, conservação e existência, mostrando-se ilógico e injusto afastar o cônjuge, como sucedia no passado, da sucessão concorrente".[32]

Há, portanto, "uma progressiva compenetração dos regimes com efeitos não só no direito familiar, mas também no direito sucessório". Consequentemente, "à medida que se afasta o regime comunitário pleno, torna-se necessário fortalecer a posição sucessória do cônjuge, a fim de evitar um verdadeiro enriquecimento sem causa por parte de terceiros".[33]

Ademais, em que pese historicamente, a vocação do cônjuge supérstite como herdeiro necessário já fora defendida entre nós por Clóvis Beviláqua no seu Projeto de Código em 1899, cuja perspectiva restou vencida "principalmente porque se admitia que o cônjuge pudesse ser a mulher e a mulher não merecia herdar",[34] o Projeto apresentado pela CJCODCIVIL sugere uma involução desproporcional na proteção dos direitos fundamentais dos cônjuges. Acarreta em inaceitável retrocesso à situação do direito brasileiro anterior ao Estatuto da Mulher Casada – em que se garantia a meação ou usufruto vidual –, pois permite eliminar a sua qualidade de herdeiro legal e, portanto, a posição de herdeiro legítimo e legitimário, em evidente violação ao princípio da vedação ao retrocesso, que tem por finalidade garantir que os esforços perpetrados no passado para efetivação dos direitos desfrutados hoje não serão esquecidos, mas servirão de apoio para que as lutas atuais assegurem os direitos futuros.[35]

No Recurso Extraordinário 878.694/MG, o Min. Luís Roberto Barroso enfatizou ser a vedação ao retrocesso princípio constitucional implícito, que decorre "dos princípios do Estado Democrático de Direito, da dignidade da pessoa humana e da máxima efetividade dos direitos fundamentais (art. 5º, §1º), que

---

31. BEVILAQUA, Clóvis. *Direito das Sucessões*. 3. ed. Rio de Janeiro: Livraria Editora Freitas Bastos, 1938, p. 111.
32. MADALENO, Rolf. *Sucessão Legítima*. 2. ed. Rio de Janeiro: Forense, 2020, p. 291.
33. WALD, Arnoldo; CAVALCANTI, Ana Elizabeth L. W.; PAESANI, Liliana Minardi. *Direito Civil – Direito das Sucessões*. 16. ed. São Paulo: Saraiva, 2015 (e-book), v. VI. p. 50.
34. CASTRO, Torquato. Notas Taquigráficas Inéditas da Comissão Especial Destinada a Dar Parecer ao Projeto de Lei 634, de 1975, do Poder Executivo, que Dispõe Sobre o Código Civil (9ª Reunião). *Revista de Direito Civil Contemporâneo*. São Paulo: Ed. RT, v. 14. ano 5. p. 433-442. jan./mar. 2018, p. 440.
35. ROCHA, Maria Vital da; MENDES, Davi Guimarães. Admite-se a Exclusão Negocial do Direito de Cônjuges e Companheiros de Concorrer à Herança? *Revista Jurídica FA7*. v. 07, n. 02, Fortaleza, 2022. Disponível em: https://periodicos.uni7.edu.br/index.php/revistajuridica/article/view/1754, p. 148.

impede a retirada de efetividade das normas constitucionais".[36] Este posicionamento já era defendido pelo Ministro em sua obra:

> Por este princípio que não é expresso mas decorre do sistema jurídico-constitucional, enten-
> de-se que se uma lei, ao regulamentar um mandamento constitucional, instituir determinado
> direito, ele se incorpora ao patrimônio jurídico da cidadania e não pode ser arbitrariamente
> suprimido. Nessa ordem de ideias, uma lei posterior não pode extinguir um direito ou garantia,
> especialmente os de cunho social, sob pena de promover um retrocesso, abolindo um direito
> fundado na Constituição. O que se veda é o ataque à efetividade da norma, que foi alcançado
> a partir de sua regulamentação. Assim, por exemplo, se o legislador infraconstitucional deu
> concretude a uma norma programática ou tornou viável o exercício de um direito que de-
> pendia de sua intermediação, não poderá simplesmente revogar o ato legislativo, fazendo
> a situação voltar ao estado de omissão legislativa anterior.[37]

Assim sendo, a extinção da legítima dos cônjuges termina por incorrer em
inconstitucionalidade, materializada na proibição da vedação do retrocesso.
"Ao legislador compete concretizar os direitos fundamentais e, ao fazê-lo, está
impedido de retroagir na conformação normativa para o fim de excluir da ordem
jurídica a necessária proteção destinada aos membros da comunidade familiar",
composta por "aqueles que ocupam o círculo mais próximo do autor da herança,
os quais gozam de especial proteção do Estado".[38]

Esse retrocesso é ainda mais significativo para a mulher, tendo em vista que
pela forte influência da cultura romana de estrutura patriarcal, o Brasil importou o
raciocínio de inferioridade feminina tanto na família quanto na sociedade. A mulher
era submissa ao homem e a ele devia obediência. Nos termos originários do art. 233
do Código Civil de 1916, o marido era o chefe da sociedade conjugal, exercendo os
seus poderes sem qualquer objeção ou resistência. Competia-lhe, inclusive, o direito
de autorizar a profissão da mulher e a sua residência fora do teto conjugal, bem como
a administração dos bens comuns e também dos particulares da mulher.[39]

---

36. BRASIL. Supremo Tribunal Federal – RE: 878694 MG – Minas Gerais 1037481-72.2009.8.13.0439,
Relator: Min. Roberto Barroso, Data de Julgamento: 10.05.2017, Tribunal Pleno, Data de Publicação:
DJe-021 06.02.2018. Disponível em: chrome-extension://efaidnbmnnnibpcajpcglclefindmkaj/https://
redir.stf.jus.br/paginadorpub/paginador.jsp?docTP=TP&docID=14300644 .
37. BARROSO, Luis Roberto. *O Direito Constitucional e a Efetividade de Suas Normas* – Limites e Possibilidades da Constituição Brasileira. 9. ed. Rio de Janeiro, Renovar, 2009, p. 152-153.
38. JEREISSATI, Regis Gurgel do Amaral. *A Vulnerabilidade e a Solidariedade Como Critérios Para o
Reconhecimento do Herdeiro Necessário na Sucessão Legítima.* Tese (Mestrado). Universidade de
Fortaleza. Fortaleza, 2018. Disponível em: https://www.oasisbr.ibict.br/vufind/Record/UFOR_f90f-
3720fe398266f87dfad2179e5b6f, p. 221.
39. Art. 233. "O marido é o chefe da sociedade conjugal. Compete-lhe: I. A representação legal da família.
II. A administração dos bens comuns e dos particulares da mulher, que ao marido competir administrar
em virtude do regime matrimonial adaptado, ou do pacto antenupcial. III. direito de fixar e mudar o
domicílio da família. IV. O direito de autorizar a profissão da mulher e a sua residência fora do tecto
conjugal. V. Prover à manutenção da família, guardada a disposição do art. 277".

CAPÍTULO IV • QUALIDADE DE HERDEIRO NECESSÁRIO DO CÔNJUGE E DO CONVIVENTE | 173

A situação jurídica da mulher como mero objeto de dominação do homem se manteve até o ano de 1962. Foi apenas com o Estatuto da Mulher Casada (Lei 4.121/1962), que a mulher casada foi declarada sujeito plenamente capaz de direito (ou seja, cidadã) e lhe foi concedido o direito de propriedade dos bens adquiridos em seu casamento. Todavia, ainda sob o prisma da mulher ser propriedade do marido, a obrigatoriedade de acrescer o sobrenome do marido[40] foi mantida até 1977, quando passou a ser facultativo com a promulgação da Lei do Divórcio (Lei 6.515/1977).

Mais tardiamente, foi apenas no ano de 1988, que a igualdade de gênero foi constitucionalmente tutelada.[41] Entretanto, por ser recente em termos de história, essa igualdade ainda não existe no plano fático. Como adverte Rodrigo da Cunha há uma distância entre o fato e o direito:

> A questão está em que o princípio da igualdade transcende o campo normativo. Os fatos geradores do *apartheid* feminino, hoje menos acentuado em algumas sociedades, estão na essência da própria cultura. Os ordenamentos jurídicos são também tradutores destas culturas. Portanto, apesar da proclamação da igualdade pelos organismos internacionais e pelas Constituições democráticas do fim deste século, não está dissolvida a desigualdade de direitos dos gêneros.[42]

Assim, considerando que a igualdade entre homem e mulher alojada na Constituição da República ainda figura um horizonte a ser alcançado materialmente, torna-se necessário ter cautela na efetivação da ruptura da supremacia masculina reinante, posto que "não se equilibra, de forma justa, de uma hora para outra, uma desigualdade milenar, que sempre conferiu à mulher a condição de inferior".[43] A flexibilização dos papeis no interior da família não significou extinguir a definição de funções em razão do gênero.

Os vestígios do patriarcalismo ainda estão longe de partirem. Há diversos exemplos de discriminação da condição feminina, a citar: salários menores;

---

40. Redação original do CC/16, art. 240: "A mulher assume, pelo casamento, com os apelidos do marido, a condição de sua companheira, consorte e auxiliar nos encargos da família".

41. Art. 3º "Constituem objetivos fundamentais da República Federativa do Brasil: [...] IV – promover o bem de todos, sem preconceitos de origem, raça, sexo, cor, idade e quaisquer outras formas de discriminação".
    Art. 5º "Todos são iguais perante a lei, sem distinção de qualquer natureza, garantindo-se aos brasileiros e aos estrangeiros residentes no País a inviolabilidade do direito à vida, à liberdade, à igualdade, à segurança e à propriedade, nos termos seguintes: I – homens e mulheres são iguais em direitos e obrigações, nos termos desta Constituição [...]"

42. PEREIRA, Rodrigo da Cunha. *Direito de Família* – Uma Abordagem Psicanalítica. 4. ed. Rio de Janeiro: Editora Forense, 2012 (e-book), p. 95.

43. MATOS, Ana Carla H.; FERST, Marklea da Cunha. A Reconfiguração do Papel da Mulher nas Relações Familiares à Luz da Constituição Federal. In: CONRADO, Marcelo; PINHEIRO, Rosalice Fidalgo (Coord.). *Direito Privado e Constituição*. Curitiba: Juruá, 2009, p. 378 e 380.

maiores dificuldades de alocação no mercado de trabalho; de ocupar cargos de decisão; de representação política; além de exigência de exame negativo de gravidez; violências domésticas etc.[44] Daí porque a necessidade de manter a condição de herdeiro necessário do cônjuge, cuja dependência econômica entre o casal foi reconhecida, em especial a da mulher,[45] como caminho para efetivação da igualdade, haja vista que a esfera patrimonial serve de "ferramenta para problematizar o empoderamento desigual no eixo da conjugalidade".[46]

A solução da CJCODCIVIL de restaurar no cônjuge o *status* jurídico de herdeiro facultativo, bem assim de implementar pacto renunciativo, peca por "não acautelar suficientemente a posição dos mais frágeis, designadamente das mulheres visto que [...] ao ter que ser introduzido numa fase tão precoce, pode desproteger prematuramente o cônjuge sobrevivo que, na maior parte das vezes, é a mulher, o que faz ressurgir o problema mundial da 'feminização da pobreza'".[47] Nas palavras de Guilherme de oliveira:

> [...] nada justifica que o Direito se retire de cena quando estiver em causa a proteção dos mais frágeis, sendo certo que a "feminização da pobreza" é um problema global conhecido, e é preciso evitar que as mudanças legais agravem a situação das mulheres. Assim, é preciso ponderar o impacto das renúncias patrimoniais sobre a qualidade de vida dos cônjuges que tendem a viver mais tempo e que ganham, em geral, menos: as mulheres.[48]

Nessa linha de pensamento, o UN Millennium Project[49] reconhecendo a árdua batalha do empoderamento feminino tanto econômico quanto social, sugeriu "rápidas vitórias" ("*Quick Wins*"), que podem trazer ganhos vitais. Dentre elas, consta justamente assegurar os direitos de propriedade e de herança às mulheres.[50] Por essas razões, entendemos que a herança tem a função de contri-

---

44. MATOS, Ana Carla H.; FERST, Marklea da Cunha. A Reconfiguração do Papel da Mulher nas Relações Familiares à Luz da Constituição Federal. In: CONRADO, Marcelo; PINHEIRO, Rosalice Fidalgo (Coord.). *Direito Privado e Constituição*. Curitiba: Juruá, 2009, p. 379.

45. TEPEDINO, Gustavo; NEVARES, Ana Luiza Maia; MEIRELES, Rose Melo Vencelau. *Fundamentos do Direito Civil* – Direito das Sucessões. 4. ed. Rio de Janeiro: Forense, 2023 (e-book), v. 07. p. 19.

46. OLIVEIRA, Ligia Ziggiotti de. *Olhares Feministas Sobre o Direito das Famílias Contemporâneo*: Perspectivas Críticas Sobre o Individual e o Relacional em Família. 2. ed. Rio de Janeiro: Lumen Juris, 2020, p. 114.

47. LUZ, Ana Filipa Santos da. *Contratos Sucessórios Renunciativos Entre Nubentes* – Análise Crítica às Alterações Introduzidas ao Código Civil Pela Lei 48/2018, de 14 de Agosto. Tese (Mestrado). Faculdade de Direito da Universidade do Porto. Porto, 2019. Disponível em: https://repositorio-aberto.up.pt/handle/10216/125244, p. 74.

48. OLIVEIRA, Guilherme. *Notas sobre o Projeto de Lei 781/XIII* (Renúncia Recíproca à Condição de Herdeiro Legal). Disponível em: http://www.guilhermedeoliveira.pt/resources/Notas-sobre-a-renu%CC%81nciaa%CC%80-condic%CC%A7a%CC%83o-de-herdeiro.pdf, p. 05-06.

49. Órgão consultivo independente, ligado ao Secretário-Geral da Organização das Nações Unidas, que propõe as melhores estratégias para o atingimento das Metas do Milênio da ONU.

50. UN MILLENNIUM PROJECT. *Report to the UN Secretary-General*. Investing in development: a practical plan to achieve the Millennium Development Goals. 2005. Disponível em: https://digitallibrary.un.org/record/564468?v=pdf.

buir para a proteção da pessoa humana,[51] bem como equalizar as desigualdades de gênero, motivo pelo qual acreditamos que derrogar a legítima do cônjuge é diametralmente contrário ao processo evolutivo da mulher.

De fato, a realidade de menor estatuto patrimonial das mulheres subsiste. O estudo "estatísticas de gênero" divulgado pelo Instituto Brasileiro de Geografia e Estatística (IBGE), em 08 de março de 2024,[52] aponta que a responsabilidade por afazeres domésticos afeta inserção das mulheres no mercado de trabalho. Os dados indicam que a população economicamente ativa continua sendo substancialmente formada por homens. E que, apesar de terem, em média, maior escolaridade que os homens, o rendimento das mulheres segue inferior. Pode-se afirmar, assim, que a mulher permanece percebida, enquanto grupo social, economicamente vulnerável, motivo pela qual é merecedora de especial proteção do Estado. Os seguintes dados foram destacados pelo instituto:

Em 2022, enquanto as mulheres dedicaram, em média, 21,3 horas semanais aos afazeres domésticos e/ou cuidado de pessoas, os homens gastaram 11,7 horas.

A taxa de participação das mulheres no mercado de trabalho foi de 53,3% enquanto a dos homens foi de 73,2%. Isso equivale a uma diferença de 19,9 pontos percentuais (p.p.). Além disso, a taxa de informalidade delas (39,6%) era maior que a deles (37,3%), sendo que a diferença entre mulheres pretas ou pardas (45,4%) e dos homens brancos (30,7%) nesse indicador chegou a quase 15 p.p.

Também em 2022, o rendimento delas foi, em média, equivalente a 78,9% do recebido por homens. No início da série histórica, em 2012, essa razão era estimada em 73,5%. A maior diferença no rendimento, em 2022, estava no grupo de profissionais das ciências e intelectuais: elas receberam o equivalente a 63,3% da média dos homens.

Cerca de 32,3% das mulheres do país estavam abaixo da linha de pobreza, ou seja, tinham renda domiciliar per capita de até U\$6,85 por dia, segundo critério do Banco Mundial.

Em termos de visualização, o IBGE elaborou tabelas quanto à média de horas semanais dedicadas aos cuidados de pessoas e/ou afazeres domésticos (com di-

---

51. RIBEIRO, Raphael Rego Borges. *O Direito das Sucessões e a Constituição Federal de 1988*: Reflexão Crítica Sobre os Elementos do Fenômeno Sucessório à Luz da Metodologia Civil-Constitucional. Tese (Doutorado). Universidade Federal da Bahia, Salvador, 2019. Disponível em: https://repositorio.ufba. br/handle/ri/31687, p. 118-119.

52. INSTITUTO BRASILEIRO DE GEOGRAFIA E ESTATÍSTICA (IBGE). *Censo Brasileiro de 2010*. Rio de Janeiro: IBGE, 2022. Disponível em: https://agenciadenoticias.ibge.gov.br/agencia-noticias/2012-agencia-denoticias/noticias/39358-mulheres-pretas-ou-pardas-gastam-mais-tempo-em-tarefas-domesticasparticipam-menos-do-mercado-de-trabalho-e-sao-mais-afetadas-pelapobreza#:~:text=A%20 taxa%20de%20participa%C3%A7%C3%A3o%20das,9%20pontos%20percentuais%20(p.p.). Acesso em: 17 jun. 2024.

visão de sexo, cor e raça),[53] e dos rendimentos habitual de todos os trabalhadores (segregado por gênero).[54]

Logo, a afetividade e solidariedade, conjugados com a igualdade material são pressupostos a justificarem a manutenção do cônjuge como herdeiro forçoso. Soma-se a isto, o fato da exclusão dessa condição representar ofensas aos valores constitucionais, em especial, a dignidade da pessoa humana, configurando, assim, injustificado retrocesso social, que afeta, principalmente, as mulheres, fazendo-se ressurgir a "feminização da pobreza".[55]

4.3 POSIÇÃO DO CONVIVENTE COMO HERDEIRO FACULTATIVO

Lado outro, o mesmo tratamento não deve ser estendido aos conviventes. Ainda que a proposta do anteprojeto em discussão tenha optado por retirar o *status* jurídico de herdeiro necessário do cônjuge, e por consectário lógico do companheiro, não se pode descartar a possibilidade de arquivamento do projeto, bem como de ser o aludido dispositivo alterado para manter a qualidade de sucessor legitimário do cônjuge – pelos motivos aduzidos no tópico anterior –, e sob a perspectiva errônea de não poder haver distinção entre o casamento e união estável, também atribuir a mesma condição ao convivente.

Sobre isto, torna-se crucial observar que atualmente paira insegurança no mundo jurídico acerca da posição dos conviventes enquanto herdeiros necessários ou facultativos. Isto porque, a conclusão do Supremo Tribunal Federal no julgamento dos Recursos Extraordinários 878.694/MG e 646.721/RS, sob a

---

53. Os resultados apontam que o número médio entre os homens (brancos, pretos e pardos) era de 11,7 horas semanais em 2022. As mulheres superam, e muito, esses números. No mesmo ano, a pesquisa mostra que o número médio entre as mulheres brancas era de 20,4 horas semanais; e as mulheres negras ou pardas de 22 horas semanais. INSTITUTO BRASILEIRO DE GEOGRAFIA E ESTATÍSTICA (IBGE). *Censo Brasileiro de 2010*. Rio de Janeiro: IBGE, 2022. Disponível em: https://agenciadenoticias.ibge. gov.br/agencia-noticias/2012-agencia-denoticias/noticias/39358-mulheres-pretas-ou-pardas-gastam-mais-tempo-em-tarefas-domesticasparticipam-menos-do-mercado-de-trabalho-e-sao-mais--afetadas-pelapobreza#:~:text=A%20taxa%20de%20participa%C3%A7%C3%A3o%20das,9%20pontos%20percent uais%20(p.p.). Acesso em: 17 jun. 2024.

54. A pesquisa mostra que em quase todas as categorias ocupacionais os salários dos homens são superiores aos das mulheres. INSTITUTO BRASILEIRO DE GEOGRAFIA E ESTATÍSTICA (IBGE). *Censo Brasileiro de 2010*. Rio de Janeiro: IBGE, 2022. Disponível em: https://agenciadenoticias.ibge.gov.br/ agencia-noticias/2012-agencia-denoticias/noticias/39358-mulheres-pretas-ou-pardas-gastam-mais--tempo-em-tarefas-domesticasparticipam-menos-do-mercado-de-trabalho-e-sao-mais-afetadas--pelapobreza#:~:text=A%20taxa%20de%20participa%C3%A7%C3%A3o%20das,9%20pontos%20 percent uais%20(p.p.). Acesso em: 17 jun. 2024.

55. JEREISSATI, Regis Gurgel do Amaral. *A Vulnerabilidade e a Solidariedade Como Critérios Para o Reconhecimento do Herdeiro Necessário na Sucessão Legítima*. Tese (Mestrado). Universidade de Fortaleza. Fortaleza, 2018. Disponível em: https://www.oasisbr.ibict.br/vufind/Record/UFOR_f90f-3720fe398266f87dfad2179e5b6f, p. 272.

égide do regime de repercussão geral, limitou-se em reconhecer a inconstitucionalidade do artigo 1.790 do Código Civil,[56] ao passo que nada deliberou sobre os efeitos dos outros artigos do direito sucessório, em especial o artigo 1.845 do Código Civil.[57] Em razão disso, o IBDFAM solicitou esclarecimentos, em sede de embargos de declaração, quanto ao alcance da tese, no sentido de mencionar as normas do regime sucessório do cônjuge que devem ser aplicadas também aos companheiros.

Os embargos foram, contudo, rejeitados sob o fundamento do objeto da repercussão geral se limitar à aplicabilidade do art. 1.829 do Código Civil às uniões estáveis, não abrangendo, portanto, a discussão acerca da integração do convivente no elenco de herdeiros necessários e demais dispositivos, ao passo que inexistiria omissão a ser sanada a respeito da aplicabilidade de outros dispositivos. Conforme voto do Ministro Luis Roberto Barroso:

> [...] não há que se falar em omissão do acórdão embargado por ausência de manifestação com relação ao art. 1.845 ou qualquer outro dispositivo do CC, pois o objeto da repercussão geral reconhecida não os abrangeu. Não houve discussão a respeito da integração do companheiro ao rol de herdeiros necessários, de forma que inexiste omissão a ser sanada.[58]

Com o silêncio, inaugurou-se a discussão no mundo jurídico acerca da condição do companheiro sobrevivo ao título de herdeiro necessário. Trata-se, pois, de um dos temas mais polêmicos no direito sucessório.[59]

Há respeitáveis autores, que apesar da falta de previsão legal e carente de precedentes em qualquer outro país no mundo, entendem que da aludida decisão se retira uma equiparação sucessória das duas entidades familiares, inclusive de ser o companheiro herdeiro necessário.[60] Mas, mesmo para essa doutrina "igualitarista" ou "isonomista" não há uma equiparação total, absoluta e irrestrita entre cônjuge e convivente, subsistem algumas diferenças normativas. Essa equiparação

---

56. CC/02, Art. 1.790. "A companheira ou o companheiro participará da sucessão do outro, quanto aos bens adquiridos onerosamente na vigência da união estável, nas condições seguintes: I – se concorrer com filhos comuns, terá direito a uma quota equivalente à que por lei for atribuída ao filho; II – se concorrer com descendentes só do autor da herança, tocar-lhe-á a metade do que couber a cada um daqueles; III – se concorrer com outros parentes sucessíveis, terá direito a um terço da herança; IV – não havendo parentes sucessíveis, terá direito à totalidade da herança".
57. CC/02, Art. 1.845. "São herdeiros necessários os descendentes, os ascendentes e o cônjuge".
58. BRASIL. Supremo Tribunal Federal – RE: 878.694 MG – Minas Gerais 1037481-72.2009.8.13.0439, Relator: Min. Luis Roberto Barroso, Data de Julgamento: 26.10.2018.
59. ROSA, Conrado Paulino da; RODRIGUES, Marco Antonio. *Inventário e Partilha* – Teoria e Prática. 4. ed. São Paulo: JusPodivm, 2022, p. 275.
60. TARTUCE, Flávio. O Companheiro Como Herdeiro Necessário. *Coluna Migalhas*, 2018. Disponível em: https://www.migalhas.com.br/coluna/familia-e-sucessoes/284319/o-companheiro-como-herdeiro-necessario.

é seletiva, restringem-se às "normas de solidariedade", negando-se equiparação no que pertine às "normas de formalidade".[61]

Por outro ângulo, acompanhamos a forte tendência doutrinária no sentido de não se considerar o companheiro como herdeiro necessário. Acreditamos que não há dúvidas que a Suprema Corte foi categórica ao asseverar, expressamente, que a repercussão geral reconhecida se restringe tão somente na aplicabilidade do artigo 1.829, ao passo que não importa equiparação absoluta entre o casamento e a união estável.

Compartilhando do nosso ponto de vista, Mário Luiz Delgado igualmente interpreta que o Supremo Tribunal Federal foi "expresso e categórico", não existindo qualquer omissão quanto à aplicabilidade de outros dispositivos a tais casos. Ele salienta que:

> A decisão vai ao encontro das minhas manifestações anteriores, na linha de que o companheiro não se tornou herdeiro necessário, pois o STF não se manifestou, em momento algum, sobre a aplicação do art. 1.845 à sucessão da união estável. Os debates travados durante o julgamento me levam a concluir que o STF, não só não quis assegurar esse *status* ao companheiro, como expressamente ressalvou a prevalência da liberdade do testador na sucessão da EU. É o que esclarecem, agora, os embargos rejeitados pela Suprema Corte.[62]

Carlos Maximiliano já havia catequizado que um "julgado se torna fator de jurisprudência somente quanto aos pontos questionados e decididos, não quanto ao raciocínio, exemplificações e referências. Votam-se conclusões apenas; só estas constituem precedentes".[63] Sob esse prisma, o Enunciado 641 da VIII Jornada de Direito Civil do Conselho da Justiça Federal enfatizou que não houve equiparação absoluta entre o casamento e união estável, sendo constitucional a distinção entre regimes.[64]

Ora, a *ratio decidendi* dos votos proferidos nos acórdãos do RE 878.694 e RE 646.721 não acarreta na conclusão de que o companheiro se tornou herdeiro necessário. Nesse sentido, foi a ressalva no voto do Ministro Edson Fachin, de que

---

61. DELGADO. Mário Luiz. *Direito Fundamental de Herança*: Sob a Ótica do Titular do Patrimônio. Indaiatuba: Editora Foco, 2023, p. 67.
62. DELGADO. Mário Luiz. *Direito Fundamental de Herança*: Sob a Ótica do Titular do Patrimônio. Indaiatuba: Editora Foco, 2023, p. 74.
63. MAXIMILIANO, Carlos. *Hermenêutica e Aplicação do Direito*. Atual. Alysson Mascaro. (Fora de série). 23. ed. Rio de Janeiro: Forense, 2022 (e-book), p. 185.
64. "A decisão do Supremo Tribunal Federal que declarou inconstitucionalidade do art. 1.790 do Código Civil não importa equiparação absoluta entre o casamento e a união estável. Estendem-se à união estável apenas as regras aplicáveis ao casamento que tenham por fundamento a solidariedade familiar. Por outro lado, é constitucional a distinção entre os regimes, quando baseada na solenidade do ato jurídico que funda o casamento, ausente na união estável".

estaria a liberdade patrimonial dos conviventes ainda assegurada pela ausência de reconhecimento deles à categoria de herdeiro necessário:

> [...] na sucessão, a liberdade patrimonial dos conviventes já é assegurada com o não reconhecimento do companheiro como herdeiro necessário, podendo-se afastar os efeitos sucessórios por testamento. Prestigiar a maior liberdade na conjugalidade informal não é atribuir, *a priori*, menos direitos ou diretos diferentes do casamento, mas, sim, oferecer a possibilidade de, voluntariamente, excluir os efeitos sucessórios.[65]

As passagens do acórdão que fazem referência que se deve aplicar para os integrantes de união estável as mesmas regras da conjugalidade, em verdade, deliberam quanto à injustiça do artigo 1.790 e dispositivos a ele conectado. De certo, aplicam-se às uniões de fato os artigos: 1.829 (ordem da vocação hereditária e concorrência sucessória); 1.831 (direito real de habitação); 1.832 (quota hereditária mínima na concorrência); 1.836 e 1.837 (preferência do companheiro sobre os colaterais).

Todavia, não se pode falar em aplicação, por exemplo, do artigo 1.830, de forma a cogitar remanescer direitos sucessórios ao ex-convivente que teve a união dissolvida em até dois anos. Considerando que a formalidade é elemento genético e extintivo do casamento, o cônjuge separado de fato continua casado até o divórcio ser decretado, enquanto o companheiro que se separa de fato rompe, na mesma hora, a convivência, dissolvendo, assim, a união estável e deixando de estampar a qualidade de companheiro, não podendo, pois se pretender titular de qualquer direito sucessório em relação ao outro. De igual forma, não cabe aplicação do art. 1.845.[66]

Até a conclusão desta obra, não existe precedente algum do Supremo Tribunal Federal e nem do Superior Tribunal de Justiça reconhecendo, por meio da formulação da norma jurídica individual que resulta da decisão, o convivente como herdeiro necessário. O que há são elementos de mera retórica, não essenciais para a formação da decisão, tampouco para vincular os casos subsequentes, ainda que se prestem a completar o raciocínio do julgador (*obiter dicta*). Sobre isto, um ponto importante é que não compete ao legislador, nem à jurisprudência, regulamentar a união estável de maneira a atribuir-lhe, direta e autoritariamente, os efeitos da sociedade conjugal.

---

65. BRASIL. Supremo Tribunal Federal – RE: 646.721 – RS – Rio Grande do Sul, Relator: Min. Marco Aurélio, Data de Julgamento: 10.05.2017, Tribunal Pleno, Data de Publicação: DJe-021 06.02.2018. Disponível em: chrome-extension://efaidnbmnnnibpcajpcglclefindmkaj/https://redir.stf.jus.br/paginadorpub/paginador.jsp?docTP=TP&docID=13579050.

66. DELGADO. Mário Luiz. *Direito Fundamental de Herança*: Sob a Ótica do Titular do Patrimônio. Indaiatuba: Editora Foco, 2023, p. 71.

O julgamento do AgInt no Resp 1.318.249 e Resp 1.844.229, ambos pelo STJ, retrata esta situação, cujos acórdãos fizeram surgir "nos tribunais estaduais[67] manifestações nas quais se passa a repetir, sem qualquer fundamentação, o referido *obiter dictum*, transformando-o na falsa premissa de que a questão fora debatida e solucionada pelas Cortes Superiores". A respeito disso, com o nosso apoio, Mário Luiz Delgado afirma que "não se pode invocar os *obiter dicta* presentes nos dois julgados do STJ como se fossem elementos vinculantes para decidir, em outros casos sobre eventual direito à legítima dos companheiros". Não se mostra "viável supor a inconstitucionalidade da regra, a partir de *obter dicta* lançados em alguns acórdãos, por mais respeitáveis que sejam os respectivos prolatores".[68]

A resposta à questão não se pode dar nos estreitos limites dos conceitos e premissas baseados nos paradigmas anteriores, ou interpretações além do deliberado pela Suprema Corte. O próprio artigo 226, § 3º da Constituição Federal, ao declamar que a lei deverá facilitar a conversão da união estável em casamento, deixou claro que não houve equiparação, pois não é possível conceber a ideia de conversão em institutos análogos, tampouco dispôs a Carta Magna de regras sucessórias aos conviventes. Os institutos foram equiparados, mas não igualados.[69] É nesse exato sentido que o Ministro Marco Aurélio pondera em seu voto:

> O comando determina ao legislador facilitar a conversão da união estável em casamento, mas em momento algum os equipara. Se o fizesse, perderia a razão de ser, o objeto, a sinalização ao estímulo à transmutação da união estável em casamento. Para que a transformação ante igualização, quanto a consequências patrimoniais? A única similitude entre os institutos é que ambos são considerados, pelo Texto Maior, entidades familiares. E para por aí, uma vez que, mesmo sendo formas de família, a Constituição Federal estabelece, de plano, inexistir espaço para equalização.[70]

Nesse liame, Maria Helena Diniz argumenta que a norma constitucional não colocou a união estável no mesmo patamar do casamento – que foi até mesmo priorizado –, apenas instituiu a função estatal de proteger a união resultante da expressão de livre exercício da liberdade dos conviventes em não aderirem ao matrimônio, retirando-se o *status* de sociedade de fato. Com base nesta pers-

---

67. A citar de forma exemplificativa: AI 2242914-42.2015.8.26.0000 do TJSP; Ap. 0737478-65.2019.8.07.0001 do TJDF.
68. DELGADO. Mário Luiz. *Direito Fundamental de Herança*: Sob a Ótica do Titular do Patrimônio. Indaiatuba: Editora Foco, 2023, p. 77.
69. SILVA, Regina Beatriz Tavares da. Regime Sucessório da União Estável Não é Inconstitucional. *Consultor Jurídico*, maio 2014. Disponível em: https://www.conjur.com.br/2017-mai-19/regime-sucessorio-uniao-estavel-nao-inconstitucional.
70. BRASIL. Supremo Tribunal Federal – RE: 646.721 – RS – Rio Grande do Sul, Relator: Min. Marco Aurélio, Data de Julgamento: 10.05.2017, Tribunal Pleno, Data de Publicação: DJe-021 06.02.2018. Disponível em: chrome-extension://efaidnbmnnnibpcajpcglclefindmkaj/https://redir.stf.jus.br/paginadorpub/paginador.jsp?docTP=TP&docID=13579050.

pectiva, a autora questiona: "Realmente, se, com a união estável, os conviventes tiverem os mesmos deveres e direitos, qual seria a motivação para efetuar aquela conversão? Se as pessoas vivem em união estável, mesmo assumindo o compromisso de constituir família, o fazem para escapar das obrigações matrimoniais. Deveria o Estado, então, atribuir-lhe os mesmos efeitos do casamento?"[71].

Tal hipótese, afigurar-se-ia excessiva a tutela jurídica do Estado, tolhendo demasiadamente a autonomia privada dos conviventes, além da justa medida. Certo é que, a melhor maneira de honrar a tábua axiológica constitucional, no direito das sucessões, é fazer prevalecer à intervenção mínima estatal, com a valorização da autonomia privada e a todos os princípios garantidores da autodeterminação, como já analisado na seção 3.2.

Em sentido similar, escreve Eduardo de Oliveira Leite, com o apoio na declarada pelo Ministro Barbosa Moreira:

O novo Código pois, frisa-se, não retrocedeu, mas endossou e, de certa forma, alargou a proposta constitucional, na medida em que procurou equiparar a união estável ao casamento quando é sabido, e bem sabido, que em momento algum o constituinte de 1988 pretendeu igualar as duas realidades jurídicas. Para tanto, como também já afirmamos em diversos trabalhos, basta considerar o claríssimo teor do parágrafo 3º do art. 226 da Constituição de 1988. Ali se lê, com todas as letras: "Para efeito da proteção do Estado, é reconhecida a união estável entre o homem e a mulher como entidade familiar, *devendo a lei facilitar a sua conversão em casamento*" (grifamos).

Ora, se a lei (ordinária, diga-se) deve facilitar a conversão da união estável em casamento, evidentemente, o parâmetro perseguido pelo constituinte, apesar do reconhecimento de novas formas de conjugalidade continua sendo o casamento.

Nesse sentido, agudíssima e preclara a observação do Ministro Barbosa Moreira, permanentemente atual: "A norma do §3º (do art. 226), de maneira alguma atribuiu ao homem ou à mulher, em união estável, situação jurídica totalmente equiparada à de homem casado ou à de mulher casada. Ao admitir-se tal equiparação, teria desaparecido por completo a diferença entre união estável não formalizada e o vínculo matrimonial. Isso, porém, é insustentável à luz do próprio texto: se as duas figuras estivessem igualadas, não faria sentido estabelecer que a lei deve facilitar a conversão da união estável em casamento. Não é possível converter uma coisa em outra, a menos que sejam desiguais: se já são iguais, é desnecessário e inconcebível a conversão.[72]

Já na década de noventa, João Baptista Villela apontou que não existe "uma só palavra de onde se possa derivar a suposta necessidade de submeter essas formações espontâneas à cravelha da lei. O que quis e quer a Constituição é, por

---

71. DINIZ, Maria Helena. *Curso de Direito Civil Brasileiro*: Direito de Família. 37. ed. São Paulo: SaraivaJur, 2023, v. 5 (*e-book*). p. 146-155.

72. LEITE, Eduardo de Oliveira. In: TEIXEIRA, Sálvio de Figueiredo (Coord.). *Comentários ao novo Código Civil*. 3. ed. Rio de Janeiro: Editora Forense, 2003, v. XXI. p. 51-52.

óbvias razões de justiça social, estender a tais construções informais o manto protetor da lei, especialmente os benefícios da seguridade social".[73]

De igual lado, Francisco Cahali já elucidava não ser admissível a analogia ou equiparação das regras aplicadas ao casamento à união estável com fundamento constitucional, vez que a constituinte se limitou apenas a acolher a união estável com relação aos seus efeitos externos em face do Estado e da sociedade. Com isso, remontou o autor, a importância de editar disposições legais específicas para tratar a despeito da imposição de obrigações, ou mesmo fixação de direitos e deveres aos conviventes.[74]

Pode-se dizer que, há uma identidade na essência das relações familiares advindas pelo casamento e pela união estável, fundamentadas em vínculos de afeto, solidariedade e respeito semelhantes. Contudo, há diversidade quanto à constituição e dissolução, motivo pelo qual a regulamentação de cada entidade deverá conter diferenciações.[75] Até porque, se o princípio constitucional de igualdade entre as formas de constituir entidade familiar apontasse para a comparação integral entre união estável e casamento, em especial, no que concerne à sucessão (principal efeito prático do descompasso), não seriam necessárias diversas formas de família, mas somente uma, já que o resguardo seria o mesmo[76] – o que está desencontrado com os parâmetros impostos pela *Lex Fundamentalis*.

Cortejam-se elementos heterogêneos, ou seja: enquanto a união estável é uma entidade familiar que existe no mundo dos fatos, em que há necessidade de se comprovar a existência, o casamento é ato formal e solene, de cunho estatal, com registro público confirmatório do enlace. Logo, trata-se de dois institutos, com naturezas, efeitos e modo de constituição e dissolução distintos.

O casamento permanece como instituição de excelência para constituição de família, o que não significa hierarquizar as formas de família. Por questão de garantia e maior segurança para as relações sociais, é apenas preferível à família formalmente constituída. O fato de todas as composições familiares merecerem igual proteção, não significa idêntico tratamento legislativo, porquanto há diferenças inerentes relacionadas ao seu modo de formação e funcionamento, a

---

73. VILLELA, Baptista João. Repensando o Direito de Família. *Rio Cad. Jur.*, São Paulo, v. 3, n. 7, p. 95-106, jan./fev. 2002. Disponível em: https://bdjur.stj.jus.br/jspui/handle/2011/118885, p. 101.

74. CAHALI, Francisco José. *União Estável e Alimentos Entre os Companheiros*. São Paulo: Saraiva. 1996, p. 190-191.

75. MOREIRA, Lígia Carolina Costa. *Sucessão do Cônjuge e Companheiro*: Uma Abordagem Comparativa. Tese (Mestrado). Pontifícia Universidade Católica de São Paulo. São Paulo, 2016. Disponível em: https://tede2.pucsp.br/handle/handle/19726, p. 123.

76. NAMUR, Samir. *Autonomia Privada para a Constituição da Família*. Tese (Doutorado). Universidade do Estado do Rio de Janeiro. Rio de Janeiro, 2012. Disponível em: https://www.bdtd.uerj.br:8443/handle/1/9258, p. 127.

CAPÍTULO IV • QUALIDADE DE HERDEIRO NECESSÁRIO DO CÔNJUGE E DO CONVIVENTE **183**

justificar certas desigualdades no sistema sucessório, estruturadas com base nas particularidades de cada uma, *"one size does not fit all"* ("um tamanho único não serve para todos").

O matrimônio detém burocrático itinerário que é constituído de habilitação (com entrega de documento ao cartório e testemunhas), celebração (perante juiz e testemunhas) e registro público que altera o estado civil de maneira permanente, cuja informação é veiculada em toda a vida registral dos indivíduos (como documentos, registros imobiliários, fiscais etc.), e conta, obrigatoriamente, com a intervenção estatal para o seu desfazimento. Em contrapartida, opõe-se à essa natureza jurídica formal a informalidade da união estável, cujo contrato escrito disposto no artigo 1.725[77] do Código Civil é mera faculdade.

Muitas consequências decorrem do formalismo do matrimônio. Há, por exemplo, um conjunto de atos que nenhum dos cônjuges pode praticar sem o outro autorizar (CC/02, art. 1.647[78]), a ensejar maior segurança jurídica a terceiros em suas relações negociais.[79] É por isso que o legislador constituinte determinou no art. 226, § 3º, que a conversão da união estável em casamento deve ser facilitada. O que não pode ser fundamento para autorizar tratamento infraconstitucional que avilte o núcleo familiar constituído pela união estável, com intuito de forçar companheiros a se casarem.

O *status* jurídico de herdeiro necessário igualmente decorre da satisfação dessas formalidades próprias do matrimônio. De forma explícita, dispõe a lei que o título de herdeiro legitimário (qualificador restritivo da liberdade testamentária), é atribuído somente àquele que possua o estado civil de "casado". Sob este raciocínio, é possível afirmar que "a situação jurídica de herdeiro necessário guarda relação direta com as formalidades do casamento, única entidade familiar com aptidão a modificar o estado civil, de maneira que a

---

77. Art. 1.725. "Na união estável, salvo contrato escrito entre os companheiros, aplica-se às relações patrimoniais, no que couber, o regime da comunhão parcial de bens".
78. Art. 1.647. "Ressalvado o disposto no art. 1.648, nenhum dos cônjuges pode, sem autorização do outro, exceto no regime da separação absoluta: I – alienar ou gravar de ônus real os bens imóveis; II – pleitear, como autor ou réu, acerca desses bens ou direitos; III – prestar fiança ou aval; IV – fazer doação, não sendo remuneratória, de bens comuns, ou dos que possam integrar futura meação. Parágrafo único. São válidas as doações nupciais feitas aos filhos quando casarem ou estabelecerem economia separada".
79. Nas palavras de Gustavo Tepedino: "A Constituição Federal, contudo, não pretendeu equiparar entidades heterogêneas, identificando a relação familiar de fato com o mais solene dos atos jurídicos. O casamento, com efeito, como ato jurídico, pressupõe uma profunda e prévia reflexão de quem o contrai, daí decorrendo imediatamente uma série de efeitos que lhe são próprios – dada a certeza e a segurança que oferecem os aos solenes. Já a união estável, ao contrário, formada pela sucessão de eventos naturais que caracterizam uma relação de fato, tem outros elementos constitutivos, identificáveis ao longo do tempo, na medida em que se consolida a vida em comum". TEPEDINO, Gustavo. *Temas de Direito Civil*. 3. ed. Rio de Janeiro: Renovar, 2004, p. 385.

interpretação a favor de uma não inclusão do companheiro como herdeiro necessário seria admissível com base nas próprias distinções decorrentes das formalidades".[80] Daí porque, não se pode dizer que há violação ao princípio da isonomia, simplesmente por haver normativa sucessória diferenciada entre casamento e união estável.[81]

Outro argumento sustentado com o nosso apoio por Conrado Paulino da Rosa e Marco Antonio Rodrigues, é a insegurança jurídica frente aos pedidos de reconhecimento de união estável *post mortem*. Na atualidade há uma linha bastante tênue entre um relacionamento afetivo ultrapassar a característica de mero namoro (denominado pela doutrina, namoro qualificado) e passar a ser configurada união estável. Desse modo, há o risco do autor da herança falecer acreditando que a relação mantida não detinha as feições de família e, por isso, sequer se preocupou em implementar cláusula de mútua exclusão da concorrência ou fazer testamento para favorecer os filhos ou, ainda, em proteger os seus irmãos. Desrespeitando-se completamente as bases do instituto sucessório.

Os autores destacam que esse entendimento não trata a união estável como uma subclasse em detrimento do casamento, mas apenas empresta àquela a liberdade almejada pelo casal. "Não podemos tratar a escolha de um relacionamento mais informal com a mesma categoria jurídica daqueles que se submeteram a um procedimento altamente formal e solene, como acontece no casamento".[82] A atração das consequências jurídicas do casamento para uma família constituída na informalidade beira ao absurdo legal, já que naturalmente surpreende todas àqueles que simplesmente acreditaram estar vivendo sem a complexidade das regras do matrimônio.

Não cabe ao Judiciário, nem ao Legislativo interferir na escolha legítima feita pelos particulares suprimindo a manifestação de vontade ao promover a equiparação. Caso contrário, violar-se-ia um dos pilares do Estado Democrático de Direito: o direito à liberdade e a todos os demais direitos e princípios garantidores da autodeterminação:

> Se a Constituição determina que dois caminhos levam a um mesmo lugar, isto é, se tanto casamento como união estável formam entidades familiares, o legislador tem ampla margem para disciplinar cada um desses caminhos de modo a permitir que as pessoas que queiram

---

80. DELGADO. Mário Luiz. *Direito Fundamental de Herança*: Sob a Ótica do Titular do Patrimônio. Indaiatuba: Editora Foco, 2023, p. 72.
81. DELGADO, Mário Luiz. Não Cabe ao Judiciário Conferir à Relação Informal os Efeitos da Sociedade Conjugal. *Consultor Jurídico*, ago. 2016. Disponível em: https://www.conjur.com.br/2016-ago-07/processo-familiar-nao-cabe-judiciario-dar-relacao-informal-efeitos-casamento.
82. ROSA, Conrado Paulino da; RODRIGUES, Marco Antonio. *Inventário e Partilha* – Teoria e Prática. 4. ed. São Paulo: JusPodivm, 2022, p. 277-278.

CAPÍTULO IV • QUALIDADE DE HERDEIRO NECESSÁRIO DO CÔNJUGE E DO CONVIVENTE **185**

atingir o destino – a constituição de entidade familiar – tenham à sua disposição alternativas reais, e não apenas aparentes, de caminhos a escolher.[83]

Se ambos os modelos fossem sujeitados às mesmas normas cogentes, tornar-se-ia em uma liberdade apenas aparente, artificial, esvaziada, que negaria a condição de agente moral àqueles que não se veem identificados no modelo rígido, predefinido, de família. Para mais, há risco de transformar o namorado em herdeiro forçoso, sem a ciência do titular do patrimônio.

A supervalorização da união estável em detrimento da autonomia privada, não se justifica quando o ordenamento jurídico oferece formas para que os casais formalizem seus relacionamentos por intermédio do instituto do casamento, quando assim desejarem. A questão é simples, para atrair os efeitos do matrimônio, basta aos nubentes se casarem. Se não o fizeram, é porque assim não quiseram, de modo que não é possível impor-lhe um "casamento forçado". Frisa-se à exaustão, não se poder olvidar que existem casais que optam por viver *more uxorio* precisamente por pretenderem afastar o regime jurídico do casamento.

Essa diferenciação não significa a prevalência de uma sobre a outra. É ela "que dá a possibilidade de escolha ao casal de constituir uma família, sem que o cônjuge seja necessariamente herdeiro. É esta diferença, portanto, que pode garantir a liberdade, um dos pilares de sustentação do Direito Civil".[84] O ponto, fora devidamente observado nos votos dos Ministros Dias Toffoli e Marco Aurélio no RE 878.694, respectivamente:

> Dias Toffoli: As entidades familiares são distintas, como especificado na Constituição Federal. O casamento, portanto, não é união estável, o que autoriza que seus respectivos regimes jurídicos sejam distintos. Portanto, há de ser respeitada a opção feita pelos indivíduos que decidem por se submeter a um ou a outro regime. Há que se garantir, portanto, os direitos fundamentais à liberdade dos integrantes da entidade de formar sua família por meio do casamento ou da livre convivência, bem como o respeito à autonomia de vontade para que os efeitos jurídicos de sua escolha sejam efetivamente cumpridos

> Marco Aurélio: Entender de modo diverso, igualando casamento e união estável, em especial no tocante ao direito sucessório, significa, além do prejuízo para os sucessores, desrespeitar a autonomia do casal, quando da opção entre os institutos, em eleger aquele que melhor atendesse à pretensão de constituição do núcleo familiar – casamento ou união estável.

---

83. SILVA, Regina Beatriz Tavares da. Regime Sucessório da União Estável Não é Inconstitucional. *Consultor Jurídico*, maio 2014. Disponível em: https://www.conjur.com.br/2017-mai-19/regime-sucessorio-u-niao-estavel-nao-inconstitucional.

84. PEREIRA, Rodrigo da Cunha. *União Estável e Casamento*: O Paradoxo da Equiparação. Rodrigo da Cunha, nov. 2016. Disponível em: http://www.rodrigodacunha.adv.br/uniao-estavel-e-casamento--o-paradoxo-da-equiparacao/.

> Não cabe ao Judiciário, após a escolha legítima pelos particulares, sabedores das consequências, suprimir a manifestação de vontade com promoção de equiparações, sob pena de ter-se manifesta violação a um dos pilares do Estado Democrático de Direito – o direito à liberdade, à autodeterminação.[85]

Outrossim, como estudamos, o direito fundamental de herança deve ser visto também sob a ótica do sucedido e não apenas do sucessor. "A designação legitimária é dever imposto ao autor da sucessão de reservar parte de seus bens a determinados herdeiros. A norma institui restrição ao livre exercício da autonomia privada, restringe sem dúvida, a sua liberdade de disposição, constituindo, por isso, exceção no ordenamento jurídico"[86] e, segundo as regras de hermenêuticas – já analisadas em tópicos anteriores –, não se pode dar interpretação ampliativa à norma restritiva. Normas restritivas de direitos devem ser interpretadas sempre de forma igualmente restrita. O rol do artigo 1.845 é, portanto, taxativo.[87]

Portanto, "no respeito do princípio da autonomia privada, a união de facto não deve ser equiparar ao casamento, mas ao mesmo tempo merece que lhe seja reconhecida a proteção jurídica que a sua dignidade social demanda".[88] Longe de ser um tratamento discriminatório, é, em verdade, louvável, pois assegura a lógica da liberdade que deve prevalecer como derivação inerente ao próprio modo de constituição das uniões estáveis. Em nosso sentir, cabe à pessoa "optar se deseja que seu consorte tenha o título de herdeiro necessário, elegendo o casamento ou, querendo ter plena liberdade testamentária, constituirá união estável".[89]

Há nitidamente maior liberdade ao titular do patrimônio que optar por constituir união estável, já que a limitação imanente da legítima encontrasse apenas na figura do cônjuge, e assim deve permanecer. Sobre isto, alerta Rodrigo da Cunha que além de tolher a liberdade das pessoas de escolherem esta ou aquela forma de família, se em tudo for idêntica ao casamento, em realidade, a

---

85. BRASIL. Supremo Tribunal Federal – RE: 878.694 MG – Minas Gerais 1037481-72.2009.8.13.0439, Relator: Min. Luis Roberto Barroso, Data de Julgamento: 10.05.2017, Tribunal Pleno, Data de Publicação: DJe-021 06.02.2018. Disponível em: chrome-extension://efaidnbmnnnibpcajpcglclefindmkaj/https://redir.stf.jus.br/paginadorpub/paginador.jsp?docTP=TP&docID=14300644.

86. DELGADO. Mário Luiz. *Direito Fundamental de Herança*: Sob a Ótica do Titular do Patrimônio. Indaiatuba: Editora Foco, 2023, p. 72.

87. ROSA, Conrado Paulino da; RODRIGUES, Marco Antonio. *Inventário e Partilha* – Teoria e Prática. 4. ed. São Paulo: JusPodivm, 2022, p. 277.

88. OLIVEIRA, Xavier Silva. *A Posição Sucessória do Membro Sobrevivo da União de Facto*. Tese (Mestrado). Faculdade de Direito da Universidade de Coimbra. Coimbra, 2023. Disponível em: chrome-extension://efaidnbmnnnibpcajpcglclefindmkaj/https://estudogeral.uc.pt/retrieve/266130/A%20Posi%C3%A7%-C3%A3o%20Sucess%C3%B3ria%20do%20Membro%20Sobrevivo%20da%20Uni%C3%A3o%20de%20Facto.pdf, p. 03.

89. ROSA, Conrado Paulino da; RODRIGUES, Marco Antonio. *Inventário e Partilha* – Teoria e Prática. 4. ed. São Paulo: JusPodivm, 2022, p. 277.

CAPÍTULO IV • QUALIDADE DE HERDEIRO NECESSÁRIO DO CÔNJUGE E DO CONVIVENTE 187

união estável poderia ser sucumbida, pois, ao final, tornou-se um casamento forçado: "Se considerarmos o (a) companheiro (a) como herdeiro necessário estaremos acabando com a liberdade de escolha entre uma e outra forma de constituir família, já que a última barreira que diferenciava a união estável do casamento já não existiria mais".[90] Nesse sentido foi a observação de João Baptista Villela:

> O par que opta por não se casar (podendo fazê-lo gratuitamente quantas vezes queira) e escolhe outra forma de união, o faz porque, definitivamente, não se quer pôr sob o regime que a lei estabelece. Portanto, haveria que deixá-lo em paz, vivendo seu próprio e personalíssimo projeto de vida amorosa. Mas nas estruturas autoritárias de poder isso é impensável: há que regulamentar, regulamentar, regulamentar. Na hipótese concreta, o delírio normativista do Estado traduz-se, por assim dizer, em casar *ex officio* quem não quis casar *motu proprio*. Ou seja, submeter compulsoriamente ao regime legal do casamento, tanto quanto possível, aqueles que deliberadamente fizeram a opção pelo não casamento.[91]

Com efeito, equiparar integralmente os efeitos sucessórios acabará por, justamente, atentar contra a união estável, acarretando em impactos sociais graves e nocivos. Os conviventes que, em um exercício legítimo de liberdade, optarem por essa forma particular de família em vista de seu regime sucessório, acabarão por migrar para o casamento ou, receosos e pressionados pela exacerbada gravidade que a relação acaba de adquirir, optarão por dissolver a relação.[92] Quem ainda não vive em núcleo familiar, possivelmente "permanecerá sozinho, fará declarações de namoro para assegurar que a relação que vive não é de união estável, enfim, não poderá extravasar seu afeto, terá que contê-lo, tornar-se-á infeliz".[93] Atingirá o Estado a família constitucionalizada em seu âmago: o afeto.

A preocupação é também compartilhada por Mário Delgado, cujo ponto central de sua crítica é que a união estável foi concebida em nosso ordenamento justamente para ser uma união livre, flexível em seu regramento. Ao impor o regime sucessório do casamento está se "alterando a sua natureza jurídica, transformando-a em outro tipo de relacionamento que não foi o desejado pelas partes". Para a sua argumentação, o escritor se vale ainda do direito comparado,

---

90. IBDFAM. *Equiparação de cônjuge e companheiro na sucessão ainda gera polêmica e promove o debate.* Disponível em: https://ibdfam.org.br/noticias/6813. Acesso em: 05 dez. 2023.
91. VILLELA, Baptista João. Repensando o Direito de Família. *Rio Cad. Jur.*, São Paulo, v. 3, n. 7, p. 95-106, jan./fev. 2002. Disponível em: https://bdjur.stj.jus.br/jspui/handle/2011/118885, p. 102.
92. SILVA, Regina Beatriz Tavares da. Regime Sucessório da União Estável Não é Inconstitucional. *Consultor Jurídico*, maio 2014. Disponível em: https://www.conjur.com.br/2017-mai-19/regime-sucessorio-u-niao-estavel-nao-inconstitucional.
93. SILVA, Regina Beatriz Tavares da. O Afeto Será Prejudicado Pelo STF. *O Estado de S.Paulo*, fev. 2017. Disponível em: https://www.estadao.com.br/politica/blog-do-fausto-macedo/o-afeto-sera-prejudi-cado-pelo-stf/.

indicando que estamos caminhando na contramão dos ordenamentos estrangeiros em matéria de união fática.[94]

O mesmo raciocínio é aplicado por Rodrigo da Cunha, que enfatiza que equalizar os efeitos é matar a união estável em sua essência. Isto porque, "é um instituto em que os sujeitos desejam um espaço onde possam criar suas próprias regras da convivência, sem interferência estatal [...] é algo que quer exatamente fugir das regras e escapar dos limites e formalidades do casamento civil". O civilista acrescenta que a tendência de equiparação entre o casamento e a união estável é o mesmo que não a reconhecer como uma entidade familiar autônoma, tratando-se de "uma posição moralista e equivocada". "É como se fosse para resgatá-la de algo que não é correto, como moralistamente estabeleceu-se no artigo da Constituição da República (226, § 3º) que o Estado facilitará sua conversão em casamento".[95]

Destarte, sob pena de negar a condição de sujeito ético, deve-se viabilizar o próprio casal construir sua ordem familiar diversa do casamento. O que se sugere não é a completa ausência do Estado no seio familiar, mas sua ausente presença, cujas "intervenções sejam garantidoras dos espaços de autodeterminação, de modo que a autonomia existencial se realize plenamente", a ensejar a promoção e a tutela da dignidade e da personalidade da pessoa humana. Considerando ter sido a família reconhecida "como um instrumento para a realização da personalidade de seus membros", é inquestionável que se deve permitir a liberdade afetiva, bem assim conferir efeitos jurídicos às escolhas do casal, chancelando seus projetos de vida, em conformidade com a tábua axiológica constitucional.[96]

Entendemos que a hermenêutica das normas constitucionais acerca da matéria de união estável remete a manutenção da qualidade de herdeiro facultativo do convivente, em nada promovendo tratamento discriminatório, porém, respeitando as notórias distinções existentes entre ambas as entidades familiares em apreço. A respeito do tema, remetemos ao estudado na seção 3.2, porquanto são igualmente fundamentos justificadores da legitimidade em tratar de maneira desigual os direitos hereditários do cônjuge e convivente: a dignidade da pessoa humana; a proteção da família; o afeto; e o respeito ao livre exercício da vida privada, por todo o exposto naquele tópico.

---

94. DELGADO, Mário Luiz. Não Cabe ao Judiciário Conferir à Relação Informal os Efeitos da Sociedade Conjugal. *Consultor Jurídico*, ago. 2016. Disponível em: https://www.conjur.com.br/2016-ago-07/processo-familiar-nao-cabe-judiciario-dar-relacao-informal-efeitos-casamento.

95. PEREIRA, Rodrigo da Cunha. *União Estável e Casamento*: O Paradoxo da Equiparação. Rodrigo da Cunha, nov. 2016. Disponível em: http://www.rodrigodacunha.adv.br/uniao-estavel-e-casamento--o-paradoxo-da-equiparacao/.

96. MULTEDO, Renata Vilela; BODIN DE MORAES, Maria Celina. *A Privatização do Casamento*. Rio de Janeiro, v. 5, n. 2, p. 1-21, 2016. Disponível em: https://civilistica.emnuvens.com.br/redc/article/view/263.

Posto isto, tendo em mente que o companheiro não foi equiparado a herdeiro necessário – e tampouco deveria –, para não atribuir quinhão hereditário ao convivente, basta o autor da herança não o contemplar em testamento. De igual modo, pode o titular do patrimônio excluir a concorrência sucessória do seu parceiro também por disposição de última vontade. No entanto, frente à instabilidade jurídica que ainda paira sobre a questão, entendemos ser prudente a cautela de inserir a cláusula pactícia de exclusão do direito concorrencial à sucessão em contrato de união estável, ou em outra escritura pública para esta finalidade.

Capítulo V
PROPOSTA DE *LEGE FERENDA*

5.1 DA CLÁUSULA DE MÚTUA EXCLUSÃO DO DIREITO CONCORRENCIAL À SUCESSÃO

Como vimos ao longo do presente trabalho, entendemos que a disposição pactícia a respeito da concorrência sucessória conjugal já é plenamente possível no ordenamento pátrio, isto é, independe de qualquer alteração legislativa. Ocorre que, tal mudança de postura ideológica ainda não foi abraçada pela majoritária doutrina, e tampouco pela jurisprudência.

Neste liame, no REsp 954567/PE, de 2011, o Superior Tribunal de Justiça declarou nula a cláusula instituída no pacto antenupcial, que constava a exclusão de qualquer partilha, inclusive por herança ou sucessão, o patrimônio de cada cônjuge adquirido antes do casamento, tendo em mente que o regime eleito pelos nubentes era participação final nos aquestos. O acórdão se embasou no argumento genérico e superficial de que o artigo 1.655 do Código Civil imporia a nulidade da convenção ou cláusula do pacto antenupcial que contravenha disposição absoluta de lei. Apesar da cláusula tida como nula não se limitava à exclusão do direito concorrencial, cuja amplitude dos termos foi objeto de crítica nossa, cumpre esclarecer que, na prática, o caso versava sobre a indignação da genitora da *de cujus* em ter que concorrer com o viúvo.[1]

Mais recentemente, um tabelião da capital paulista concordou em lavrar pacto antenupcial com cláusula de desejo de renúncia sucessória entre cônjuges, que assim dispunha: "se à época do falecimento de qualquer um deles, a legislação ou a jurisprudência permitir, optam por, de fato, não participarem de futura sucessão um do outro, uma vez que ambos têm seus patrimônios totalmente separados, não desejando, nem por sucessão, receberem patrimônio um do outro". No momento da inscrição no registro de imóveis, porém, foi negado o registro.

---

1. STJ – REsp: 954567 PE 2007/0098236-3, Relator: Ministro Massami Uyeda, Data de Julgamento: 10.05.2011, T3 – Terceira Turma, Data de Publicação: DJe 18.05.2011.

Suscitada dúvida, o Conselho Superior da Magistratura,[2] em que pese aduzir não desconhecer a controvérsia doutrinária acerca do tema, e a existência de julgados em sentido contrário, determinou a retificação da escritura por completo, sem possibilidade de cindir o título. Na sua fundamentação, alegou de forma rasa que a renúncia à concorrência sucessória esbarraria na vedação legal trazida pelo artigo 426 do Código Civil, que impede o pacto sucessório, com citação cega da obra de Pontes Miranda,[3] o que, igualmente, já fora objeto de críticas nossas.

Lado outro, no Estado do Rio de Janeiro, os notários já podem lavrar, sem receio, documentos públicos com cláusula de exclusão do direito concorrencial,[4] por força do artigo 390, §3º, do novo Código de Normas da Corregedoria do Rio de Janeiro, que assim estabeleceu: "A cláusula de renúncia ao direito concorrencial (art. 1.829, I, do CC) poderá constar do ato a pedido das partes, desde que advertidas quanto à sua controvertida eficácia".

Sobre isto, Gabriela Franco Maculan Assumpção (escrevente no Cartório de Registro Civil e de Notas do Distrito do Barreiro, em Belo Horizonte/MG) e Letícia Franco Maculan Assumpção (oficial do Cartório do Registro Civil e Notas do Distrito de Barreiro, em Belo Horizonte/MG), entendendo que embora a jurisprudência não tenha ainda observado o avanço da discussão, não podemos permanecer estáticos. Para as cartorárias, "os tabeliães, que são aqueles aos quais imediatamente são apresentadas as mudanças legais, doutrinárias e jurisprudenciais, têm que atender às solicitações daqueles que os procuram".

Assim, tendo em vista que a renúncia recíproca dos cônjuges à herança não contraria a ordem pública e não prejudica terceiros, entendem que os tabeliães

---

2. Dois meses antes, o mesmo relator já havia firmado o mesmo entendimento em caso similar, cuja ementa se transcreve: Registro de Imóveis – dúvida julgada procedente – Escritura pública de pacto de convivência em união estável – Regime convencional da separação total de bens – Existência de disposições no pacto estabelecido que, segundo o Oficial, não comportam ingresso no Registro de Imóveis porque ilegais – Renúncia à postulação de comunicação patrimonial, embasada na Súmula 377 do STF, que apenas reforça a incomunicabilidade de bens na vigência da união estável – Nulidade não configurada – Renúncia ao direito real de habitação – Renúncia TAMBÉM ao direito concorrencial pelos conviventes – Artigo 426 do Código Civil que veda o pacto sucessório – Sistema dos registros públicos em que impera o princípio da legalidade estrita – Título que, tal como se apresenta, não comporta registro – Apelação não provida. (TJ-SP-AC: 1007525-42.2022.8.26.0132 Catanduva, Relator: Fernando Antônio Torres Garcia (Corregedor Geral), Data de Julgamento: 22.09.2023, Conselho Superior da Magistratura, Data de Publicação: 27.09.2023).

3. TJ-SP – AC: 1022765-36.2023.8.26.0100 São Paulo, Relator: Fernando Antonio Torres Garcia (Corregedor Geral), Data de Julgamento: 11/10.2023, Conselho Superior da Magistratura, Data de Publicação: 19.10.2023.

4. LEITÃO, Fernanda de Freitas. *Direito Notarial* – Autonomia Privada e os Limites da Atividade Notarial. Colégio Notarial do Brasil – Seção São Paulo. Disponível em: https://cnbsp.org.br/2023/09/12/artigo-direito-notarial-autonomia-privada-e-os-limites-da-atividade-notarial-por-fernanda-de-freitas-leitao/.

devem observar a "autonomia de vontade das partes, consentânea com os anseios mais atuais da sociedade". Posto isto, elas sugerem incluir no pacto antenupcial a seguinte cláusula:

> Se, à época do falecimento das partes, a legislação ou a jurisprudência permitir, optam por não participarem de futura sucessão um do outro, quando em concorrência com os descendentes ou ascendentes, restando afastada, assim, a regra de concorrência dos incisos I e II, do artigo 1.829, do Código Civil, uma vez que ambos têm seus patrimônios totalmente separados, não desejando, nem por sucessão, caso exista concorrência, receber patrimônio um do outro. Desejam permanecer na sucessão um do outro quando não houver descendentes, nem ascendentes, e o cônjuge sobrevivente for o único herdeiro, chamado a suceder como herdeiro universal e necessário. Pelo Tabelião foi esclarecido às partes que a efetividade dos efeitos patrimoniais da presente cláusula depende de convergência das fontes de direito, em razão do teor dos artigos 426 e 1.655, ambos da Lei 10.406/02 (Código Civil Brasileiro), segundo os quais, respectivamente: "Não pode ser objeto de contrato a herança de pessoa viva"; e "É nula a convenção ou cláusula dela que contravenha disposição absoluta de lei". Os nubentes foram informados ainda de que a renúncia recíproca ao direito de suceder e à herança, como pretendido, pode depender de ato ratificatório, a teor do disposto no art. 1.806 da Lei 10.406/02. As partes declaram que compreendem a advertência, todavia, utilizando da faculdade constante do caput do artigo 1.639 do Código Civil, optam por manter a avença consignada no presente pacto, sabedores de seu conteúdo meramente enunciativo.[5]

Em sentido similar, Arthur Del Guércio Neto (tabelião de notas e protestos em Itaquaquecetuba), Carolina Edith Mosmann dos Santos (ex-escrevente do 1º tabelionato de notas e protesto de Novo Hamburgo/RS) e João Francisco Massoneto Junior (especialista em direito notarial e registral), iniciam a sua argumentação com o exemplo de Maria, que é divorciada e tem uma filha de oito anos. Ela tem o receio de vir faltar prematuramente e sua filha ter que dividir o único bem, um apartamento, com eventual companheiro ou marido que venha deixar. Em razão disso, Maria não quer namorar, manter união estável ou muito menos se casar. Embora se saiba que o namoro não gera efeitos patrimoniais, a linha que o separa de uma união estável é, atualmente, muito tênue, ao passo que o medo dela é totalmente fundado. Não há qualquer garantia que o namorado não tentará alegar e eventualmente conseguir a configuração da união estável, herdando metade do patrimônio.

Os autores trazem ainda o exemplo de famílias recompostas, na figura de Eduardo e Mônica, que não desejam receber ou comunicar bens com o outro, muito menos desejam herdar bens um do outro, diminuindo a participação de

---

5. ASSUMPÇÃO, Gabriela Franco Maculan; ASSUMPÇÃO, Letícia Franco Maculan. *O Pacto Antenupcial e o Direito Sucessório do Cônjuge* – Novas Interpretações Para os Mesmos Problemas. Colégio Notarial do Brasil – Seção São Paulo. Disponível em: https://cnbsp.org.br/2023/10/17/artigo-o-pacto-antenup-cial-e-o-direito-sucessorio-do-conjuge-novas-interpretacoes-para-os-mesmos-problemas-por-ga-briela-franco-maculan-assumpcao-e-leticia-franco-maculan-assumpcao/.

seus filhos. Entendem que ao negar este direito, é criado um cenário de medo e incertezas, que resulta no adiamento do casamento, ou até mesmo na sua desistência.

Com a vivência na prática, concluem que, assim como Maria, Eduardo e Mônica, muitos acabam prorrogando ou até deixando de formar família, em virtude de parte da doutrina e jurisprudência entender que a cláusula de renúncia ao direito concorrencial é nula por contrariar norma de ordem pública, prevista no artigo 426, do Código Civil. Dividem a sua experiência apontando que, esta busca pela proteção patrimonial não interessa somente as pessoas abastadas, pois, independentemente, do tamanho do patrimônio, a importância para o proprietário é a mesma.

Assim, considerando que a aludida cláusula abrange uma nulidade não só questionável, contestável, como, também, há inúmeros argumentos jurídicos que demonstram não se tratar de ato nulo, bem como, em breve, este entendimento já será majoritário e seguido pela jurisprudência, o tabelião pode e deve se utilizar de sua independência no exercício de sua atribuição, contida no artigo 28, da Lei 8.935/1994, para aceitar inserir esse desejo dos nubentes no pacto antenupcial, após orientar as partes sobre todas as circunstâncias envolvidas.

A este respeito, constatam que pairam três situações enfrentadas na prática notarial sobre o tema. "Há tabeliães que se recusam a inserir a renúncia no pacto". Por outro lado, há quem aceite a sua inserção e dentre eles, existem dois posicionamentos: a) "inserir no ato que as partes estão cientes sobre os atuais entendimentos sobre o tema"; e, b) "além dessa ciência expressa no ato notarial, também exigem que a redação sobre o desejo da renúncia seja obrigatoriamente, vinculada a possibilidade futura, quando, ao tempo da morte, eventualmente já seja entendida como possível a renúncia".

Nesta linha, os escritores, na intenção de trazer tranquilidade e segurança aos notários na previsão da cláusula de renúncia no pacto antenupcial e no contrato de convivência, permitindo que eles auxiliem na modificação definitiva da doutrina e na criação de jurisprudência a respeito do tema, elaboraram a seguinte sugestão de texto:

> Os declarantes, depois de devidamente esclarecidos por mim, Tabelião, declaram estarem cientes de que atualmente existe grande divergência doutrinária a respeito da possibilidade de renúncia recíproca ao direito sucessório concorrencial no pacto antenupcial, já que parte da doutrina defende se tratar de cláusula nula por ferir norma de ordem pública, contida no artigo 426, do Código Civil Brasileiro (pacta corvina), e, a outra parte, que está em ascensão, defende não se tratar de pacta corvina, pois entende que a renúncia não se enquadra na proibição prevista no artigo acima citado, devendo-se respeitar a liberdade plena dos nubentes de decidirem sobre seus bens, antes do casamento, contida no artigo 1.639, do Código Civil Brasileiro, e o princípio da autonomia privada.

CAPÍTULO V • PROPOSTA DE *LEGE FERENDA* **195**

Declaram, ainda, estarem cientes que ao tempo da morte deles, nubentes, pode ou não já ter sido pacificado o tema, o que será decisivo para que o desejo adiante externado surta os efeitos desejados.

Assim, considerando a inegável existência e plena vigência do princípio da autonomia privada no ordenamento jurídico brasileiro, principalmente em relação a conteúdos exclusivamente relacionados à vida privada dos nubentes, os quais não possuam qualquer vínculo ou prejuízo para terceiros ou para o poder público; considerando o disposto no artigo 1.639, do Código Civil Brasileiro, e a probabilidade deste artigo estar sendo violado, caso futuramente prevaleça o entendimento de que não se trata a renúncia de pacta corvina; e, por fim, considerando ser o notário um profissional do direito que possui a missão de interpretar com autonomia e responsabilidade as normas jurídicas; foi permitido, por mim, Tabelião, que depois de todos os esclarecimentos a respeito do tema, as partes pudessem fazer, ao menos, a declaração a seguir, para que possa surtir efeito, CASO, ao tempo da morte dos nubentes, o entendimento seja o de que eles possuem esse direito e a ele não se aplica o artigo 426, do Código Civil, por não se tratar de pacta corvina.

Após todas essas considerações, as partes declaram, neste ato, que:

i) estão cientes da divergência doutrinária existente e seu entendimento atual, mas também da possibilidade de modificação doutrinária e jurisprudência a respeito do tema, assim como, de que o desejo que irão inserir adiante poderá ou não ser considerado válido, a depender de como será decidida essa divergência no futuro, portanto, para que tenha validade dependerá do entendimento que estiver prevalecendo na época do falecimento deles, nubentes. E, ainda, que de acordo com o artigo 1655, do Código Civil, mesmo que o entendimento seja pela impossibilidade da renúncia, o pacto antenupcial e suas demais cláusulas continuarão válidas, uma vez que a nulidade seria, especificamente, quanto à renúncia sucessória contida no ato.

ii) após todas as ciências, desejam deixar registrado que, se à época do falecimento de qualquer um deles, a doutrina ou a jurisprudência permitir, por entenderem não se tratar de pacta corvina, optam por, de fato, não participarem de futura sucessão um do outro, quando em concorrência com os descendentes ou ascendentes, restando afastada, assim, a regra de concorrência dos incisos I e II, do artigo 1.829, do Código Civil, uma vez que ambos têm seus patrimônios totalmente separados, não desejando, nem por sucessão, caso exista concorrência, receberem patrimônio um do outro.

iii) desejam permanecer na sucessão um do outro quando não houver descendentes, nem ascendentes, e o cônjuge sobrevivente for o único herdeiro, chamado a suceder como herdeiro universal e necessário;

iv) uma vez que, regulando a sucessão e a legitimação para suceder a lei vigente ao tempo da abertura daquela, conforme artigo 1.787, do Código Civil, e, sabendo que a posição doutrinária, assim como a jurisprudencial, em casos com muita divergência como este, que resulta em uma nulidade altamente questionável, podem perfeitamente ser modificadas com o tempo, e, até mesmo a legislação ser modificada para que se atendam os anseios da sociedade moderna, entendem terem o direito de deixar registradas suas vontades e rogarem para que, na ocasião do falecimento de qualquer um deles, estas sejam atendidas, de acordo com os entendimentos vigentes ao tempo da ocorrência do fato.[6]

---

6. GUÉRCIO NETO, Arthur Del, SANTOS, Carolina Edith Mosmann dos; MASSONETO JUNIOR, João Francisco. *A Renúncia Sucessória no Pacto Antenupcial*: O Aumento do Clamor Social e a Nova

Essa proposta de redação em escrituras públicas tem o nosso completo endosso. E mais, considerando que o tema ainda repercute acirrado debate no meio jurídico, não vislumbramos prejuízo na alteração das disposições civis, ao contrário, compreendemos ser prudente como mecanismo de se instaurar maior segurança jurídica aos nubentes.

À vista disto, sugeriremos escrita de texto no tópico subsequente, que melhor regularizará a questão. Antes, porém, convém adentrarmos nos atributos da cláusula, cujos efeitos, salientamos à exaustão, entendemos já se propagarem.

Em primeiro, para que os planos de existência, validade e eficácia sejam alcançados com perfeição, a exclusão convencional dos cônjuges da concorrência sucessória deve acompanhar às mesmas diretrizes exigidas pelo pacto antenupcial. Máxime, estar disposta em escritura pública, a ser lavrada em tabelionato de notas, nos termos do artigo 1.653 do Código Civil.[7] Ademais, por representar ato volitivo, desnecessária a homologação judicial, bastando-se a observância à forma escrita, solene e pública.[8] Por outro lado, diante da qualidade de herdeiro facultativo do convivente, a concorrência sucessória do outro pode ser afastada unilateralmente por testamento, também.

Em segundo, por óbvio, o pacto antenupcial é documento válido e eficaz para os cônjuges convencionarem acerca da exclusão da concorrência sucessória, bem assim o contrato de convivência registrado em cartório. Nada impede, todavia, que a disposição seja pactuada no decorrer do matrimônio ou união estável em outro instrumento público,[9] sem haver relevância do nome dado,[10] seja convenção matrimonial, convenção pós-nupcial ou outro.[11] Inclusive, como

---

Posição Que Vem Se Formando na Doutrina Brasileira. IBDFAM: 2023. Disponível em: https://ibdfam. org.br/artigos/2016/A+ren%C3%BAncia+sucess%C3%B3ria+no+pacto+antenupcial%3A+O+aumento+do+clamor+social+e+a+nova+posi%C3%A7%C3%A3o+que+vem+se+formando+na+doutrina+brasileira.

7. Art. 1.653. "É nulo o pacto antenupcial se não for feito por escritura pública, e ineficaz se não lhe seguir o casamento".

8. DELGADO, Mário Luiz; MARINHO JÚNIOR, Jânio Urbano. Posso Renunciar à Herança em Pacto Antenupcial. *Revista IBDFAM*: Família e Sucessões. v. 31, jan./fev. Belo Horizonte: IBDFAM, v. 31, jan./fev., p. 10, 2019.

9. MADALENO, Rolf. Renúncia de Herança no Pacto Antenupcial. In: PEREIRA, Rodrigo da Cunha e DIAS, Maria Berenice (Coord.). *Família e Sucessões*: Polêmicas, Tendências e Inovações. Belo Horizonte: IBDFAM, 2018, p. 90.

10. GUIDI, Ana Letícia Cechinel. *A Renúncia Antecipada de Herança Concorrente pelo Cônjuge no Ordenamento Jurídico Brasileiro*. Tese (Mestrado). Universidade Federal de Santa Catarina. Florianópolis, 2021. Disponível em: https://repositorio.ufsc.br/handle/123456789/229363, p. 89.

11. "Os pactos pré-nupciais podem ser celebrados pelos futuros cônjuges antes do casamento, como podem modificá-los depois do matrimônio, tal qual podem os conviventes firmá-los antes ou durante o seu relacionamento, para determinarem as consequências pessoais, subjetivas e materiais provenientes da separação, do divórcio ou da morte dos pactuantes". MADALENO, Rolf. Renúncia de Herança

"reconhecimento da autonomia da vontade na regulamentação das relações patrimoniais entre cônjuges e companheiros, baseado na harmonia construída nos relacionamentos afetivos da atualidade, de modo a assegurar que uma futura ruptura matrimonial seja menos contenciosa e devastadora possível".[12]

Ademais, a possibilidade de excluir a concorrência sucessória a qualquer tempo, evita o problema de uma eventual inconstitucionalidade não acautelada pela alteração legislativa: a desigualdade entre os casamentos anteriores à entrada em vigor da lei e os posteriores. Oportunizando-se a estipulação a qualquer momento, quem se casou antes estará em tempo útil para se beneficiar dela.[13] Além disso, igualmente acautela os nubentes cuja circunstância se alterar, *v.g.*, o nascimento de um filho no curso do relacionamento.

Nesse ponto, a par da dispensabilidade da sugestão apresentada pela CJCO-DCIVIL de alteração do artigo 426 do Código Civil, porquanto não carregando mais a qualidade de herdeiro necessário, pode o autor da herança afastar o parceiro conjugal por testamento ou partilha em vida, há de se notar, ainda, que a proposta limita a renúncia da condição de sucessor – e, portanto, de exclusão do direito de concorrência – aos pactos antenupciais e contratos de convivência. Desta forma, a comissão não se preocupou em regularizar as relações já vigentes, a ensejar inconstitucional disparidade injustificável.

Em terceiro, sob a égide dos princípios da isonomia constitucional e plena comunhão de vida na igualdade, positivados nos artigo 226, §5º da Constituição da República[14] e artigo 1.511 do Código Civil,[15] respectivamente, que disciplinam as relações jurídicas entre consortes, a exclusão da concorrência sucessória deve ser, obrigatoriamente, mútua. Até porque, é impossível fracionar os regimes de bens, ele é único para ambos os consortes,[16] logo, não poderia ser diferente em decorrência de dissolução por morte.

---

no Pacto Antenupcial. In: PEREIRA, Rodrigo da Cunha e DIAS, Maria Berenice (Coord.). *Família e Sucessões*: Polêmicas, Tendências e Inovações. Belo Horizonte: IBDFAM, 2018, p. 88.

12. MADALENO, Rolf. Renúncia de Herança no Pacto Antenupcial. In: PEREIRA, Rodrigo da Cunha e DIAS, Maria Berenice (Coord.). *Família e Sucessões*: Polêmicas, Tendências e Inovações. Belo Horizonte: IBDFAM, 2018, p. 89.

13. PEREIRA, Maria Margarida Silva; HENRIQUES, Sofia. Pensando sobre os Pactos Renunciativos pelo Cônjuge: Contributos para o Projeto de Lei 781/XIII. *Julgar Online*, 2018. Disponível em: https://julgar. pt/pensando-sobre-os-pactos-renunciativos-pelo-conjuge-contributos-para-o-projeto-de-lei-n-o- -781xiii/, p. 10-11.

14. Art. 226, § 5º. "Os direitos e deveres referentes à sociedade conjugal são exercidos igualmente pelo homem e pela mulher".

15. Art. 1.511. "O casamento estabelece comunhão plena de vida, com base na igualdade de direitos e deveres dos cônjuges".

16. MAFRA, Tereza Cristina Monteiro; MENDONÇA, Rafael Baeta. Os Limites de Conteúdo do Pacto Antenupcial. *Civilistica.com.*, a. 10, n. 03, 2021. Disponível em: https://civilistica.emnuvens.com.br, p. 17.

É certo que, segundo a natureza das coisas, apenas um dos fenômenos sucessórios será marcado decisivamente pela renúncia: o do cônjuge a falecer primeiro. No entanto, ao impor reciprocidade na exclusão do referido direito destaca-se "o princípio da igualdade entre os cônjuges como um dos pilares da ordem jusmatrimonial, dando assim cabal cumprimento ao disposto no artigo. Consegue garantir o equilíbrio das perdas".[17]

Em quarto, entendemos ser oportuna a livre revogabilidade da cláusula, desde que haja consenso entre os nubentes e respeitadas às demais formalidades. A revogação "poderá decorrer simplesmente de alteração de circunstâncias, por exemplo, fundada numa mudança na vontade dos cônjuges em face da duração do próprio casamento, ou da verificação de fatores ponderosos que não foram equacionados no momento da renúncia".[18] Este entendimento já era partilhado por Clóvis Beviláqua, ao tempo do código anterior:

> [...] apesar de não permitir o Código Civil os pactos sucessórios, nem os testamentos conjuntivos, nas convenções antenupciais, é licito aos cônjuges estabelecer clausulas relativamente à sua sucessão. Tais cláusulas, porém, não poderão prejudicar os herdeiros necessários, nem a mutabilidade essencial das disposições mortis causa. Serão revogáveis, ainda quando os cônjuges lhes pretendam retirar o caráter da revogabilidade.[19]

Ora, não há qualquer óbice à redefinição da cláusula. O Código Civil não se refere à imutabilidade do pacto antenupcial – e por consectário lógico das demais convenções matrimoniais – como um todo, mas apenas à imutabilidade do regime de bens. Assim, sem embargo à imutável eleição do regime de bens (a qual admite, inclusive, alteração mediante autorização judicial, vide artigo 1.639, § 2º do Código Civil[20]), todas as demais disposições podem ser livremente modificadas.[21] Ainda, na perspectiva de não se poder confundir a hipótese de exclusão convencional da concorrência sucessória com renúncia prévia à herança

---

17. LUZ, Ana Filipa Santos da. *Contratos Sucessórios Renunciativos Entre Nubentes* – Análise Crítica às Alterações Introduzidas ao Código Civil Pela Lei 48/2018, de 14 De Agosto. Tese (Mestrado). Faculdade de Direito da Universidade do Porto. Porto, 2019. Disponível em: https://repositorio-aberto.up.pt/handle/10216/125244, p. 56-58.

18. PEREIRA, Maria Margarida Silva; HENRIQUES, Sofia. Pensando sobre os Pactos Renunciativos pelo Cônjuge: Contributos para o Projeto de Lei 781/XIII. *Julgar Online*, 2018. Disponível em: https://julgar.pt/pensando-sobre-os-pactos-renunciativos-pelo-conjuge-contributos-para-o-projeto-de-lei-n-o--781xiii/, p. 11-12.

19. BEVILAQUA, Clovis. *Código Civil dos Estados Unidos do Brasil Comentado*. Rio de Janeiro: Livraria Francisco Alves. 1943, v. 02. p. 164.

20. § 2º "É admissível alteração do regime de bens, mediante autorização judicial em pedido motivado de ambos os cônjuges, apurada a procedência das razões invocadas e ressalvados os direitos de terceiros".

21. FRANK, Felipe. *Autonomia Sucessória e Pacto Antenupcial*: Problematizações Sobre o Conceito de Sucessão Legítima e Sobre o Conteúdo e os Efeitos Sucessórios das Disposições Pré-Nupciais. Tese (Doutorado). Universidade Federal do Paraná. Curitiba, 2017. Disponível em: https://acervodigital.ufpr.br/handle/1884/52021, p. 229-230.

disposta no artigo 1.812 do Código Civil,[22] justifica-se também a possibilidade de alteração a qualquer tempo, consoante defende Felipe Frank.[23]

Neste ínterim, cumpre-se criticar a proposta da CJCODCIVIL, que nada delibera acerca da renunciablidade da cláusula de exclusão do direito concorrencial, colidindo-se frontalmente com o princípio da autonomia entre os nubentes, tão ambicionado no âmbito do direito da família e, sobretudo, no direito das sucessões.

5.2 SUGESTÃO DE REDAÇÃO A DISPOSITIVOS DA CODIFICAÇÃO CIVIL

Em linha ao exposto no transcurso deste trabalho, o sistema sucessório do cônjuge e convivente é alvo de muitos questionamentos no cenário jurídico, representando, em realidade, uma verdadeira "Torre de Babel", tamanha a extensão das confusões que a interpretação de sua redação acarreta, em sentido oposto ao princípio da operabilidade do código. Nas palavras de Flávio Tartuce, "atualmente, o Direito das Sucessões no Brasil convive com a necessidade de criação de teses de difícil compreensão, de elaboração de fórmulas matemáticas, de solução com dízimas periódicas, de divergências insuperáveis entre a doutrina e a jurisprudência e entre ambas respectiva e internamente".[24] Nesse sentido, são as ponderações de Giselda Hironaka acerca da concorrência sucessória do cônjuge ou companheiro sobrevivo:

> No Brasil, infelizmente, passamos por um intenso problema com relação à interpretação de dispositivos legais referentes à concorrência sucessória de cônjuge ou de companheiro sobrevivos com os descendentes do autor da herança.
>
> O resultado de um desacerto legislativo como este acarretou, como não podia deixar de ser, decisões judiciais díspares, o que causa sofrimento ao direito, uma vez que não consagram o justo, como deveria ser. E mais, estas distintas decisões judiciais não resultam – e é muito importante que se registre –"da insuficiência ou do desmando judiciário, mas tão somente da falha do legislador brasileiro, por ter produzido, não acidentalmente, um vazio de previsão".[25]

---

22. Art. 1.812. "São irrevogáveis os atos de aceitação ou de renúncia da herança".
23. FRANK, Felipe. *Autonomia Sucessória e Pacto Antenupcial*: Problematizações Sobre o Conceito de Sucessão Legítima e Sobre o Conteúdo e os Efeitos Sucessórios das Disposições Pré-Nupciais. Tese (Doutorado). Universidade Federal do Paraná. Curitiba, 2017. Disponível em: https://acervodigital. ufpr.br/handle/1884/52021, p. 168.
24. TARTUCE, Flávio. *Direito Civil*: Direito das Sucessões. 10. ed. Rio de Janeiro: Forense, 2017 (e-book), v. 06. p. 105.
25. HIRONAKAI, Giselda Maria Fernandes Novaes. Os artigos 1.829, I, e 1.830 do Código Civil a partir da Legalidade Constitucional: Uma Perspectiva Funcionalizada do Direito Sucessório. In: PEREIRA, Rodrigo da Cunha; DIAS, Maria Berenice (Coord.). *IX Congresso Brasileiro de Direito de Família*. Família: pluralidade e felicidade. Belo Horizonte, 2014, p. 47-48.

Diante deste cenário, a necessidade de modificação legislativa se decanta desde o período de vacância do Código Civil, a fim de se superarem as imperfeições e impropriedades. Tanto é assim que, além de reinar a perplexidade da doutrina, e a jurisprudência fomentar a massa de dúvidas e conflitos,[26] desde a introdução do Código Reale foram propostos alguns projetos de lei para sanar as imperfeições de redação,[27] e atualmente está em debate o anteprojeto de 2024.

Em complemento à nossa intenção de conceder uma visão mais ampla do sistema sucessório do cônjuge e convivente, procuramos contribuir com sugestão de texto dos dispositivos comentados ao longo do presente estudo, com o fito de trazer para a alçada Legislativa o poder resolutório, de forma a diminuir o ativismo judicial e estruturar a paz social para as famílias e a sociedade em geral, bem como reduzindo disputas junto ao Poder Judiciário. Para tanto, persistimos no esforço de conferir aos institutos civilísticos a interpretação condizente com a tábua axiológica prevista na Constituição, considerando, em especial, a valorização dos princípios da dignidade humana; da especial proteção à família; da autonomia privada (e a todos os demais garantidores da liberdade de autodeterminação); da solidariedade; da afetividade; e da vedação ao retrocesso. Conforme leciona Gustavo Tepedino:

> O papel do legislador, da magistratura e da doutrina, no âmbito do direito civil, adquire maior importância, empenhados não em dar forma racional a uma realidade que lhes é oferecida pela história, como queira a Escola da Exegese, mas em construir bases objetivas para a realização de um direito civil que corresponda à tábua de valores previstos constitucionalmente, engendrando-se as técnicas e os critérios interpretativos, bem como uma renovada dogmática, capazes de atender aos desafios suscitados pelo sistema de fontes.[28]

Neste diapasão, o novel instituto da concorrência sucessória do cônjuge e convivente deve permanecer. A situação premia aquele que esteve ao lado, dia e noite, até a morte do autor da herança, sem, contudo, se olvidar dos descendentes, garantindo-lhes meios de iniciar ou dar continuidade a suas vidas. E, na sua falta, não deixa de privilegiar os ascendentes, responsáveis, via de regra, pela formação e pelo caráter do *de cujus*. Agindo assim, o legislador demonstra sapiência digna, bem como se enquadra entre o fundamento do direito sucessório não somente no direito de propriedade em sua inteireza, como também no direito de família, funcionalizados à luz da Lei Maior, com fulcro na metodologia civil-constitucional. A consequência disto é a harmonia do instituto com a proteção à família,

---

26. CAHALI, Francisco José; HIRONAKA, Giselda Maria Fernandes Novaes. *Direito das Sucessões*. 5. ed. São Paulo: Ed. RT, 2014, p. 186.
27. Dentre eles, destacam-se os Projetos de Leis 4.775/2005, 508/2007, 1.792/2007, 699/2011 (reapresentação dos PL 6.960/2002 e 276/2007), 3.536/2019 e 3.799/2019.
28. TEPEDINO, Gustavo. *Temas de Direito Civil*. Rio de Janeiro: Renovar, 2006, t. II. p. 43.

enquanto promoção da dignidade e personalidade dos envolvidos, da solidariedade familiar e da realização de interesses existenciais do finado.

Seria injusto que o companheiro de vida participasse apenas daquilo que é produto comum do trabalho, quando outros bens, que se conservaram e/ou foram construídos com a sua colaboração e incentivo, podem vir a integrar o patrimônio a ser objeto da sucessão. Aquilo que enriquece a um, o faz em respeito a ambos, pois para o enrobustecimento da família também houve contribuição pela solidariedade conjugal. O exercício da concorrência sucessória incide e assim deve permanecer tão somente quanto aos bens particulares, haja vista que tal direito foi implementado como forma de assegurar parcela mínima do patrimônio ao viúvo que não participará do patrimônio pela sucessão legítima e tampouco terá direito à meação, em clara expressão de garantia existencial. Guarda, pois, um viés humanitário. Ora, aos bens comuns, já existe a proteção do cônjuge e convivente pela sua participação como meeiro. O benefício sucessório se justifica, assim, onde ainda não exista o amparo ao consorte.

Em vista da infeliz redação atual do dispositivo, que enseja pluralidade de interpretações, que emerge a nossa sugestão de adequação do texto, para fins de simplificar o regramento e instaurar maior segurança jurídica, em compasso com a justiça e realidade social.

Não obstante, a proposta de manutenção de sistemática similar àquela do Código Civil, considerando que o tema ainda repercute acirrado debate no mundo jurídico, compreendemos ser prudente a regulamentação da possibilidade de mútua exclusão prévia do direito concorrencial. Isso confronta o espírito do ordenamento e os princípios constitucionais elementares, em especial, da pluralidade das entidades familiares; proteção especial da família; dignidade da pessoa humana; afetividade; autonomia privada e existencial. Exemplo disto é a hipótese de indivíduos maduros, com filiação exclusiva, que pretendem celebrar segundas núpcias, mas não desejam comunicar seus bens, poderão se casar normalmente. Acaso fossem mantidas a redação atual e a interpretação restritiva e descontextualizada do artigo 426, não existiria regime de bens que pudesse ser adotado para proteção do patrimônio, restando a estas pessoas, unicamente, a alternativa de não casar. Ademais, excluir a concorrência sucessória não configura *pacta corvina,* aqueles interessados na disposição pactícia são exatamente opostos ao corvo: são, em verdade, pombas da paz. Interessam-se apenas pelo ser humano, respeitam a manutenção do acervo patrimonial no tronco familiar do *de cujus*. A presente alteração trará para a alçada Legislativa o poder resolutório, diminuindo o ativismo judicial e estruturando a paz social para as famílias e a sociedade em geral, bem como reduzindo disputas junto ao Poder Judiciário.

Cremos e estamos convencidos que a alteração tão defendida do artigo 1.829 do Código Civil de 2002[29] deve adotar a seguinte redação:

A sucessão legítima defere-se na ordem seguinte:

I – aos descendentes, em concorrência com o cônjuge ou convivente no tocante aos bens particulares, salvo se houver cláusula de incomunicabilidade;

II – aos ascendentes, em concorrência com o cônjuge ou convivente no tocante aos bens particulares, salvo se houver cláusula de incomunicabilidade;

III – ao cônjuge ou convivente, salvo se houver cláusula de incomunicabilidade;

IV – aos colaterais, até o quarto grau.

§ 1º É admitida a mútua exclusão do direito concorrencial previsto nos incisos I e II deste artigo, por cônjuges ou conviventes, em escritura pública.

§ 2º Se excluído, o direito concorrencial pode ser mutuamente readmitido, a qualquer tempo, em escritura pública.

§ 3º No regime da separação obrigatória de bens (art. 1.641) não incide o direito concorrencial dos incisos I e II deste artigo.

§ 4º Os bens com cláusula de incomunicabilidade serão destinados ao cônjuge ou convivente, se, no momento da morte, o falecido não deixar parentes sucessíveis, segundo a ordem de vocação hereditária.

Em relação ao artigo 1.831,[30] faz-se necessário sua adequação, para que se acrescente ao dispositivo o convivente; para reincluir como pressuposto do direito real de habitação a permanência do estado de viuvez e a impossibilidade de prover a própria moradia, dado o caráter alimentar que está em seu conteúdo;[31] e para salvaguardar os vulneráveis que dependiam do autor da herança. É de salutar proteger o cônjuge e convivente, mas não de forma excessiva e em descompasso com a sua realidade, em especial quando existirem outros herdeiros merecedores de especial proteção.

A sucessão deve ter em mente a pessoa do sucessor, ou seja, as suas características, aspectos individuais, e a sua relação com o autor da herança. Nessa direção, considerando o caráter protetivo do benefício, este deve ser estendido

---

29. Redação atual: Art. 1.829. "A sucessão legítima defere-se na ordem seguinte: I – aos descendentes, em concorrência com o cônjuge sobrevivente, salvo se casado este com o falecido no regime da comunhão universal, ou no da separação obrigatória de bens (art. 1.640, parágrafo único); ou se, no regime da comunhão parcial, o autor da herança não houver deixado bens particulares; II – aos ascendentes, em concorrência com o cônjuge; III – ao cônjuge sobrevivente; IV – aos colaterais".

30. Redação atual: Art. 1.831. "Ao cônjuge sobrevivente, qualquer que seja o regime de bens, será assegurado, sem prejuízo da participação que lhe caiba na herança, o direito real de habitação relativamente ao imóvel destinado à residência da família, desde que seja o único daquela natureza a inventariar".

31. DANELUZZI, Maria Helena Marques Braceiro. *Aspectos Polêmicos na Sucessão do Cônjuge Sobrevivente*: de acordo com a Lei 10.406, de 10 de janeiro de 2002. São Paulo: Editora Letras Jurídicas, 2004, p. 200.

CAPÍTULO V • PROPOSTA DE *LEGE FERENDA* **203**

para os familiares vulneráveis cuja moradia dependia do finado, enquanto perdurar tal situação de dependência. Assim, propõe-se que o direito real de habitação seja exercido coletivamente, enquanto os titulares não adquirirem renda ou patrimônio suficiente para manter sua respectiva moradia, ou não casarem nem constituírem união estável:

> *Ao cônjuge ou convivente que residia com o autor da herança ao tempo de sua morte, será assegurado, qualquer que seja o regime de bens e sem prejuízo da participação que lhe caiba na herança, o direito real de habitação, relativamente ao imóvel destinado à moradia da família, desde que seja o único daquela natureza a inventariar.*

> *§ 1º Se ao tempo da morte, viviam juntamente com o casal descendentes incapazes ou com deficiência, bem como ascendentes vulneráveis, o direito de habitação há de ser compartilhado por todos.*

> *§ 2º Cessa o direito quando qualquer um dos titulares do direito à habitação tiver renda ou patrimônio suficiente para manter sua respectiva moradia, ou quando constituir nova família.*

Considerando a sugestão de redação proposta para o artigo 1.829, torna-se ajustar o texto do *caput* artigo 1.836,[32] para fins de congruência:

> *Art. 1.836. Na falta de descendentes, são chamados à sucessão os ascendentes, em concorrência com o cônjuge e convivente.*

> *§ 1º Na classe dos ascendentes, o grau mais próximo exclui o mais remoto, sem distinção de linhas.*

> *§ 2º Havendo igualdade em grau e diversidade em linha, os ascendentes da linha paterna herdam a metade, cabendo a outra aos da linha materna.*

No que se refere aos artigos 1.832[33] e 1.837[34] a sugestão é que sejam revogados, a fim de simplificar o sistema sucessório, que não mais fica dependente de complicadas e confusas equações matemáticas.

Os artigos 1.838[35] e 1.839[36] figuram como mera repetição do disposto no artigo 1.829, assim sendo, a sua existência apenas tumultua o Código Civil. Logo, a sugestão é a derrogação de ambos do ordenamento.

---

32. Redação atual: Art. 1.836. "Na falta de descendentes, são chamados à sucessão os ascendentes, em concorrência com o cônjuge sobrevivente. § 1º Na classe dos ascendentes, o grau mais próximo exclui o mais remoto, sem distinção de linhas. § 2º Havendo igualdade em grau e diversidade em linha, os ascendentes da linha paterna herdam a metade, cabendo a outra aos da linha materna".

33. Redação atual: Art. 1.832. "Em concorrência com os descendentes (art. 1.829, inciso I) caberá ao cônjuge quinhão igual ao dos que sucederem por cabeça, não podendo a sua quota ser inferior à quarta parte da herança, se for ascendente dos herdeiros com que concorrer".

34. Redação atual: Art. 1.837. "Concorrendo com ascendente em primeiro grau, ao cônjuge tocará um terço da herança; caber-lhe-á a metade desta se houver um só ascendente, ou se maior for aquele grau".

35. Redação atual: Art. 1.838. "Em falta de descendentes e ascendentes, será deferida a sucessão por inteiro ao cônjuge sobrevivente".

36. Redação atual: Art. 1.839. "Se não houver cônjuge sobrevivente, nas condições estabelecidas no art. 1.830, serão chamados a suceder os colaterais até o quarto grau".

Por outro lado, sugerimos que se mantenham incólume às redações dos artigos 426 ("Não pode ser objeto de contrato a herança de pessoa viva"), 1.845 ("São herdeiros necessários os descendentes, os ascendentes e o cônjuge") e 1.846 ("Pertence aos herdeiros necessários, de pleno direito, a metade dos bens da herança, constituindo a legítima"). Isto porque, com base na superioridade normativa e axiológica da *Lex Fundamentallis*, cujos valores nela consagrados e estampados nos princípios se irradiam para todo o ordenamento, inclusive no direito sucessório, torna-se imprescindível preservar a qualidade de herdeiro necessário do cônjuge, tendo em vista a dignidade da instituição matrimonial, a irradiar responsabilidades nela inerentes, como a mútua assistência moral e material, a persistir solidariedade familiar em sendo o vínculo conjugal extinto pela morte, bem assim a afetividade e presunção de colaboração mútua. Em conjunto com a vedação ao retrocesso, a evitar, também, o ressurgimento do problema mundial da "feminização da pobreza". Por este mesmo ângulo, é que não se deve permitir renunciar esse *status* jurídico, cuja finalidade não se restringiria apenas a conservar o "*amor primum descendit, deinde ascendit*", mas desprestigiar aquele que além de ter sido o parceiro eleito para a comunhão plena de vida, contribuiu e incentivou, ainda que indiretamente, a formação do patrimônio particular do finado, em favor de terceiros que nada fizeram para o acúmulo patrimonial, em evidente cenário de injustiça.

Entendemos que a redação do artigo 1.850[37] também deve ser alterada, para incluir os conviventes, de modo a por termo ao debate jurídico quanto ao seu *status* jurídico, vez que não há precedente do Supremo Tribunal Federal e nem do Superior Tribunal de Justiça reconhecendo, pela formulação da norma jurídica individual que resulta da decisão, o convivente como herdeiro necessário, tampouco poderia ou deveria. Do contrário, haveria desrespeito à liberdade de não casar daqueles que propositalmente optaram por não se sujeitar às consequências jurídicas do matrimônio, em evidente violação ao princípio da intervenção mínima do Estado na entidade familiar. Tal imposição enseja insegurança jurídica, vez que poderia transformar o namorado em herdeiro necessário, sem sequer a ciência do autor da herança. Não se trata de hierarquização das entidades familiares, mas sim de reconhecer a singularidade de cada. A Lei Maior equiparou a união estável ao casamento, mas não os igualou. O fato das composições familiares merecerem igual proteção, não significa idêntico tratamento legislativo, porquanto há diferenças inerentes relacionadas ao seu modo de formação e funcionamento, a justificar certas desigualdades no sistema sucessório, estruturadas com base nas particularidades de cada uma, "*one size*

---

37. Redação atual: Art. 1.850. "Para excluir da sucessão os herdeiros colaterais, basta que o testador disponha de seu patrimônio sem os contemplar".

does not fit all" ("um tamanho único não serve para todos"). Não se pode tratar a escolha de um relacionamento mais informal com a mesma categoria jurídica daqueles que se submeteram a um procedimento altamente formal e solene, como acontece no casamento. Não se pode olvidar que existem casais que optam por viver *more uxorio* precisamente por pretenderem afastar o regime jurídico do casamento. A despeito da manutenção da qualidade de herdeiro facultativo dos conviventes, necessário se faz incluir a possibilidade de exclusão do direito de concorrência por testamento, ao que sugerimos a seguinte redação:

> *Para excluir da sucessão o convivente e os herdeiros colaterais, basta que o testador disponha de seu patrimônio sem os contemplar.*
>
> *Parágrafo único: O direito concorrencial dos conviventes previsto no artigo 1.829, incisos I e II, pode ser afastado por disposições testamentárias.*

Estas são algumas sugestões – sem prejuízo da discussão de adequação de outros dispositivos aqui não abordados – que clamam por amadurecimento, em meio à tramitação de projetos de lei e, sobretudo, ao vigente debate do anteprojeto de 2024. Na hipótese da reforma proposta pela CJCODCIVIL não prosseguir, nada impede que as sugestões aqui apresentadas sejam adotadas por meio de alteração legislativa incidental ao Código Reale. E, ainda que venha a ser promulgado novo Código Civil, que se distancie da nossa proposta, igualmente, inexiste impedimento para alterações *posteriori*. Independentemente do rumo que a codificação civil terá, esperamos que a presente pesquisa sirva de material para fomentar debate jurídico, mormente no que se refere aos direitos sucessórios dos cônjuges e conviventes.

CONCLUSÃO

Verificamos que, o direito sucessório, desde os seus primórdios, passou por significativas transmutações, adaptando-se à realidade da sociedade de sua época. Especificamente, quanto à sucessão do cônjuge e convivente, seguiu esses passos. Apontamos que o grande marco para a mudança de paradigma foi a edição da Constituição Federal de 1988, que inseriu base principiológica, a nortear todo o ordenamento jurídico brasileiro.

Por influência, o Código Civil de 2002 importou intensas modificações, a ensejar o abandono ao modelo patriarcal e patrimonialista que acompanhava o país desde a sua primeira codificação escrita, isto é, as Ordenações Afonsinas. Notamos que o Direito de Família sofreu diversas modificações, destacando-se a pluralidade de entidades familiares e o seu caráter eudemonista, que refletem, notadamente, na sucessão do parceiro afetivo.

Observamos que o cônjuge foi alçado à condição de herdeiro necessário; o regime legal passou a ser da comunhão parcial de bens, e não mais da comunhão universal; e o direito ao usufruto vidual foi extinto para dar lugar à concorrência sucessória em propriedade plena com os descendentes e ascendentes, cujo caráter é nitidamente assistencial. Inferimos que a situação premia aquele que esteve ao lado, dia e noite, do autor da herança até a sua morte, sem, contudo, se olvidar dos descendentes, garantindo-lhes meios de iniciar ou dar continuidade a suas vidas. E, na sua falta, não deixa de privilegiar os ascendentes, responsáveis, no mais das vezes, pela formação e caráter do *de cujus*. Reconhecemos que agindo assim, o legislador demonstra sapiência digna, bem como se enquadra entre o fundamento do direito sucessório não somente no direito de propriedade em sua inteireza, como também no direito de família, funcionalizados à luz da Lei Maior, com fulcro na metodologia civil-constitucional. Concluímos que, a consequência disto é a harmonia do instituto com a proteção à família, enquanto promoção da dignidade humana e personalidade dos envolvidos, solidariedade familiar e da realização de interesses existenciais do finado.

Asseveramos que, seria injusto que o companheiro de vida participasse apenas daquilo que é produto comum do trabalho, quando outros bens, que se conservaram e/ou foram construídos com a sua colaboração e incentivo, podem vir a integrar o patrimônio a ser objeto da sucessão. Aquilo que enriquece a um, o faz em respeito a ambos, tendo em vista que para o enrobustecimento da família também houve contribuição pela solidariedade conjugal. Sustentamos que, o exercício da concorrência sucessória incide e assim deve permanecer tão somente quanto aos bens particulares, pois tal direito foi implementado como forma de assegurar parcela mínima do patrimônio ao viúvo que não terá participação pela sucessão legítima e tampouco terá direito à meação, em clara expressão de garantia existencial. Guarda, pois, um viés humanitário.

Não obstante a necessidade de sua preservação no ordenamento pátrio, pretendemos demonstrar ser possível a sua exclusão antecipada *lege lata*. No curso da presente pesquisa, identificamos que embora o tema seja bastante controvertido, a doutrina e jurisprudência que adota o posicionamento contrário a sua exclusão se embasam na reprodução rasa e genérica do artigo 426 do Código Civil – que proíbe a contratação de herança de pessoa viva –, principalmente no que toca aos motivos que ensejaram a edição da norma em comento. Ocorre que, com fundamento na investigação realizada, apresentamos as conclusões suscitadas abaixo, a ensejar a possibilidade de exclusão prévia do direito concorrencial *lege lata*:

i) *Interesses jurídicos tutelados, a partir da tábua axiológica da Lex Fundamentalis.* Salientamos que, a estrutura familiar se modificou drasticamente, sobretudo, com a quebra do princípio da indissolubilidade do casamento. Disso decorre que a ausência de autorizativo legal para que os consortes possam excluir mutuamente o direito concorrencial não se coaduna com a realidade da sociedade contemporânea e da família constitucionalizada.

Depreendemos como exemplo disto, a hipótese de indivíduos maduros, com filiação exclusiva, que pretendem celebrar segundas núpcias, mas não desejam comunicar seus bens. Acaso fosse mantida a interpretação descontextualizada e restritiva do artigo 426, não existiria regime de bens que pudesse ser adotado para proteção do patrimônio, restando a estas pessoas, unicamente, a alternativa de não casar.

Constatamos que os inconvenientes que fundamentam a norma proibitiva são menos relevantes ao criar indesejado obstáculo ao casamento e à constituição de nova família. Em juízo de ponderação, o valor a prevalecer é o que a Constituição Federal reputa como mais relevante, ou seja, o prestígio à formação de nova família, tendo em vista que o seu artigo 226, *caput*[1] afirma expressamente que a família é a base da sociedade.

Apontamos que a partir da Constituição da República de 1988, a entidade familiar passou a ser vista como uma comunidade de afeto, um meio de realização pessoal de cada integrante, um *locus* privilegiado para o desenvolvimento

---

1. CF/88, Art. 226, *caput*. "A família, base da sociedade, tem especial proteção do Estado".

e para a promoção da dignidade da pessoa humana. Inviabilizar a exclusão da concorrência sucessória age justamente contrário ao afeto – e, por conseguinte, em desrespeito à dignidade humana –, porque pessoas estão deixando de formar uniões para não prestigiar o parceiro em detrimento dos seus descendentes, em sentido oposto aos interesses da família. Além de ferir a autonomia existencial, porquanto, é retirada a própria liberdade de casar e escolher o seu destino.

No âmago da lógica contemporânea de pensamento de menor ingerência estatal na esfera familiar, com a consequente valorização da autodeterminação, com prestígio ao livre-arbítrio e à autonomia privada, demonstramos ser imprescindível o resguardo dos integrantes de relacionamentos conjugais ao livre planejamento de poder escolher se deseja ou não adquirir a qualidade de herdeiro eventual com o casamento. Do contrário, afigura-se excessiva a tutela jurídica do Estado, tolhendo demasiadamente a autonomia privada dos nubentes, além da justa medida, em desconformidade com o princípio da intervenção mínima, fruto da nova ordem constitucional que prima pela dignidade humana. Na mesma sintonia, constatamos que o artigo 1.513 do Código Civil[2] consagra essa intervenção estatal mínima nas relações familiares e, por consequência, a autonomia privada.

Posição refratária à disseminação dos valores constitucionais no sistema jurídico como um todo unitário e complexo, não se justifica, porquanto o maior relevo da estrutura dos institutos jurídicos é o seu perfil funcional. A proibição de exclusão convencional do direito concorrencial desconsidera os seus próprios fins e utilidade social, porque desestimula a constituição de novos núcleos familiares por estar em descompasso com as novas necessidades das formações sociais, a ferir o princípio da pluralidade das entidades familiares; bem assim da proteção especial da família; dignidade da pessoa humana; afetividade; autonomia existencial e privada.

Portanto, denotamos ser imperioso superar a visão acanhada do direito das sucessões, cujos quadrantes se restringem ao direito civil, como singelo campo de regulamentação de transmissão de herança, à luz das regras codificadas. Tem-se como primordial ampliar a compreensão do direito sucessório a partir do marco paradigmático imposto pela normatividade constitucional, com a inclusão de normas principiológicas que fundamentam uma nova metodologia de analise o direito civil. O direito adstrito a concepções meramente formais, enclausurado em uma moldura positivista não mais pode ser aceito. Assim, concluímos ser

---

2. CC/02, Art. 1.513. "É defeso a qualquer pessoa, de direito público ou privado, interferir na comunhão de vida instituída pela família".

possível a exclusão antecipada da concorrência sucessória, quando analisada à luz da tábua axiológica constitucional.

ii) *Não se trata de renúncia à herança*. Argumentamos que a regra de proscrição contida no artigo 426 do Código Civil não se aplica à exclusão pactícia da concorrência sucessória. Isto porque, o direito de concorrer com os herdeiros de primeira e segunda classe tem natureza diversa do direito à herança, e do direito à legítima intangível e sucessível, que o viúvo faz jus na ausência de descendentes e ascendentes.

Quando herda em posição de concorrência, o cônjuge (ou convivente) é herdeiro eventual e irregular, e devido ao caráter assistencial da concorrência, pode renunciar a esse benefício. Não se trata de renúncia à herança propriamente dita, e sim de direito sucessório impuro (direito vidual), que prejudica direitos de familiares troncais.

A exclusão da concorrência sucessória não intervém na participação da herança que cabe ao consorte sobrevivo, quando chamado a suceder como herdeiro de terceira classe, ou seja, na qualidade de sucessor universal (direto e único), em consonância à ordem de vocação hereditária estabelecida no artigo 1.829 do Código Civil. Desta maneira, concluímos que a possibilidade de exclusão mútua ao direito concorrencial não está, com toda a certeza, contemplada na regra proibitiva do art. 426 do Código Civil.[3]

iii) *Possibilidade de renunciar direitos hereditários antes da abertura da sucessão*. Sustentamos não proceder a afirmação de que a nulidade da cláusula de mútua exclusão do direito concorrencial é em decorrência da ausência do objeto, porquanto não há nada que impeça que o sejam as coisas futuras. É reconhecida a convenção da prestação a ser realizada por ocasião do advento de um termo pela codificação civil. Este termo pode ser de um evento futuro de ocorrência certa ou data específica, não o descaracterizando a impossibilidade de precisá-lo, desde que sua ocorrência no futuro seja certa. Hipótese na qual se enquadra o evento morte.

Verificamos que, nos casos em que intencionou impor vedação à renúncia a direitos futuros, o Código Civil foi explícito, *v.g.*, os artigos 424[4] e 556.[5] Se a impossibilidade de renúncia a direito futuro fosse inerente ao ordenamento brasileiro, as proibições impostas nos artigos mencionados seriam despicienda, de

---

3. Art. 426. "Não pode ser objeto de contrato a herança de pessoa viva".
4. Art. 424. "Nos contratos de adesão, são nulas as cláusulas que estipulem a renúncia antecipada do aderente a direito resultante da natureza do negócio".
5. Art. 556. "Não se pode renunciar antecipadamente o direito de revogar uma liberalidade por ingratidão do donatário".

tal maneira que, inexiste disposição que proíba a renúncia de direitos hereditários antes da abertura da sucessão.

Ademais, identificamos que a menção a palavra "contrato" no artigo 426 do Código Civil viabiliza a interpretação de ser permitida a exclusão do direito de concorrência. A renúncia ao direito concorrencial sucessório é unilateral, pura e abdicativa, não há qualquer contraprestação. Diferentemente de um contrato, que é ato bilateral, com vantagem financeira para as partes contratantes. Do contrário, é atribuir interpretação extensiva a uma norma restritiva de direitos, o que repugna ao sistema jurídico e a todos os cânones hermenêuticos.

iv) *Pactos sucessórios admitidos no ordenamento jurídico*. Afirmamos que a análise de diversas situações em que o evento morte é admitido e previsto na legislação pátria como circunstância determinadora da eficácia do negócio jurídico, evidencia a inocorrência do *votum alicujus mortis* como fundamento principal da proibição de contratos sobre herança futura, bem assim a inexistência de proibição genérica e absoluta aos pactos sucessórios. Inferimos que o próprio ordenamento jurídico brasileiro realizou ponderação em abstrato, a concluir pela viabilidade de diversas hipóteses em que o evento morte é qualificado como fato juridicamente relevante a determinar uma consequência favorável a um dos sujeitos da relação jurídica, como nos casos de partilha em vida; doação *mortis causa*; sucessão das quotas sociais; contratação de seguro de vida; doação com reserva de usufruto vitalício e comodato vitalício.

Como constatamos, as exceções consagradas no ordenamento brasileiro à vedação aos pactos sucessórios são diversas, o que torna evidente que a restrição à pactuação sucessória não é absoluta, de modo que a exegese do artigo 426 deve ser feita, impreterivelmente, na forma restritiva. Diante disso, inferimos não haver vedação à renúncia ao direito concorrencial no direito pátrio, a qual sequer está inserida no escopo do artigo 426 da codificação civil.

v) *Análise sistemática*. Apontamos os cinco principais fundamentos para proibição de contratação de herança de pessoa viva, quais sejam: (a) imoralidade ("*votum alicujus mortis*"); (b) violação à ordem pública; (c) desrespeito à liberdade de testar; (d) potencial lesão aos sucessíveis; e (e) possibilidade do beneficiário se tornar pródigo ou alimentar fantasias destoantes da vida real. Esses argumentos restaram todos devidamente refutados.

Em primeiro, identificamos que a exclusão da concorrência conjugal não configura *pacta corvina*. Ora, os interessados na disposição pactícia são exatamente opostos ao corvo: são, em verdade, pombas da paz. Interessam-se apenas pelo ser humano, respeitam a manutenção do acervo patrimonial no tronco familiar do *de cujus*. É justamente por inexistir interesse ao renunciante, que rejeitamos a premissa de tornar pródigo ou alimentar fantasias, afastando-se, assim, o quinto argumento.

Em segundo, constatamos inexistir mudança nas regras sucessórias. Há tão somente a retirada da posição de herdeiro eventual e irregular na hipótese de concorrência sucessória com os herdeiros legitimários de primeira e segunda classe (incisos I e II do artigo 1.829, CC/02[6]), o que não tem o condão de criar um novo sistema sucessório, a interferir na sucessão legítima ou testamentária.

Em terceiro, apontamos que a exclusão pode ser alterada por convenção das partes, a qualquer momento. E, ainda que fosse irrevogável, a situação pode ser revertida ao contemplar o cônjuge na sucessão por meio de testamento. Além disso, a retirada do direito concorrencial amplia justamente a liberdade de testar do autor da herança.

Em quarto, verificamos que não há que se falar em potencial lesão ao viúvo, pois não pode o matrimônio ser projetado como uma instituição de necessária produção de efeitos patrimoniais; o próprio ordenamento já admite situações que dependem do evento morte; a precificação de um direito eventual escapa a técnica jurídica para alcançar outros ramos da ciência; o regime de bens é escolhido de forma recíproca e voluntária, manifestando-se a vontade de não comunicação dos bens particulares.

Assim, concluímos que a análise sistêmica constata que a exclusão do direito concorrencial não esbarra na vedação proposta pelo artigo 426 do Código Civil. Sustentar o contrário é estender, indevidamente, o conteúdo da norma.

vi) *Não recepção do § 2º do artigo 257*. Defendemos que, a conclusão alcançada da análise do Projeto do Código Civil de 1916 é da exclusão do direito concorrencial não estar elencada na proibição do artigo 426 do Código Civil de 2002, cuja redação idêntica à do artigo 1.089 do Código Civil de 1916.

Diante da supressão, sem qualquer justificativa, do Senado do § 2º, do artigo 257, que dispunha: "Também não serão validas as convenções ante-nupciaes: 2º. Que alterarem a ordem legal da sucessão", argumentamos poderem os nubentes estipular cláusulas de sucessão recíproca, insinuando-se dentre as exceções que rompem a pureza do sistema do Código.

Portanto, considerando a ausência de modificação substancial na vigente codificação civil, identificamos que houve a recepção da interpretação do Código

---

6. CC/02, Art. 1829. "A sucessão legítima defere-se na ordem seguinte: I – aos descendentes, em concorrência com o cônjuge sobrevivente, salvo se casado este com o falecido no regime da comunhão universal, ou no da separação obrigatória de bens (art. 1.640, parágrafo único); ou se, no regime da comunhão parcial, o autor da herança não houver deixado bens particulares; II – aos ascendentes, em concorrência com o cônjuge; III – ao cônjuge sobrevivente; IV – aos colaterais".

Beviláqua em relação ao tema, ao passo que o entendimento da impossibilidade de exclusão do direito de concorrência se originou na doutrina, e não se justifica.

vii) *Inexistência de limitação à estipulação de bens.* Apontamos haver dispositivo legal específico que regulamenta o que os nubentes podem ou não convencionar quanto aos seus bens antes do casamento, isto é, artigo 1639, *caput*, do Código Civil, *in verbis*: "É lícito aos nubentes, antes de celebrado o casamento, estipular, quanto aos seus bens, o que lhes aprouver". O texto estampa a ampla liberdade e autonomia literalmente conferidas aos nubentes, inexistindo qualquer exceção ao estabelecido no artigo 426.

Há, portanto, ampla liberdade na convenção matrimonial, que carece de qualquer limitação. Posto isto, esclarecemos não se demonstrar plausível interpretar que as partes ficariam restritas a convencionar acerca dos bens apenas em vida, e não também para depois de sua morte. Ao ordenamento jurídico brasileiro não se adéqua a vedação de exclusão do direito concorrencial pela norma proibitiva do art. 426 do Código Civil, cuja finalidade é frustrar outras hipóteses que verdadeiramente representam *pacta corvina*, e olvidar por completo o artigo 1.639, *caput*, do Código Civil. Ora, se a intenção é não afrontar norma cogente, o correto é não afrontar o estabelecido no dispositivo que detém vínculo direto com o tema.

Espera-se, com isso, ter atingido a primeira finalidade deste trabalho, isto é, a par da imprescindibilidade de preservação no ordenamento pátrio, demonstrado que a exclusão pactícia do direito concorrencial sucessório não está abrangida pela proibição genérica do artigo 426 do Código Civil.

Ainda, tivemos como segundo objetivo analisar o *status* jurídico enquanto herdeiro do cônjuge e do convivente. No tocante ao cônjuge supérstite, censuramos a corrente que pretende retirar a sua qualidade de herdeiro necessário.

Isto porque, com base na superioridade normativa e axiológica da *Lex Fundamentallis*, cujos valores nela consagrados e estampados se irradiam para todo o ordenamento pátrio, reconhecemos que as relações familiares, e em específico as conjugais, são permeadas pelos vínculos da solidariedade e da afetividade, do que decorrem direitos e deveres, que aspiram uma comunhão de propósitos. Apontamos que no relacionamento a dois, as pessoas dividem sua esfera pessoal mais íntima, surgindo assim um elo tão próximo, que nenhum outro laço trará tamanha partilha cumplicidade e dedicação. A conexão formada entre os consortes transcende os elementos da razão, sendo formada por uma significativa parcela de emoção.

Com isso, inferimos que as relações sucessórias devem ser disciplinadas de maneira a valorar a afetividade enquanto elemento que conduz as relações da família eudemonista. Ao participar de uma comunhão de vida que se destina a ser plena, o indivíduo, em vista da dignidade da instituição matrimonial, se submete às responsabilidades nela inerentes, dentre as quais, o dever de cuidado para com o outro, por meio de assistência moral e material que possibilite ao seu consorte a ter uma vida digna, realizando-se enquanto pessoa.

Desta maneira, constatamos que ao ocorrer a extinção da conjugalidade, em razão da morte de um dos cônjuges, persistirá a solidariedade familiar, tendo como consequência o dever de ser assegurado um patamar mínimo de assistência material ou a manutenção do padrão de vida proporcionado pelo casamento. Em adição, completamos o nosso posicionamento, com apoio na vedação ao retrocesso, a evitar, também, o ressurgimento do problema mundial da feminização da pobreza. Oportunidade na qual, notamos que esse retrocesso é ainda mais significativo para a mulher, tendo em vista que o Brasil importou o raciocínio de inferioridade feminina tanto na família quanto na sociedade.

Demonstramos que, de fato, a realidade de menor estatuto patrimonial às mulheres subsiste. As estatísticas de gênero divulgadas pelo Instituto Brasileiro de Geografia e Estatística,[7] apontam que a responsabilidade por afazeres domésticos afeta a inserção das mulheres no mercado de trabalho. Os dados indicam que a população economicamente ativa continua sendo substancialmente formada por homens. E que, apesar de terem, em média, maior escolaridade que os homens, o rendimento das mulheres segue inferior. Pode-se afirmar, assim, que a mulher permanece percebida, enquanto grupo social, economicamente vulnerável, motivo pela qual é merecedora de especial proteção do Estado.

Daí porque, salientamos a necessidade de manter a condição de herdeiro necessário do cônjuge, cuja dependência econômica entre o casal foi reconhecida, em especial a da mulher, como caminho para efetivação da igualdade. Por este ângulo, sustentamos que não se deve permitir renunciar a esse *status* jurídico, cuja finalidade não se restringiria apenas a conservar o "*amor primum descendit, deinde ascendit*", mas desprestigiar aquele que além de ter sido o parceiro eleito para a comunhão plena de vida, contribuiu e incentivou, ainda que indiretamente, para o acúmulo patrimonial do finado, em favor de terceiros que nada contribuíram para a formação do acervo de bens, em evidente cenário de injustiça.

Lado outro, o mesmo tratamento não deve ser estendido aos conviventes. Conforme apresentamos, não há qualquer precedente do Supremo Tribunal Fede-

---

7. Estudo disponível em: https://agenciadenoticias.ibge.gov.br/agencia-noticias/2012-agencia-de-noticias/noticias/39358-mulheres-pretas-ou-pardas-gastam-mais-tempo-em-tarefas-domesticas-participam-menos-do-mercado-de-trabalho-e-sao-mais-afetadas-pela-pobreza#:~:text=A%20taxa%20de%20participa%C3%A7%C3%A3o%20das,9%20pontos%20percentuais%20(p.p.).

ral ou do Superior Tribunal de Justiça reconhecendo, pela formulação da norma jurídica individual que resulta da decisão, o convivente como herdeiro necessário, tampouco poderia ou deveria. Sobre isto, ponto importante é que não compete ao legislador, muito menos à jurisprudência, regulamentar a união estável de modo a atribuir-lhe direta e autoritariamente os efeitos da sociedade conjugal.

Por questão de garantia e maior segurança para as relações sociais, o casamento permanece como instituição de excelência para constituição de família, o que não representa uma hierarquização das entidades familiares, e sim reconhecer a singularidade de cada. A Lei Maior equiparou a união estável ao casamento, mas não os igualou. Esclarecemos que, o fato das composições familiares merecerem igual proteção, não significa idêntico tratamento legislativo, porquanto há diferenças inerentes relacionadas ao seu modo de formação e funcionamento, a justificar certas desigualdades no sistema sucessório, estruturadas com base nas particularidades de cada uma, "*one size does not fit all*" ("um tamanho único não serve para todos").

A atração das consequências jurídicas do casamento para uma família constituída na informalidade beira ao absurdo legal, já que naturalmente surpreende todas àqueles que simplesmente acreditaram estar vivendo sem a complexidade das regras do matrimônio. Há que se considerar ainda, que presentes os requisitos, a união estável estará configurada mesmo contra a vontade de um dos conviventes.

Observamos que a supervalorização da união estável em detrimento da autonomia privada, não se justifica quando o ordenamento jurídico oferece formas para que os casais formalizem seus relacionamentos por intermédio do instituto do casamento, quando assim desejarem. A questão é simples, para atrair os efeitos do matrimônio, basta aos nubentes se casarem. Se não o fizeram, é porque assim não quiseram, de forma que não é possível impor-lhe um "casamento forçado". Frisou-se à exaustão, não se poder olvidar que existem casais que optam por viver *more uxorio* precisamente por pretenderem afastar o regime jurídico do casamento.

Apontamos que, se ambos os modelos fossem sujeitados às mesmas normas cogentes, tornar-se-ia em uma liberdade apenas aparente, que negaria a condição de agente moral aos que não se veem identificados no modelo rígido. Haveria desrespeito à liberdade daqueles que propositalmente optaram pela união estável justamente como forma de desenvolvimento do exercício de não celebração do matrimônio e de suas consequências patrimoniais, em evidente violação ao princípio da intervenção mínima do Estado na entidade familiar.

Para mais, tal imposição enseja assombrosa insegurança jurídica, vez que poderia transformar o namorado em herdeiro forçoso, sem sequer a ciência do autor da herança. Não se pode tratar a escolha de um relacionamento mais informal com a mesma categoria jurídica daqueles que se submeteram a um procedimento altamente formal e solene, como acontece no casamento. Equalizar os efeitos é, pois, matar a união estável em sua essência.

Entendemos que a hermenêutica das normas constitucionais acerca da matéria de união estável remete a manutenção da qualidade de herdeiro facultativo do convivente, em nada promovendo tratamento discriminatório, porém, respeitando as notórias distinções existentes entre ambas as entidades familiares em apreço.

Por fim, em que pese entendermos que a simples mudança de postura ideológica é suficiente para solucionar, *lege lata*, essas questões mais controversas; diante dos debates de reforma legislativa, bem como da insegurança jurídica que permeia o tema, apresentamos as características da cláusula pactícia (isto é, mútua, revogável, disposta em qualquer escritura pública, inclusive na constância da união), em especial, sob a ótica de uma eventual regularização na codificação civil.

Ainda, visualizando no ativismo judicial uma forma de desequilíbrio, a ser evitado, entre o Legislativo e Judiciário, procuramos contribuir com uma sugestão de *lege ferenda*, a fim de simplificar o regramento da sucessão conjugal, instaurar maior segurança jurídica acerca das matérias mais controvertidas, tudo em compasso com a justiça e realidade social.

Finaliza-se esta última parte consignando a esperança e o desejo de que o presente estudo contribua para alimentar os debates, bem assim desenvolvimento de soluções as problemáticas apresentadas, tanto doutrinários, como legislativos e jurisprudenciais. Na expectativa de oferecer substrato relevante ao meio acadêmico (como fonte de pesquisa acessível aos operadores de direito), bem como na seara prática e útil daqueles que buscam saídas jurídicas para assegurar a eficácia de seu planejamento de vida e patrimonial ao ingressar em um relacionamento amoroso. Almejamos, assim, a construção de um direito sucessório de caráter efetivamente promocional dos valores estampados no texto constitucional.

REFERÊNCIAS BIBLIOGRÁFICAS

AFONSINAS, Ordenações. *Livro IV*. 2. ed. Lisboa: Fundação Calouste Gulbenkian, 1999.

ALEXY, Robert. *Teoria dos direitos fundamentais*. 2. ed. 5 tir. São Paulo: Malheiros Editora, 2017.

ALMADA, Ney de Mello. *Direito das Sucessões*. 2. ed. São Paulo: Brasiliense Coleções, 1991. v. 01.

ALMEIDA, Francisco de Paula Lacerda de. *Sucessões*. Rio de Janeiro: Livraria Cruz Coutinho, 1995.

ALMEIDA, José Luiz Gavião de. *Código Civil Comentado*: Direito das Sucessões, Sucessão em Geral, Sucessão Legítima: Arts. 1784 a 1856. São Paulo: Atlas, 2003. v. XVIII.

ALVES, José Carlos Moreira. *Direito Romano*. 18. ed. Rio de Janeiro: Forense, 2018.

ALVES, Leonardo Barreto Moreira. *Direito de Família Mínimo*: A Possibilidade de Aplicação e o Campo de Incidência da Autonomia Privada no Direito de Família. Rio de Janeiro: Lumen Juris, 2010.

ANDRADE, Gustavo Henrique Baptista. *O Direito de Herança e a Liberdade de Testar. Um Estudo Comparado Entre os Sistemas Jurídicos Brasileiro e Inglês*. Belo Horizonte: Ed. Forum, 2019.

ANTONINI, Mauro. In: PELUSO, Cezar (Coord.). *Código Civil Comentado*: Doutrina e Jurisprudência: Lei n. 10.406 de 10.01.2002: contém o Código Civil de 1916. 5. ed. Barueri: Manole, 2011.

ANTONINI, Mauro. In: PELUSO, Cezar (Coord.). *Código Civil Comentado*: Doutrina e Jurisprudência: Lei n. 10.406 de 10.01.2002. 17. ed. Santana de Paraíba: Manole, 2023.

ANTONINI, Mauro. *Sucessão Necessária*. Tese (Mestrado). Universidade de São Paulo. São Paulo, 2013. Disponível em: https://teses.usp.br/teses/disponiveis/2/2131/tde-23032017-144516/pt-br.php. Acesso em: 16 nov. 2023.

ASCENSÃO, José de Oliveira. *Direito Civil* – Sucessões. 5. ed. rev. Coimbra: Coimbra Editora, 2000.

ASSUMPÇÃO, Letícia Franco Maculan. O Contrato Matrimonial, o Pacto Antenupcial e o Direito à Intimidade: Reflexões sobre o Regramento do Brasil e de Portugal. *Revista IBDFAM*: Famílias e Sucessões, v. 22, Belo Horizonte: IBDFAM, 2017.

ASSUMPÇÃO, Gabriela Franco Maculan; ASSUMPÇÃO, Letícia Franco Maculan. *O Pacto Antenupcial e o Direito Sucessório do Cônjuge* – Novas Interpretações Para os Mesmos Problemas. Colégio Notarial do Brasil – Seção São Paulo. Disponível em: https://cnbsp. org.br/2023/10/17/artigo-o-pacto-antenupcial-e-o-direito-sucessorio-do-conjuge-no-vas-interpretacoes-para-os-mesmos-problemas-por-gabriela-franco-maculan-assump-cao-e-leticia-franco-maculan-assumpcao/. Acesso em: 08 maio 2024.

AZEVEDO, Álvaro Villaça. *Curso de Direito Civil. Direito das Sucessões.* São Paulo: Saraiva Educação, 2019. v. VII. (e-book).

AZEVEDO, Álvaro Villaça. *Estatuto da Família de Fato*: de acordo com o Novo Código Civil, Lei 10.406, de 10.01.2002. 2. ed. São Paulo: Altas, 2012.

AZEVEDO, Antônio Junqueira de. Influência do Direito Francês sobre o Direito Brasileiro. *Revista da Faculdade de Direito da Universidade de São Paulo*, v. 89, n. jan./dez. 1994, p. 183-94. Disponível em: https://www.revistas.usp.br/rfdusp/article/view/67243. Acesso em: 16 jan. 2024.

AZEVEDO, Antônio Junqueira de. O Espírito de Compromisso do Direito das Sucessões perante as Exigências Individualistas de Autonomia da Vontade e as Supraindividualistas da Família. Herdeiro e Legatário. *Estudos e Pareceres de Direito Privado*. São Paulo: Saraiva, 2004.

BADINTER, Elizabeth. *Um Amor Conquistado*: o Mito do Amor Materno. Trad. *L'Amour en plus*. Rio de Janeiro: Nova Fronteira, 1985.

BARREIRO, Alejandrino Fernández. Libertad Testamentaria y Sistema de Legítimas: Un Análisis desde la Experiencia Jurídico-Cultural Romana. *Anuario da Facultade de Dereito da Universidade da Coruña*, 2006. Disponível em: https://ruc.udc.es/dspace/handle/2183/2448. Acesso em: 12 jan. 2024.

BARROSO, Luis Roberto. *O Direito Constitucional e a Efetividade de Suas Normas* – Limites e Possibilidades da Constituição Brasileira. 9. ed. Rio de Janeiro, Renovar, 2009.

BERTI FILHO, Bruno José. O cônjuge como herdeiro no Código Civil de 2002. *Revista de Direito Imobiliário*, ano 35, v. 73. São Paulo: Ed. RT, jul./dez. 2012.

BEVILAQUA, Clóvis. *Código Civil dos Estados Unidos do Brasil Comentado*. Edição histórica. 7. tir. Rio de Janeiro: Editora Rio Estácio Sa, 1940. v. 01.

BEVILAQUA, Clóvis. *Código Civil dos Estados Unidos do Brasil Comentado*. Rio de Janeiro: Livraria Francisco Alves. 1943. v. 02.

BEVILAQUA, Clóvis. *Código Civil dos Estados Unidos do Brasil Comentado*. Edição histórica. 6. tir. Rio de Janeiro: Editora Rio Estácio Sa, 1958. v. 04.

BEVILAQUA, Clóvis. *Direito das Sucessões*. 3. ed. Rio de Janeiro: Livraria Editora Freitas Bastos, 1938.

BIAZI, João Pedro de Oliveira de. Pacto Antenupcial: Uma Leitura à Luz da Teoria do Negócio Jurídico. *Revista Nacional de Direito de Família e Sucessões*, v. 02, n. 08, p. 5-30, set./out. 2015. Disponível em: https://bd.tjdft.jus.br/jspui/handle/tjdft/31887. Acesso em: 28 mar. 2024.

BONFANTE, Pietro. *Historia del Derecho Romano*. Trad. José Santa Cruz Teijero. Madrid: Editorial Revista de Derecho Privado, 1944. v. I.

BONFANTE, Pietro. *Istituzioni di Diritto Romao*. 6. ed. Milano: Casa Editrice.Doutor Francesco Vallardi, 1919.

BONILINI, Giovanni. *Trattao di Diritto delle Successioni e Donazioni*. La Sucessione Legittima. Milão: Giuffrè Editore, 2009. v. III

BRANCO, Gerson Luiz Carlos; MOREIRA, José Alberto Marques. Autonomia Privada nas Relações do Direito de Família. *Seminário Nacional de Dimensões Materiais e Eficaciais dos Direitos Fundamentais*, I, Chapecó: Unoesc, 2011, p. 131146). Disponível em: https://periodicos.unoesc.edu.br/seminarionacionaldedimensoes/article/view/959. Acesso em: 25 mar. 2024.

BUCAR, Daniel. Pactos Sucessórios: Possibilidades e Instrumentalização. In: TEIXEIRA, Ana Carolina Brochado; RODRIGUES, Renata de Lima. *Contratos, família e sucessões*: diálogos complementares. Indaiatuba: Editora Foco, 2019.

CAHALE, Claudia Ye Ho Kim. *A Sucessão do Cônjuge no Código Civil de 2002*. Tese (Mestrado). Pontifícia Universidade Católica de São Paulo. São Paulo, 2007. Disponível em: https://tede2.pucsp.br/bitstream/handle/7855/1/Claudia%20Ye%20Ho%20Kim%20Cahale.pdf. Acesso em: 08 dez. 2023.

CAHALI, Francisco José. In: NANNI, Giovanni Ettore (Coord.). *Comentários ao Código Civil*: Direito Privado Contemporâneo. 3. ed. São Paulo: Thomson Reuters Brasil, 2023.

CAHALI, Francisco José. *Contrato de Convivência na União Estável*. São Paulo: Saraiva, 2002.

CAHALI, Francisco José. *União Estável e Alimentos Entre os Companheiros*. São Paulo: Saraiva. 1996.

CAHALI, Francisco José; HIRONAKA, Giselda Maria Fernandes Novaes. *Direito das Sucessões*. 5. ed. São Paulo: Ed. RT, 2014.

CANDIL, Thatiana de Arêa Leão. *A União Estável e o Direito Sucessório*. Tese (Mestrado). Pontifícia Universidade Católica de São Paulo. São Paulo, 2006. Disponível em: https://tede2.pucsp.br/handle/handle/7380. Acesso em: 04 abr. 2024.

CAPEROCHIPI, José Antonio Alvarez. *Curso de Derecho Hereditario*. Madri: Editorial Civitas, 1990.

CARBONERA, Silvana Maria. O Papel Jurídico Do Afeto Nas Relações De Família. In: FACHIN, Luiz Edson (Coord.). *Repensando Fundamentos do Direito Civil Brasileiro Contemporâneo*. Rio de Janeiro: Renovar, 1998.

CARDOSO, Fabiana Domingues. *Regimes de Bens e Pacto Antenupcial*. São Paulo: Método, 2010.

CARVALHO, Felipe Quintella Machado de. *Contribuições de Joaquim Felicio dos Santos para o Direito das Sucessões no Brasil*: Fragmentos da História do Código Civil Brasileiro. Tese (Doutorado). Universidade Federal de Minas Gerais. Belo Horizonte, 2017. Disponível em: https://repositorio.ufmg.br/handle/1843/41746. Acesso em: 16 nov. 2023.

CARVALHO NETO, Inácio de. *Direito Sucessório do Cônjuge e Companheiro*. São Paulo: Método, 2007.

CASTRO, Torquato. Notas Taquigráficas Inéditas da Comissão Especial Destinada a Dar Parecer ao Projeto de Lei 634, de 1975, do Poder Executivo, que Dispõe Sobre o Código Civil (9ª Reunião). *Revista de Direito Civil Contemporâneo*. v. 14. ano 5. p. 433-442. São Paulo: Ed. RT, jan./mar. 2018.

CICU, Antonio; MESSINEO, Francesco. *Tratatto di Diritto Civile e Commerciale*. Milão: Giuffreè Editore, 1967. v. XLIII, t. 2.

CIMBALI, Enrico. *A Nova Phase do Direito Civil em suas Relações Economicas e Sociaes*. Tradução do italiano autorizada pelo autor. Editores: Livraria Chardron e Livraria Classica. Porto e Rio de Janiero, 1900.

COELHO, Fábio Ulhoa. *Curso de Direito Civil. Família e Sucessões*. 9. ed. São Paulo: Thomson Reuters Brasil, 2020. v. 05.

COGLIOLO, Pietro. *Filosofia do Direito Privado*. Lisboa: Livraria Clássica Editora, 1915.

COSTA, Mário Júlio de Almeida. *História do Direito Português*. 3. ed. Coimbra: Almedina, 2002.

COSTALUNGA, Karime. *Direito de Herança e Separação de Bens – Uma Leitura Orientada pela Constituição e pelo Código Civil*. São Paulo: Quartier Latin, 2009.

COULANGES, Numa Denus Fustel de. *A Cidade Antiga*. 2. ed. brasileira. São Paulo: Martins Fontes, 1987.

CRETELLA JÚNIOR, José. *Curso de Direito Romano*: o Direito Romano e o Direito Civil Brasileiro. 26. ed. Rio de Janeiro: Forense, 2001.

CRUZ, Guilherme Braga da. Os Pactos Sucessórios na História do Direito Português. *Revista da Faculdade de Direito da Universalidade de São Paulo*. v. 06, 1965.

DANELUZZI, Maria Helena Marques Braceiro. *Aspectos Polêmicos na Sucessão do Cônjuge Sobrevivente*: de acordo com a Lei 10.406, de 10 de janeiro de 2002. São Paulo: Editora Letras Jurídicas, 2004.

DELGADO, Mário Luiz. A (In)constitucional Limitação do Fideicomisso pelo CC/2002. *Consultor Jurídico*, 2020. Disponível em: https://www.conjur.com.br/2020-nov-22/processo-familiar-inconstitucional-limitacao-fideicomisso-cc2002/. Acesso em: 27 fev. 2024.

DELGADO, Mário Luiz. Da Renúncia Prévia ao Direito Concorrencial por Cônjuges ou Companheiros. *Consultor Jurídico*. 07 abr. 2019. Disponível em: https://www.conjur.com.br/2019-abr-07/processo-familiar-renuncia-previa-direito-concorrencial-conjuge-companheiro/. Acesso em: 06 fev. 2024.

DELGADO, Mário Luiz. *Direito Fundamental de Herança*: Sob a Ótica do Titular do Patrimônio. Indaiatuba: Editora Foco, 2023.

DELGADO, Mário Luiz. Não Cabe ao Judiciário Conferir à Relação Informal os Efeitos da Sociedade Conjugal. *Consultor Jurídico*, ago. 2016. Disponível em: https://www.conjur.com.br/2016-ago-07/processo-familiar-nao-cabe-judiciario-dar-relacao-informal-efeitos-casamento. Acesso em: 29 abr. 2024.

DELGADO, Mário Luiz. Pacto Sucessório. Renúncia a Direito Concorrencial. Possibilidade. Inteligência do Art. 426 do Código Civil. *Revista Nacional de Direto de Família e Sucessões*, n. 43, jul./ago. 2021.

DELGADO, Mário Luiz; MARINHO JÚNIOR, Jânio Urbano. Posso Renunciar à Herança em Pacto Antenupcial: *Revista IBDFAM*: Família e Sucessões. Belo Horizonte: IBDFAM, v. 31, jan./fev. 2019.

DIAS, Maria Berenice. Filhos, bens e amor não combinam. In: HIRONAKA, Giselda Maria Fernandes Novaes; PEREIRA, Rodrigo da Cunha (Coord.). *Direito das Sucessões e o Novo Código Civil*. Belo Horizonte: Del Rey, 2004.

DIAS, Maria Berenice. *Manual das Sucessões*. 6. ed. Salvador: JusPodivm, 2019.

DIAS, Maria Berenice. Ponto Final. *Artigos IBDFAM*, 07.07.2003. Disponível em: https://ibdfam.org.br/artigos/96/Ponto+final.

DIAS, Maria Berenice. *Questões Patrimoniais e Aspectos Éticos do Direito Sucessório*. Publicado em 02 de abril de 2009. Disponível em: https://berenicedias.com.br/questoes-patrimoniais-e-aspectos-eticos-do-direito-sucessorio/. Acesso em: 14 mar. 2024.

DINIZ, Maria Helena. *Curso de Direito Civil Brasileiro*: Direito de Família. 37. ed. São Paulo: SaraivaJur, 2023. v. 5 (e-book).

DINIZ, Maria Helena. *Curso de Direito Civil Brasileiro*. Direito das Sucessões. 35. ed. São Paulo: Saraiva, 2021. v. 06.

ELY, Gabriel Delving. Legalidade da Renúncia Prévia ao Direito Concorrencial à Herança no Brasil e a Vedação aos Pactos Sucessórios. *Revista IBDFAM*: Família e Sucessões. Belo Horizonte: IBDFAM, .v. 62, mar./abr. 2024

ENGELS, Friedrich. *A Origem da Família, da Propriedade Privada e do Estado*. Trad. Leandro Konder. 8. ed. Rio de Janeiro: Civilização Brasileira, 1982.

FACHIN, Luiz Edson; PIANOVSKI, Carlos Eduardo. A Dignidade da Pessoa Humana no Direito Contemporâneo: Uma Contribuição à Crítica da Raiz Dogmática do Neopositivismo Constitucionalista. *Revista trimestral de direito civil*: RTDC, v. 9, n. 35, p. 101-119, jul./set. 2008. Disponível em: chrome-extension://efaidnbmnnnibpcajpcglclefindmkaj/https://www.opet.com.br/faculdade/revista-anima/pdf/anima5/Luiz-Edson-Fachin.pdf. Acesso em: 29 mar. 2024.

FACHIN, Luiz Edson. *Direito Civil*: Sentidos, Transformações e Fim. Rio de Janeiro: Renovar, 2015.

FACHIN, Luiz Edson. O Direito Civil Contemporâneo, a Norma Constitucional e a Defesa do Pacto Emancipador. In: CONRADO, Marcelo; PINHEIRO, Rosalice Fidalgo (Coord.). *Direito Privado e Constituição*. Curitiba: Juruá, 2009.

FARIAS, Cristiano Chaves de; ROSENVALD, Nelson. *Curso de Direito Civil. Famílias*. 7. ed. São Paulo: Atlas, 2015. v. 6.

FARIAS, Cristiano Chaves de. *Curso de Direito Civil. Sucessões*. 9. ed. São Paulo: JusPodivm, 2023. v. 7.

FERNANDES, Mariana. *O Instituto da Colação e o Momento de Aferição do Valor dos Bens*. Tese (Graduação). Universidade de Brasília (UnB), Faculdade de Direito. Brasília, 2015. Disponível em: chrome-extension://efaidnbmnnnibpcajpcglclefindmkaj/https://bdm.unb.br/bitstream/10483/16301/1/2015_MarianaFernandes.pdf. Acesso em: 20 dez. 2023.

FERREIRA, Luís Pinto. *Tratado das Heranças e dos Testamentos*. 2. ed. São Paulo: Saraiva, 1990.

FIGUERÔA, Ana Rosa Rocha. *A Sucessão Legítima no Direito Brasileiro*: Análise dos Fundamentos na Contemporaneidade. Tese (Graduação). Faculdade Damas de Instrução Cristã. Recife, 2016. Disponível em: https://revistas.faculdadedamas.edu.br/index.php/academico/article/view/2206. Acesso em: 29 dez. 2023.

FINIZOLA, Alex Leal. Do Contrato de Convivência, Namoro, Noivado e Seus Efeitos Jurídicos. In: ZUGMAN, Daniel; BASTOS, Frederico; VILELA; Renato (Coord.). *Planejamento Patrimonial e Sucessório*: Controvérsias e Aspectos Práticos. Belo Horizonte: Editora Dialética, 2021.

FILIPINAS, Ordenações. *Livro IV e V*. Lisboa: Fundação Calouste Gulbenkian, 1870.

FONSECA, Priscila Corrêa da. Reflexões sobre a Renúncia do Cônjuge à Concorrência Sucessória. *Coluna Migalhas*, 2022. Disponível em: https://www.migalhas.com.br/depeso/362139/reflexoes-sobre-a-renuncia-do-conjuge-a-concorrencia-sucessoria. Acesso em: 15 fev. 2024.

FRANK, Felipe. Autonomia Sucessória e Pacto Antenupcial: A Validade da Cláusula Pré-Nupcial de Mútua Exclusão da Concorrência Sucessória dos Cônjuges. *Revista de Direito Civil Contemporâneo*. v. 28, ano 8. p. 217-246. São Paulo: Ed. RT, jul./set. 2021.

FRANK, Felipe. *Autonomia Sucessória e Pacto Antenupcial*: Problematizações Sobre o Conceito de Sucessão Legítima e Sobre o Conteúdo e os Efeitos Sucessórios das Disposições Pré--Nupciais. Tese (Doutorado). Universidade Federal do Paraná. Curitiba, 2017. Disponível em: https://acervodigital.ufpr.br/handle/1884/52021. Acesso em: 29 mar. 2024.

FREIRE, Reinaldo Franceschini. *Concorrência Sucessória na União Estável*. Curitiba: Juruá, 2009.

FREITAS, Augusto Teixeira de. *Consolidação das Leis Civis*. Disponível em: http://www2.senado.leg.br/bdsf/handle/id/496206. Acesso em: 22 nov. 2023.

FUZISSIMA; Cláudia Hirose Maeda. A Evolução dos Direitos Sucessórios do Cônjuge. *Revista Jurídica Democracia, Direito & Cidadania*. v. 3 n. 2, 2012. Disponível em: https://revistas.uniube.br/index.php/ddc/article/view/544. Acesso em: 02 abr. 2024.

GAGLIANO, Pablo Stolze; PAMPLONA FILHO, Rodolfo. *Manual de Direito Civil*. 6. ed. São Paulo: Saraiva, 2022. v. Único (e-book).

GALLARDO, Aurelio Barrio. *El Largo Camino hacia la Libertad de Testar*: de la legítima AL derecho sucesorio de alimentos. Madrid: Editorial Dykinson, 2012.

GAMA, Guilherme Calmon Nogueira da. Capacidade para Testar, para Testemunhar e para Adquirir por Testamento. In: HIRONAKA, Giselda Maria Fernandes Novaes; PEREIRA, Rodrigo da Cunha (Coord.). *Direito das Sucessões e o Novo Código Civil*. Belo Horizonte: Del Rey, 2004.

GAMA, Ricardo Rodrigues. *Direito das Sucessões*. Bauru, SP: Edipro, 1996.

GILSSEN, John. *Introdução Histórica ao Direito*. 4. ed. Trad. A. M. Hespanha e L. M. Macaísta Malheiros. Lisboa: Fundação Calouste Gulbenkian, 2003.

GOMES, Caio Cesar Prado. *Cláusulas Sucessórias no Pacto Antenupcial*: Exercício da Autonomia Privada no Planejamento Patrimonial do Futuro Casal. Tese (Graduação). Universidade Federal de Santa Catarina Centro de Ciências Jurídicas Departamento de Direito Curso de Direito. Florianópolis, 2022. Disponível em: https://repositorio.ufsc.br/handle/123456789/232484. Acesso em: 20 ago. 2023.

GOMES, Luiz Roldão de Freitas. *Contrato*. 2. ed. Rio de Janeiro: Renovar, 2002.

GOMES, Orlando. *Sucessões*. 17 ed. rev. e atual. por Mario Roberto Carvalho de Faria. Rio de Janeiro: Forense, 2019 (e-book).

GOMES, Renata Raupp. *Entre a Fundamentalidade dos Direitos a Herança, à Propriedade e a Concretização do Paradigma Familiar Constitucional*: a Função Social da Legítima no Direito Brasileiro. Tese (Doutorado). Universidade Federal de Santa Catarina. Florianópolis, 2019. Disponível em: https://repositorio.ufsc.br/handle/123456789/211585. Acesso em: 03 jan. 2024.

GONÇALVES, Carlos Roberto. *Direito Civil Brasileiro. Direito das Sucessões*. 17 ed. São Paulo: Saraiva, 2023. v. 7.

GOZZO, Débora. *Pacto antenupcial*. São Paulo: Saraiva, 1992.

GUÉRCIO NETO, Arthur Del, SANTOS, Carolina Edith Mosmann dos; MASSONETO JUNIOR, João Francisco. A Renúncia Sucessória no Pacto Antenupcial: O Aumento do Clamor Social e a Nova Posição Que Vem Se Formando na Doutrina Brasileira. *IBDFAM*: 2023. Disponível em: https://ibdfam.org.br/artigos/2016/A+ren%C3%BAncia+suces-s%C3%B3ria+no+pacto+antenupcial%3A+O+aumento+do+clamor+social+e+a+no-va+posi%C7%C3%A3o+que+vem+se+formando+na+doutrina+brasileira. Acesso em: 20 fev. 2024.

GUIDI, Ana Letícia Cechinel. *A Renúncia Antecipada de Herança Concorrente pelo Cônjuge no Ordenamento Jurídico Brasileiro*. Tese (Mestrado). Universidade Federal de Santa Catarina. Florianópolis, 2021. Disponível em: https://repositorio.ufsc.br/handle/123456789/229363. Acesso em: 05 fev. 2024.

GUSMÃO, Sady Cardoso de. *Vocação Hereditária e Descendência*. Dissertação para concurso à Cadeira de Direito Civil da Faculdade de Direito da Universidade do Distrito Federal. Rio de Janeiro, 1958.

HAFFERS, Laís Mello. *Multiparentalidade à luz do Direito Sistêmico*. Tese (Graduação). Centro de Ciências Humanas e Sociais Aplicadas, Faculdade de Direito. Pontifícia Universidade Católica de Campinas. Campinas, 2016.

HAMURABI, Código. *Código de Hamurabi. Código de Manu (Livros Oitavo e Nono). Lei das XII Tábuas*. Supervisão editorial de Jair Lot Vieira. 2. ed. Bauru: Edipro, 2002.

HERRERA, Francisco López. *Derecho de Sucesiones*. 4. ed. Publicaciones: UCAB –Universidad Católica Andrés Bello. Caracas, 2011. t. I.

HIRONAKA, Giselda Maria Fernandes Novaes. *Da Ordem de Vocação Hereditária nos Direitos Brasileiro e Italiano, Princípios do novo Código Civil brasileiro e outros temas*: homenagem a Tullio Ascarelli. Tradução. São Paulo: Quartier Latin, 2008. Disponível em: https://www.revistas.usp.br/rfdusp/article/view/67663. Acesso em: 24 jan. 2024.

HIRONAKA, Giselda Maria Fernandes Novaes. Direito das Sucessões: Introdução. In: HIRONAKA, Giselda Maria Fernandes Novaes; PEREIRA, Rodrigo da Cunha (Coord.). *Direito das Sucessões e o Novo Código Civil*. Belo Horizonte: Del Rey, 2004.

HIRONAKA, Giselda Maria Fernandes Novaes. *Direito sucessório brasileiro*: ontem, hoje e amanhã. Palestra proferida no Congresso Anual da Deutsch-Brasilianische Juristenvereinigung (Associação de Juristas Alemanha-Brasil), realizado na cidade de Dresden (Alemanha), de

22 a 25 de novembro de 2001. Disponível em: https://www.direitodefamilia.adv.br/2020/wp-content/uploads/2020/07/direito.pdf. Acesso em: 1º nov. 2023.

HIRONAKA, Giselda Maria Fernandes Novaes. Herdeiros Necessários e Direito de Representação. In: HIRONAKA, Giselda Maria Fernandes Novaes; PEREIRA, Rodrigo da Cunha (Coord.). *Direito das Sucessões e o Novo Código Civil*. Belo Horizonte: Del Rey, 2004.

HIRONAKA, Giselda Maria Fernandes Novaes. *Morrer e Suceder*: Passado e Presente da Transmissão Sucessória Concorrente. 2. ed. São Paulo: Ed. RT, 2014.

HIRONAKA, Giselda Maria Fernandes Novaes. *Ordem de Vocação Hereditária*. In: HIRONAKA, Giselda Maria Fernandes Novaes; PEREIRA, Rodrigo da Cunha (Coord.). *Direito das Sucessões e o Novo Código Civil*. Belo Horizonte: Del Rey, 2004.

HIRONAKA, Giselda Maria Fernandes Novaes. Os artigos 1.829, I, e 1.830 do Código Civil a partir da Legalidade Constitucional: Uma Perspectiva Funcionalizada do Direito Sucessório. In: PEREIRA, Rodrigo da Cunha; DIAS, Maria Berenice (Coord.). *IX Congresso Brasileiro de Direito de Família*. Família: pluralidade e felicidade. Belo Horizonte, 2014.

IBDFAM. *Equiparação de cônjuge e companheiro na sucessão ainda gera polêmica e promove o debate*. Disponível em: https://ibdfam.org.br/noticias/6813. Acesso em: 05 dez. 2023.

JEREISSATI, Regis Gurgel do Amaral. *A Vulnerabilidade e a Solidariedade Como Critérios Para o Reconhecimento do Herdeiro Necessário na Sucessão Legítima*. Tese (Mestrado). Universidade de Fortaleza. Fortaleza, 2018. Disponível em: https://www.oasisbr.ibict.br/vufind/Record/UFOR_f90f3720fe398266f87dfad2179e5b6f. Acesso em: 05 abr. 2024.

KASER, Max. *Direito Privado Romano*. Trad. Samuel Rodrigues e Ferdinand Hämmerle. Lisboa: Fundação Calouste Gulbenkian, 1999.

KREICZER-LEVY, Shelly. The Mandatory Nature of Inheritance. *The American Journal of Jurisprudence*, v. 53, 2008.

LASMAR, Gabriela Mascarenhas. *Análise Crítica do Instituto da Legítima no Direito Brasileiro a partir dos Princípios da Autonomia privada e da Solidariedade familiar*. Tese (Doutorado). Pontifícia Universidade Católica de Minas Gerais. Belo Horizonte, 2021. Disponível em: http://www.biblioteca.pucminas.br/teses/Direito_GabrielaMascarenhasLasmar_29468_Textocompleto.pdf. Acesso em: 12 out. 2023.

LEITÃO, Fernanda de Freitas. *Direito Notarial* – Autonomia Privada e os Limites da Atividade Notarial. Colégio Notarial do Brasil – Seção São Paulo. Disponível em: https://cnbsp.org.br/2023/09/12/artigo-direito-notarial-autonomia-privada-e-os-limites-da-atividade-notarial-por-fernanda-de-freitas-leitao/. Acesso em: 08 maio 2024.

LEITE, Eduardo de Oliveira. *Comentários ao novo Código Civil*. In: TEIXEIRA, Sálvio de Figueiredo (Coord.). 3. ed. Rio de Janeiro: Editora Forense, 2003. v. XXI.

LEITE, Eduardo de Oliveira. A Nova Ordem de Vocação Hereditária e a Sucessão dos Cônjuges. *Revista dos Tribunais*, São Paulo, v. 92, n. 815, p. 32-37, set. 2003. Disponível em: https://dspace.almg.gov.br/handle/11037/35944. Acesso em: 1º abr. 2024.

LIGERA, Wilson Ricardo. *O Companheiro na Qualidade de Herdeiro Necessário e seu Direito à Legítima*. Tese (Doutorado). Faculdade de Direito da Universidade de São Paulo. São Paulo,

2013. Disponível em: https://www.teses.usp.br/teses/disponiveis/2/2131/tde-21012015-150824/pt-br.php. Acesso em: 30 jan. 2024.

LIMA, Ana Clara Santos. A Condição do Companheiro na Sucessão Causa Mortis e a Jurisprudência das Cortes Superiores. In: ZUGMAN, Daniel; BASTOS, Frederico; VILELA; Renato (Coord.). *Planejamento Patrimonial e Sucessório: Controvérsias e Aspectos Práticos*. Belo Horizonte: Editora Dialética, 2021.

LO PRETE, Octavio. *Acciones Protectoras de la Legítima*. Buenos Aires: Hammurabi, 2009.

LÔBO, Paulo. *Direito Civil: Famílias*13. ed. São Paulo: SaraivaJur, 2023. v. 05. (e-book).

LÔBO, Paulo. *Direito Civil: Sucessões*. 9. ed. São Paulo: SaraivaJur, 2023. v. 06 (e-book).

LÔBO, Paulo Luiz Netto. O Princípio Constitucional da Solidariedade nas Relações de Família. In: CONRADO, Marcelo; PINHEIRO, Rosalice Fidalgo (Coord.). *Direito Privado e Constituição*. Curitiba: Juruá, 2009.

LÓPEZ, Rodrigo González. *Precedentes romanos de la regulación de las legítimas en el Código Civil Español y en la vigente Compilación de Derecho Civil de Galicia*. Tese (Doutorado). Departamento de Dereito Privado, Universidade de Vigo. España, 2012. Disponível em: chrome-extension://efaidnbmnnnibpcajpcglclefindmkaj/https://www.investigo. biblioteca.uvigo.es/xmlui/bitstream/handle/11093/451/Precedentes%20romanos%20 de%20la%20regulaci%C3%B3n%20de%20las%20leg%C3%ADtimas.pdf?sequence=1. Acesso em: 15 jan. 2024.

LUCACHINSKI, Jessica; FANTE, Cilmara Corrêa de Lima. O Pacto Antenupcial como Instrumento de Planejamento Sucessório face a Vedação do Pacta Corvina. *Academia de Direito*. v. 01, n. 01, p. 323-341, 2019. Disponível em: https://www.periodicos.unc.br/index.php/ acaddir/article/view/2448. Acesso em: 15 fev. 2024.

LUZ, Ana Filipa Santos da. *Contratos Sucessórios Renunciativos Entre Nubentes* – Análise Crítica às Alterações Introduzidas ao Código Civil Pela Lei 48/2018, de 14 De Agosto. Tese (Mestrado). Faculdade de Direito da Universidade do Porto. Porto, 2019. Disponível em: https://repositorio-aberto.up.pt/handle/10216/125244. Acesso em: 22 abr. 2024.

MACEDO JÚNIOR, Ronaldo Porto. *Do Xadrez à Cortesia: Dworkin e a Teoria do Direito Contemporânea*. São Paulo: Saraiva, 2013, (*e-book*).

MADALENO, Rolf. Renúncia de Herança no Pacto Antenupcial. In: PEREIRA, Rodrigo da Cunha e DIAS, Maria Berenice (Coord.). *Família e Sucessões*: Polêmicas, Tendências e Inovações. Belo Horizonte: IBDFAM, 2018.

MADALENO, Rolf. *Sucessão Legítima*. 2. ed. Rio de Janeiro: Forense, 2020.

MAFRA, Tereza Cristina Monteiro; MENDONÇA, Rafael Baeta. Os Limites de Conteúdo do Pacto Antenupcial. *Civilistica.com*., a. 10, n. 03, 2021. Disponível em: https://civilistica. emnuvens.com.br. Acesso em: 28 mar. 2024.

MAINAR, Rafael Bernad. De la Legitima Romana a la Reserva Familiar Germanica. *Revista Internacional de Derecho Romano*. Abril, 2015. Disponível em: De la legítima romana a la reserva familiar germánica (uclm.es). Acesso em: 11 jan. 2024.

MAINE, Henry Summer. *Ancient Law* – Its Connection With The Early History Of Society And Its Relation To Modern Ideas. London: Cheap edition, 1918.

MALUF, Renato. Do Tálamo ao Leito de Procusto, um Susto (as Ingerências da Lei nas Uniões Estáveis). *Coluna Migalhas*, 2017. Disponível em: https://www.migalhas.com.br/depeso/263825/do-talamo-ao-leito-de-procusto--um-susto--as-ingerencias-da-lei-nas-unioes-estaveis. Acesso em: 27 fev. 2024.

MANUELINAS, Ordenações. *Livro IV*. Lisboa: Fundação Calouste Gulbenkian, 1786.

MARTINS JÚNIOR, J. Izidoro. *História do Direito Nacional*. Rio de Janeiro: Democrática Editora, 1895.

MATOS, Ana Carla H.; FERST, Marklea da Cunha. A Reconfiguração do Papel da Mulher nas Relações Familiares à Luz da Constituição Federal. In: CONRADO, Marcelo; PINHEIRO, Rosalice Fidalgo (Coord.). *Direito Privado e Constituição*. Curitiba: Juruá, 2009.

MAXIMILIANO, Carlos. *Direito das Sucessões*. 2. ed. Rio de Janeiro: Livraria Editora Freitas Bastos, 1942. v. I.

MAXIMILIANO, Carlos. *Direito das Sucessões*. 2. ed. Rio de Janeiro: Livraria Editora Freitas Bastos, 1943. v. III.

MAXIMILIANO, Carlos. *Hermenêutica e Aplicação do Direito*. Atual. Alysson Mascaro. (Fora de série). 23. ed. Rio de Janeiro: Forense, 2022 (e-book).

MELLO, Marcos Bernardes de. *Teoria do Fato Jurídico: Plano da Existência*. 23. ed. São Paulo: Saraiva, 2022 (e-book).

MILL, Joahn Stuart. *Princípios de Economia Política*. São Paulo: Editora Nova Cultural, 1996. v. I.

MIRANDA, Francisco Cavalcanti Pontes de. *Fontes e Evolução do Direito Civil Brasileiro*. Rio de Janeiro: Pimenta de Mello, 1928.

MIRANDA, Francisco Cavalcanti Pontes de. *Tratado de Direito Privado. Parte Especial*. Rio de Janeiro: Borsoi, 1970. t. XXXVIII. Direito das Obrigações: Negócios jurídicos Unilaterais Direito Cambiariforme. Duplicata Mercantil. Outros Títulos cambiariformes.

MIRANDA, Francisco Cavalcanti Pontes de. *Tratado de Direito Privado. Parte Especial*. 3. ed. São Paulo: Ed. RT, 1984. t. LV. Direito das Sucessões: Sucessão em Geral. Sucessão Legítima.

MIRANDA, Roberta Drehmer de. "Igualdade Sucessória" Entre Cônjuges e Companheiros no Brasil: Uma Análise Sobre o Recurso Extraordinario Nº 878.694 e a Repercussão Geral 809, de 10 de Maio de 2017. In: DIAS, Cristina M. Araújo; CRUZ, Rossana Martingo; SILVA, Regina Beatriz Tavares da Silva; BARROS, João Nuno Barros (Coord.). *Atas das Jornadas Internacionais "Igualdade e Responsabilidade nas Relações Familiares"*. Portugal: Universidade do Minho, 2020.

MONTEIRO FILHO, Carlos Edison do Rêgo; SILVA, Rafael Cândido da. A Proibição dos Pactos Sucessórios: Releitura Funcional de uma Antiga Regra. *Revista dos Tribunais Online*. São Paulo, v. 17, n. 72, p. 169-194, 2016. Disponível em: https://bd.tjdft.jus.br/jspui/handle/tjdft/42893. Acesso em: 27 fev. 2024.

MONTEIRO, Washington de Barros; PINTO, Ana Cristina de Barros Monteiro França. *Curso de Direito Civil. Direito das Sucessões*. 39. ed. São Paulo: Saraiva, 2016. v. 6.

MONTESQUIEU. Charles de Secondat. *Do Espírito das Leis*. São Paulo: Editora Nova Cultural Ltda, 1997. v. II.

MOREIRA, Lígia Carolina Costa. *Sucessão do Cônjuge e Companheiro*: Uma Abordagem Comparativa. Tese (Mestrado). Pontifícia Universidade Católica de São Paulo. São Paulo, 2016. Disponível em: https://tede2.pucsp.br/handle/handle/19726. Acesso em: 04 abr. 2024.

MOSTARDEIRO, Paulo. *Admissibilidade de Pacto Sucessório Renunciativo entre Cônjuges e Companheiros*. Tese (Mestrado). Direito Civil. Pontifícia Universidade Católica do Rio de Janeiro. Rio de Janeiro, 2022. Disponível em https://www.maxwell.vrac.puc-rio.br/62042/62042.PDF. Acesso em: 08 nov. 2023.

MORAES, Walter. *Programa de Direito das Sucessões*: Teoria Geral e Sucessão Legítima. São Paulo: Ed. RT, 1980.

MULTEDO, Renata Vilela; BODIN DE MORAES, Maria Celina. *A Privatização do Casamento*. Rio de Janeiro, v. 5, n. 2, p. 1–21, 2016. Disponível em: https://civilistica.emnuvens.com.br/redc/article/view/263.

NADER, Paulo. *Curso de Direito Civil*. 7. ed. Rio de Janeiro: Forense, 2016. v. 06. Direito das Sucessões. (e-book).

NAHAS, Luciana Faisca. *A Possibilidade de Inclusão de Cláusulas Pessoais e Patrimoniais na Elaboração de Pacto Antenupcial e Contrato de Convivência*. Tese (Doutorado). Pontifícia Universidade Católica de São Paulo. São Paulo, 2014. Disponível em: https://tede2.pucsp.br/handle/handle/6683. Acesso em: 19 mar. 2024.

NAHAS, Luciana Faisca. Pacto Antenupcial – o que Pode e o que Não Pode Constar? Reflexões sobre Cláusulas Patrimoniais e Não Patrimoniais. In: PEREIRA, Rodrigo da Cunha e DIAS, Maria Berenice (Coord.). *Família e Sucessões*: Polêmicas, Tendências e Inovações. Belo Horizonte: IBDFAM, 2018.

NAMUR, Samir. *Autonomia Privada para a Constituição da Família*. Tese (Doutorado). Universidade do Estado do Rio de Janeiro. Rio de Janeiro, 2012. Disponível em: https://www.bdtd.uerj.br:8443/handle/1/9258. Acesso em: 21 mar. 2024.

NEVARES, Ana Luiza Maia. *A Sucessão do Cônjuge e do Companheiro na Perspectiva do Direito Civil-Constitucional*. 2. ed. São Paulo: Atlas, 2015.

OLIVEIRA, Arthur Vasco Itabaiana de. *Tratado de Direito das Sucessões. Da Sucessão Geral e Da Sucessão Legítima*. 4. ed. São Paulo: Max Limonad, 1952. v. 01.

OLIVEIRA, Euclides Benedito de. *Direito de Herança: a nova ordem da sucessão*. 2. ed. São Paulo: Saraiva, 2009.

OLIVEIRA, Euclides Benedito de; AMORIM, Sebastião Luiz. *Inventário e Partilhas: Direito das Sucessões: Teoria e Prática*. 23. ed. São Paulo: Livraria e Editora Universidade de Direito, 2013.

OLIVEIRA, Guilherme. *Notas sobre o Projeto de Lei 781/XIII (Renúncia Recíproca à Condição de Herdeiro Legal)*. Disponível em: http://www.guilhermedeoliveira.pt/resources/Notas--sobre-a-renu%CC%81nciaa%CC%80-condic%CC%A7a%CC%83o-de-herdeiro.pdf. Acesso em: 22 abr. 2024.

OLIVEIRA, Ligia Ziggiotti de. *Olhares Feministas Sobre o Direito das Famílias Contemporâneo*: Perspectivas Críticas Sobre o Individual e o Relacional em Família. 2. ed. Rio de Janeiro: Lumen Juris, 2020.

OLIVEIRA, Xavier Silva. *A Posição Sucessória do Membro Sobrevivo da União de Facto*. Tese (Mestrado). Faculdade de Direito da Universidade de Coimbra. Coimbra, 2023. Disponível em: chrome-extension://efaidnbmnnnibpcajpcglclefindmkaj/https://estudogeral.uc.pt/retrieve/266130/A%20Posi%C3%A7%C3%A3o%20Sucess%C3%B3ria%20do%20Membro%20Sobrevivo%20da%20Uni%C3%A3o%20de%20Facto.pdf. Acesso em: 31 jan. 2024.

OTERO, Marcelo Truzzi. *Justa Causa Testamentária*: Inalienabilidade, Impenhorabilidade e Incomunicabilidade sobre a legítima do herdeiro necessário. Porto Alegre: Livraria do Advogado, 2012.

OTERO, Marcelo Truzzi. Os artigos 1.829, I, e 1.830 do Código Civil a partir da Legalidade Constitucional: Uma Perspectiva Funcionalizada do Direito Sucessório. In: PEREIRA, Rodrigo da Cunha; DIAS, Maria Berenice (Coord.). *IX Congresso Brasileiro de Direito de Família*. Família: pluralidade e felicidade. Belo Horizonte, 2014.

PACHECO, José da Silva. *Inventários e Partilhas na Sucessão Legítima e Testamentária*. 17. ed. Rio de Janeiro: Forense, 2004.

PEREIRA, Caio Mário da Silva. *Instituições de Direito Civil* – Direito das Sucessões. Atual. Carlos Roberto Barbosa Moreira. 24. ed. Rio de Janeiro: Forense, 2017. v. VI.

PEREIRA, Maria Margarida Silva; HENRIQUES, Sofia. *Pensando sobre os Pactos Renunciativos pelo Cônjuge*: Contributos para o Projeto de Lei 781/XIII. Julgar Online, 2018. Disponível em: https://julgar.pt/pensando-sobre-os-pactos-renunciativos-pelo-conjuge-contributos-para-o-projeto-de-lei-n-o-781xiii/. Acesso em: 16 fev. 2024.

PEREIRA, Renata Ramos Carrara. Contratualização do Direito Hereditário e a Proibição dos Pactos Sucessórios. *Justitia*, n. 217. São Paulo: Procuradoria-Geral de Justiça, Associação Paulista do Ministério Público, 2021.

PEREIRA, Rodrigo da Cunha. *Direito das Famílias*. 2. ed. Rio de Janeiro: Forense, 2021.

PEREIRA, Rodrigo da Cunha. Direito de Família, Coronavírus e Guarda Compartilhada. *Consultor Jurídico*, 08 abr. 2020. Disponível em: https://www.conjur.com.br/2020-abr-08/cunha-pereira-direito-familia-coronavirus-guarda-compartilhada2/. Acesso em: 15 mar. 2024.

PEREIRA, Rodrigo da Cunha. *Direito de Família – Uma Abordagem Psicanalítica*. 4. ed. Rio de Janeiro: Editora Forense, 2012 (e-book).

PEREIRA, Rodrigo da Cunha. *Princípios Fundamentais Norteadores do Direito de Família*. 4. ed. Curitiba: Juruá, 2022.

PEREIRA, Rodrigo da Cunha. *União Estável e Casamento*: O Paradoxo da Equiparação. nov. 2016. Disponível em: http://www.rodrigodacunha.adv.br/uniao-estavel-e-casamento-o-paradoxo-da-equiparacao/. Acesso em: 29 abr. 2024.

PERLINGIERI, Pietro. *Perfis do Direito Civil*: Introdução ao Direito Civil Constitucional. 3. ed. Rio de Janeiro: Ronovar, 2007.

REFERÊNCIAS BIBLIOGRÁFICAS **229**

PERLINGIERI, Pietro. *O Direito Civil na Legalidade Constitucional.* Trad. Maria Cristina De Cicco. Trad. Maria Cristina De Cicco. Rio de Janeiro: Renovar, 2008.

PITUCO, Alice Pagnoncelli; FLEISCHMANN, Simone Tassinari Cardoso. A Renúncia ao Direito Concorrencial e a Vedação à "Pacta Corvina": Uma Reflexão acerca do Disposto no Artigo 426 do Código Civil. *Civilistica.com.* v. 11, n. 01, 2022. Disponível em: https:// civilistica.emnuvens.com.br/redc/article/view/676. Acesso em: 16 fev. 2024.

REALE, Miguel; COSTA, Judith Martins. Casamento sob o Regime da Separação Total de Bens, Voluntariamente Escolhido pelos Nubentes. Compreensão do Fenômeno Sucessório e Seus Critérios Hermenêuticos. A Força Normativa do Pacto Antenupicial. *Revista Trimestral de Direito Civil,* v. 06, n. 24, p. 205-228. Rio de Janeiro: Ed. Padma, 2005.

REALE, Miguel. A Constituição e o Direito Civil. *O Estado de São Paulo,* 18 jun. 2005, Espaço Aberto, p. A2. Disponível em: https://www2.senado.leg.br/bdsf/bitstream/handle/ id/308996/noticia.htm?sequence=1&isAllowed=y. Acesso em: 1º abr. 2024.

REALE, Miguel. *A Constituição e o Código Civil.* Disponível em: https://www.miguelreale.com. br/artigos/constcc.htm. Acesso em: 1º abr. 2024.

REALE, Miguel. *Visão Geral do Projeto de Código Civil.* Disponível em: chrome-extension:// efaidnbmnnnibpcajpcglclefindmkaj/https://edisciplinas.usp.br/pluginfile.php/3464464/ mod_resource/content/1/O%20novo%20C%C3%B3digo%20Civil%20-%20Miguel%20 Reale.pdf. Acesso em: 1º fev. 2024.

REBELATO, Daniela Rocegalli. *A Multiparentalidade e a Sucessão Legítima: Questões sobre a Sucessão do Ascendente e o Direito Concorrencial do Cônjuge e do Companheiro.* Tese (Mestrado). Direito Civil Comparado, Pontifícia Universidade Católica de São Paulo. São Paulo, 2022. Disponível em: https://sapientia.pucsp.br/handle/handle/27800. Acesso em: 12 jan. 2024.

RIBEIRO, Raphael Rego Borges. Breves Reflexões Sobre os Fundamentos da Herança à Luz da Metodologia Civil-Constitucional. *Civilistica.com,* Rio de Janeiro, v. 11, n. 1, p. 1-32, 2022. Disponível em: https://civilistica.emnuvens.com.br/redc/article/view/720. Acesso em: 15 abr. 2024.

RIBEIRO, Raphael Rego Borges. *O Direito das Sucessões e a Constituição Federal de 1988*: Reflexão Crítica Sobre os Elementos do Fenômeno Sucessório à Luz da Metodologia Civil-Constitucional. Tese (Doutorado). Universidade Federal da Bahia, Salvador, 2019. Disponível em: https://repositorio.ufba.br/handle/ri/31687. Acesso em: 05 abr. 2024.

RIZZARDO, Arnaldo. *Direito das Sucessões:* 11. ed. Rio de Janeiro: Forense, 2019 (e-book).

ROCHA, Maria Vital da; MENDES, Davi Guimarães. Admite-se a Exclusão Negocial do Direito de Cônjuges e Companheiros de Concorrer à Herança? *Revista Jurídica FA7.* v. 07, n. 02, Fortaleza, 2022. Disponível em: https://periodicos.uni7.edu.br/index.php/revistajuridica/ article/view/1754. Acesso em: 16 fev. 2024.

RODRIGUES, Silvio. *Direito Civil. Direito das Sucessões.* 17. ed. São Paulo: Saraiva, 1989. v. 07.

RODRÍGUEZ, Sofía Amor. *Las Parejas de Hecho.* Tese (Mestrado). Universidad de Oviedo. Disponível em: chrome-extension://efaidnbmnnnibpcajpcglclefindmkaj/https://digibuo.

uniovi.es/dspace/bitstream/handle/10651/59695/TFM_SofiaAmorRodriguez.pdf?sequence=4&isAllowed=y. Acesso em: 31 jan. 2024.

ROLIM, Luiz Antonio. *Instituições de Direito Romano*. 2. ed. São Paulo: Ed. RT, 2003.

ROSA, Conrado Paulino da; RODRIGUES, Marco Antonio. *Inventário e Partilha* – Teoria e Prática. 4 ed. São Paulo: JusPodivm, 2022.

ROSA, Conrado Paulino da. *Planejamento Sucessório* – Teoria e Prática. 3. ed. São Paulo: JusPodivm, 2024.

ROSENVALD, Nelson. *Solidariedade Familiar*. Disponível em: https://docs.wixstatic.com/ugd/d27320_8513eafd50634628aee164a682af53da.pdf. Acesso em: 14 abr. 2024.

RUGGIERO, Roberto de. *Instituições de Direito Civil* – Direito de Família e Direitos Reais e Posse. 3. ed. São Paulo: Saraiva, 1972. v. II.

RUGGIERO, Roberto de. *Instituições de Direito Civil* – Direito das Obrigações e Direito Hereditário. 3. ed. São Paulo: Saraiva, 1973. v. III.

RUZYK, Carlos Eduardo Pianovski; BONFIM, Marcos Augusto Bernardes. Uma Análise do Recurso Extraordinário 878.694 à Luz do Direito Fundamental à Liberdade: Qual Espaço Para a Autodeterminação nas Relações Familiares? *Revista Brasileira De Direito Civil*, v. 22, p. 141-178, out./dez. 2019. Disponível em: https://rbdcivil.ibdcivil.org.br/rbdc/article/view/505. Acesso em: 03 abr. 2024.

RUZYK, Carlos Eduardo Pianovski; PINHEIRO, Rosalice Fidalgo. O Direito de Família na Constituição de 1998 e suas Repercussões no Direito das Sucessões: Convergências e Dissensões na Senda da Relação entre Código Civil e Constituição. In: CONRADO, Marcelo; PINHEIRO, Rosalice Fidalgo (Coord.). *Direito Privado e Constituição*. Curitiba: Juruá, 2009.

SALU, Renata Ramos. *Efetivação do Direito à Herança*. Tese (Mestrado). Direito Civil Comparado, Pontifícia Universidade Católica de São Paulo. São Paulo, 2009. Disponível em: http://dominiopublico.mec.gov.br/download/teste/arqs/cp128160.pdf. Acesso em: 08 set. 2023.

SANTOS, Carolina Edith Mosmann dos; MASSONETO JUNIOR, João Francisco. O Pacto Antenupcial, a Separação Total de Bens e o Desejo das Partes de Não Serem Herdeiros Um do Outro. *Coluna Migalhas*, 2021. Disponível em: https://www.migalhas.com.br/coluna/migalhas-notariais-e-registrais/348860/o-pacto-antenupcial-a-separacao-total-de-bens. Acesso em: 15 fev.2024.

SANTOS, Francisco Cláudio De Almeida. O Pacto Antenupcial e a Autonomia Privada. In: BASTOS, Eliene Ferreira; SOUSA, Asiel Henrique de. (Coord.). *Família e Jurisdição*. Belo Horizonte: Del Rey, 2006. p. 183-209. Disponível em: https://bdjur.stj.jus.br/jspui/handle/2011/2589. Acesso em: 28 mar. 2024.

SANTOS, Jhonny Matos dos; COSTA, Vanuza Pires da; SILVA, Fábio Araújo. Da Sucessão Legítima do Companheiro Após a Declaração de Inconstitucionalidade do Artigo 1.790 do Código Civil Brasileiro. *Revista Vertentes Do Direito*, 5(2), 16-32. Disponível em: https://sistemas.uft.edu.br/periodicos/index.php/direito/article/view/5355. Acesso em: 03 abr. 2024.

SAVI, Renata Freccia. *Extensão e Limites da Autonomia da Vontade nos Pactos Antenupciais*: Possibilidade de Renúncia à Concorrência Sucessória, pelos Nubentes, no Regime da Separação de Bens no Casamento. Tese (Graduação). Universidade do Sul de Santa Catarina. Tubarão, 2022. Disponível em: https://repositorio.animaeducacao.com.br/items/5883ef84-12bd-426b-80a2-4ed9ca83e55d. Acesso em: 19 mar. 2024.

SILVA, Camilla Ayala Felisberto. *O Direito Sucessório do Cônjuge e do Companheiro no Ordenamento Jurídico Brasileiro*: Um Estudo Sobre o Tratamento Diferenciado e a Possibilidade de Equiparação do Direito Hereditário de Ambos. Tese (Mestrado). Pontifícia Universidade Católica de Minas Gerais, Belo Horizonte, 2019. Disponível em: https://sucupira.capes.gov.br/sucupira/public/consultas/coleta/trabalhoConclusao/viewTrabalhoConclusao.jsf?popup=true&id_trabalho=7640184. Acesso em: 04 abr. 2024.

SILVA, Ester Cardoso da. *A (Des)Necessária Releitura da Reserva Legítima*: entre Autonomia Privada, Solidariedade e Vulnerabilidade. Tese (Graduação). Universidade de Brasília. Brasília, 2022. Disponível em: https://bdm.unb.br/handle/10483/33117. Acesso em: 02 jan. 2024.

SILVA, Rafael Cândido da. *Pactos Sucessórios: Ensaio sobre a Perspectiva Funcional da Autonomia Privada na Sucessão causa mortis*. Universidade do Estado do Rio de Janeiro. Tese (Mestrado). Rio de Janeiro, 2017. Disponível em: https://www.bdtd.uerj.br:8443/bitstream/1/9789/1/Rafael%20Candido%20da%20Silva%20versao%20final%20protegido.pdf. Acesso em: 28 fev. 2024.

SILVA, Rafael Cândido da. O Afeto Será Prejudicado Pelo STF. *O Estado de S. Paulo*, fev. 2017. Disponível em: https://www.estadao.com.br/politica/blog-do-fausto-macedo/o-afeto--sera-prejudicado-pelo-stf/. Acesso em: 29 abr. 2024.

SILVA, Regina Beatriz Tavares da. Regime Sucessório da União Estável Não é Inconstitucional. *Consultor Jurídico*, maio 2014. Disponível em: https://www.conjur.com.br/2017-mai-19/regime-sucessorio-uniao-estavel-nao-inconstitucional. Acesso em: 29 abr. 2024.

SILVA, Regina Beatriz Tavares da; CORREIA, Atalá; DE SOLAVAGIONE, Alicia García. *Tratado da união de fato: Tratado de la unîon de hecho*. São Paulo: Almedina, 2021.

SILVEIRA, Diego Oliveira da. Planejamento Matrimonial e o Que Pode Ser Contratado no Pacto Antenupcial e no Contrato de Convivência? In: BRANDT, Fernanda; FRIEDRICH, Denise Bittencourt (Org.). *Direito das Famílias e Sucessório*. Santa Cruz do Sul: EDUNISC, 2021. v. 01.

SIMÃO, José Fernando. Análise das Regras do Contrato de Sociedade Quando da Morte dos Sócios e a Vedação de Existência de Pacto Sucessório. *Revista Imes*, jan./jun. 2005, p. 34-48. Disponível em: https://seer.uscs.edu.br/index.php/revista_direito/article/view/780/650. Acesso em: 28 fev. 2024.

SIMÃO, José Fernando. Repensando a Noção de Pacto Sucessório: *de lege ferenda*. *Jornal Carta Forense*, 2017. Disponível em: https://professorsimao.com.br/repensando-a-nocao-de--pacto-sucessorio-de-lege-ferenda/. Acesso em: 1º mar. 2024.

SIMÕES, Thiago Felipe Vargas. *Família, Afeto e Sucessões*. Tese (Mestrado). Direito Civil, Pontifícia Universidade Católica de São Paulo. São Paulo, 2007. Disponível em: https://sapientia.pucsp.br/handle/handle/7818. Acesso em: 05 ago. 2023.

SOBRAL, Luciane. *O Direito Fundamental à Liberdade de Testar e as Implicações da Sucessão do Companheiro Após o RE 878.694/MG*. Disponível em: chrome-extension://efaid-nbmnnnibpcajpcglclefindmkaj/https://www.unifor.br/documents/392178/3101527/Luciane+Sobral.pdf/45dd4a0c-4589-1594-104e-7dc190eee7a3. Acesso em: 02 ab. 2024.

SOMBRA; Thiago Luís Santos. A Evolução da Proteção Patrimonial dos Cônjuges no Direito de Família: um Estudo de Caso do Regime de Separação de Bens. *Revista de derecho Privado*. 30 (jun. 2016), 55–82. Disponível em: https://revistas.uexternado.edu.co/index.php/derpri/article/view/4547. Acesso em: 03 abr. 2024.

SOUSA, Rabindranath Capelo de. Os Direitos Sucessórios do Cônjuge Sobrevivo. Universidade de Coimbra. Coimbra, 2005. In: VILLAR, Alfonso Murillo; GARCÍA, Olga Gil (Coord.). *Fundamentos Romanísticos del Derecho Contemporáneo. Derecho de Sucesiones*. Aidron e BOE, 2021. t. VIII. v. I. Disponível em: https://www.boe.es/biblioteca_juridica/anuarios_derecho/anuario.php?id=R_2021&fasc=8. Acesso em: 15 fev. 2024.

TARTUCE, Flávio. *Artigo*: Autonomia privada e Direito de Família – As reflexões atuais. Colégio Notarial do Brasil Seção São Paulo, 2021. Disponível em: https://cnbsp.org.br/2021/08/25/artigo-autonomia-privada-e-direito-de-familia-as-reflexoes-atuais-%C2%96-por-flavio-tartuce/. Acesso em: 20 mar. 2024.

TARTUCE, Flávio. Companheiros são Herdeiros Necessários? In: PEREIRA, Rodrigo da Cunha e DIAS, Maria Berenice (Coord.). *Família e Sucessões*: Polêmicas, Tendências e Inovações. Belo Horizonte: IBDFAM, 2018.

TARTUCE, Flávio. *Direito Civil:* Direito das Sucessões. 10. ed. Rio de Janeiro: Forense, 2017. v. 06 (e-book).

TARTUCE, Flávio. O Companheiro Como Herdeiro Necessário. *Coluna Migalhas*, 2018. Disponível em: https://www.migalhas.com.br/coluna/familia-e-sucessoes/284319/o-companheiro-como-herdeiro-necessario.

TELLES, Inocêncio Galvão. *Direito das Sucessões* – Noções Fundamentais. 6. ed. Coimbra: Editora Coimbra, 1991.

TEPEDINO, Gustavo. Crise de Fontes Normativas e Técnicas Legislativa na Parte Geral do Código Civil de 2002. In: TEPEDINO, Gustavo (Coord.). *A Parte Geral do Novo Código Civil*: Estudos na Perspectiva Civil-Constitucional. 2. ed. Rio de Janeiro: Renovar, 2003. Disponível em: chrome-extension://efaidnbmnnnibpcajpcglclefindmkaj/https://egov.ufsc.br/portal/sites/default/files/anexos/32350-38875-1-PB.pdf. Acesso em: 29 fev. 2024.

TEPEDINO, Gustavo. Normas Constitucionais e Direito Civil. *Revista da Faculdade de Direito de Campos*, Campos dos Goytacazes. ano IV, n. 4 e ano V, n. 5, 2003-2004, 2003-2004. Disponível em: http://bdjur.stj.jus.br/dspace/handle/2011/25727. Acesso em: 29 mar. 2024.

TEPEDINO, Gustavo. Normas Constitucionais e Direito Civil na Construção Unitária do Ordenamento. Normas Constitucionais e Direito Civil na Construção Unitária do Ordenamento. In: CONRADO, Marcelo; PINHEIRO, Rosalice Fidalgo (Coord.). *Direito Privado e Constituição*. Curitiba: Juruá, 2009.

TEPEDINO, Gustavo. O Novo Código Civil: Duro Golpe na Recente Experiência Constitucional Brasileira. Editorial. *RTDC*, v. 7, 2001. Disponível em: chrome-extension://efaidnbmnnnibpcajpcglclefindmkaj/http://www.tepedino.adv.br/wpp/wp-content/uploads/2012/09/RTDC.Editorial.v.007.pdf. Acesso em: 05 abr. 2024.

TEPEDINO, Gustavo. *Temas de Direito Civil*. 3. ed. Rio de Janeiro: Renovar, 2004.

TEPEDINO, Gustavo. *Temas de Direito Civil*. Rio de Janeiro: Renovar, 2006. t. II.

TEPEDINO, Gustavo; NEVARES, Ana Luiza Maia; MEIRELES, Rose Melo Vencelau. *Fundamentos do Direito Civil* – Direito das Sucessões. 4. ed. Rio de Janeiro: Forense, 2023. v. 07 (e-book).

TOMASEVICIUS FILHO, Eduardo. O Legado do Código Civil de 1916. *Revista da Faculdade de Direito da Universidade de São Paulo*, São Paulo, v. 0111, jan./dez. 2016. Disponível em: https://www.revistas.usp.br/rfdusp/article/view/133495. Acesso em: 05 abr. 2024.

TOSCANO, Raquel Borges Alves. Da Possibilidade de Renúncia Recíproca dos Cônjuges da Condição de Herdeiro no Ordenamento Brasileiro (Instituto Disponível no Direito Português em Decorrência da Lei 48/2018). Tese (Mestrado). *Ciências Jurídico Forenses*, Faculdade de Direito da Universidade de Coimbra. Coimbra, 2020. Disponível em: https://estudogeral.uc.pt/handle/10316/92792. Acesso em: 05 fev. 2024.

TRABUCCHI, Alberto. *Istituzioni Di Diritto Civile*. 9. ed. Padova, IT: CEDAM, 1999.

VALESI, Raquel Helena. *Anotação Registrária em Assento de Nascimento e Óbito dos Pais Como Prevenção e Efetividade de Acesso a Legítima Pelos Descendentes*. Tese (Doutorado). Pontifícia Universidade Católica de São Paulo. São Paulo, 2016. Disponível em: https://tede2.pucsp.br/handle/handle/19635. Acesso em: 20 abr. 2024.

VENOSA, Sílvio de Salvo. *Direito Civil. Sucessões*. 17. ed. São Paulo: Atlas, 2017. v. 6. (e-book).

VILLELA, Baptista João. Repensando o Direito de Família. *Rio Cad. Jur.*, São Paulo, v. 3, n. 7, p. 95-106, jan./fev. 2002. Disponível em: https://bdjur.stj.jus.br/jspui/handle/2011/118885 . Acesso em: 28 abr. 2024.

WALD, Arnoldo. *Curso de Direito Civil Brasileiro*. São Paulo: Ed. RT, 1992. v. V.

WALD, Arnoldo; CAVALCANTI, Ana Elizabeth L. W.; PAESANI, Liliana Minardi. *Direito Civil* – Direito das Sucessões. 16. ed. São Paulo: Saraiva, 2015. v. VI (e-book).

WOLKER, Antonio Carlos. *Introdução ao Pensamento Jurídico Crítico*. 9. ed. São Paulo: Saraiva, 2015 (e-book).

ZANETTI, Pollyanna Thays. Possibilidade de Renúncia ao Direito de Concorrência Sucessória pelo Cônjuge: Estudo Comparativo Brasil-Portugal. *Revista de Direito de Família e Sucessão*. e-ISSN: 2526-0227. Encontro Virtual. v. 08, n. 01, 2022.

ZANNONI, Eduardo A. *Derecho de las Sucesiones*. 3. ed. Buenos Aires: Editorial Astrea, 1982.